Gesellschaften ohne Staat
Band 1: Gleichheit und Gegenseitigkeit

Peter Räng

WS 1980/81

Fritz Kramer und Christian Sigrist präsentieren in einem Sammelband, dessen erster Teil hier vorgelegt wird, die wichtigsten Problemstellungen einer äußerst produktiven, in Deutschland bisher nicht genügend beachteten Richtung der angelsächsischen Ethnologie: der *social anthropology*. Mit ihr verbinden sich Namen wie Malinowski, Radcliffe-Brown, Firth, Fortes und Evans-Pritchard. Leitfaden für eine aktuelle Lektüre dieser Ansätze ist die Frage, wie die Ethnographie zwischen »wissenschaftlichen«, am Struktur- oder Systembegriff orientierten, und »literarischen«, auch das besondere Detail erfassenden Darstellungsweisen zu einer adäquaten, von ethnozentrischen Vorurteilen unbelasteten Erfahrung fremder Kulturen gelangen kann. Der erste Band enthält Arbeiten über »Tausch und Wert« sowie über die »regulierte Anarchie« der politischen Systeme in Stammesgesellschaften. Der zweite Band stellt sich das Thema »Genealogie und Solidarität«.

Die Herausgeber: Fritz Kramer, geboren 1941, studierte Ethnologie, Soziologie und Germanistik in Mainz und Heidelberg, war von 1969 bis 1971 wissenschaftlicher Assistent in Heidelberg, seitdem in Berlin, wo er sich 1977 an der FU habilitierte. 1977 erschien im Syndikat sein Buch *Verkehrte Welten. Zur imaginären Ethnographie des 19. Jahrhunderts.*
Christian Sigrist, geboren 1935, promovierte 1965 und ist seit 1971 Professor für Soziologie in Münster. Hauptarbeitsgebiete: Theorie der Übergangsgesellschaften, Befreiungsbewegungen. Veröffentlichungen: *Regulierte Anarchie* (1967), *Indien* (1976), *Probleme des demokratischen Neuaufbaus in Guinea-Bissao und auf den Kapverdischen Inseln* (1977).

Gesellschaften ohne Staat
Band 1
Gleichheit und Gegenseitigkeit

Herausgegeben von
Fritz Kramer und Christian Sigrist

Syndikat

CIP-Kurztitelaufnahme der Deutschen Bibliothek

Gesellschaften ohne Staat / hrsg. von Fritz Kramer
u. Christian Sigrist. – Frankfurt am Main : Syndikat.
NE: Kramer, Fritz [Hrsg.]
Bd. 1. Gleichheit und Gegenseitigkeit. – 1. Aufl. –
1978.
 ISBN 3–8108–0069–4

Erste Auflage 1978
© Syndikat Autoren und Verlagsgesellschaft, Frankfurt am Main 1978
Alle Rechte vorbehalten
Motiv: Grundstellung der Nuba-Ringer
Gesamtherstellung: Friedrich Pustet, Regensburg
Printed in Germany
ISBN 3–8108–0069–4

Inhalt

Einführung

Fritz Kramer: Die *social anthropology* und das Problem der Darstellung anderer Gesellschaften 9

Christian Sigrist: Gesellschaften ohne Staat und die Entdeckungen der *social anthropology* 28

I. Tausch und Wert in Stammesgesellschaften

Vorbemerkung (Peter Bumke) 47

C. Daryll Forde: Zum Verhältnis von Umwelt, Wirtschaft und Gesellschaft 52

Bronislaw Malinowski: Der Ringtausch von Wertgegenständen auf den Inselgruppen Ost-Neuguineas 57

Paul Bohannan: Über Tausch und Investition bei den Tiv 70

Franz Steiner: Notiz zur vergleichenden Ökonomie 85

Raymond Firth: Der soziale Rahmen der ökonomischen Organisation 101

II. Regulierte Anarchie

Bronislaw Malinowski: Gegenseitigkeit und Recht 135

Meyer Fortes und Edward E. Evans-Pritchard: Afrikanische politische Systeme – Einleitung 150

Edward E. Evans-Pritchard: Die Nuer im südlichen Sudan 175

Laura Bohannan: Politische Aspekte der sozialen Organisation der Tiv 201

Edmund Leach: Über politische Systeme im Hochland von Burma 237

Max Gluckman: Rituale der Rebellion in Südost-Afrika 250

Drucknachweise 281

»Die Gesellschaften ›ohne Staat‹ haben sehr viel stärker als die anderen den kolonialistischen Eroberern widerstanden. In ihren Reihen haben wir die größte Bereitschaft gefunden, sich der nationalen Befreiungsbewegung anzuschließen.«

Amilcar Cabral, *L'arme de la théorie,* Paris 1975, S. 142

Einführung

Fritz Kramer
Die *social anthropology* und das Problem
der Darstellung anderer Gesellschaften

Ethnographie bezeichnet im Kontext der europäischen Geistesgeschichte die Darstellung der Völker, Gesellschaften oder Kulturen, die außerhalb dieser Geschichte stehen – die ihr durch die koloniale Expansion Europas vermittelt sind und oft mit »archaischen« Institutionen der europäischen Kultur in Verbindung gebracht wurden. Im engeren Sinn bezeichnet Ethnographie die Darstellung von Stammesgesellschaften, die meist über keine eigene schriftliche Überlieferung verfügen. Methodisch hat sich die Ethnographie bis in die Gegenwart immer wieder am Modell der historisch-philologischen Wissenschaften orientiert. »Ethnographisches Material« wurde gesammelt, um als »Text« interpretiert werden zu können – den Stammeskulturen wurde eine Überlieferung unterstellt, um sie dem Gegenstand anderer Wissenschaften anzugleichen. Die wissenschaftsgeschichtliche Bedeutung der *social anthropology* als einer Form der Ethnographie besteht darin, diese spezifisch inhumane Bindung an die Philologie aufgelöst zu haben. Differenzierte »Feldforschung« hat es ermöglicht, andere Kulturen wenigstens marginal als eigene zu erfahren und auf dieser Basis darzustellen. Dieser Darstellung ist eine Gesellschaftstheorie implizit. Zugleich hat sie eine gesellschaftliche Erfahrung zu vermitteln, die dem Leser fremd ist.
Die folgenden Bemerkungen über das Problem der Darstellung anderer Gesellschaften sollen auf ein durchgängiges Problem der in diesem und dem folgenden Band zusammengestellten Texte aufmerksam machen. Diese Texte selbst können als Untersuchungen der *Strukturen* von Stammesgesellschaften zum Verständnis ihrer sozialen *Wirklichkeiten* hinführen. Die *social anthropology*, die in Deutschland weniger als der Strukturalismus von Lévi-Strauss rezipiert wurde, werde ich dabei nicht im Hinblick auf die von ganz anderen Fragestellungen bestimmte deutsche Ethnologie vorstellen, sondern im Hinblick auf drei Themen der Soziologie Max Webers: das der erkenntnisleitenden Interessen, das der Bildung von Idealtypen und das der Rationalität. Ich muß mich auf Hinweise beschränken.

I.

Die *social anthropology* war ursprünglich eine spezifisch britische Entwicklung in den Sozialwissenschaften. Ihrem Gegenstandsbereich entspricht der der *cultural anthropology* in den USA und der der Ethnologie in Kontinentaleuropa. Wissenschaftssoziologisch wies sie lange Zeit die Merkmale einer Schule auf, eine charismatische Führung und weitgehende Abdichtung gegen äußere Einflüsse.[1] Ihre Begründer, Malinowski und Radcliffe-Brown, hatten sich in den zwanziger Jahren gegen die historisch-vergleichende Ethnologie durchzusetzen. Ihre Schüler konnten, als die Disziplin zu akademischer Anerkennung gelangte, in London, Oxford, Cambridge, Manchester und an einigen Universitäten in den Kolonien Institute aufbauen, an denen spezielle Richtungen entstanden, die mehr oder weniger eng an die Arbeit des jeweiligen Lehrstuhlinhabers gebunden waren. Zu den bekanntesten Repräsentanten dieser »zweiten Generation« gehörten Evans-Pritchard, Fortes, Firth, Nadel, Gluckman und Leach. Deren Schüler haben zwar stärker Überlegungen der französischen und amerikanischen Ethnologie und Anthropologie und bestimmter Nachbarwissenschaften aufgenommen, führen aber wichtige Traditionen der *social anthropology* fort, die umgekehrt in Amerika und Kontinentaleuropa zunehmend rezipiert werden.

Das britische Kolonialreich stellte bis zu seiner Auflösung die privilegierten Forschungsregionen der *social anthropology* bereit. Malinowski und Firth arbeiteten in der Südsee, Fortes, Forde und Nadel in Westafrika, Evans-Pritchard im Sudan, Schapera, Gluckman, Richards im südlichen Afrika, Leach in Burma. Ihre unterschiedlichen theoretischen Ausrichtungen sind zum Teil darauf zurückzuführen, daß die Sozialstrukturen dieser Gebiete verschiedenen Typen zuzurechnen sind. Diese sind im allgemeinen wenig oder gar nicht von Klassengegensätzen oder staatlicher Organisation geprägt; sie bilden den »klassischen« Gegenstand, von dem ausgehend die *social anthropology* ihre Untersuchungen auch auf Klassengesellschaften ausgedehnt hat.[2]

Thematisch und theoretisch stand die *social anthropology* in den zwanziger und dreißiger Jahren überwiegend unter dem Einfluß von Malinowskis Funktionalismus. Das Interesse galt den biologischen Grundbedürfnissen (den *basic needs*), der Nahrung, Fortpflanzung, Kommunikation usw., und die kulturellen Institutionen wurden als Funktion dieser Bedürfnisse interpretiert.[3]

Dem entsprach eine emphatische Wertschätzung der Empirie, und in den ethnographischen Darstellungen waren die Details wichtiger als die theoretische Ordnung. In den vierziger und fünfziger Jahren dominierte dagegen die Richtung Radcliffe-Browns, die man den britischen Strukturalismus nennen kann. Das Interesse richtete sich nun auf das »Netz der sozialen Beziehungen« und seine Regelmäßigkeiten. Neben der Empirie wurde die theoretische Durchdringung der Daten betont, und die ethnographischen Berichte setzten auf einer höheren Abstraktionsebene an, auf der die Detailfülle der theoretischen Ordnung weichen mußte. Radcliffe-Brown gelang es, eine vergleichende Theorie der Verwandtschaftsstrukturen zu formulieren, von der ausgehend seine Schüler vor allem die politischen Systeme von Stammesgesellschaften untersuchten, aber auch deren Tausch- und Denksysteme.

In der Geschichte der Sozialwissenschaften ist die *social anthropology* Soziologie im Sinne Durkheims. Die Soziologie im gegenwärtigen, engeren Sinn konnte sich an den englischen Universitäten erst spät etablieren, und die *social anthropology* hat sie lange Zeit nicht zur Kenntnis genommen; die sonst übliche Trennung von Ethnologie und Soziologie gehört nicht zu ihrem Selbstverständnis. Radcliffe-Brown wollte die Stammesgesellschaften als einfache Modelle von Gesellschaft im allgemeinen studieren, als überschaubare und homogene Systeme, aus denen universal gültige Gesetze abzulesen seien, die schließlich auch auf die moderne Gesellschaft anwendbar wären. Er beschrieb seine Forschungen daher gern als »vergleichende Soziologie«.[4]

Der *social anthropology* ist es indes nicht gelungen, die Aufgaben der modernen Soziologie zu übernehmen oder aus ihren eigenen Ansätzen eine Soziologie der Industriegesellschaft zu entwickeln. Dies hat eine genaue Entsprechung in der Unfähigkeit der Soziologie (wie der Psychologie), ihre Untersuchungsmethoden und ihre theoretischen Ansätze auf nicht-industrielle Gesellschaften auszudehnen. Beides sind Formen des Scheiterns einer allgemeinen Sozialwissenschaft, sind Folgen desselben Ethnozentrismus. Die ethnographische Beobachtung setzt kulturelle Fremdheit zwischen dem Beobachter und seinem Gegenstand voraus; die Methoden der empirischen Sozialforschung basieren auf ihrer Verwandtschaft mit ihrem Gegenstand. Die Stammesvölker entziehen sich der empirischen »Erhebung«; ein Ethnograph der modernen Gesellschaft könnte sein soziologisches Alltagswissen schwer vergessen.

Der Allgemeinheitsanspruch der *social anthropology* als einer »Anthropologie« steht im Widerspruch zur Praxis ihrer Forschungen, solange sie sich auf kolonialisierte Völker beschränken. Im Kontext des kolonialen Herrschaftsverhältnisses schien es selbstverständlich, daß das Studium dieser dem Europäer *sozial fernsten* Form des Menschen »Anthropologie« sei: in ihr glaubte man den minimalen und ursprünglichen Zustand des Menschen und der Gesellschaft vor Augen zu haben.[5] Erst die weltweite praktische und theoretische Kritik am Kolonialismus hat diese Einstellung als Ideologie erkannt und ihre Selbstverständlichkeit als die des europäischen Ethnozentrismus bewußt gemacht. Diese Anthropologie beruht nicht anders als die Ethnologie oder Völkerkunde auf einer ethnozentrischen Ausgrenzung, ohne die ihr Forschungsbereich heute nicht mehr angebbar ist. Unter Begriffe wie »Wilde«, »Naturvölker« oder »primitive«, »klassenlose« oder »vorkapitalistische« Kulturen werden jeweils sehr verschiedene Völker und Stämme subsumiert, deren gemeinsames Merkmal letztlich nicht in ihnen selbst, sondern in ihrer »Andersartigkeit« oder »Fremdheit« gegenüber der europäischen Kultur liegt. Allein durch diese *negative* Bestimmung, ohne die das ethnographische Material ohne Rest unter die verschiedenen Sozial- und Kulturwissenschaften aufzuteilen wäre, kann der Gegenstandsbereich als autonom konstituiert werden. Die Ausgrenzung des »Fremden« zeigt ihre Bedeutung an der Ironie, die den Versuchen anhaftet, ursprünglich »anthropologische« Fragestellungen, Begriffe und Methoden auf die moderne Gesellschaft zu übertragen. Wenn Anthropologen von Profession die »Sitten und Bräuche« Hollywoods oder Londons studieren, so ist die Grenze, die sie damit rückwärts überschreiten, deshalb nicht auch schon verschwunden. Der Ethnozentrismus ist der Anthropologie erst seit der Auflösung der kolonialen Herrschaftsverhältnisse bewußt geworden. In den späten Arbeiten Evans-Pritchards[6] wird ausgesprochen, was einem Teil der *social anthropology* immer implizit war: sie ist Interpretation anderer Kulturen. Nimmt man aber den Begriff der kulturellen Fremdheiten in ihre Definition auf, so ist der Ethnozentrismus an den verzerrenden Momenten zu reflektieren, die ihren Interpretationen anderer Kulturen anhaften.

II.

Der Ethnograph beginnt seine Studien stets mit einer Reihe von Vorurteilen, die seinem kulturellen, wissenschaftlichen und persönlichen Hintergrund entstammen.[7] Seine Sprache und seine kulturspezifischen Werte – das »Erkenntnisinteresse« im Sinne Max Webers – legen eine Perspektive fest, an die Erfahrung und Darstellung anderer Gesellschaften gebunden sind. In der Ethnographie ist diese Perspektive ethnozentrisch; sie ordnet nicht allein moralische und ästhetische Urteile, sondern auch wertfreie Beschreibungen und Erklärungen. Das Erkenntnisinteresse gilt einer anderen Gesellschaft nur soweit, als sie sich auf die eigene beziehen läßt. Die Form dieser Beziehung ist der Vergleich; dessen Struktur fordert eine Zuspitzung der verschiedenen Elemente des Verglichenen zu Gleichem oder Gegensätzlichem. Ethnographische Dar-

stellungen tendieren deshalb teils zur Anverwandlung, teils zur Verfremdung der anderen Gesellschaft.
Diese durchsichtige Form des Ethnozentrismus ist besonders deutlich an den ethnographischen Reisenden des 19. Jahrhunderts zu erkennen, deren Absicht die Sammlung von Elementen der materiellen und geistigen Kultur war.[8] Es schien ihnen selbstverständlich, daß die außereuropäischen Kulturen, besonders die »primitiven«, in kurzer Zeit untergehen würden; dem historischen Gedächtnis sollte aber nichts verlorengehen, die neue Weltzivilisation sollte ein Exemplar jeder Gattung von Dingen und Gedanken, die Menschen je hervorgebracht hatten, wie jeder Tier- und Pflanzengattung aufbewahren. Da nur die Wissenschaft, Museum und universale Theorie, befähigt schien, eine gültige Ordnung zu schaffen, in der diese Dinge und Gedanken ihren Platz und ihre Erklärung finden sollten, hatte der Sammler auf die ursprüngliche soziale und kulturelle Ordnung der Dinge nicht zu achten. Der Ethnograph ignorierte das Bewußtsein, das die andere Kultur von sich selbst hatte, und interpretierte seine Sammlung wie ein Philologe die Überlieferung einer schon untergegangenen Kultur. Und in der Theorie konstruierte er einfache Gegensätze: hier Privateigentum – dort Gemeineigentum; hier bürgerliche Ordnung – dort Anarchie und sexuelle Promiskuität; hier Geschichte und Fortschritt – dort versteinerte Urzeit. Darin lag das Interesse und die Faszination seines Unternehmens.
Indes zeigen gerade diese Gegensatzpaare, daß es nicht ausreicht, das ethnozentrische Moment dieser Theorien nur aus dem Perspektivismus der Erkenntnis abzuleiten. Denn geistesgeschichtlich ist etwa die Beschreibung einer anderen Kultur als einer versteinerten Urzeit nicht erst die Folge einer an der Geschichte orientierten Erkenntnisperspektive; der emphatische Begriff der Geschichte kann vielmehr ohne den einer geschichtslosen Urzeit gar nicht gedacht werden. Die Selbstinterpretation, das Bild, das eine Kultur sich von sich selbst macht, wird durch *Vorstellungen* von anderen Kulturen notwendig ergänzt, die als Vor- oder Gegenbilder eine Präzisierung der eigenen kulturellen Identität erst ermöglichen. – Im Rahmen dieser Einleitung kann ich diese Identität der Konstitution des Weltbilds und der des Ethnozentrismus nicht näher ausführen. Es sei aber daran erinnert, wie notwendig für das Selbstverständnis der bürgerlichen Gesellschaft ihr Vergleich mit der »klassischen« Antike, dem »Orient« oder dem »Naturzustand des Wilden« war. In diesen Vergleichen konnte die Ethnographie der Romantik, konnten Creuzer und Bachofen über den emphatischen Aufklärungsbegriff des »Menschengeschlechts« hinaus jenen Begriff der Fremdheit entwickeln, der für die spätere Ethnographie ebenso gefährlich wie unerläßlich war.

Die *cultural anthropology* hat lange geglaubt, den ethnozentrischen Vorurteilen mit dem sog. Kulturrelativismus begegnen zu können. Sie hat aber das Problem des Ethnozentrismus nicht einmal erkannt. Die amerikanischen Anthropologen dachten, für andere Gesellschaften wie für moderne politische Parteien votieren zu können. Die »Anderen« glauben aber nicht einfach an andere Kulturwerte; die moderne Zivilisation befindet sich im Gegensatz zu den Lebensformen der Stammesgesellschaften, und in der Zeit des Weltbürgerkriegs ist die Toleranzidee des Kulturrelativismus selbst ethnozentrisch: Sie legitimiert einen »friedlichen« Imperialismus und verharmlost die Herausforderung, als welche die andere Gesellschaft der modernen erscheint.
Malinowski, dessen Arbeiten seine Herkunft aus der philologischen Ethnographie noch deutlich verraten und der seine Studien noch wie ein ethnographischer Reisender begonnen hat, gelang es, eine Art der »Feldforschung« zu entwickeln, die es erlaubt, das Problem des Ethnozentrismus auf eine radikale Weise anzugehen. Sein fanatischer Empirismus wurzelt nicht zuletzt in einer ethnographischen Erfahrung, die nicht nur die ethnozentrisch verzerrten Vorstellungen verändern kann, sondern auch die Werte, das Erkenntnisinteresse und die Persönlichkeit des Ethnographen selbst – bis zu dem Punkt, an dem sein europäischer Ethnozentrismus in den melanesischen der Trobriander umschlägt, die »eigene« Gesellschaft in der Perspektive der »fremden« erscheint. Diese Erfahrung, in der das Subjekt verändert und seiner kulturellen Identität entfremdet wird, geht weit über das hinaus, was sonst in den Wissenschaften als »Empirie« akzeptiert ist. Allerdings hat die *social anthropology*, die sich Malinowski anschloß, immer ihre *Wissenschaftlichkeit* betont und die Feldforschung nur nüchtern als »teilnehmende Beobachtung« beschrieben – nicht zuletzt deshalb, weil sie versuchte, die ethnographische Erfahrung zu einer traditionellen Maske und zu einer akademisch respektablen, professionellen Rolle gerinnen zu lassen.[9]
Der Ethnograph trennt sich für etwa zwei Jahre (meist mit Unterbrechungen) von seiner Gesellschaft, dem Gebrauch seiner Sprache, dem Umgang mit Menschen, die seine Kultur teilen, und den Dingen, an die er gewöhnt ist. Die »zweite Sozialisation«, welche die Anpassung an die neue soziale Gruppe erfordert, beginnt mit der Destruktion internalisierter Werte, die oft erst dadurch als kulturspezifisch bewußt werden. Diesen »Kulturschock« erleiden auf sehr verschiedene Weise alle, die von ihrer Kultur isoliert werden. Während in kolonialen Situationen die Europäer den Schock im allgemeinen durch eine eigentümliche Stärkung und Verhärtung des Ethnozentrismus verarbeiten – dies ist ein entscheidender Ursprung des Rassismus –, sieht der Ethnograph durch

seine Ausbildung und sein Ethos sich gezwungen, dem Schock nachzugeben und die Verteidigung des Schockierenden zu erlernen. Er ist nicht wie sein genaues Gegenbild, der Missionar, als Lehrer gekommen und auch nicht als Therapeut, der seinen Gegenstand nur studiert, um ihn heilen zu können, über das dazu notwendige Wissen aber schon verfügt. Seine einzige Aufgabe ist vielmehr, die andere Gesellschaft so genau wie möglich kennenzulernen. Er lernt ihre Sprache, beobachtet ihren Gebrauch, orientiert sich durch sie und geht neue soziale Beziehungen ein, die er in dem ihnen eigenen Idiom interpretieren lernt. In diesem Prozeß studiert er gleichsam neue Rollen ein – wie ein Schauspieler, der etwas darstellt, was er von sich unterscheiden kann.

Der Ethnograph verfügt kaum über formalisierte Untersuchungsmethoden und wird sich am Anfang auch kaum auf ein bestimmtes Thema festlegen. Seine Arbeit gilt – wenigstens in ethnographisch noch wenig bekannten Gesellschaften – selten der Überprüfung einzelner Hypothesen. Indem er sich einer anderen Lebensform und ihrer Symbolik einfügt, können Institutionen und Konzepte in den Mittelpunkt seines Interesses treten, von deren Existenz oder Bedeutung er zuvor nichts wußte. Wenn er so den Rahmen überschreitet, der ihm von seiner kulturellen Herkunft, seinen persönlichen Interessen und den wechselnden Fragen seiner Wissenschaft gesetzt ist, bleibt allerdings fraglich, ob seine Entdeckungen auch dann zur Geltung kommen, wenn sie sich nicht auf die moderne Gesellschaft und die anthropologische Theorie beziehen lassen.

Die Ethnographen arbeiten im allgemeinen nicht in Gebieten, die nicht »pazifiziert« sind. Obwohl sie sich immer bemühen werden, das ihnen entgegengebrachte Mißtrauen abzubauen, indem sie ihre Rolle von der des Beamten oder Missionars zu differenzieren suchen, sind sie doch mindestens in der Kolonialzeit Repräsentanten der Fremdherrschaft gewesen.

Wenn der Ethnograph von Angehörigen seiner eigenen Kultur, von Missionaren, Beamten und Händlern getrennt lebt (was nicht bei allen Feldforschungen wirklich der Fall ist), wird es ihm nicht möglich sein, eine distanzierte Beobachterrolle durchzuhalten. Die unwillkürliche soziale Teilnahme macht den Ethnographen nicht zu einem Trobriander oder Nuer; aber »man lebt«, wie Evans-Pritchard geschrieben hat, »gleichzeitig in zwei verschiedenen Welten des Denkens, in Kategorien, Vorstellungen und Werten, die oft nicht miteinander vereinbar sind. Man wird, wenigstens zeitweise, eine Art doppelter Außenseiter, der beiden Welten entfremdet ist.«[10] Wenn etwa Hexerei, Orakel und Magie für die Menschen, mit denen der Ethnograph lebt, selbstverständliche Realitäten sind, so wird er mit ihnen nur leben können, wenn er sie

15

als *Realitäten* anerkennt: In einem Kontext wird er an sie glauben, in einem anderen wird er sie für subjektive Vorstellungen halten. So hat Evans-Pritchard bei den Azande wie diese seine Entscheidungen von ihren Orakeln abhängig gemacht, und die xenophoben Nuer haben ihn als Ihresgleichen aufgenommen, als er wie sie seine Rinder hütete und verstanden hatte, daß mit ihnen nur auskommt, wer mit ihnen flirtet.[11] – Wenn eine solche Anpassung auch weitgehend nur scheinbar, nur gespielt ist, so vermag sie einige Ethnographen doch auch dauerhaft von der europäischen Gesellschaft zu entfremden, in die sie sich nach ihrer Rückkehr nun ebenfalls nur scheinbar reintegrieren, während sie sich insgeheim gleichsam als Partisanen ihres Stammes fühlen.

III.

Auf der nächsten Stufe im Forschungsprozeß der *social anthropology* stellt sich die Aufgabe, die Beobachtungen und Erfahrungen der Feldforschung zu analysieren. Dies kann als Versuch betrachtet werden, die andere Gesellschaft für europäische Leser darzustellen. Wissenschaftliche und literarische Darstellungsweisen greifen dabei ineinander. Ein Blick auf das eher literarische Verfahren Malinowskis kann die Kritik der wissenschaftlichen Strukturanalyse vorbereiten, die sodann am Begriff des Idealtypus zu reflektieren ist.
Der Umschwung in der Darstellungsweise ethnographischer Monographien, den Malinowski 1922 mit der Veröffentlichung von *Argonauts of the Western Pacific* herbeiführte, vollzog sich im Zusammenhang mit der Relativierung des europäischen Denkens, in der auch die Kulturwissenschaften sich den immanenten »Strukturen« ihrer Gegenstände zuwandten. Besonders aufschlußreich ist die Parallele zwischen dem Wandel des ethnographischen Wahrnehmungs- und Darstellungsvermögens und dem der europäischen Kunst, der es in der gleichen Zeit gelang, den »Wilden« so darzustellen, daß er weder wie bis ins 18. Jahrhundert als kostümierter Europäer erschien, noch so wie im 19. Jahrhundert, das ihn scheinbar realistisch abbildete, ihm dabei aber unverkennbar die Züge eines bürgerlichen Gemüts verlieh. Bei Gauguin und Nolde[12] ist die bildliche Gestaltung nichteuropider Physiognomien eine Seite jener Rezeption und Aneignung von melanesischen und afrikanischen Stilformen, die durch Picasso, Modigliani u. a. die moderne Kunst mitgeprägt haben. Daran wird eine Dialektik erkennbar, die auch für die Ethnographie bestimmend ist: Die Darstellung des Fremden ist ein Ausdruck des Verständnisses der fremden Selbstdarstellung.
Die älteren ethnographischen Monographien folgten wie die vorstruk-

turalen Grammatiken, die auch nicht-indoeuropäische Sprachen einheitlich und nach dem Modell der lateinischen Grammatik zu analysieren versuchten, einem Schema, dessen universale Gültigkeit verbürgt schien. Materielle Kultur, Wirtschaft, Familie, Recht, Religion und Kunst bildeten mit zwar wechselnden Inhalten aber stets gleichem Stellenwert die Abteilungen, in welche die Abschilderung aller Kulturen zu gliedern war. Im einzelnen sind solche Ethnographien hauptsächlich von Themen bestimmt, die für die dargestellten Gesellschaften selbst belanglos sind; denn Institutionen wie Geld oder Staat sind zwar für die Beschreibung einiger, aber nicht aller Gesellschaften zentral. Die moderne Ethnographie verzichtet zwar nicht auf negative Angaben, fügt sie aber als bloße Vergleiche einer Darstellung ein, die keinen Anspruch auf Vollständigkeit mehr stellt, sondern sich auf Institutionen konzentriert, die einen Schlüssel zum Verständnis der anderen Kultur zu bieten scheinen.
Malinowski hat nachdrücklich betont, daß die Eigentümlichkeit seiner Ethnographie in ihrer Beobachtungs- und Darstellungsweise liegt.[13] Er hat Rivers, seinen Lehrer, den »Rider Haggard« der Anthropologie genannt und sich selbst mit Joseph Conrad verglichen. Während er durch diese Vergleiche seinen Realismus von der Imagination seiner Vorgänger absetzen konnte, ist sein tatsächlich eher literarisches als wissenschaftliches Verfahren doch enger dem Prousts verwandt, indem es eine erinnerte Welt Region für Region assoziativ zu rekonstruieren sucht.[14] Malinowskis »synthetische Darstellung« bildet sich aus dem Bericht über Handlungsabläufe, die sich im sozialen Leben mehr oder weniger regelmäßig wiederholen und sich verschiedentlich kreuzen, der Erzählung einzelner, aufschlußreicher Ereignisse und der Wiedergabe und Übersetzung von magischen und mythischen Texten, die das Erzählte noch einmal in der Anschauungsweise der Trobriander erkennen lassen. Während so die Ordnung des Textes im einzelnen dem zeitlichen Ablauf sozialen Handelns folgt, sind Selektion und Engführung der drei großen Monographien über die Trobriander durch die Konzentration auf Tausch, Sexualität und Arbeit und Sprache bestimmt, die sich um *kula*, den rituellen Gabentausch, das Verhältnis von Bruder und Schwester und die Gartenmagie kristallisieren. In den Szenenfolgen gehen Institutionen, Gegenstände und Handlungen wechselnde Verbindungen ein. Die Herstellung von Booten z. B. wird nicht im Zusammenhang handwerklicher Produktion im allgemeinen beschrieben, sondern unter den Vorbereitungen zu einer *kula*-Reise, zu der sie benötigt werden.[15] Die abstrakte Systematik der Ethnologie ist durch Assoziationsbereiche ersetzt, die teils dominanten Werten der Trobriander folgen, teils der rekonstruierenden Erinnerung des Ethnographen. Die Ordnung von Ma-

linowskis Darstellung ist darum zwar nur begrenzt theoretisch ausweisbar, ermöglicht es aber dem Leser, den Prozeß der Beobachtung wie in der eigenen Erinnerung nachzuvollziehen. Die Wirkung davon ist die der Desillusionsromantik. Mit Vorliebe greift Malinowski die Topoi des Exotismus auf[16] und rückt in ihrer Ausdrucksweise die Wirklichkeit der Trobriander anschaulich, genau und detailliert so dicht vor das Auge des Lesers, daß seiner Phantasie kein Raum bleibt, die exotischen Wunsch- und Schreckbilder auszumalen. Das bürgerliche Bild des Wilden wird entzaubert.

Die literarische Darstellungsweise des »Funktionalismus« – diesen Namen hatte Malinowski nicht ohne ironische Distanz seiner Theorie gegeben[17] – wurde um 1940 unter dem Einfluß des Strukturbegriffs aufgegeben, den vor allem Radcliffe-Brown in die *social anthropology* eingeführt hat. Fortes und Evans-Pritchard entwickelten im Anschluß an die ersten Feldforschungen, die von der *social anthropology* in Afrika durchgeführt wurden, eine neue Form der ethnographischen Monographie, die man als »struktural« bezeichnen kann. In diesem Typus, für den man mit mehr Recht als für den Funktionalismus Wissenschaftlichkeit beansprucht hat, geht es um die Darstellung der strukturellen Beziehungen zwischen soziologischen Abstraktionen, um soziale Rollen, soziale Beziehungen, die Bildung von korporativer Gruppen und die Sanktionierung der Rechtsordnung.[18]

Die Probleme, die sich bei der Lektüre struktualer Monographien stellen, resultieren aus ihrer Unanschaulichkeit und aus der Auffassung, das Selbstverständnis der Anderen sei eine unbegriffene Symbolisierung. Unter der Annahme, Gesellschaft sei nur durch objektive wissenschaftliche Strukturanalysen erkennbar, erhält der Leser den Eindruck, der Ethnograph – und durch ihn er selbst – habe die dargestellte Kultur in jeder Hinsicht besser verstanden, als man es ihren Trägern zutrauen könne. In diesen Monographien ist das ethnographische Material oft verdrängt und durch Abstraktionen ersetzt.

Die strukturalen Monographien rechnen mit Lesern, die selbst schon in Stammesgesellschaften gearbeitet haben. Die interkulturellen Vergleiche, die in ihnen angestellt werden, gehen nicht allein von der modernen Gesellschaft aus, sondern auch von anderen Stammesgesellschaften, deren Strukturen schon beschrieben sind und nach deren Modell der Ethnograph auch schon während der Feldforschung seine Beobachtungen interpretiert. Tatsächlich variieren die meisten strukturellen Monographien nur einige »klassische« Texte, in denen ein Gesellschaftstypus oder eine Institution zum ersten Mal gültig beschrieben oder eine Betrachtungsweise zum ersten Mal durchgeführt ist. So wurde besonders das politische System der segmentären Organisation, die »regulierte Anarchie«, die Fortes und Evans-Pritchard für die Tallensi und Nuer dargestellt haben, für viele Gesellschaften Afrikas (und sogar Neuguineas) in wechselnden Formen beschrieben. Solche Übertragungen und Abwandlungen von Modellen bilden zusammen mit der darauf bezogenen Verallgemeinerung und Einschränkung von theoretischen Konzepten die Hauptarbeit der *social anthropology,* die ihr den Charakter einer Disziplin verliehen hat.

Die Ausdrücke der ethnographischen Beschreibung werden teils durch die Zuspitzung von Ausdrücken der Alltagssprache gebildet, teils aus der Sprache der dargestellten Gesellschaft übernommen. Von diesen sind einige – wie Tabu, Totem oder Horde – in den Gebrauch europäischer Sprachen eingeführt worden. Umgangs- wie fachsprachlich haben sie zusammen mit Ausdrücken, die zwar aus europäischen Sprachen stammen, aber in bezug auf die moderne Gesellschaft nicht gebräuchlich sind – wie Häuptling, Magie oder Clan –, oft weniger zum Verständnis als zur Verfremdung der Stammesgesellschaften beigetragen. Der Sinn dieser Verfremdung und die seltsamen Konnotationen solcher Ausdrücke werden deutlich, wenn man wider die Regel einen Geschäftsführer als Häuptling bezeichnet, eine Partei als Horde oder ein Herrschaftsabzeichen als Totem. Die nur scheinbare Fremdartigkeit solcher Vorstellungen erklärt die Popularität, die sie im Rahmen anthropologischer Spekulationen genießen. Inzwischen sind die zu ihrer Erklärung aufgebotenen Theorien entweder dadurch aufgelöst worden, daß die verallgemeinerten Konzepte wieder auf ihren ursprünglichen Kontext, in dem sie sich gleichsam von selbst verstehen, eingeschränkt wurden, oder dadurch, daß man sie als wirklich universale Begriffe auch auf die moderne Gesellschaft bezieht und ihnen damit den Schein der Fremdartigkeit und Unverständlichkeit nimmt.[19]

Da eine Sache ursprünglich auf eine begrenzte soziale und natürliche Welt bezogen ist, ist sie nur bedingt zur Darstellung einer anderen geeignet. Besonders wenn der Zuhörer die fremde Lebensform nicht aus eigener Anschauung kennt, muß der Berichterstatter Vergleiche anstrengen, die, in die Sprache der dargestellten Kultur wörtlich übersetzt, überflüssig und fremdartig anmuten. »Der Papalagi wohnt wie die Seemuschel in einem festen Gehäuse. Er lebt zwischen Steinen, wie der Skolopender zwischen Lavaspalten. Steine sind rings um ihn, neben ihm und über ihm. Seine Hütte gleicht einer aufrechten Truhe aus Stein. Einer Truhe, die viele Fächer hat und durchlöchert ist.«[20] – So etwa könnte ein Samoaner über die europäische Stadt berichten. Der Ethnograph hat nicht die Möglichkeit, die Selbstverständlichkeit zum Ausdruck zu bringen, mit der die andere Kultur gelebt wird; seine Vergleiche verkleinern, vergrößern und verfremden. Darum kann jemand, der die ethnographischen Berichte über eine Gesellschaft sorgfältig studiert hat und sie dann aus eigener Anschauung kennen lernt, die Erfahrung machen, daß es ihm wie Schuppen von den Augen fällt: es ist tatsächlich ungefähr so, wie er es gelesen, aber anders, als er es sich vorgestellt hatte.

In dieser Überraschung tritt das empirische Moment scharf hervor, das die Stammesgesellschaften von den Sozialutopien trennt. »Fremde Gesellschaften« sind nicht in *dem* Sinne fremd, in dem man sich ihre Fremdheit *vorstellt*. Faßt man die ethnographischen Monographien als Idealtypen im Sinne Max Webers auf, als Zusammenfassungen und Systematisierungen »typischer« Züge, die nur dazu dienen, daß die Wirklichkeit mit ihnen verglichen werden kann, so steigt die ohnehin große Gefahr, solche »Utopien« für real zu halten, im Falle der Ethnographie dadurch, daß zwar ihre Autoren, nicht aber ihre Leser über die Anschauung der spezifischen Wirklichkeit verfügen. Erliegt man dieser Illusion, so rücken die Ethnographien allerdings wieder in die Nähe der »verkehrten Welten«, die sich die Spekulation erfindet und deren Wahrheit sich nicht in dem Vergleich mit der Gesellschaft zeigt, die angeblich dargestellt, sondern in dem mit der eigenen, an deren Verfremdung sie gewonnen sind.

Die Reduktion der vielfältigen sozialen Wirklichkeit der »Anderen« auf eine einfache Struktur, die sich eindeutig auf die eigene Gesellschaft beziehen läßt, ist die Grundform des bürgerlichen Ethnozentrismus, besonders wenn sie mit einer Beteuerung der Fremdartigkeit verbunden wird. Diese Reduktion der Ethnographie auf die Utopie zeigt sich deutlich in dem Bild, das sich etwa Hegel vom »Charakter des Afrikaners« gemacht hat: Er »ist schwer zu fassen, weil er so ganz von unserer Bildung abweicht, etwas der Weise unseres Bewußtseins gänzlich Entferntes und Fremdes hat. Alle Kategorien, die für unser geistiges Leben Grundlage sind, und die Subsumption unter diese Formen müssen wir vergessen; die Schwierigkeit liegt darin, daß doch das, was wir in unsern Vorstellungen haben, immer wieder mit unterläuft.«[21] Der Begriff, auf den Hegel den Afrikaner bringt, ist der absoluter Menschenverachtung, die sich im Kaufen und Verkaufen von Menschen äußert. Darin könnte jedoch nicht der Afrikaner, wohl aber die bürgerliche Gesellschaft ihre eigene Verkehrtheit erkennen.

Das, was den Europäer in einer Stammesgesellschaft überrascht, ist gerade die selbstverständliche Anerkennung des Einzelnen, die Humanität. Die Stammesgenossen sind nicht in ein alles beherrschendes Kollektiv eingespannt; die gemeinschaftliche Lebensform der Stammesgesellschaft, die selbstverständliche Freundschaft, ermöglicht ihnen eine Freiheit und Individualität, die der modernen Gesellschaft fremd geworden sind. In einigen strukturalen Darstellungen der *social an-*

thropology findet sich von dieser anthropologischen Thematik wenig. Sie unterschlagen das, was schon der Besucher eines Museums in den Masken entdecken könnte, in denen Afrikaner sich selbst dargestellt haben. Evans-Pritchard hat erst spät, in einer persönlichen Erinnerung, explizit darauf hingewiesen: »Ich habe von afrikanischen ›Primitiven‹ viel mehr gelernt als sie von mir, etwas, das man mich in der Schule nicht gelehrt hat, etwas über Mut, Standfestigkeit, Geduld, Entsagung und Enthaltung – wofür ich zuvor kein großes Verständnis hatte.«[22]
Die Verzerrungen zeigen in den verschiedenen Formen, in denen andere Kulturen dargestellt werden, verschiedene Wahrheiten. Die der Satire sind an der genauen Beobachtung der anderen gewonnen und lassen Züge erkennen, die diesen selbst oft verborgen sind. Wir sehen das nicht an unseren Darstellungen von anderen, wohl aber an den Bildern, die andere sich von uns gemacht haben. Obwohl die *social anthropology* als Wissenschaft sowohl auf die Satire als auch auf die Umkehrung der Betrachtungsrichtung im allgemeinen verzichtet, sah doch Malinowski gerade darin ihre Aufgabe: »Anthropologie ist die Wissenschaft vom Sinn für Humor. Sie kann so ohne allzu viel Anmaßung oder Scherzhaftigkeit definiert werden. Denn uns selbst so zu sehen, wie andere uns sehen, ist nur die Umkehrung und die Ergänzung der Gabe, andere so zu sehen, wie sie wirklich sind und wie sie sein wollen: und dies ist das Metier des Anthropologen . . . Er muß den Menschen im Wilden finden, er muß den Primitiven im hochkultivierten Europäer von heute entdecken.«[23]
– Andere, d. h. andere Gesellschaften können gesehen werden, wie sie wirklich sind und wie sie sein wollen; das Selbstverständnis und Ideal einer Kultur wird mit ihrer Wirklichkeit konfrontiert, wie sie der von außen kommende Beobachter erkennt. Bei der Vertauschung von Subjekt und Objekt der interkulturellen Beobachtung, der Übernahme des anderen Ethnozentrismus, wiederholt sich die Unterscheidung von Ideal und Wirklichkeit, wiederholt sich das Ideologieproblem nicht spiegelbildlich, sondern mit einer bedeutsamen Verschiebung: Uns selbst so zu sehen, wie andere uns sehen – wäre dies im gleichen Sinn objektiv wie unsere, d. h. die wissenschaftliche Beobachtung der Anderen, so könnte es nur die wissenschaftliche Analyse unserer Gesellschaft sein und also unserem Selbstverständnis nichts hinzusetzen. Wenn aber der zu uns von außen kommende Beobachter uns so sieht, wie wir wirklich sind, wie wir uns selbst aber nicht sehen, auch und gerade nicht in wissenschaftlicher Betrachtung, so bietet der Andere uns eine vermittelte Weise der Selbsterkenntnis *sui generis*. Diese enthält Momente, die den Kreis der Selbstreflexion überschreiten – ebenso wie die ethnographische Beobachtung, die uns Kultur- und Kunstformen zeigt, die wir nicht erfinden könnten. Europäer erkennen sich in den Bildwerken, in denen Stam-

meskulturen sie dargestellt haben, wie in einer satirischen Verzerrung, die gerade die Züge hervorhebt, die ihnen durch Eitelkeit verstellt sind. Den Humor, den uns diese Satire abverlangt – und den auch der Ethnograph im »Feld« aufbringen muß –, meint Malinowski, wenn er die Anthropologie als Wissenschaft vom Sinn für Humor definiert.

IV.

Der Ethnozentrismus, der durch die ethnographische Erfahrung ausgeschaltet oder umgekehrt war, kehrt in der Darstellung der anderen Gesellschaften zurück. Das zeigt sich auch an den Totalitäts- und Rationalitätsbegriffen, welche die Strukturanalyse organisieren.
Manche Formulierungen des Struktur- und Funktionsbegriffs lassen den *Verdacht* aufkommen, daß die *social anthropology* die Stammesgesellschaften wie Utopien betrachtet, in denen die Individuen an das Netz einer Struktur gebunden sind und wie Automaten die Gesetze der Totalität erfüllen. Max Webers Kritik an den Versuchen, »durch Beobachtung an ›Naturvölkern‹ Annahmen ökonomisch-sozialer ›Urzustände‹ *ohne historische Zufälligkeiten*« zu verifizieren, »aus denen heraus alsdann durch eine Art von Sündenfall ins Konkrete die individuelle historische Entwicklung entsteht«[24], trifft auch noch das *Programm* des Durkheim-Schülers Radcliffe-Brown, nach dem soziologische Gesetze in »primitiven« Gesellschaften, in denen sie sich rein verwirklichen, studiert und dann auf die geschichtlichen Gesellschaften übertragen werden sollen. Dem entsprechend haben Radcliffe-Brown und einige seiner Schüler Geschichte, die sie als Reihe von zufälligen Ereignissen verstanden, für die Stammesgesellschaften ausgeklammert und alle historischen Versuche der Ethnologie als »Spekulation« abgelehnt. Gegen das Dogma der Homogenität und Unwandelbarkeit »primitiver« Kulturen könnte man einwenden, daß auch diese oft nicht Synthesen, sondern Kompromisse sind, Mischungen von inkompatiblen Elementen und Strukturen, die in den verschiedenen Gesellschaften verschiedene Verbindungen eingehen. Die Strukturanalyse verdrängt nicht selten die vielfältigen Zufälle der Wirklichkeit, wie sie die Feldforschung, das Museumsmaterial und das Studium freier und bewußter Organisation zeigen. Die gegenwärtigen Stammesgesellschaften sind nicht Reste der metaphysischen, geschichtslosen Urzeit, von der die Romantik träumte.
Dem Hinweis der *social anthropology* auf Empirie als ihre einzige Grundlage mangelt es nicht an Pathos. Dies kann jedoch nicht verdecken, daß der Gesellschaftsbegriff ein spekulatives Moment enthält, das ihr durch Durkheims Idee der sozialen Totalität aus der Philo-

sophie Hegels vermittelt ist. Das antihistorische Pathos der *social anthropology* legt den *Verdacht* einer Projektion der unbegriffenen Zwänge des »stählernen Gehäuses« der modernen Gesellschaft nahe, deren sozialer Anpassungsdruck eng mit dem kulturellen Eklektizismus verbunden ist, dem die Anthropologen die Geschlossenheit »archaischer« Kulturen entgegenhalten wollten.[25]

Von Anfang an hat die *social anthropology* ihre praktische Bedeutung für die koloniale Administration versichert – nicht zuletzt, um als akademische Disziplin Anerkennung zu finden.[26] Die Suche nach universalen soziologischen Gesetzen, die Radcliffe-Brown ursprünglich im Anschluß an den Anarchismus Kropotkins mit der Möglichkeit ihrer Anwendung bei der Veränderung der kapitalistischen Gesellschaft begründet hatte[27], sollte im kolonialen Kontext einen direkteren Praxisbezug erhalten durch die Formulierung von Entwicklungs- und Pazifizierungsprogrammen, die ethnographische Kenntnisse zusammen mit den »soziologischen Gesetzen« den Verwaltungsapparaten verfügbar machten.[28] Diesem sozialtechnologischen Praxisbegriff entsprach es, wenn das Selbstverständnis der fremden Kulturen zur symbolischen Repräsentation oder zur Rationalisierung herabgesetzt wurde; wenn historische Veränderungen, »sozialer Wandel«, nur als objektiver Prozeß und nur als von außen erkennbar und induzierbar erschienen; wenn man ignorierte, wie Stammesgesellschaften ihre Institutionen und die ihrer Nachbarn diskutieren und vergleichen, die fremden übernehmen oder sich mit Willen von ihnen absetzen. In dem akkulturationstheoretischen Rahmen des Funktionalismus war es schließlich nicht möglich, die entscheidenden Umwälzungen der Dekolonialisierung zu begreifen: Sie waren das Werk von Emanzipationsbewegungen, die zwischen dem Rückgriff auf Tradition und der Aneignung moderner Wissenschaft ihr eigenes Selbstverständnis zu entwickeln suchen.

Die Wandlungen in der Geschichte der Anthropologie sind an den Veränderungen ihres Rationalitätsbegriffs abzulesen. Die Vorstellung vom »primitiven Denken« gehört mit der vom Mythos und vom Wahnsinn zu den konstruierten Gegensätzen, welche die bürgerliche Vernunft zu ihren Selbstdefinitionen verwendet hat. Während Herder der Ethnographie die Aufgabe gestellt hatte, die »Geschichte eines vernünftigen Wahnsinns« zu schreiben[29], d. h. die Erfahrungsweisen zu sammeln, welche die »unbewachten Augenblicke«, die Kindheit, den Traum oder die Poesie erfüllen, und zwar der Vernunft nicht angehören, von ihr aber in ihrem eigenen Recht anerkannt sind, hat das bürgerliche Denken im 19. Jahrhundert solchen Erfahrungen jede praktische Bedeutung für sich abgestritten, obwohl es sich ihre Erinnerung in den imaginären Ethnographien der Mysterienkulte, des Orients, des Mutterrechts oder der

Urgeschichte zur Anschauung zu bringen suchte. Darin erschien der »Wilde« als ein an sich irrationales Wesen, dessen Sitten und Bräuche nur den Anfangspunkt der Evolution zu Vernunft und bürgerlicher Ordnung bilden konnten. – Die *social anthropology* hat mit dem Nachweis begonnen, daß die Verhaltensweisen des »Wilden« teils in einem einfachen Sinn rational sind und teils als Magie, Mythos oder Ritual der Denkweise der wissenschaftlich-technischen Rationalität zwar nicht entsprechen, deshalb aber nicht auch schon als unvernünftig oder als Fehler oder Abweichungen der Vernunft gewertet werden dürfen.[30] Für Malinowski war etwa die Magie zwar nicht in einem inhaltlichen Sinn rational, wohl aber in dem Sinn, daß sie soziale Funktionen erfüllt, daß Institutionen, in denen sie eine Rolle spielt, *funktionieren*. Im Rahmen des Pragmatismus erschien das Funktionierende an sich als vernünftig (im Sinne von »zweckrational«), und da die »primitive« Gesellschaft als vollkommener Funktionszusammenhang gesehen wurde, mußte ihr sogar eine größere »Rationalität« zugestanden werden als der widersprüchlichen modernen Gesellschaft. – Radcliffe-Brown und seine Schüler unterschieden sich vom Funktionalismus zunächst durch den größeren Nachdruck, den sie auf die Analyse von geschlossenen Systemen und gleichsam geometrisch geordneten Sozialstrukturen legten. Eine Gesellschaft galt ihnen dann für »erklärt«, wenn die Ordnung in dem Netz der sozialen Beziehungen erkannt war und die konventionell für irrational gehaltenen Momente – Mythos, Magie und Ritual – darauf bezogen werden konnten. Rational war dann alles, was sich in das System fügte, und da nicht-integrierte Momente nicht immer gesehen wurden, erschien auch ihnen die Stammesgesellschaft als durchaus rational. – Der Strukturalismus Radcliffe-Browns hat dann bei Lévi-Strauss noch einmal eine Wendung erfahren, indem die Emphase der strukturalen Analyse nun nicht mehr das »Netz der sozialen Beziehungen« trifft, sondern die »mentalen Strukturen«, die nicht mehr mit ausschließlichem Interesse an ihren soziologischen Gehalten interpretiert werden. Das »wilde Denken« erscheint damit in Antithese zu Levy-Bruhls Theorie der prälogischen Mentalität geradezu als Inbegriff einer Rationalität, die zwar nicht inhaltlich interpretierbar, aber dafür universal verbindlich sein soll.
Mit dem Nachweis der Rationalität der Stammesgesellschaft hat die *social anthropology* zur Rechtfertigung fremder Gesellschaften gegen den Rassismus beigetragen: und dies ist die Aufgabe der Anthropologie. Sie hat sich ihr nicht allein aus theoretischen Überlegungen gestellt, sie ist ihr auch aus der Erfahrung der Feldforschung zugefallen, in der viele Ethnographen eine tiefe Sympathie für die »Objekte« ihrer Wissenschaft entwickelt haben. In dieser Hinsicht ist die Ethnographie

Umkehrung und Ergänzung der Gesellschafts- und Kulturkritik, der die Anstrengungen anderer Sozialwissenschaften gelten. Indes hat die *social anthropology* durch die beherrschende Stellung, die sie den Strukturen eingeräumt hat, und durch ihren daran gebundenen Rationalitätsbegriff die Rechtfertigung der Stammesgesellschaften auf eine vielleicht abermals ethnozentrische Grundlage gestellt. Evans-Pritchard zumindest hat das in seinem letzten Werk eingestanden: »Ich habe den Eindruck gewonnen, daß Anthropologen (rechnen Sie mich dazu, wenn Sie wollen) in ihren Schriften über afrikanische Gesellschaften die Afrikaner in Systeme und Strukturen enthumanisiert und dabei das Fleisch und Blut vergessen haben.«[31] Von dieser Selbstkritik ausgehend wird die Anthropologie die Rechtfertigung des »Fremden« noch einmal überdenken müssen.

Die Einheitlichkeit, welche die *social anthropology* in der Zeit ihrer Bindung an die Administration des britischen Kolonialreiches gekennzeichnet hat, besteht heute nicht mehr. Dabei ist nicht zuletzt symptomatisch, daß britische Anthropologen wie Turner oder Douglas sich den »irrationalen« Seiten der Stammeskulturen, ihrer Symbolik, ihren Ritualen, der Magie und der Hexerei mit größerer Unbefangenheit zuwenden und sie nicht mehr so darstellen, wie es in der Kolonialzeit noch notwendig schien. In dieser Lockerung anthropologischer Tabus werden ähnliche Momente sichtbar wie die, welche in einer merkwürdig ungebrochenen Nachfolge der Romantik die Hauptströmung der deutschen Ethnologie bis vor kurzem bestimmt haben, und die nun auch in den gleichsam irrationalistischen Zügen subkultureller Entwicklungen auftauchen, die Castañedas Bericht von den Lehren des Yaqui-Zauberers Don Juan einen durchschlagenden Erfolg sichern konnten. Neben diesen Tendenzen, die Firth dazu veranlaßt haben, von einer »barocken« Anthropologie zu sprechen[32], zeichnet sich aber längst eine ganz andere Wende ab, die der »europäischen« Kultur das Privileg zu ethnographischer Forschung nimmt: In den ehemaligen Kolonien hat die selbständige Erforschung der eigenen Traditionen begonnen. Es kann nicht mehr als ausgemacht gelten, daß die »anderen« Völker entweder untergehen oder der sich in Europa entstandenen Gesellschaftsform und Kultur angleichen müssen. In vielen Ländern hat die Emphase des populistischen Rückgriffs auf die eigene Tradition der Ethnographie, die nun nicht mehr »fremde Gesellschaften«, sondern ethnische Minoritäten untersucht, neue Aufgaben und eine andere politische und kulturelle Relevanz gesichert. Die Bedeutung dieser neuen »Ethnographie« wird sichtbar, sobald man die ethnozentrische Illusion aufgibt, allein der Kultur des christlichen Europa komme universale Geltung zu – als ob keine andere eine Zukunft habe.

Anmerkungen

[1] Vgl. dazu Adam Kuper, *Anthropologists and Anthropology. The British School, 1922–1972*, London 1973. Dies ist die ausführlichste Geschichte der *social anthropology*.

[2] Siehe z. B. *The Social Anthropology of Complex Societies*, hg. v. M. Banton, A. S. A. Monogr. 4, London 1966. – In den vorliegenden Band wurden nur Studien über Stammesgesellschaften aufgenommen.

[3] Malinowskis allgemeine Theorie, die nur mittelbar auf seine unten dargelegte Form der Feldforschung und der »synthetischen Darstellung« bezogen ist, war für die *social anthropology* nur von geringer Bedeutung. Malinowski hat sie zusammenfassend formuliert in: *A Scientific Theory of Culture*, The Univ. of North Carolina Press, 1944. – Zu Malinowski vgl. *Man and Culture*, hg. v. R. Firth, London 1957.

[4] Radcliffe-Brown hat diese Auffassung zuerst 1923 formuliert: *The Methods of Ethnology and Social Anthropology*, abgedr. in: A. R. Radcliffe-Brown, *Method in Social Anthropology*, hg. v. M. N. Srinivas, Chicago 1958.

[5] Insofern setzt die *social anthropology* die anthropologische Tradition des 19. Jahrhunderts fort, die sich für den »Naturzustand« des Menschen gerade auch in nicht-physiologischer Hinsicht interessierte und diesen in den sog. Naturvölkern erhalten glaubte. Zu diesem Zweck wurden immer wieder – als sei dies selbstverständlich – die »noch« bestehenden Stammesgesellschaften der geschichtslosen, allein von der Natur geprägten »Urzeit« zugeordnet.

[6] Zuerst in *Social Anthropology*, London 1951. – In J. Beatties Einführung *Other Cultures, Aims, Methods and Achievements in Social Anthropology*, London 1964, manifestiert sich diese Auffassung schon im Titel.

[7] Vgl. z. B. E. E. Evans-Pritchard, a.a.O., S. 64 ff.

[8] Es wird oft behauptet, daß die Fachethnologen erst seit Malinowski »ins Feld« gehen. Man übersieht dabei, daß einige Fachethnologen im 19. Jahrhundert eher zuviel als zuwenig »Felderfahrung« hatten. Adolf Bastian z. B. war zwischen 1850 und 1904 vierundzwanzig Jahre auf ethnographischen Reisen. Seine Rastlosigkeit verführte ihn zu einer verwirrenden Ansammlung von Materialien aus ungezählten Kulturen.

[9] Die subjektive Erfahrung der Feldforschung wird u. a. dargestellt in: E. S. Bowen (Laura Bohannan), *Return to Laughter*, New York 1954; J. B. Casagrande (Hg.), *In the Company of Man*, New York 1960; E. E. Evans-Pritchard, »Some Reminiscences and Reflections on Fieldwork«, in: *Jr. of the Anthr. Soc. of Oxford* IV, Nr. 1, 1973, S. 1–12; B. Malinowski, *A Diary in the Strict Sense of the Term*, New York 1967.

[10] Evans-Pritchard, »Some Reminiscences . . .«, a.a.O., S. 4.

[11] Vgl. G. Lienhardt, »E.-P.: A Personal View«, in: *Man*, Bd. 9, 1974, S. 299.

[12] Nolde war offiziell als Ethnograph Mitglied einer deutschen Neuguinea-Expedition. Vgl. E. Nolde, *Welt und Heimat*, 2. Aufl. Köln 1965.

[13] Malinowski hat sich explizit dazu im Vorwort zur 3. Aufl. des *Sexual Life of Savages*, London 1932, geäußert.

[14] Dazu R. Firth, »Malinowski as Scientist and as Man«, in: *Man and Culture*, a.a.O., S. 6, und G. Lienhardt, *Social Anthropology*, London 1964, S. 153.

[15] Einen Eindruck davon gibt schon Malinowskis Aufsatz *Der Ringtausch von Wertgegenständen . . .*, in diesem Band S. 57.

[16] Man denke nur an die Titel der großen Monographien: »Argonauten des westlichen Pazifik«, »Das Geschlechtsleben der Wilden«, »Korallengärten und ihre Magie«.

[17] Vgl. Firth, »Malinowski . . .«, a.a.O., S. 11.

[18] Die Differenz zwischen den »funktionalistischen« und den strukturalen Monographien analysiert Evans-Pritchard, *Social Anthropology*, a.a.O., S. 86–108.

[19] Eine besonders durchgreifende Analyse dieser Problematik gibt F. Steiner, *Taboo*, London 1956. Vgl. a. M. Douglas, *Natural Symbols*, 1970.
[20] E. Scheuermann (Hg.), *Der Papalagi. Die Reden des Südseehäuptlings Tuiavii aus Tiavea*, Buchenbach 1920, S. 24.
[21] Hegel, *Vorlesungen über die Philosophie der Weltgeschichte*, hg. v. J. Hoffmeister, Hamburg 1955, Bd. 1, S. 217.
[22] Evans-Pritchard, »Some Reminiscences...«, a.a.O., S. 5.
[23] Malinowski, »Introduction« zu J. E. Lips, *The Savage Hits Back*, New York 1966, S. VII. – Malinowski dürfte diese Idee dem Buch verdanken, das er mit ihr einleitet. Lips hat darin Bilder zusammengestellt, die »Wilde« sich von »Zivilisierten« gemacht haben: Daß die Verkehrtheit und Humorlosigkeit der wissenschaftlichen Darstellung des »Wilden«, die zur Utopie tendiert, durch dessen Bildwerke, die zur Satire tendieren, zurückgegeben werden, wirft ein Licht auf den Kolonialismus – und auf das Verhältnis von Utopie und Satire.
[24] M. Weber, *Soziologie, weltgeschichtliche Analysen, Politik*, hg. v. J. Winckelmann, Stuttgart 1968, S. 214.
[25] Adorno bleibt der Illusion der Geschlossenheit »archaischer« Kulturen verhaftet, wenn er in seiner Einleitung zu Durkheim, *Soziologie und Philosophie*, Frankfurt 1967, Durkheims Theorie zwar kritisiert, dessen Vorstellungen von Stammesgesellschaften aber ohne weiteres akzeptiert. Adorno hat (z. B. in »Zur Logik der Sozialwissenschaften«, *Kölner Zeitschr. f. Soziol. u. Sozialpsych.* 1964) die Auffassung vertreten, die Anthropologie übertrage den totalitären Charakter der »primitiven« Gesellschaften auf die moderne Gesellschaft. Die Beobachtung des Erkenntnisprozesses in der Geschichte der Anthropologie zeigt jedoch eher das Gegenteil.
[26] Dazu M. Fortes, *Social Anthropology at Cambridge since 1900*, Cambridge 1953; und A. Kuper, a.a.O., S. 123 ff.
[27] Vgl. M. N. Srinivas in: A. R. Radcliffe-Brown, *Method..*, a.a.O., S. XVIII.
[28] Vgl. z. B. Radcliffe-Brown, *Method...* a.a.O., S. 39 ff.
[29] Herder, »Über Bild, Dichtung und Fabel«, in: *Sämtliche Werke*, ed. Müller, Kl. Oktavausg., Bd. 13, S. 20.
[30] Die Geschichte des Rationalitätsbegriffs in anthropologischen Theorien hat Evans-Pritchard, *Theories of Primitive Religions*, Oxford 1965, untersucht.
[31] E. E. Evans-Pritchard, *Man and Woman among the Azande*, London 1974, S. 9.
[32] R. Firth, »The Right Hand and the Wrong« (Rezension von Needham (Hg.), *Right and Left*), in: *Times Literary Supplement*, 21. 2. 1975, S. 190–91.

Christian Sigrist
Gesellschaften ohne Staat
und die Entdeckungen der *social anthropology*

Die anthropologischen Texte, die hier in deutscher Übersetzung vorgelegt werden, erreichen das deutschlesende Publikum mit dreißigjähriger Verspätung. Sie dokumentieren eine im wesentlichen abgeschlossene Entwicklung einer anthropologischen Disziplin, deren Methodik und Entdeckungen revolutionär wirkten: der von Radcliffe-Brown und Malinowski begründeten *social anthropology*.
Sie wird in der Regel mit dem nationalen Epitheton »britisch« charakterisiert, auch wenn nicht wenige *social anthropologists* anderer nationaler Herkunft waren (wie z. B. der polnische Kleinadlige Bronislaw Malinowski).
Britisch war diese anthropologische Richtung schlicht deswegen, weil ihr Gegenstand, der Beobachtung wie der Reflexion, Stammesgesellschaften waren, die, vor allem seit der zweiten Hälfte des 20. Jahrhunderts, unter die Kontrolle des britischen Kolonialismus gebracht worden waren. Viele dieser Gesellschaften waren Gesellschaften ohne Staat. Die Bedeutung der *social anthropology* liegt darin, daß sie sich auf die Erforschung dieses Gesellschaftstyps weit stärker konzentriert hat als alle anderen anthropologischen Richtungen und von der empirischen Untersuchung solcher Gesellschaften zu einer allgemeinen Theorie der Elemente menschlicher Vergesellschaftung vorgedrungen ist. Indem die *social anthropologists* diese Gesellschaften als »anarchisch« bezeichneten, bekannten sie sich zu der von ihnen ausgehenden Verlockung und Herausforderung für Intellektuelle, die der Einschließung in das »stahlharte Gehäuse der Hörigkeit« (Weber) zu entkommen suchten.
Die *social anthropologists* überließen sich aber weder vorgefaßten Begriffen von primitiver Anarchie, noch gaben sie sich mit oberflächlichen Nacherzählungen der Selbstdeutung von »Eingeborenen« zufrieden. Sie überwanden die primitivistischen Vorstellungen über den *primitive man* und lernten durch teilnehmende Beobachtung die Komplexität der tribalen Lebenswelt kennen.
Wesentliche Entdeckungen britischer Ethnologen gründen in der zentralen Einsicht in die *Komplexität* von Stammesgesellschaften. Diese Einsicht ist die Basis der *social anthropology*.
Durch die analytische Erschließung tribaler Komplexität wird die naive

Auffassung von den »Primitiven« aufgelöst. Stammesgesellschaften werden nicht mehr analysiert, um einen Ausgangspunkt für evolutionistische Spekulationen zu gewinnen. Die konkrete Entfaltung dieser Komplexität erschließt einen neuen, sozialwissenschaftlichen Begriff von Verwandtschaft und die politische Dimension der Stammesgesellschaft. Verwandtschaft und politische Organisation werden zunächst durchaus als einheitlicher Zusammenhang begriffen; erst im Verlauf der Akademisierung und Spezialisierung verselbständigt sich auch diese Verwandtschaftstheorie zu einer esoterischen Disziplin, die von den politischen Implikationen ihres »Gegenstandes« nichts mehr weiß.
Die Leistung der neuen Verwandtschaftstheorie ist die Überwindung des Biologismus, die Widerlegung aller Interpretationen von Verwandtschaft als einem naturwüchsigen, »blutmäßigen« Zusammenhang.
Die Vielfalt der Verwandtschaftssysteme und deren komplizierte Strukturen wurden immer genauer erforscht und dargestellt. Verwandtschaft hörte auf, die einfache, »primitive« Sache zu sein.
So wichtige Erkenntnisse diese neue Verwandtschaftstheorie auch erbracht hat, sie konnte sich doch mit vorliegenden theoretischen Vorarbeiten und einigen empirischen Untersuchungen auseinandersetzen. Die Kompliziertheit von Verwandtschaftsterminologien und Heiratsregeln war auch vorher schon offensichtlich; nur wurde versucht, diese Kompliziertheit evolutionistisch zu reduzieren, ohne die funktionale Komplexität von Verwandtschaftsordnungen zu erfassen.
Anders verhielt es sich mit der politischen Dimension. Die »Primitivität« von Stammesgesellschaften wurde gerade im Fehlen politischer Institutionen gesehen (während immerhin Verwandtschaft als dominantes Organisationsprinzip gerade das Stigma der Zurückgebliebenheit trug).
Der besonders hartnäckige und erbitterte Widerstand, den Stämme von scheinbar allereinfachster politischer Struktur, die »nicht einmal« einen Häuptling hatten und von Evans-Pritchard darum mit dem wissenschaftlichen Terminus akephal bezeichnet wurden, der kolonialen Penetration entgegensetzten, veranlaßte britische Kolonialethnologen, die politischen Aspekte der sozialen Organisation dieser rebellischen Stämme überhaupt zu thematisieren und die politische Struktur scheinbar einfach organisierter Stämme nicht nur als defizienten Modus abzutun.
Am Beispiel der Feldstudien von Evans-Pritchard bei den Nuern wird deutlich, in welchem Maße die neuen Monographien über »primitive government« durch die koloniale Situation bedingt waren: Evans-Pritchard machte seine Beobachtungen in seiner Eigenschaft als Kolonialbeamter in einer Periode, der heftige, gegen die koloniale Durch-

dringung gerichtete Aufstände im südlichen Sudan vorangegangen waren.
Die Eigentümlichkeit, daß die Theorien über *primitive politische Systeme* an afrikanischen Paradigmata entwickelt wurden, hängt eng mit der historischen Entstehungssituation zusammen. Sie war bestimmt durch die Fortdauer bzw. das erneute Auftreten von antikolonialen Widerstandsaktionen. Auch nach dem formalen Abschluß der *Pazifizierung*, an den sich der systematische Aufbau einer Verwaltungsorganisation anschloß, bereitete die Kontrolle akephaler Gesellschaften weit größere Schwierigkeiten als jene der traditionellen Königreiche: diese waren durch die wachsende Abhängigkeit ihrer Zentralinstanzen von Handelsbeziehungen mit den kapitalistischen Ländern und die Bestechlichkeit der Könige spätestens nach dem Zusammenbruch des primären Widerstandes leicht in den Rahmen der Kolonialverwaltung einzufügen, die vor allem im englischen Kolonialreich, aufbauend auf den »positiven« Erfahrungen in Indien, auf das Prinzip der *indirect rule* ausgerichtet war.
Während Häuptlingstum, Königs- und Priesterherrschaft eher als groteske Anläufe zu politischen Institutionen ironisiert werden konnten, erzwang die eigentümliche Komplexität und Widerstandsfähigkeit der traditionellen Sozialordnung häuptlingsloser afrikanischer Stämme eine neue wissenschaftliche Interpretation.
Häuptlingslose Gesellschaften waren zwar auch früher schon in Monographien dokumentiert worden, und sie spielten eine Rolle in den spekulativen Gesellschaftstheorien der Klassiker der politischen Theorie. Aber das Fehlen politischer Herrschaft und anderer Parameter der gesellschaftlichen Ungleichheit diente nur als ahistorischer Ausgangspunkt für Legitimitätsmodelle, die auf die sich entwickelnde bürgerliche Gesellschaft bezogen waren. Herrschaftslosigkeit, Klassenlosigkeit waren lediglich negative Begriffe, die selbst nicht als Bausteine einer Gesellschaftstheorie taugten.
Die wachsende Vertikalisierung des Gesellschaftsaufbaus in den kapitalistischen Metropolen ließ die negative Schablone der Klassiker verblassen. Statt dessen prägte im viktorianischen Zeitalter Frazers Theorie vom sakralen Königtum das öffentliche Bewußtsein.
In seinem Bann suchten Kolonialbeamte auch bei primitiven Stämmen nach Häuptlingen, die als Agenten kolonialer Kontrolle eingespannt werden konnten.
Die akephalen Stämme reagierten auf dieses Ansinnen mitunter, indem sie eher marginale Individuen als Häuptlinge vorschoben. Aber auch wo dies nicht geschah, kreierten die Kolonialbehörden eine neue Herrschaftsposition – und schufen damit einen zusätzlichen Anstoß zu anti-

kolonialen Bewegungen, wie z. B. bei den nigerianischen Tiv in den zwanziger Jahren dieses Jahrhunderts.

Das offensichtliche Scheitern der administrativen Oberflächlichkeit und Äußerlichkeit eröffnete die Chance, daß empirische Studien zugelassen, schließlich gar ermutigt und berücksichtigt wurden, die die rebellierenden Stämme nicht mehr von außen beschrieben, sondern von innen zu verstehen suchten. Die unabhängig von der afrikanischen Situation von Malinowski entwickelte Methode der Feldforschung konnte diesem Zweck optimal gerecht werden.

Es zeigt sich dabei, daß weniger die rationale Weitsicht der Kolonialpolitik als vielmehr die Initiative einzelner Kolonialintellektueller die systematische Erforschung tribaler Strukturen vorantrieb.

Das Ergebnis der ersten Feldforschungen wurde 1940 in einem klassisch gewordenen Sammelband vorgelegt: *African Political Systems*. In der Einleitung unterschieden Evans-Pritchard und Meyer Fortes zwei Typen von afrikanischen Gesellschaften: staatslose, akephale Gesellschaften und staatlich organisierte Gesellschaften.

Diese Dichotomie afrikanischer politischer Systeme berücksichtigt einerseits die Anforderung der *indirect rule;* Evans-Pritchard und Fortes zeigen die entgegengesetzten Effekte dieses Prinzips auf die beiden Typen. Zugleich bezeichnet sie eine wesentliche Schwelle in der gesellschaftlichen Entwicklung der Stammesgesellschaften, die tendenziell die Klassengesellschaften von den Vorklassengesellschaften scheidet, auch wenn es zentralisierte Stammesgesellschaften gibt, in denen eine Klassenscheidung noch nicht eingetreten ist. Die wichtigsten neuen Erkenntnisse erarbeitete die *social anthropology* für den Typus der akephalen Gesellschaften.

In Anknüpfung an Durkheims Gesellschaftstheorie nannten sie den ersten Typ »segmentäre Gesellschaften«. Diese Bezeichnung bezieht sich aber weniger auf die problematische Typologie Durkheims als auf die strukturelle Gliederung dieser Stammesgesellschaften durch Verwandtschaftsgruppen, die vergleichbar den Segmenten einer Zitrusfrucht kompakte und homogen unterteilte gesellschaftliche Integrate bildeten. Entscheidend war die Entdeckung, daß unilineare Abstammungsgruppen Strukturen darstellen, die auch ohne politische Zentralgewalt funktionsfähige Großgebilde tragen können. So umfassen die nilotischen Nuer etwa 300000, die westafrikanischen Tiv sogar 70000 Menschen.

Das Verhältnis der Verwandtschaftssegmente zueinander wird durch das Prinzip der segmentären Opposition bestimmt: Verwandtschaftsgruppen spalten sich und konfrontieren sich synchron mit der genealogischen Beziehung der betroffenen Individuen, und ähnlich organisiert

sich das geschlossene Auftreten großer genealogischer Blöcke gegen andere, das vom genealogischen Äquivalenzprinzip bestimmt wird.
In einem Rückgriff auf die Terminologie der Kernphysik werden diese Prozesse von Evans-Pritchard und Fortes als *fusion* und *fission* äquivalenter Verwandtschaftsblöcke begriffen.
Indem die erste Antwort nach den wesentlichen Strukturen akephaler Stammesgesellschaften auf Verwandtschaftsgruppen verweist, wirft sie eine Reihe weiterer Fragen auf; wie hängt das System der generativen Reproduktion mit der Produktionsweise zusammen, und inwieweit ist dieser Zusammenhang politisch relevant?
Die objektive Grundlage für den Gesellschaftsaufbau akephaler Gesellschaften ist die kollektive Regelung der Lebensverhältnisse ihrer Mitglieder. Obwohl die landwirtschaftliche Produktion im allgemeinen nur auf der Ebene der Großfamilie organisiert ist, ist es keineswegs bedeutungslos, daß der Boden Eigentum der Verwandtschaftsgruppe, des Dorfes, des Stammes ist, weil durch diese Regelung das Privateigentum an den nichtigsten Produktionsmitteln ausgeschlossen wird. Auf dieser Basis der Produktionsweise kann sich leicht über diese Negativität hinaus eine wirklich kollektive Produktionsweise entwickeln, wenn dies vom Produktionsprozeß her zweckmäßig ist, wie das Beispiel der Naßreisbau treibenden Balante in Guiné-Bissau zeigt.
Die zentralen Strukturen kollektiver Lebenssicherung sind die unilinearen Deszendenzgruppen (Abstammmungsgruppen), die über ihre organisatorischen Regeln sowohl den Zugang zu den materiellen Produktionsmitteln wie die Heiratschancen der Individuen bestimmen. Stammesgesellschaften sind geordnete Sozialgebilde, deren Ordnung man nur verstehen kann, wenn man sie als Objektivation grundlegender kollektiver Entscheidungen begreift. Gesamtgesellschaftliche Zusammenhänge enthalten immer auch politische Grundentscheidungen. Das Fehlen von gesellschaftlichen Hierarchien und insbesondere von politischen Zentralinstanzen ist nicht naturwüchsiges Resultat von sogenannter Blutsverwandtschaft und kann auch nicht aus der spontanen Entwicklung von Arbeitsteilung abgeleitet werden.
Herrschaftslosigkeit ist nicht Ausdruck rassischer Minderwertigkeit, die sich in kognitiver Unfähigkeit, Herrschaft zu konzipieren, niederschlägt, sondern *gewollt;* Ausdruck eines *Kollektivwillens,* den man bündig als *primären Egalitarismus* benennen kann.
Jener scheinbar mystifikatorische Begriff aus Durkheims Gesellschaftstypologie ist empirisch konkretisierbar, und die ihm korrespondierenden Erscheinungen sind der Beobachtung zugänglich. Auch in einfachen Gesellschaften gibt es nämlich spontane Versuche, die egalitäre Ordnung zu durchbrechen. Im Widerstand der Stammesgesellschaft gegen

solche individuellen Vorstöße erweisen sich Gleichheitsvorstellungen als gesellschaftliche Normen, deren Existenz und Zusammenhang gesellschaftlich reproduziert werden müssen.
Es gibt eine ganze Reihe solcher Reproduktionsmechanismen, die alltäglichen oder eher dramatischen Charakter haben können. Alltäglich ist der Teilzwang: alles, was vom Einzelnen nicht verbraucht ist, steht den anderen zur Verfügung. Nur die Vorräte und wertvolle Gegenstände sind davon ausgenommen. Vorübergehende Akkumulation von Vorräten wird durch Verdienstfeste oder andere Festlichkeiten abgebaut.[1]
Daß Gleichheit nicht Ergebnis mechanischer Solidarität ist, wie Durkheim meinte, sondern Ergebnis dynamischer Prozesse, zeigt sich im Auftreten gegenläufiger Tendenzen. So versuchten Stammesprominente immer wieder, die anderen Stammesangehörigen in Abhängigkeit von sich zu bringen und sich gewissermaßen als Dorfkönige zu etablieren. Gegen sie mobilisierte sich aber von einem bestimmten Punkt an der antiherrschaftliche Widerstand, der bis zur Tötung der Prominenten gehen konnte. Diese Herrschaft abbauenden Prozesse nahmen häufig die Form von Hexenjagden an. Dies ist ein Ausdruck der Tatsache, daß in der Gentilgesellschaft Macht nicht rationalen Erfordernissen entsprach und nur in irrationalen Vorstellungen darstellbar war. Die Stigmatisierung von Machtstreben als schwarze Magie ist Ausdruck der Mißbilligung von Macht und Ungleichheit. Für *social anthropologists* wurden diese Prozesse umso relevanter, als die Kolonialverwaltung mit Reaktionen auf ihre administrativen Maßnahmen in Form der Hexenjagd gegen die von ihr oktroyierten Häuptlinge konfrontiert wurde.
Am Anfang der *social anthropology* stand eine deutliche Sympathie für die egalitäre Struktur akephaler Gesellschaften und die antiautoritären Affekte der *tribals*. Es existierten Beziehungen der Begründer der *social anthropology* zu anarchistischen Strömungen – überliefert werden jene Radcliffe-Browns zu Kropotkin und sein Spitzname Anarchy-Brown. Aber mit der Akademisierung und Professionalisierung (besonders durch die Feldforschung) unter Fortführung der kolonialethnologischen Bindungen fiel das intellektuelle Engagement auf jene janusköpfige Philanthropie zurück, die Missionaren ebenso wie Ethnologen zu eigen ist. Die Analyse des primären Egalitarismus eröffnet den Menschen, an denen dieser beobachtet wird, keine revolutionäre Perspektive der Befreiung, sondern dient lediglich einer flexibleren »kolonialen Gestaltung« (Thurnwald).
Auf der Theorieebene wird die Strukturanalyse auf die Verwandtschaftsdimension verengt. Eine theoretische Durchdringung der Gesamtstruktur von Stammesgesellschaften unterbleibt. Die nach Berei-

chen gegliederten Anthropologien, wie sie vor allem amerikanische Autoren publizierten, zerlegen die Stammesgesellschaft in einzelne Aspekte, ohne zu einer Synthese zu gelangen.

Zugleich haben die funktionalistische Theorie Malinowskis und die Strukturanalyse Radcliffe-Browns eine wichtige Bedeutung für den Strukturfunktionalismus der bürgerlichen Soziologie, insbesondere in der Parsonsschen Theorie, die sich erst von dieser Basis aus zur Systemtheorie weiterentwickelte.

Der inhaltliche Zusammenhang von *social anthropology* und soziologischer Theorie, d. h. die Unerläßlichkeit der ethnologischen Komponente, ist darin zu sehen, daß nur auf Basis einer Theorie der Stammesgesellschaft Modelle der institutionellen Integration und des gesellschaftlichen Gleichgewichts entwickelt werden konnten. Die Unangemessenheit dieser Theorie als einer allgemeinen Gesellschaftstheorie beruht auf der Übertragung eines Modells, das aus der Vorklassengesellschaft abstrahiert wurde, auf die kapitalistische Klassengesellschaft. Dieses die Struktur einer egalitären und kollektiv organisierten Gesellschaft reproduzierende Modell eines reproduktiven gesamtgesellschaftlichen Systems ist am ehesten noch einer vorkolonialen Stammesgesellschaft mit relativ statischen Strukturen adäquat. Wäre das Modell aus der kapitalistischen Gesellschaft entwickelt worden, hätte die Aporie nicht entstehen können, ein statisches Gesellschaftsmodell mit der realen gesellschaftlichen Dynamik versöhnen zu müssen. Am offensten wird diese kompensatorische Harmoniefunktion der Anthropologie von Elton Mayo in seinem Bericht über die Hawthorne-Experimente und den weiterführenden Überlegungen über die »Human problems of an industrial civilization« (New York 1960) ausgesprochen.

Eine *funktionale Gesellschaft* kann man nach Mayo nur in den Untersuchungen der Anthropologen finden (147). Funktional sind die Gesellschaften, mit denen sich Anthropologen beschäftigen, weil eine enge Zuordnung von Sozialstruktur und ökonomischen Tätigkeiten gegeben ist (148). Ein *primitive social code* (172) steuert die Kooperation, die Individuen werden nicht in extreme Isolation getrieben – und schließlich bleibt kein Spielraum für die Entstehung radikaler oder intelligenter (sic!) Meinungen (149).

Vor dem Hintergrund der kulturellen Integrationsfähigkeit und der motivationalen Kapazität intakter Primärgesellschaften tritt die Anomie der »Industriegesellschaften« grell zutage. Während Mayo aber noch die zerstörerischen Konsequenzen dieses Systems offen benannt hat, auch wenn die Ursachen nicht erkannt wurden und der *social anthropology* die Funktion zugewiesen wurde, Kategorien der Reintegration in praktischer Absicht induktiv zu entwickeln, hat ein Großteil der *cultural/so-*

cial anthropologists komparative Methode eingesetzt, um den kulturellen Verfall spätkapitalistischer Gesellschaften von der universellen Nomenklatur von Struktur und Funktion, Integration und System, Bedürfnissen und Werten überdecken zu lassen.

Allerdings hat gerade die Erforschung segmentärer Gesellschaften und eine auf ihre Ergebnisse bezogene Analyse der politischen Strukturen von Königreichen die statische Illusion des Funktionalismus gesprengt. Gluckmans Aufsatz »Rituals of Rebellion in South East Africa« rekonstruiert die gesellschaftliche Bedeutung von Widerstand und Konflikt auch in den zentralisierten Gesellschaften.

Die Ambivalenz des Funktionalismus liegt darin, daß er die prinzipielle anthropologische Äquivalenz aller gesellschaftlichen Institutionen anerkennt.

Auf der einen Seite kann sie als antirassistische Interpretation von Strukturen der Stammesgesellschaft verstanden werden. Andererseits verliert der Funktionalismus den Wertmesser für gesellschaftliche Institutionen. In Malinowskis System erscheinen Institutionen schlechthin als Manifestationen erfüllter Bedürfnisse. Mit seiner ahistorischen Kulturtheorie verzichtet Malinowski darauf, Kriterien für geglückte und mißglückte Befriedigung von Bedürfnissen zu entwickeln. Die konkreten Widersprüche zwischen individuellen Bedürfnissen und institutionellen Zwängen werden in dieser Theorie nicht mehr thematisierbar. Herrschaft und Ausbeutung werden ebensowenig als Schwellenwerte der gesellschaftlichen Entwicklung bestimmt wie die dazu antagonistischen Tendenzen von Freiheit und Widerstand. Dieser die Entfremdung im Kapitalismus anthropologisch zurückblendenden Institutionentheorie entspricht eine objektivistische Methodologie. Adam Kuper bestimmt in seinem Rückblick auf die *social anthropology*[2] die besondere anthropologische Perspektive durch die Annahme, daß die Modelle der *actors* Teil der Daten sind, aber nicht nützliche Analyse der zu studierenden Systeme (238). Die *actors* sind nicht in der Lage, die wesentlichen Fragen zu stellen, da sie ihren eigenen Handlungsprogrammen unterworfen sind.

Diese objektivistische Methodologie spiegelt weit eher die Alltagsroutine apathisch gehaltener Massen in den Metropolen wider als die Naivität von *tribals*.

Vor dem Hintergrund dieser methodologischen Perspektive und der ihr entsprechenden »observierenden« Feldpraxis ist es nicht verwunderlich, daß eine wirkliche Identifikation der Wissenschaftler mit den Interessen der »Objekte« ihrer Observation und ihres Theoretisierens nicht zustande kommt.

Die besondere Bedeutung dieser Methodologie für die bürgerliche Gesellschaftstheorie liegt darin, daß am Beispiel der kolonial unterdrückten Stammesgesellschaften Paradigmata des Zugangs zu gesellschaftlicher Realität unter Bedingungen der Äußerlichkeit des Verhältnisses von Wissenschaftler und gesellschaftlichen Subjekten in der Perspektive ihrer Kontrollierbarkeit entwickelt werden konnten.[3]

Zwar haben sich sowohl Malinowski[4] als auch Evans-Pritchard[5] in leichtfertiger Weise auf die Verantwortungslosigkeit des Anthropologen zurückgezogen und diesen Rückzug aus der Verantwortung damit begründet, Entscheidungen seien Sache der Administratoren und Politiker, nicht der Wissenschaftler. Damit haben sie den Weg für die enge Kollaboration von Ethnologen und imperialistischen Instanzen freigegeben. Auf der anderen Seite aber haben sich aus den Forschungsarbeiten der britischen *social anthropology* weder ein *big-science*-Projekt wie die von Murdock initiierten amerikanischen Human Relations Area Files noch *counter-insurgency*-Programme im *Camelot*-Stil entwickelt. Dies liegt freilich wesentlich an dem rapiden Niedergang des britischen Imperialismus, während für die amerikanischen *cultural anthropologists* – ganz abgesehen von ihrer problematischen Rolle in der Indianerfrage – in der expansiven Phase des US-Imperialismus seit dem Zweiten Weltkrieg lukrative Aspekte der *counter insurgency* realisiert werden konnten.

Verzicht auf politisch relevante Großprojekte und der Rückzug auf akademische Interessen schlossen die freiwillige Funktionalisierung der Funktionalisten für etablierte Interessen nicht aus. Exemplarisch zeigt sich das in der »Untersuchung der Rassenbeziehungen in Afrika«; der Untertitel von Malinowskis Vorlesungen über die »Dynamik des Kulturwandels«[6] bezeichnet das prekäre politische Feld, in dem die social anthropology ihre Bewährungsprobe hätte bestehen können. Mit aller Deutlichkeit stellt Malinowski in diesem Text der Anthropologie die Aufgabe, die Bildung »neuer, potentiell gefährlicher Nationalismen« (160) in Afrika verhindern zu helfen.

Malinowskis funktionalistische Bedürfnistheorie dient nun dazu, die Befriedigung elementarer Bedürfnisse als Vorbedingung für die Aufrechterhaltung der europäischen Herrschaft zu begreifen. Koloniale Wohlfahrtspolitik und die Gewährung administrativer Autonomie sollen die »Konvergenz von afrikanischen und europäischen Interessen« sicherstellen (161). Mit zynischer Offenheit hat Malinowski Segregation und *color bar* als unausweichliche Konsequenz der Siedlerkolonien bezeichnet (160).

Das für Malinowski typische Abschneiden historischer Frageketten, das er methodologisch mit den spekulativen Sünden des Evolutionismus rechtfertigt, gründet real in seiner Weigerung, die Prozesse der gewalt-

samen Enteignung der afrikanischen Stämme, ihrer Verjagung aus den fruchtbaren Anbaugebieten, als politisch und rechtlich relevantes Thema zu akzeptieren.
Das von Malinowski formulierte Thema der *Konvergenz* von europäischen und afrikanischen Interessen, das etwa gleichzeitig bei Gluckman auftaucht, wird bis in die gegenwärtigen Konflikte im südlichen Afrika fortgeführt. Es wird im neuen, von J. S. Furnivall eingeführten Begriff *plural society*[7] aktualisiert. Mit diesem Begriff, der eine aus verschiedenen ethnischen Gruppen – im aktuellen Kontext: »Rassen« – bestehende Gesellschaft bezeichnet, verbindet sich die wohl wichtigste politische Funktion, welche die *social anthropology* übernommen hat. Diese Funktion ist zunächst durch Ambivalenz bestimmt: mit diesem Konzept läßt sich sowohl eine rigide Rassendiskriminierung wie eine liberale Variante der Ausbeutung einer andersrassigen Majorität konzipieren und als »funktionsfähig« erweisen.
Mit der politischen Offensive der afrikanischen Majorität gewinnt freilich die zweite, liberale Variante an Gewicht. Jetzt wird die flexible, »humane« Politik der Integration befürwortet, um die kapitalistische Produktionsweise fortführen zu können. Die Anthropologie übernimmt eine Art Brückenbauerfunktion: sie ermöglicht ideologisch das Bündnis zwischen den liberalen Kapitalfraktionen und einer anpassungsbereiten »schwarzen Bourgeoisie«.
Die Stellungnahmen der *social anthropologists* zur Rassenproblematik im südlichen Afrika und die aus den theoretischen Konzepten der *social anthropology* abgeleiteten Anwendungsstrategien müssen als wesentlicher Test für die politische Qualität der *social anthropology* angesehen werden.
Gerade in der Rassenfrage zeigt sich, daß auch die fortschrittlichsten *social anthropologists* nicht über die liberale Philanthropie hinauskommen. In neueren Monographien über die Stammesreservate und die afrikanischen *townships* wird zwar durchaus das Ausmaß der Mißstände aufgedeckt und statistisch belegt. Die Autoren gehen aber nie über sozialpolitische Vorschläge hinaus.
Kennzeichnend ist, worauf Kuper (178) hinweist, daß in *African Political Systems* nur ein einziger Autor, Max Gluckman, auf den »context of racial domination« eingeht. In vielen Monographien wird die koloniale Unterdrückung allenfalls beiläufig erwähnt, ansonsten aber eine isolierte Stammesgesellschaft präpariert. In diesem Verschweigen ist ein wesentliches Versagen der *social anthropology* zu sehen.
Aber auch bei Gluckman zeigen sich die Schranken bürgerlicher Wissenschaft und eine unüberspringbare Interessengebundenheit. Gluckman, als Sohn russisch-jüdischer Eltern in Johannesburg geboren,

schreibt selbst, daß er, bereits durch den Vater beeinflußt, sehr früh auf der Seite der Afrikaner gestanden habe.[8] In seinem Beitrag zu *African Political Systems* (1940) über das Königreich der Zulu betont er auch, daß nur die überlegene Zentralgewalt der Kolonialregierung die zwei verschiedenen *colour-groups* zusammenhalte, weil die Interessen und Werte von Zulu und Europäern verschieden seien und die Zulu die Regierung als eine gegen ihre Interessen gerichtete Ausbeutungsorganisation ansähen (54f.).
Im gleichen Jahr beschreibt Gluckman aber in seinem Aufsatz »Analysis of a Social Situation in Modern Zululand« die Einweihung einer neuen Brücke in Zululand und kommt zu der Einschätzung, daß das Verhalten der verschiedenen schwarzen und weißen Individuen, die an dieser gemeinsamen Zeremonie teilnahmen, durch ihre Interessen an der Brücke bestimmt sei. Obwohl die Interessen der schwarzen und weißen Gruppen im allgemeinen entgegengesetzt seien, hätten sie ein gemeinsames Interesse am Bau und an der Nutzung der Brücke.[9]
Dieses vielzitierte Paradigma bezieht sich theoretisch auf das von Evans-Pritchard und Fortes entwickelte Konzept der segmentären Opposition, das eine situative Kooperation ansonsten verfeindeter Blöcke vorsieht.
Freilich findet in der Übertragung aus der traditionellen segmentären Gesellschaft eine Verkehrung der Bedingungen statt: während im ursprünglichen Modell die Prozesse der segmentären Dynamik dem Äquivalenzprinzip unterlagen, so daß immer gleichwertige Blöcke einander gegenübertraten oder miteinander konkurrierten, wird das Verhältnis der einander entgegengesetzten »rassischen« Blöcke durch gesellschaftliche Ungleichheit bestimmt. Während die Gleichwertigkeit real durch die zu mobilisierende Anzahl von Menschen und strukturell durch die genealogische Äquivalenz bestimmt wird, resultieren in den Siedlerkolonien die Systemprobleme gerade aus dem Unverhältnis von Macht und quantitativer Größe ethnischer Gruppen.
Die Übertragung des Modells der segmentären Opposition ist also nur möglich durch eine formalistische Auffassung der realen gesellschaftlichen Prozesse. Gluckman operationalisiert diesen Transfer, indem er an die *cross-cutting alliances* afrikanischer Gesellschaften anknüpft, wo feindliche Beziehungen zwischen Gruppen positive Beziehungen (z. B. Heirat) nicht ausschließen, sondern diese sogar jene voraussetzen.
Auf dieser Basis hypostasiert Gluckman eine *white-Zulu community*. Sie besteht in den wirtschaftlichen Bedingungen, die eine gesellschaftliche Kohäsion erzeugen, so daß ein »soziales System trotz Unterdrückung und Haß arbeitsfähig sein kann« – und die professionelle Pflicht des An-

thropologen, auch wenn er die grundlegenden Prämissen dieses Systems haßt, ist es, zu untersuchen, wie es funktioniert (375).
Indem, so muß man nun interpretieren, die rassische Minderheit die Produktionsmittel kontrolliert, erzeugt sie ein Interesse der unterdrückten Mehrheit am »industriellen System« und damit eine minimale Akzeptanz des *industrial system*. Auch wenn die Beziehungen zwischen zwei sozialen Gruppen antagonistisch sind, so reicht das »gemeinsame« Interesse der beiden ethnischen Gruppen am Fortbestand des Systems doch aus, um eine Koexistenz auch in anderen gesellschaftlichen Bereichen zu motivieren. In dieser Argumentation geht verloren, daß es gerade die konkreten Bedingungen des *industrial system* sind, welche die Beziehungen zwischen den beiden Blöcken »belasten«.

Nach diesen kritischen Kommentaren stellt sich die Frage: was rechtfertigt heute noch die Herausgabe dieser Texte?
Eine befriedigende Antwort auf diese Frage kann nur in der Auseinandersetzung mit den Texten selbst gefunden werden. Aber formelhaft ließe sich die positive Relevanz der *social anthropology* auf drei Ebenen ansiedeln:
1. *Social anthropology* als Theorie sozialer Elementarstrukturen
2. Aktualität der Akephalie
3. Demonstrationseffekt des primären Egalitarismus für alternative Gesellschaftstheorien

*1. Social anthropology
als Theorie elementarer sozialer Strukturen und Prozesse*

Indem die *social anthropology* eine umfassende komparative Theorie segmentärer Gesellschaften hervorgebracht hat, hat sie zugleich Modelle produziert, mit denen die Funktionsmechanismen von Vorklassengesellschaften erklärt werden können. Da komplexe Mechanismen zentraler Organisation entfallen, kann damit eine Theorie der Elementarstrukturen menschlicher Gesellschaften verhältnismäßig rein konstruiert werden.
Segmentäre Gesellschaften sind keine »Urgesellschaften«, sind auch nicht »einfach«; noch kann man sie sinnvoll als Gesellschaften, die am Anfang der Entwicklung stehen, begreifen. Andererseits befinden sie sich auch nicht in einer Sackgasse der gesellschaftlichen Entwicklung. Sowohl in ihrer strukturellen Reproduktion wie in ihrer geographischen Expansion erweisen sie sich als dynamisch.
Schließlich aber sind sie »Übergangsgesellschaften« in dem Sinn, daß

diese akephalen Gesellschaften Herrschaftsstrukturen hervorgebracht haben, daß sie sich in zentralisierte Gesellschaften transformieren können. Der Theorie segmentärer Gesellschaften kommt somit eine Scharnierfunktion für eine allgemeine Evolutionstheorie zu.
Die Dynamik solcher Gesellschaften zeigt sich aber auch in der entgegengesetzten Richtung: ihr Widerstandspotential kann die von kolonialer Herrschaft auferlegte Stagnation aufsprengen.

2. Aktualität der Akephalie

Vielfach wird versucht, die Dichotomie akephal : zentralisiert als »künstlich«, spekulativ und nicht verifizierbar hinzustellen. Daß dieser Einwand unbegründet ist, der Dichotomie vielmehr historische Realität entspricht und sie bis in die jüngste Zeit von höchster politischer Aktualität ist, zeigt sich im Zusammenhang des antikolonialen Befreiungskampfes in den früheren portugiesischen Kolonien. Genau wie die Einleitung von *African Political Systems* unterschied der Führer des Befreiungskampfes in Guiné-Bissau und Cabo Verde, Amilcar Cabral, zwei Typen von Gesellschaften: staatslose und »hierarchische« Stämme.[10] Als wichtigste Repräsentanten sind für Guiné-Bissau die akephalen Balante und die islamischen Ful zu nennen.
Cabral war in den Jahren 1952–54 bei seinen agrarstatistischen Untersuchungen in Guiné-Bissau aufgefallen, daß die Intensität des Reisanbaus, allgemeiner die agrarische Spezialisierung, ein ethnisches Attribut war und von Stamm zu Stamm variierte. So waren die Balante die erfolgreichsten Reispflanzer, während die Ful und Manding sich auf Mais und Erdnüsse spezialisiert hatten. 61% des Naßreisanbaus wird von den Balante betrieben. Die Manjaken folgen mit 12%, die Ful mit 7%, während umgekehrt die Ful 43% der Erdnußernte produzieren, die Balante nur 17,29%. Diese »ethnische Determination« der Anbauarten gilt auch in einem qualitativen Sinn: so erzielten die Balante höhere ha-Erträge als alle anderen Stämme.
Cabral gibt eine knappe, aber in jedem Punkt zutreffende Charakterisierung der Balante als einer »staatslosen« Gesellschaft: Fehlen von Schichtung; Autorität des Dorfältestenrates; Eigentum der Dorfgemeinschaft an Grund und Boden bei familiärer Bodennutzung und mehr oder weniger individuellen Eigentumsrechten an Arbeitsinstrumenten. Er hebt die tendenzielle Monogamie der Balante und die relativ starke Rolle der Frau hervor. Insgesamt ordnet Cabral die Balante einem späten Stadium der Auflösung des Urkommunismus zu.
Während die islamischen Fulbauern ihren Häuptlingen folgten und

darum der Mobilisierung durch die PAIGC zunächst große Schwierigkeiten bereiteten, haben die »staatslosen« Gruppen den kolonialistischen Eindringlingen den stärksten und nachhaltigsten Widerstand entgegengesetzt und die größte Bereitschaft gezeigt, sich aktiv in die Befreiungsbewegung einzugliedern.
Die zentralisierten Stämme beruhten selbst auf dem Prinzip der Eroberung und hatten das Prinzip Herrschaft akzeptiert. Ihre Mitglieder konnten von den Portugiesen für Pazifizierungsaktionen gegen die rebellierenden Stämme eingesetzt werden. Vor allem aber sicherte die Kollaboration der Häuptlinge mit den Kolonialisten die Kontrolle über die Stämme.
Cabrals Analyse der Gesellschaftsstrukturen auf dem Lande hat durch ihr typologisches Verfahren, das im wesentlichen der Unterscheidung in *African Political Systems* entspricht, die Aufeinanderfolge der Etappen bestimmt: Zuerst Konzentration auf die herrschaftsfreien Stämme. In der zweiten Etappe aber konnten auch die von Häuptlingen beherrschten Stämme agitiert werden, wobei dieser Agitation zugute kam, daß die beiden Typen von Gesellschaften durch ein wesentliches Merkmal nichtfeudaler, vorkapitalistischer Gesellschaften: das kollektive Landeigentum, verbunden sind.
Cabral sah richtig, daß der politische Überbau der Ful, der oberflächlich an europäische Feudalstrukturen erinnert, auf die gentile Produktionsweise nur aufgepfropft war. Das ermöglichte eine Strategie der Isolierung der kollaborierenden Häuptlinge von der Mehrheit der Stammesmitglieder. So konnte eine differenzierte Analyse und entsprechendes Vorgehen in Etappen mit der Notwendigkeit, die Mobilisierung über Stammesgrenzen hinauszutreiben, verbunden werden.
Cabral ist also nicht einem fixen historischen Evolutionsschema erlegen, als er die herrschaftsfreien, häuptlingslosen Balante und andere guineische Stämme für besonders geeignet hielt, den bewaffneten Kampf gegen die portugiesischen Kolonialisten zu führen. Dem kruden Evolutionismus hätten die feudalen islamisierten Stämme als fortgeschrittenere Gruppen und damit als zu bevorzugende Basen erscheinen müssen. Vor einem solchen Fehlurteil wurde Cabral freilich bereits durch seine eigene Agrarstatistik bewahrt.
Die antikoloniale Revolution in Guiné-Bissau war keine antifeudale Revolution, sondern eine tribale Bauernrevolution unter Führung einer kleinen Schicht von Intellektuellen.
Es scheint eine zwangsläufige Tendenz zu sein, daß in den vom Kolonialismus befreiten Ländern, auch entgegen programmatischen Vorsätzen, eine vergleichsweise stereotype Integrationsform sich durchsetzt – jene des Staates.

Politische Identität bestimmt sich durch Partizipation an Entscheidungsprozessen in dieser spezifischen Form des Überbaus, die nunmehr freilich progressive Inhalte tragen soll und sich positiv abhebt von der Verkommenheit des kolonialen Zwangsapparates. Die exogene Zwangsläufigkeit der revolutionären Staatsbildung ergibt sich aus dem Fortbestehen des Imperialismus. Optionen scheinen aber offen zu sein in der inneren Gestaltung der durch die Befreiung rekonstituierten Gemeinwesen.

Eine Erklärung für diese etatistische Tendenz ist die Komplementarität von »Zivilisation« und Staat: Die revolutionäre Intelligenz, die ihre Verhaltensweisen den Standards der Zivilisation angeglichen, diese z. T. sogar noch puristisch überboten hat, realisiert im Vollzug einer gigantischen auf das Volk gerichteten Erziehungsarbeit das diesen Verhaltensweisen adäquate Gehäuse, den Staat.

Entschieden wird die Auflösung dieses Widerspruchs durch den Charakter dieses Erziehungsprozesses und – im Zusammenhang mit ihm – das Maß an realer Emanzipation der werktätigen Massen im Produktionsprozeß.

Nur wenn vermieden wird, den Prozeß des demokratischen Neuaufbaus in starre bürokratische Bahnen einzuengen, erhält sich überhaupt die Chance, daß jene »primitive Demokratie« der akephalen Stämme nicht unter den Trümmern der Kolonialära begraben bleibt, sondern zur Sprungfeder des gesellschaftlichen Fortschritts wird.

3. Demonstrationseffekt des primären Egalitarismus für alternative Gesellschaftstheorien

Amilcar Cabral hat für die Struktur der Vorklassengesellschaft den Begriff der *horizontalité*[11] geprägt. Entsprechend der klassischen Doktrin des historischen Materialismus, der hier durchaus utopischer Tradition verpflichtet ist, postuliert er die Rückkehr zur *horizontalité* in der Phase des Kommunismus.

Indem die akephalen Stämme in Guiné-Bissau kraft ihrer egalitären Struktur die nationale Revolution vorantrugen, wurde für Cabral diese strukturelle Isomorphie aktualisierbar für eine langfristige Mobilisierungsstrategie. Über das regionale Paradigma hinaus haben egalitäre Gesellschaften die Funktion, die Vorstellbarkeit utopischer Entwürfe zu ermöglichen, indem ihnen durch die Demonstration historischer Realität egalitärer Gesellschaftszustände das Stigma der Nichtrealisierbarkeit genommen wird.

Die bleibende Bedeutung der *social anthropology* liegt darin, daß sie

Gesellschaften ohne Staat in ihrer Funktionsfähigkeit dargestellt hat. Segmentäre Gesellschaften sind damit alternative Gesellschaften für die Gesellschaftstheorie – wenn auch nicht unmittelbar für die politische Praxis. An diesen Gesellschaften zeigt sich, daß Menschen ohne zentrale Herrschaft, ohne Hierarchie und ohne Ausbeutung zusammenleben können. Es zeigt sich an ihnen, daß es keine anthropologische Notwendigkeit für zentrale Herrschaft, Hierarchie, Ausbeutung und strukturelle Ungleichheit gibt. Diese ethnologisch triviale Wahrheit ist nicht belanglos für die Frage, ob radikale Alternativen zur bestehenden spätkapitalistischen Gesellschaft überhaupt denkbar sind. Gleichheit und Herrschaftslosigkeit scheitern nicht an »anthropologischen Erfordernissen«, auch wenn diese Einsicht die Intention der *social anthropologists* übersteigt.

Anmerkungen

[1] Segmentäre Gesellschaften sind akephale Gesellschaften, aber sie können nicht sensu stricto als *egalitäre Gesellschaften* bezeichnet werden, obwohl dies in der Literatur laufend geschehen ist. Es handelt sich vielmehr um *egalitäre Systeme,* welche diese Gesellschaft organisieren. Die Gleichheit ist dabei primär kollektiv definiert. Gleichheitsstatus ist an die Zugehörigkeit zum Kollektiv gebunden. Egalität gründet in Identität. Insofern kann die Hierarchisierung innerhalb der Verwandtschaftsgruppe als mit dem Gleichheitsprinzip verträglich angesehen werden. Der Lineage-Älteste übt keine individuelle Herrschaft aus, sondern handelt für die gesamte Verwandtschaftsgruppe. Dieser Zusammenhang ist noch wichtiger als der transitorische Charakter von Altersrollen, um die Anwendung des Herrschaftsbegriffs im klassenanalytischen Sinne zurückzuweisen. (Französische Ethnologen wie Rey und Bonté haben durch inadäquate Anwendung der Kategorien der Kritik der politischen Ökonomie auf Stammesgesellschaften segmentäre Gesellschaften als Klassengesellschaften bestimmt. Vgl. Heft 21 der Zeitschrift *Dialectiques*.)
Die eigentliche Aporie liegt im stagnierenden Grundwiderspruch segmentärer Gesellschaften: Identität und Egalität gelten nur für die halbe Bevölkerung. Frauen sind keine Subjekte des egalitären Systems, sondern nur seine Medien. Die Hauptproduktivkraft und die Hauptreproduktionskraft treten in diesem egalitären System nur objekthaft auf. Dies folgt aus der tendenziellen Gleichung segmentär = patrilinear. Eine knappe Begründung für diese tendenzielle Gleichung findet sich in meiner Arbeit *Regulierte Anarchie* (1967):
»Die Tatsache, daß sich in unserem sample nur patrilineare Gesellschaften finden, legt die Vermutung nahe, daß akephale Gesellschaften nur dann *große* Integrate (wie z. B. die Nuerstämme, die bis zu 60000 Mitgliedern zählen) bilden, wenn ihre politischen Einheiten patrilinear organisiert sind. – Murdock führt als Bedingung für ein uxorilokales Residenzsystem das Fehlen überlokaler politischer Integration und geringe Frequenz kriegerischer Aktivitäten an (1949: 205). Fragt man umgekehrt nach der Abhängigkeit der politischen Integration von unilinearen Prinzipien, läßt sich die Hypothese formulieren, daß matrilineare Deszendenzgruppen nicht in der Lage sind, den gleichen poli-

tischen Integrationsumfang und ein ebenso hohes Niveau kriegerischer Aktionen zu erreichen wie patrilineare Gesellschaften. Solche Leistungen sind matrilinearen Gesellschaften nur möglich, wenn Zentralinstanzen vorhanden sind. Thoden van Velzen und Wetering haben in ihrer Untersuchung »Residence, power groups and intra-societal agression« (*International archives of ethnography* 49, Leiden 1960) eine Erklärung für diese Tatsache gegeben: sie führen sie auf die Unmöglichkeit für matrilineare Gesellschaften zurück, große powergroups allein nach dem Deszendenzprinzip zu bilden.« (S. 95)

Frauen in patrilinearen Gesellschaften sind in ihren Orientierungsgruppen Gruppenfremde. Aber auch in ihrer Herkunftsgruppe haben sie keinen gleichwertigen Status. Sie sind und bleiben Fremde in der Gruppe, in die ihr generatives Vermögen und ihre Arbeitskraft eingebracht werden. Fremdheit als fehlende Gruppenidentität und Fruchtbarkeit korrelieren. In dieser Perspektive sind Frauen passive Elemente eines Fruchtbarkeitspools, Verfügungsobjekte der von den Lineage-Ältesten dirigierten Austauschprozesse zwischen patrilinearen Verbänden. (Dazu Cl. Meillassoux, *Femmes, greniers et capitaux*, Paris 1975. Deutsche Übersetzung: *Die wilden Früchte der Frau*, Frankfurt (Syndikat) 1976.)

[2] *Anthropology and anthropologists. The British School: 1922–1972*, London 1973.
[3] Dazu ausführlich: P. Marwedel, *Funktionalismus und Herrschaft*, Köln 1976. Diese Arbeit stützt sich allerdings hinsichtlich der Ethnologie fast ausschließlich auf die theoretischen und kolonialethnologischen Schriften Malinowskis und kann darum den revolutionären Aspekten der neuen Anthropologie nicht gerecht werden.
[4] *The dynamics of culture change. An inquiry into race relations in Africa*, New Haven 1961, S. 161.
[5] *Social anthropology*, London 1951, S. 111, 119.
[6] A.a.O. (Anm. 4).
[7] Dazu: L. Kupfer und M. G. Smith, *Pluralism in Africa*, Berkelley 1969.
[8] Ebd., S. 374.
[9] Zitiert nach Kuper/Smith, a.a.O., S. 179.
[10] Vgl. dazu: A. Cabral, *L'arme de la théorie*, Paris 1975.
[11] Ebd., S. 290.

I. Tausch und Wert in Stammesgesellschaften

Vorbemerkung

Als Bewohner des zentralen Hochlands von Neuguinea zum ersten Mal einen Weißen erblickten, dachten sie, es müsse sich um einen der hellhäutigen Kannibalen handeln, von denen in ihren Erzählungen die Rede ist. Ein alter Mann erinnert sich an das Ereignis: »Doch dann gab er uns Muscheln im Tausch für Schweine und wir kamen zu dem Schluß, er sei ein Mensch.«[1] Die in dieser Innensicht hervortretende Vorstellung, daß die Gabe eines ganz nutzlosen Gegenstandes den Gebenden als Menschen kenntlich und allererst das Bestehen einer gesellschaftlichen Beziehung zwischen ihm und dem Empfänger deutlich macht, kontrastiert mit Auffassungen, welche die Organisation primitiver Ökonomien ausschließlich durch das Ziel bestimmt sehen, Nahrungsmittel, Kleidung oder ähnliches zu produzieren, oder Tauschakte in Stammesgesellschaften lediglich als rudimentäre Formen des Warentauschs deuten.
In seiner 1922 veröffentlichten Darstellung des *kula*-Rings, dem *locus classicus* der britischen Ethnographie, macht Malinowski geltend: »Abgesehen von jeder Überlegung, ob Geschenke notwendig oder gar nützlich sind, ist das Geben um des Gebens willen einer der bedeutendsten Züge der Soziologie der Trobriander, und wegen seiner ganz allgemeinen und grundsätzlichen Natur meine ich, daß es ein universaler Zug aller primitiven Gesellschaften ist.«[2] Diese Entdeckung und Einsicht Malinowskis ist trotz der Bedeutung, die er ihr selbst beimaß, in der Folge nicht von ihm systematisiert worden, sondern in zwei anderen theoretischen Weiterentwicklungen bedeutsam geworden.
Zunächst hat Mauss in seiner Studie über »Die Gabe« eine Theorie des Tauschs entworfen, in der dieser unter dem Aspekt von Freiheit und Zwang als archaische Form des Vertrags gedeutet wird, der aufgrund der Verpflichtung zur Gegengabe den Zusammenhalt in und zwischen Stammesgesellschaften garantiert. Neben Malinowskis Darstellung des *kula* und Boas' Arbeiten über den *potlatch* der Kwakiutl hat Mauss eine Fülle ethnographischen Materials herangezogen, um den Nachweis zu erbringen, daß im Gabentausch das Prinzip der Gegenseitigkeit gilt und daß »in diesen (wie wir es nennen möchten) ›totalen‹ sozialen Phänomenen ... alle Arten von Institutionen gleichzeitig und mit einem Schlag zum Ausdruck (kommen)«[3], d. h., daß in ihnen religiöse, rechtliche, moralische, ökonomische und ästhetische Momente enthalten sind.
Andererseits hat das Bemühen, die Geltung ökonomischer Rationalität

auch in Stammesgesellschaften nachzuweisen, zu dem Versuch geführt, die Ergebnisse ethnographischer Forschungen in Einklang mit den Theorien der akademischen Ökonomie zu bringen. Vor allem bei Firth[4], Goodfellow und später bei den formalistischen Wirtschaftsethnologen in den USA zeigt sich eine eigentümliche Affinität zwischen dem »Eingeborenen«, den Malinowski als seinen Eigeninteressen und Bedürfnissen folgend und als rational handelnd beschrieben hatte, und dem autonom handelnden ökonomischen Subjekt der subjektivistischen Wertlehre und der Grenznutzentheorie. Bestimmend blieb dabei der Einfluß des Wirtschaftstheoretikers Robbins, der wie Malinowski und Firth an der *London School of Economics* gelehrt hat. Robbins definiert die Ökonomie als eine Wissenschaft, die menschliches Verhalten als eine Beziehung zwischen Zielen und knappen Mitteln mit alternativen Verwendungsmöglichkeiten studiert. Für Stammesgesellschaften, in denen Wirtschaft als autonomer gesellschaftlicher Bereich nicht besteht, haben sich die dieser Definition zugrundeliegenden Prämissen mindestens in der eher pragmatischen Wendung, die Firth ihnen gab, aufrecht erhalten lassen. Allerdings ließ sich dabei die Trennung von ökonomischen und nicht-ökonomischen Werten meist nicht durchhalten. Für Firth bilden die abstrakten Theoreme der Ökonomie – Vielfalt der Bedürfnisse und Ziele, Mangelsituation, Notwendigkeit von Entscheidungen zwischen Alternativen – nur den äußeren Rahmen der Analyse. Die Beachtung der in der Wirtschaftstheorie meist nicht explizierten gesellschaftlichen Bestimmung der Bedürfnisse und Entscheidungen kann es empirischen und sozialwissenschaftlich orientierten Untersuchungen gerade ermöglichen, den Zusammenhang von Individuum und gesellschaftlicher Institution anders und genauer zu fassen denn nur als bloße Konformität des Einzelnen mit übermächtigen Sozialstrukturen. In dieser Hinsicht ist die britische *economic anthropology* dem Funktionalismus Malinowskis bis heute stärker verpflichtet geblieben als der strukturalistischen Theorie Radcliffe-Browns.
Gemeinsam ist den beiden aus Malinowskis Entdeckung folgenden Theorien, daß sie der Zirkulation von Gütern und den sozialen Beziehungen, die ihren Tausch bedingen, erhöhte Aufmerksamkeit schenkten. In der in den angelsächsischen Ländern wenig rezipierten deutschen Ethnologie dagegen stand die Untersuchung der Produktionssphäre im Vordergrund. In den drei großen Monographien der britischen *economic anthropology,* die bis zum Zweiten Weltkrieg erschienen – Malinowskis Untersuchung des Gartenbaus der Trobriander, Richards Darstellung der Nahrungsmittelproduktion und Ernährungsphysiologie der Bemba und Firths Studie über Tikopia – wird jedoch immer auch das Bestreben deutlich, in der Beschreibung von Tauschprozessen und For-

men der Wertbestimmung in den betreffenden Stammesgesellschaften die Unterschiede zur westlichen Wirtschaft zu betonen und sie im Zusammenhang mit besonderen Formen der Arbeitsteilung, der Eigentums- und besonders der Verteilungsregelungen zu erklären. Zugleich werden die wirtschaftlichen Institutionen zum Ausgangspunkt einer funktionalistischen Erschließung der gesamten Kultur der jeweiligen Gesellschaft, indem sie in der Art der Szenenfolge eines Bilderbogens mit anderen gesellschaftlichen Institutionen verknüpft werden. Trotz ihrer Unzulänglichkeiten und vielleicht gerade, weil diese kurze Tradition der wirtschaftsethnologischen Monographie abbrach und nicht wieder aufgenommen wurde, bilden diese Arbeiten den Grundstock für jede spätere Theoriebildung in der *economic anthropology*. Umstritten ist dagegen die in ihrem Umkreis ausführlich (und in den 50er Jahren in den USA erneut) diskutierte Bedeutung, welche die akademische Ökonomie für die Entwicklung der *economic anthropology* gehabt hat. Jedenfalls ist aus ihr keine theoretische Grundlage für die Untersuchung nicht-monetärer Ökonomien entstanden. Die insgesamt relativ periphere und untergeordnete Stellung der *economic anthropology* innerhalb der britischen *social anthropology* scheint dort am ehesten aufgehoben, wo sie sich von der ausschließlich wirtschaftstheoretischen Betrachtung löst und die zentralen Begriffe Tausch und Wert auf die ihr eigenen Themen der Verwandtschaft, Macht und Symbolisierung bezieht. Wissenschaftsgeschichtlich wird dabei zunehmend die von Evans-Pritchard angeregte Rezeption von Mauss wichtig.

Bohannans Aufsatz »Über Tausch und Investition bei den Tiv«[5] untersucht die bereits von Malinowski und Firth für Stammesgesellschaften notierte Zuordnung von Gegenständen zu verschiedenen, in einer Werthierarchie abgestuften Tauschsphären, zwischen denen besondere Transaktionen auftreten. Dabei wird die Tauschheirat der Tiv und die »Zirkulation« von Frauen in einen engen Zusammenhang mit der Zirkulation von Wirtschaftsgütern gebracht. Bohannan hebt die Veränderungen hervor, die diese Zirkulation durch die Einbeziehung der Tiv-Gesellschaft in die nationale Geldökonomie erfahren hat. Die »substantivistische« *economic anthropology,* die Bohannan mit Polanyi, Dalton u. a. vertritt, betont die Unterschiede und Unvereinbarkeiten zwischen »primitiver« und »westlicher« Ökonomie, zwischen Gabentausch und Markt, und es ist deshalb naheliegend, daß neben den vormodernen Formen von Markt und Handel die Transformationen der Stammesgesellschaften durch den Kolonialismus ihren privilegierten Gegenstand bilden.

Die Bedeutung von wirtschaftlichen Transaktionen für die gesellschaftliche Synthesis und für Allianzen innerhalb und zwischen Stammesgesellschaften, die politische Dimension des Tauschs, die Malinowski nur zögernd in Erwägung gezogen hatte, indem er den *kula*-Tausch einmal als Ersatz für Kopfjagd und Krieg bezeichnete, wird von Uberoi, Sahlins, Strathern u. a. hervorgehoben. Diese besondere Thematik der *economic anthropology* geht zunehmend in einer vergleichenden Untersuchung der politischen Funktionen des Tauschs auf. In ähnlicher Richtung deutet Leach die Tauschformen bei den Kachin, besonders ihr System von Verschuldungen, als Sicherung der Kontinuität sozialer Beziehungen und als Ausdruck gleichzeitig bestehender Freundschaft und Feindschaft zwischen sozialen Gruppen. Die geschickte Handhabung ritueller Wertgegenstände beim Tausch dient hier eher dem Ziel, Prestige, gesellschaftliche Anerkennung und Macht zu gewinnen, als dem der Akkumulation von Reichtum. Indirekt knüpfen diese Ansätze an Webers Bestimmung des Tauschs als einer Form der Vergesellschaftung an, die zwischen dem Kampf und seinem »radikalsten Gegensatz«, der Vergemeinschaftung, angesiedelt sei.[6]

Die weitreichendsten Konsequenzen aus der Aufhebung der Trennung von ökonomischen und nicht-ökonomischen Werten, die sich schon in den ethnographischen Monographien abzeichnete, hat Steiner gezogen (»Notiz zur vergleichenden Ökonomie«[7]). Ausgehend von einer Formanalyse des nichtmonetären Tauschs und der Negation von Gebrauchswerten bzw. empirischen Werten betrachtet er religiöse Werte als unmittelbar zur Ökonomie gehörig. Anhand von vermeintlichen Sonderformen der primitiven Ökonomie wie dem Zerstörungs*potlatch* und dem Opfer legt Steiner den Zusammenhang von Gebrauchs- und Tauschwert mit »transzendierenden« Werten frei. Dabei wird die Lösung der Frage nach der Rationalität von Wirtschaftsformen nicht – wie bei Firth – in subjektiven Allokationsentscheidungen, sondern in der logischen Unterscheidung von verschiedenen »Wirtschaftsprozessen« gesehen. Diese sind ihrerseits durch verschiedene Weisen der Negation empirischer Werte bestimmt. Zwar sind diese »Wirtschaftsprozesse« bei Steiner an bestimmte Produktionsbedingungen gebunden, Eigentumsformen und Arbeitsorganisation aber erscheinen für sie nicht unbedingt konstitutiv. Steiners Abhandlung kann als Abgrenzung gegen andere Versuche – wie den von Bataille – gelesen werden, aus der Verallgemeinerung der Theorie von Mauss eine allgemeine Theorie der Ökonomie auf der Grundlage des Begriffs der unproduktiven »Verausgabung« zu entwickeln. Die von Steiner nur angedeutete Übertragung der getroffenen Unterscheidungen auf Gesellschaften mit Geldzirkulation und Warenproduktion mündet in einer Kritik an Weber; analoge Überlegungen könnten zeigen, welches Licht die hier systematisierten empirischen

Untersuchungen auf die Entwicklung der Wertform und auf den Begriff des Warenfetischismus bei Marx werfen könnten.

Außerhalb des hier skizzierten Rahmens steht die von Forde[8] vorgestellte Methode des systematischen Vergleichs der Zusammenhänge von ökologischen und demographischen Bedingungen mit Technologien und den Strukturen sozialer Systeme. Die zusammenfassende Verallgemeinerung aus *survey*-artigen Untersuchungen ist eher an der amerikanischen Kulturanthropologie orientiert und hat die *social anthropology* wenig beeinflußt. Heute sind solche nationalen Sonderentwicklungen, zumindest im Bereich der *economic anthropology,* in einer gemeinsamen Thematik der britischen, französischen, amerikanischen und australischen *economic anthropology* aufgegangen.

Peter Bumke

Anmerkungen

[1] Strathern, A., *The Rope of Moka,* Cambridge 1971, S. xii.
[2] Malinowski, B., *Argonauts of the Western Pacific,* New York 1922, S. 175. Vgl. in diesem Band S. 57ff.
[3] Mauss, M., »Die Gabe«, in: ders., *Soziologie und Anthropologie,* Band 2, München 1975, S. 12. – Malinowski hat trotz seiner Polemik gegen einzelne zeitgenössische Theoretiker der »primitiven Ökonomie« (Bücher, Hahn) dem Hinweis von Mauss, daß »in diesen mannigfaltigen und zum Teil ziemlich aufgeklärten Gesellschaften etwas ganz anderes als das Nützliche (zirkuliert)« (a.a.O., S. 131), offensichtlich nur gelindes Interesse entgegengebracht. Leach verweist auf den Unterschied zwischen der Position von Mauss, der den Gabentausch als symbolisches Verhalten, in dem soziale Beziehungen ausgedrückt werden, betrachtet, und der von Malinowski, der ihn stets im Zusammenhang mit im engen Sinn praktischen Zielen sieht; Leach bemerkt auch, daß Malinowski nur in einer Fußnote jemals auf Mauss' Essay Bezug genommen habe. (Leach, E. R., »The Epistemological Background to Malinowski's Empiricism«, in: Firth, R. (Hrsg.), *Man and Culture,* London 1957, S. 133f.).
[4] Vgl. in diesem Band S. 101ff.
[5] Vgl. in diesem Band S. 70ff.
[6] Weber, M., *Wirtschaft und Gesellschaft,* Köln 1964, S. 29f.
[7] Vgl. in diesem Band S. 85ff.
[8] Vgl. in diesem Band S. 52ff.

C. Daryll Forde
Zum Verhältnis von Umwelt, Wirtschaft und Gesellschaft

Könnte eine Familie von tasmanischen Ureinwohnern, die durch ein Wunder im Bergwald überlebt und noch keinerlei Erfahrungen mit Europäern gemacht hat, dazu veranlaßt werden, unser Alltagsleben in einem Film zu betrachten, so wäre das für sie zweifellos ein verblüffender, unfaßbarer und ziemlich erschreckender Anblick: Landschaftlich und klimatisch ähnelt das Land, in dem wir wohnen, durchaus ihrer Insel; jeden Morgen jedoch verlassen wir, so würden sie es wohl auffassen, durch ein enges Loch eine Felsenwand, steigen in feste, glänzende Häuser, die sich über die Erdoberfläche bewegen, gehen in ein anderes großes Felshaus und steigen innen in eine kleine Kammer, in die Licht durch ein weiteres, mit einer Steintafel bedecktes Loch fällt, durch das man gesehen werden kann. Den ganzen Tag und die ganze Woche, so schiene es, unternehmen wir nichts, um zu Essen zu kommen, als in anderen großen Gebäuden, die allem Anschein nach mit nichts anderem angefüllt sind, danach zu verlangen. Abends, im Sommer, spielen wir mit anderen Leuten, indem wir einen Ball über ein Netz in aufgezeichnete Vierecke schlagen oder uns in eigenartigem Schritt im Kreis bewegen, wobei jeder der Männer eine Frau in einer Menge von Paaren in ähnlicher Umarmung umfaßt hält und aus einem quadratischen, trommelartigen Gerät, ohne daß irgend jemand darauf spielte, Geräusche kommen. Der magische Zweck dieses Rituals bliebe jedoch ziemlich unklar. Unsere magischen Vorstellungen könnten entdeckt werden, wenn wir einen Mann besuchen, der uns von oben bis unten abklopft und uns schließlich ein kleines weißes Viereck gibt, das wir bei einem anderen Zauberer gegen eine durchsichtige Schachtel mit magischer Flüssigkeit eintauschen. Während dieser ganzen Zeit sammeln wir keine Früchte, haben keine persönlichen Nahrungsmittelvorräte, jagen keine Tiere. Durch eine ähnliche Betrachtung der ländlichen Gebiete würden die Tasmanier allmählich verstehen, daß manche unserer Landsleute durchaus Nahrungsmittel erzeugen, ihre Bemühungen aber so erstaunlich ergiebig sind, daß ein Großteil der Menschen in riesigen Siedlungen zusammengedrängt leben und sich den ganzen Tag damit beschäftigen kann, alle möglichen unnatürlichen Gegenstände in Bewegung zu setzen, damit zu klappern und zu klirren, obgleich sie doch offensichtlich die Freiheit hätten, an einem ruhigen Platz herumzusitzen, Geschichten zu erzählen und zu hören, Lieder zu singen oder zu spielen. Gäbe es genügend verschiedenartige Szenen, so würden die Eingeborenen auch Geschichtenerzähler, Spieler und Volkssänger entdecken, doch lange Zeit würden ihnen viele unserer Tätigkeiten unglaublich und sinnlos erscheinen. Aber trotz all des Wundersamen, Ungereimten und Anstößigen, das sie beobachten, könnte für sie kein Zweifel daran bestehen, daß unsere Körper im wesentlichen wie die ihren sind und wir auf von Pflanzen und Tieren gewonnene Nahrungsmittel angewiesen sind, auch wenn wir anscheinend über einen Zauber verfügen, welcher die Pflanzen so üppig wachsen läßt, wie wir wollen, und die Tiere, wo immer wir sie hintreiben, zahm wie Hunde zusammenhält, bereit, nach Belieben geschlachtet zu werden. Sie könnten sehen, daß Werkzeuge sehr geschickt aus Bäumen oder Steinen, die der Erde entnommen werden, gefertigt sind: Mit einem Wort, daß wir, so wie sie, von dem, was die Erde bietet, Gebrauch machen, daß wir Verhaltensregeln haben, von denen manche ihren eigenen ähneln und wie bei ihnen manchmal gebrochen werden.

Zeigte man dann denselben Film später einem Samojeden in Nordsibirien, einem Melanesier, einem ostafrikanischen Neger, einem indischen *ryot* in einem isolierten Dorf des Dekkan, so würden diese Menschen, ungefähr in dieser Reihenfolge, in unserer Lebensweise immer mehr Ähnlichkeiten mit ihrer eigenen erkennen. Der Samojede wäre erstaunt, daß der Tasmanier keine Kenntnis von Viehherden hat, der Melanesier, daß dem Samojeden der Ackerbau unbekannt ist, der Ostafrikaner, daß dem Melanesier Metallwerkzeuge fehlen, den Inder schließlich erstaunte am Ostafrikaner die Unkenntnis von Karren und daß er nicht Tiere zum Lastentragen und Pflügen verwendet.

Selbst heute, da europäische Praktiken bis in die entferntesten Winkel der Kontinente vordringen, bleiben immer noch beträchtliche Unterschiede zwischen den Grundformen des Wirtschaftens bei den Völkern der verschiedenen Regionen bestehen. In ähnlicher Weise reicht der Umfang ihrer gesellschaftlichen Einheiten von Gruppen unabhängiger Familien bis zu großen Stammesföderationen und mächtigen Staaten. Vor fünfhundert Jahren, vor dem Beginn des Zeitalters der Entdeckungen, waren diese verschiedenen Lebensweisen relativ stärker voneinander isoliert. Erst die Berichte der Reisenden und Entdecker, von Marco Polo bis Philby, ergänzten ständig unsere Kenntnis der vielfältigen Formen des Lebens, der Sitten und der Vorstellungen des Menschen. Durch Sammlung und Vergleich ethnographischer Aufzeichnungen nähern wir uns langsam einem besseren Verständnis der zugrundeliegenden Faktoren und Prozesse.

Versuche zu einem solchen Verständnis und zu solchen Erklärungen wurden nicht nur in modernen Zeiten unternommen. Die Tasmanier,

von denen am Anfang die Rede war, würden wahrscheinlich mit einem
– wie wir es nennen würden – rationalisierten Bericht von unserem Leben zurückkehren und versuchen, es ihren Landsleuten in Begriffen ihres eigenen Lebens und ihrer eigenen Erfahrung verständlich zu machen. Derartige Berichte wurden seit Menschengedenken zusammengetragen, und für die Unterschiede zwischen den Lebensformen und Sitten verschiedener Gruppen der Menschheit wurden verschiedene Ursachen angeführt. Diese gliedern sich in einige Hauptgruppen. Sehr früh bereits wurde eine Verbindung zwischen den körperlichen Merkmalen des Menschen und dem gesellschaftlichen und wirtschaftlichen Leben gesucht – mit anderen Worten, man meinte, die Rasse könnte viele Unterschiede erklären, weil man sich allgemein vorstellte, die verschiedenen Rassen besäßen verschiedene geistige und charakterliche Eigenschaften, so daß einige Rassen zurückblieben, während andere auf einer Leiter des Fortschritts emporkletterten. Aber jede tiefergehende Erklärung, die die Rassenunterschiede für bestimmend hält, stößt auf ernste Schwierigkeiten. Menschen offensichtlich ähnlicher Rasse hatten sehr unterschiedliche Lebensweisen und umgekehrt; ferner hatte ein und dieselbe Rasse zu verschiedenen Zeiten eine je unterschiedliche Position in der gesellschaftlichen und wirtschaftlichen Rangordnung inne. In einer Epoche wurden die führenden Zivilisationen von dieser Rasse, in einer anderen Epoche von einer anderen getragen.
Oft im Gegensatz zur Erklärung durch die Rasse standen Erklärungen durch die natürliche Umwelt, d. h. durch die Unterschiede in Klima und Vegetation, die in dem einen Gebiet die eine Art von menschlicher Tätigkeit bewirken sollten, einen bestimmten Typus von Gesellschaft und sogar von religiöser Vorstellung, und in anderen Gebieten andere Tätigkeiten, andere gesellschaftliche Institutionen und Vorstellungen. Trotz der engen Verbindung, die zwischen der menschlicher Tätigkeit und den Bedingungen und Ressourcen der natürlichen Umwelt besteht, hat diese Erklärung ihre klaren Grenzen, denn in Gebieten, die einander in Bodengestalt, Klima und Vegetation ganz ähnlich sind, können stark gegensätzliche Typen menschlichen Lebens angetroffen werden. Der Tasmanier, den die Bilder von unserem Leben so erstaunten und verwirrten, lebte auf einer Insel mit einem Klimatyp, der dem unseren ganz ähnlich ist. Gleichwohl gäbe ihm das Leben von Sammlern im Herzen des am Äquator gelegenen Dschungels von Malaya, trotz der scharfen Gegensätze zu seiner pazifischen Heimat, viel weniger Rätsel auf.
Andere Wissenschaftler sind dementsprechend gegen die Erklärung durch die natürliche Umwelt aufgetreten. Sie wiesen darauf hin, daß die Werkzeuge und Waffen, die Arten der Nahrungsmittelbeschaffung, die Bräuche und Vorstellungen irgendeines Volkes kaum je sein ausschließ-

liches Eigentum sind und wahrscheinlich nicht bei ihm zuerst entdeckt wurden und zur Anwendung kamen, daß seine Umwelt nur den Entschluß erleichterte, ob es ein Verfahren oder einen Brauch, von dem es Kenntnis erhielt, übernehmen sollte. Jedes beliebige Gerät, etwa ein vergifteter Pfeil oder, auf einer anderen Stufe, der Pflug, wird von vielen Menschen gleichermaßen benutzt und kann unter sehr verschiedenen natürlichen Bedingungen verwendet werden. Die Menschheit kann in große Gruppen eingeteilt werden, je nachdem, ob bestimmte Geräte verwendet werden oder nicht. Die Völker aber, die den Pflug benutzen, sind nicht notwendigerweise intelligenter als jene, die das nicht tun. Es mag sein, daß sie lediglich eine Gelegenheit hatten, von einem anderen Volk zu lernen, wie er gemacht und verwendet wird. Doch aus der Tatsache, daß ein Volk aufgrund bestimmter Geräte und gesellschaftlicher Bräuche ein höheres Niveau erreichen kann als ein anderes, folgt keineswegs, daß es einer überlegenen Rasse angehört oder in einer besseren Umwelt lebt. Mit anderen Worten, Wissen hat sich seit frühester Zeit über die Erde verbreitet. Fortschritte, wie der Anbau von Pflanzen und die Bearbeitung von Metallen, wurden nach ihrer Entdeckung durch ein Volk an andere Völker in sich ständig erweiternden Kreisen weitergegeben. Ein ähnlicher Ausbreitungsvorgang kann heute beobachtet werden: In den Vereinigten Staaten produzierte Traktoren werden in die halbariden Steppengebiete Turkestans eingeführt, und die Kinder von Hirtennomaden lernen, sie zu benutzen. Aber vor der Entwicklung der Eisenbahn und des Dampfboots, mehr noch vor dem Auftreten von Reittieren und der Segelschiffahrt, war die Ausbreitung von handwerklichen und künstlerischen Verfahren von irgendeinem Zentrum aus viel langsamer und ihre Reichweite viel beschränkter als in der heutigen westlichen Welt: Hindernisse, die heute lediglich lästig oder kostspielig sind, waren damals fast unüberwindbar.

Dieser Prozeß der Ausbreitung oder Diffusion von Wissen und Kultur ist offensichtlich höchst bedeutsam für die Veränderung des Lebens der Menschen, und die Einzelheiten seines Ablaufs sind viel diskutiert worden. Diffusion vollzieht sich nicht automatisch in die Gebiete, die von ihrer Umwelt her am besten geeignet wären, oder zu den Völkern, die für sie am empfänglichsten wären: Entfernung und Zufall spielen eine wichtige Rolle. Wiederum aber bedeutet bloße Nähe nicht, daß ein Volk Praktiken von Nachbarn oder Zugewanderten notwendig übernimmt. Viele Gruppen von Jägern in den Wäldern Afrikas und Südostasiens leben seit Generationen neben Dörfern von Ackerbauern. Sie stehlen zwar landwirtschaftliche Produkte oder handeln sie ein, aber sie selbst bauen keine an. Nordchinesische Bauern, die sich nach Norden ausbreiten und Viehnomaden verdrängen, züchten keine Tiere (außer zum

Pflügen), trinken keine Milch und stellen weder Butter noch Käse her. Darüber hinaus bestehen die Änderungen im Leben eines Volkes nicht bloß in einfachen, zeitweise auftretenden Ergänzungen seines Bestandes an Wissen und Vorstellungen, je nach seinen Außenkontakten. Welche Praktiken von einem Volk angenommen oder abgelehnt werden, wird auch nicht nur danach entschieden, ob sie zu seiner natürlichen Umwelt passen. Es ist dies nur eine Möglichkeit.

Überdies sind gewisse gesellschaftliche Praktiken von großer Tragweite relativ indifferent gegen die natürliche Umwelt. Sklaverei findet sich in den Wäldern des Kongo, in der arabischen Wüste und an der bewaldeten Küste Britisch-Kolumbiens. Manche Wissenschaftler haben deshalb nachdrücklich darauf hingewiesen, daß das wesentliche Untersuchungsproblem die Beziehung jedes einzelnen Elements zum übrigen Leben eines Volkes sei. Sie sehen in der Ausbreitung von Techniken und Bräuchen nichts als ein zusätzliches Moment, sozusagen die Bewegung der Grundmaterialien, aus denen das menschliche Leben aufgebaut ist. Sozialer Wandel beruht nicht auf mechanischer Addition oder Subtraktion, sondern auf der Integration des Neuen im Alten. Jeder Schritt nach vorn hängt daher vom bereits vorhandenen Muster ab und muß zu ihm passen; dabei wird das eindringende Element wahrscheinlich selbst verändert, so daß Praktiken, so ähnlich sie einander in ihrem allgemeinen Charakter auch sein mögen, eine je verschiedene Rolle im Leben jedes einzelnen Volkes spielen. Metallarbeiter oder Schmiede etwa haben eine sehr unterschiedliche gesellschaftliche Stellung in verschiedenen Teilen der Welt: Bei manchen Völkern sind sie eine privilegierte Klasse, bei anderen Ausgestoßene. Diese Gegensätze haben wichtige Auswirkungen auf die Rolle, welche die Metallverarbeitung im wirtschaftlichen und künstlerischen Leben des Volkes spielt.

Es ist klar, daß sowohl die Ausbreitung von Wissen und Bräuchen von einem Volk zu einem anderen, also die *Diffusion,* als auch die Rolle, die jedes Element im Leben eines Volkes spielt, also seine *funktionalen Beziehungen,* einen äußerst wichtigen Einfluß auf das Muster des menschlichen Lebens in jedem Gebiet oder bei jeder Gruppe haben. Diese aktiven kulturellen Faktoren wirken auf die relativ statischen Materialien der Rasse und der natürlichen Umwelt ein. Um diese Sachverhalte richtig einschätzen zu können, ist es nun aber notwendig, ein einigermaßen vollständiges und ausgewogenes Bild wirklicher Völker zu erhalten. Indem das Leben einer Reihe von Stämmen, die zunächst einmal nach ihrer Lebensweise gruppiert sind – Stämme der äquatorialen Wälder wie der arktischen Tundra – als Ganzes betrachtet wird, können einige der Beziehungen innerhalb der Trilogie natürliche Umwelt, Wirtschaft und Gesellschaft untersucht werden.

Bronislaw Malinowski
Der Ringtausch von Wertgegenständen
auf den Inselgruppen Ost-Neuguineas[1]

In diesem Aufsatz wird ein besonderes Handelssystem beschrieben, das sich über ein weites Gebiet erstreckt und Züge aufweist, die zur Klärung einiger Fragen zur primitiven Wirtschaft bedeutsam sind. Dabei wird zugleich ein neues Licht auf die Denkweise der Eingeborenen geworfen.
Die langen und gefährlichen Handelsexpeditionen der Bewohner der Südseeinseln sind ein wohlbekanntes Merkmal ihres Stammeslebens. Besonders gute Beschreibungen solcher Fahrten finden sich in Seligmans *Melanesians*. In diesem Buch behandelt Kapitän Barton in einer hervorragenden Monographie die alljährliche Reise, *hiri*, der Motu zum Golf von Papua, und Seligman selbst liefert eine ausgezeichnete Untersuchung der Handelswege zwischen den verschiedenen Inseln an der Ostspitze Neuguineas.[2]
All diese Handelssysteme beruhen auf dem Austausch von unentbehrlichen oder sehr nützlichen Gebrauchsgütern wie Töpferwaren, Sago, Booten, Trockenfisch und Yams, wobei die Lebensmittel zuweilen zu Inseln oder Gebieten gebracht werden, die zu klein oder zu unfruchtbar sind, um sich selber hinreichend zu versorgen. Das Handelssystem hingegen, das in diesem Aufsatz beschrieben werden soll, unterscheidet sich in dieser und anderer Hinsicht von den gewohnten Formen des Austausches in Ozeanien. Es beruht primär auf der Zirkulation zweier Gegenstände von hohem Wert, aber ohne wirklichen Nutzen. Hierbei handelt es sich um Armreifen aus der Schale von *conus millepunctatus* und um Halsketten aus roten Muschelscheiben, die beide als Schmuckgegenstände hergestellt, aber selbst dazu kaum jemals verwendet werden. Diese beiden Gegenstände reisen – in einer noch genauer zu beschreibenden Weise – auf einer Kreisbahn, die viele Meilen umfaßt und eine große Anzahl von Inseln einschließt. Auf dieser Umlaufbahn reisen die Halsketten im Uhrzeigersinn und die Armreifen in gegenläufiger Richtung. Beide Gegenstände bleiben niemals für längere Zeit in der Hand eines bestimmten Eigentümers; sie sind ständig in Bewegung, treffen einander immer wieder und werden ausgetauscht.
Dieses Handelssystem, *kula*, umgreift mit seinen Verzweigungen die Inseln vor der Ostspitze Neuguineas, dazu die Louisiaden, Woodlark Is-

land, die Loughlans, den Trobriand-Archipel und die d'Entrecasteaux-Gruppe. Es berührt das Festland von Neuguinea und beeinflußt indirekt noch verschiedene abseits liegende Gebiete, so Sud-Est Island, Rossel Island und Abschnitte der Nord- und Südküste des Festlandes.

Ein Blick auf die Karte zeigt die außerordentliche geographische Ausdehnung dieses Handelssystems. Es sei vorweggenommen, daß *kula* eine höchst bedeutende Stellung im Stammesleben aller beteiligten Völker einnimmt. Diese Völker gehören zu denjenigen Papuo-Melanesiern, die Seligman Massim nennt und die er in dem oben erwähnten Werk beschreibt.[3] Einige leben auf großen Inseln mit hoch entwickelter Landwirtschaft. Die Ernte, die sie jedes Jahr einbringen, reicht für den eigenen Bedarf und ein beträchtlicher Teil davon kann erübrigt werden. Das ist der Fall bei den Bewohnern der Woodlark- und Trobriand-Inseln und der d'Entrecasteaux-Gruppe. Andere wiederum, die auf sehr kleinen Inseln wie den vulkanischen Amphlett Rocks, Wari (Teste Island), Tubetube (Engineer-Gruppe) und einigen der Marshall-Bennett-Inseln leben, können sich selbst nicht hinreichend mit Nahrungsmitteln versorgen. Sie haben sich jedoch auf bestimmte handwerkliche Tätigkeiten spezialisiert, vornehmlich Töpferei und Bootsbau, und sie besitzen das Monopol im Zwischenhandel. Es ist also offensichtlich, daß ein Gütertausch stattfinden muß. Dabei ist aber entscheidend, daß für sie, und insbesondere nach ihrer eigenen Auffassung, der Austausch von Gebrauchsgütern ein untergeordneter Handel ist, der am Rande des *kula* stattfindet.

Kula wurde oben eine Form des Handels genannt. Die vorgefaßte Meinung über den Handel der Wilden ist die, daß ein Austausch von unentbehrlichen oder wenigstens höchst nützlichen Dingen unter dem Zwang der Bedürfnisse als direkter Tauschhandel oder als gelegentliches Geben und Nehmen von Geschenken stattfindet – ohne viel Feierlichkeit und Regeln. Eine solche Auffassung würde alle wesentlichen Merkmale des *kula* geradezu ins Gegenteil verkehren; denn erstens sind die getauschten Gegenstände, Armreifen und Muschelketten, in keinem Sinn des Wortes Gebrauchsgüter. Wie schon oben gesagt, werden sie fast nie als Schmuck verwendet, wozu sie immerhin dienen könnten. Dennoch haben sie einen außerordentlich hohen Wert. Heutzutage gibt ein Eingeborener bis zu 20 Pfd. St. für ein gutes Stück aus; in früheren Zeiten entsprach der Wert der Gegenstände dieser Summe, wenn wir Gebrauchsgüter wie Körbe voll Yams, Schweine und ähnliches als gemeinsames Maß annehmen. Zweitens wird keineswegs beiläufig oder heimlich getauscht, sondern nach sehr bestimmten und komplexen Regeln. So kann der Tausch nicht nach Belieben zwischen irgendwelchen Mitgliedern dieser Stämme durchgeführt werden. Es besteht stets eine lebenslange feste Beziehung zwischen jedem Teilnehmer am *kula* und einer Anzahl weiterer Männer, von denen einige zu seiner eigenen, andere zu überseeischen Gemeinschaften gehören. Solche Leute nennen einander *karayta'u* (Partner). Zwischen diesen besteht die gegenseitige Verpflichtung, miteinander Handel zu treiben, einander Schutz, Gastfreundschaft und Unterstützung zukommen zu lassen, wann immer es erforderlich wird.[4]

Stellen wir uns vor, wir betrachteten das ganze System von einem bestimmten Standort aus, dem großen Dorf Sinaketa auf den Trobriand-Inseln. Ein alter Häuptling in diesem Dorf hätte, sagen wir, einige hundert Partner im Süden und etwa genauso viele im Norden und Osten, ein junger Mann aus dem Volk hingegen auf beiden Seiten nur einige wenige. Es muß dabei darauf hingewiesen werden, daß nicht alle Männer eines Dorfes am *kula* teilnehmen und daß einige Dörfer überhaupt nicht beteiligt sind.

Nun gibt es eine andere feste Regel, nämlich die, daß die Armreifen immer in südlicher Richtung gehandelt werden, die Muschelketten aber in nördlicher Richtung. Das Wort »gehandelt« trifft den Sachverhalt natürlich nur annähernd. Nehmen wir nun an, ich, ein Mann aus Sinaketa, besäße ein Paar großer Armreifen. Eine Übersee-Expedition aus Dobu im d'Entrecasteaux-Archipel landet in meinem Dorf. Ich blase auf einem großen Muschelhorn, nehme mein Armreifenpaar und biete es meinem Übersee-Partner an, indem ich etwa sage: »Dies ist eine *vaga* (Eröffnungsgabe); nach einer angemessenen Zeit sollst du mir eine große *soulava* (Kette) dafür geben.« Im nächsten Jahr, wenn ich das Dorf meines Partners besuche, ist er entweder im Besitz einer gleichwertigen Halskette, die er mir dann als *yotile* (Ausgleichsgabe) gibt, oder aber er hat keine Halskette, die gut genug wäre, meine letzte Gabe zu entgelten. In diesem Falle wird er mir eine kleinere Halskette geben, die zugestandenermaßen meiner Gabe nicht gleichwertig ist; diese wird er mir als *basi* (Zwischengabe) geben. Das bedeutet, daß die Hauptsache bei einer künftigen Gelegenheit entgolten werden muß und die *basi*, die zum Zeichen der Vertrauenswürdigkeit gegeben wurde, wiederum von mir in der Zwischenzeit durch eine Gabe von kleinen Armreifen entgolten werden muß. Die letzte Gabe schließlich, die ich empfange, um die ganze Transaktion zum Abschluß zu bringen, würde dann *kudu* (äquivalente Gabe) genannt werden, im Gegensatz zu *basi*.

Damit sind aber die reichhaltigen Unterscheidungen von *kula*-Gaben noch nicht erschöpft: Sollte ich, ein Bewohner von Sinaketa, im Besitz eines außergewöhnlich guten Armreifenpaares sein, so spräche sich dies bald herum. Es muß hierbei angemerkt werden, daß jedes Stück der erstklassigen Armreifen und Halsketten einen eigenen Namen und eine eigene Geschichte hat, und da sie alle in dem großen *kula*-Ring zirkulieren, sind sie alle gut bekannt. Ihr Erscheinen in einem bestimmten Bezirk bedeutet stets eine Sensation. Alle meine Partner, seien sie aus Übersee oder aus meinem eigenen Bezirk, beginnen jetzt einen Wettstreit um meine Gunst, um das besondere Exemplar, das ich besitze, von mir zu erlangen. Diejenigen, die besonders eifrig sind, bewerben sich mit *pokala* (Geschenken) und *kaributu* (Bittgaben). Beim ersteren *(pokala)* handelt es sich in der Regel um Schweine oder besonders feine Bananen, Yams oder Taro. Gaben der zweiten Art *(kaributu)* sind von höherem Wert: Man schenkt die wertvollen »Zeremonialaxtklingen« (*beku* genannt) oder Kalkspatel aus Walknochen. Weitere Verwicklungen ergeben sich aus der Rückzahlung dieser Bittgaben, womit wir uns hier aber nicht eingehender beschäftigen können. Die *termini technici* dieser Transaktionen sind mit den angegebenen Begriffen keinesfalls erschöpft.

Aber dies verdeutlicht hinreichend, daß *kula* ein kompliziertes System von Gaben und Gegengaben umfaßt, in dem die soziale Seite (die Partnerschaft) wie auch die Regeln von Geben und Nehmen genau festgesetzt sind und durch Bräuche reguliert werden. Es muß auch betont werden, daß alle diese Eingeborenen und besonders die Trobriander für Tauschhandel sowohl ein eigenes Wort *(gimwali)* haben als auch eine genaue Vorstellung davon. Der Unterschied zwischen den *kula*-Transaktionen und gewöhnlichem Tauschhandel ist ihnen vollkommen bewußt. *Kula* setzt Vertrauen und eine Art Händlerehre voraus, da die genaue Äquivalenz von Gabe und Gegengabe nicht erzwungen werden kann. Wie bei vielen anderen Transaktionen unter Eingeborenen kommt die wichtigste korrigierende Kraft hierbei aus der tief verwurzelten Auffassung, daß Großzügigkeit der bedeutsamste und ehrenhafteste Vorzug ist, wohingegen Kleinlichkeit Schande und Mißbilligung über den Geizhals bringt. Dies schließt natürlich viele Zänkereien und schwere Beleidigungen, selbst Fehden infolge wirklicher oder vermeintlicher Kränkungen beim *kula*-Tausch nicht völlig aus.

Wie bereits gesagt, reisen nun die Armreifen und die Muschelketten immer in ihrer jeweiligen Richtung im Ring, niemals aber, ganz gleich, unter welchen Umständen, rückwärts, im Gegensinn. Ebenso machen sie niemals halt. Obwohl das zuerst fast unglaublich scheint, kommt es nie vor, daß jemand irgendeinen der wertvollen *kula*-Gegenstände für längere Zeit behält. Tatsächlich gibt es im ganzen Gebiet der Trobriand-Inseln vielleicht nur ein oder zwei besonders schöne Armreifen oder Halsketten, die als Erbstücke Dauerbesitz geworden sind: Diese bilden eine gesonderte Klasse, die ein für allemal aus dem *kula* ausgeschieden ist. »Besitz« ist deshalb im *kula* ein besonderes ökonomisches Verhältnis.

Ein *kula*-Teilnehmer behält einen Gegenstand nie länger als, sagen wir, ein oder zwei Jahre. Schon damit setzt er sich dem Vorwurf der Kleinlichkeit aus, und manchmal stehen bestimmte Bezirke in dem schlechten Ruf, »langsam« oder »hart« im *kula* zu sein. Andererseits aber gibt und empfängt jedermann im Laufe seines Lebens eine außerordentlich große Anzahl von Gegenständen, deren Besitz er eine Weile genießt und die er für eine gewisse Zeit verwahrt. Dieser Besitz erlaubt ihm kaum, die Gegenstände zu gebrauchen, und er bleibt verpflichtet, sie bald wieder an einen seiner Partner weiterzugeben. Der vorübergehende Besitz gestattet ihm jedoch, daraus recht viel Ansehen zu gewinnen. Er kann den Gegenstand vorzeigen, erzählen, wie er ihn bekam, und planen, an wen er ihn weitergeben wird. All dies bildet eines der beliebtesten Themen für Gespräche und Klatsch, deren Inhalt beständig und immer wieder die Taten und den Ruhm bilden, die Häuptlinge und Männer aus dem Volk im *kula* vollbracht und erworben haben.

Nun beschränkt sich aber die *kula*-Tradition keineswegs auf das Nacherzählen von erst kürzlich oder vor langer Zeit geschehenen Heldentaten. Es gibt eine reiche Mythologie des *kula*, in der von weiten und waghalsigen Expeditionen mythischer Vorfahren in längst vergangenen Zeiten erzählt wird. Dank magischen Wissens, von dem keiner genau weiß, wie es in ihren Besitz gelangte, waren sie in der Lage, Gefahren zu entrinnen, ihre Feinde zu besiegen und Hindernisse zu überwinden, und mit ihren Taten gaben sie manches Beispiel, dem der Stammesbrauch heute genau folgt; ihre Bedeutung für die Nachkommen aber besteht hauptsächlich darin, daß sie ihre Magie weitergegeben haben, denn das ermöglichte der folgenden Generation den *kula*.

Der Glaube an die Wirksamkeit von Magie spielt eine sehr bedeutende Rolle im *kula* wie bei so vielen anderen Unternehmungen der Eingeborenen: Magische Riten müssen über dem Hochseekanu, schon während es gebaut wird, praktiziert werden, um es schnell, fest und sicher zu machen. Magie ist auch notwendig, damit ein Kanu im *kula* Glück bringt. Ein anderes System von magischen Riten wird durchgeführt, um die Gefahren der Seefahrt abzuwenden. Das dritte magische System im Zusammenhang mit den Übersee-Expeditionen bildet die *mwasila* oder die eigentliche *kula*-Magie. Dieses System besteht aus zahlreichen Riten und Formeln, die alle direkt auf die Gedanken *(nanola)* des Partners einwirken und ihn weich und ein bißchen nachgiebig stimmen und ihn begierig machen, *kula*-Gaben zu geben.

Um einen klaren Begriff zu vermitteln, in welcher Weise die Magie mit den vielen praktischen Tätigkeiten, die zum *kula* gehören, verwoben ist, ist es notwendig, den genauen Ablauf einer Handelsexpedition zu beschreiben und so die Reihe von Regeln und Grundzügen zu ergänzen,

die oben in einer ziemlich abstrakten Weise dargestellt wurden. Am besten wählen wir auch diesmal wieder einen bestimmten Ausgangspunkt für unsere geographische Orientierung und versetzen uns nach Sinaketa, einem der Hauptzentren von Handwerk und Handel der Trobriander.
Beim Blick auf die Karte sehen wir eine Anzahl von Kreisen, deren jeder eine bestimmte soziologische Einheit repräsentiert, die wir eine *kula*-Gemeinschaft nennen wollen. Eine solche *kula*-Gemeinschaft besteht aus einem oder mehreren Dörfern, die zusammen zu großen Übersee-Expeditionen aufbrechen und die bei den *kula*-Transaktionen geschlossen auftreten. Sie praktizieren ihre Magie gemeinsam, haben gemeinsame Anführer und auch die gleiche innere und äußere soziale Sphäre, innerhalb derer sie ihre Wertgegenstände tauschen. Demzufolge besteht *kula* erstens aus dem bescheideneren Handel innerhalb einer einzigen oder zwischen mehreren aneinander angrenzenden *kula*-Gemeinschaften, zweitens aus den großen Übersee-Expeditionen, auf denen der alljährliche Tausch von Gegenständen zwischen zwei durch das Meer getrennten Gemeinschaften stattfindet. Die erste Art ist wie ein beständiges Tröpfeln von Gegenständen aus einem Dorf in ein anderes und selbst innerhalb des Dorfes. Bei der zweiten Art wird eine große Menge von Wertgegenständen, zuweilen über tausend Einzelstücke auf einmal, in einer gewaltigen Transaktion oder, genauer, in entsprechend vielen, gleichzeitig stattfindenden Transaktionen getauscht.
Ich werde den normalen, typischen Verlauf einer großen Übersee-Expedition beschreiben, wie sie zwischen der *kula*-Gemeinschaft von Sinaketa einschließlich der umliegenden Dörfer und der Amphlettgruppe mitsamt den Dobu-Bezirken im Süden abläuft. Eine solche Expedition findet vielleicht einmal im Jahr statt, aber nur alle zwei oder drei Jahre in wirklich großem Maßstab. Für solche Anlässe werden umfassende Vorbereitungen getroffen: Zuerst müssen die großen Hochseekanus bereitgemacht werden. In der Regel wird es nötig sein, einige neu zu bauen, um diejenigen zu ersetzen, die ausgedient haben und nicht mehr seetüchtig sind. Danach müssen andere, die sich noch in gutem Zustand befinden, überholt und neu verziert werden. Der Bootsbau, der hier nicht im Detail beschrieben werden kann, ist eine wichtige Stammesangelegenheit. Die Spezialisten, die in der Kunst des Zimmerns und Holzschnitzens bewandert sind, müssen eine Reihe von magischen Ritualen ausführen; die Magie nämlich hält man bei beiden Handwerken für unabdingbar. Das Ziel der aufeinanderfolgenden magischen Riten ist zuerst, den Geist des Holzes *(tokway)* aus dem zu fällenden Baum zu treiben; alsdann, dem Kanu Festigkeit, Schnelligkeit und Glück zu verleihen; weiterhin, den üblen Einflüssen entgegenzuwirken, denen das Kanu entweder durch direkte Zauberei oder durch unwissentliches Ver-

letzen von Tabus ausgesetzt ist. Die Riten, von denen einige von einem Einzelnen, andere feierlich im Beisein der ganzen Gemeinschaft durchgeführt werden, bilden eine Serie; sie sind mit den verschiedenen Verrichtungen verbunden; einige leiten sie ein, andere begleiten sie. Die Magie ist immer mit den technischen Operationen verknüpft und im Denken der Eingeborenen für die erfolgreiche Ausführung des Vorhabens vollkommen unabdingbar. Ein weiterer charakteristischer Aspekt des Bootsbaus ist die gemeinschaftliche Arbeit, die immer in bestimmten Stadien und für bestimmte Aufgaben eingesetzt wird, so für die Herstellung des Segels, zum Zusammenfügen, Binden, Kalfatern und Bemalen des Bootes. Der Bootseigner muß die Arbeit mit *vaygu'a* (Wertgegenständen) und Lebensmittelgaben bezahlen. Der Experte für Magie und Bootsbau leitet die Ausführung.
Bau und Reparatur der Boote dauern ungefähr sechs Monate, da beides langsam in den Intervallen der übrigen Arbeiten ausgeführt wird. Da die Expeditionen gewöhnlich im Zeitraum zwischen Februar und April stattfinden, beginnt die Arbeit an den Booten irgendwann im August oder September. Sobald die Boote fertiggestellt sind, kommen die Leute aus dem ganzen Bezirk zusammen und die Boote werden mit großem Zeremoniell vom Stapel gelassen. Es finden Regatten und allgemeine Festlichkeiten statt. Einige Tage danach brechen die Boote zu einer vorbereitenden Reise in die benachbarten Bezirke auf, also im Falle von Sinaketa zur Nordhälfte der Insel, dem eigentlichen Kiriwina. Der Brauch verlangt ein feierliches Vorzeigen (*kabigidoya*) der Boote, bei dem der Eigentümer Gaben empfängt, die als Bestandteil des Nebenhandels auf der großen Expedition fungieren werden. Weitere Güter für den Nebenhandel werden im Tauschhandel *(gimwali)* erworben, überwiegend in den Gebieten mit handwerklicher Produktion an der Nordküste der Lagune. So werden Holzkämme, Armreifen aus Bast, Körbe, Muschelschalen und andere Gegenstände erworben, Dinge, die hier im Überfluß, auf den Amphletts und Dobu hingegen selten zu finden sind. Auf dieser vorbereitenden Reise erwerben die Leute aus Sinaketa durch Binnen-*kula* eine Anzahl Muschelarmreifen aus Kiriwina, und sie kehren nach Sinaketa zurück, nachdem sie auf diese Weise ihre Gütervorräte wieder aufgefüllt haben. Eine Zeit der Tabus und der einleitenden Magie tritt nun ein, zur unmittelbaren Vorbereitung des eigentlichen Aufbruchs. Jeder Bootseigentümer ist allerstrengsten Beschränkungen unterworfen, die zum überwiegenden Teil seine sexuellen Beziehungen betreffen. Er vollzieht alle notwendigen magischen Riten. An einem Abend geht er in einen Garten, indem er, unter Aufsagen von magischen Beschwörungen, einen Zweig aromatischer Minze pflückt, den er dann in sein Haus bringt. Darauf bereitet er etwas Kokosöl, reibt die Minze

damit ein, setzt dem Ganzen eine weitere magische Formel zu, und wirft es zusammen mit etwas Öl in ein Gefäß. Das Gefäß – in früheren Zeiten eine Vorrichtung aus Bananenblättern, die durch Rösten gehärtet worden waren, heute eine kleine Glasflasche – wird dann am Bug des Bootes befestigt. Diese Magie hat zum Ziel, den Mann aus Dobu weichherzig zu machen, damit er unfähig werde, sich dem Werben um seine Großzügigkeit zu verschließen. Diese Absicht wird von allen Eingeborenen ausdrücklich bestätigt, und diese Grundeinstellung zeigt sich auch bei der Untersuchung der magischen Formeln. Zwar ist die Magie voll von mythologischen Anspielungen und Nebengedanken: Vögel und Landtiere werden erwähnt; aber sie enthält auch interessante metaphorische Umschreibungen der angestrebten Ziele.

Andere Formeln, die alle mehr oder weniger dieselben Vorstellungen zum Ausdruck bringen, werden in demjenigen magischen Ritual verwendet, das über einem besonderen Bündel von Gütern und Wertgegenständen (*lilava* genannt) vollzogen wird. Dieses Bündel wird anschließend in der Mitte des Bootes niedergelegt und darf vor der Ankunft in Dobu nicht mehr geöffnet werden. Ähnliches könnte von dem Ritus für die Kokospalmblätter, mit denen das Kanu eingefaßt ist, gesagt werden, ebenso für das Ritual über den Lebensmittelvorräten, die auf die Reise mitgenommen werden. Sie sollen dadurch länger ausreichen.

Nach Abschluß der Riten, wenn die Expeditionsgruppe bereit ist, versammeln sich viele Menschen aus den benachbarten Dörfern. Die aufbrechenden Häuptlinge schärfen ihren Frauen ein, keusch zu bleiben, und warnen alle männlichen Bewohner der Nachbardörfer davor, nach Sinaketa zu kommen. Sie prophezeien eine baldige Rückkehr mit vielen *vaygu'a* (Wertgegenständen), und man versichert ihnen, daß sie zuversichtlich verreisen können, da niemand das Dorf heimlich besuchen wolle. Tatsächlich soll das Dorf während ihrer Abwesenheit unter Tabu stehen, und wenn ein Mann dort herumlungert, besonders in der Nacht, und entdeckt wird, wird er bei der Rückkehr des Häuptlings wahrscheinlich bestraft (in der Regel durch Zauberei).

Die Flotte segelt nun südwärts. Der erste Reiseabschnitt ist jedoch nur kurz; die Eingeborenen machen nämlich auf einer kleinen Sandbank halt, etwa zehn Meilen vor Sinaketa. Dort findet eine feierliche Austeilung von Lebensmitteln statt, die den *usagelu* (den Mannschaftsmitgliedern) gegenüber den *toliwaga* (Bootseigentümern) die Verpflichtung auferlegt, die Expedition durchzuführen – selbst angesichts widriger Winde oder schlechten Wetters. Am nächsten Morgen werden verschiedene Riten über den Booten vollzogen, um alle schwarze Magie unschädlich und die Boote schnell und sicher zu machen.

Nun liegt vor der Flotte das offene Meer. Die hohen Spitzen der d'Entrecasteaux-Berge schwimmen über dem Dunst in der Ferne. Bei sehr klarem Wetter kann man die näher gelegenen Amphletts sehen, kleine steile Felsen, über den Horizont verstreut, dunstig, doch kräftiger als das blasse Blau des entfernten Landes. Diese Bilder aus der Ferne müssen Seefahrer aus Kiriwina von Generation zu Generation mit Staunen und dem Begehren, die vielgerühmten Wunder anderer Länder zu sehen, müssen sie mit dem Drang nach dem Abenteuer erfüllt haben, aber auch mit Scheu und abergläubischer Furcht. All das – im Geist der Eingeborenen mit der Verlockung der fernen *koya* (Berge) verbunden – mischte sich mit dem Ehrgeiz, mit einer Fülle von *vaygu'a* zurückzukehren. In Mythen, traditionellen Legenden, Geschichten von wirklichen Ereignissen und in Liedern wurden und werden noch *kula*-Expeditionen beschrieben und gepriesen, und es gibt einen genau umgrenzten Komplex der *kula*-Tradition und -Mythologie, der vielleicht von diesen beiden starken Emotionen bestimmt wird: einmal dem Wunsch, *vaygu'a* zu erhalten, und andererseits der Furcht vor möglichen Gefahren.
Diese Gefahren bestehen wirklich, da der Wind in der Nordwestjahreszeit, in der die Expeditionen stattfinden, wechselhaft ist, heftige Böen auftreten und das Meer voller Riffe und Sandbänke ist. Die Eingeborenen aber haben noch Verschiedenes aus ihrem Schatz an mythenschaffender Imagination hinzugefügt und die wirklichen Gefahren mit einem Schleier von imaginären Gefahren und möglichen Auswegen daraus umgeben. Sie glauben an die Existenz großer, lebendiger Steine, die dem Boot auflauern und es anspringen, sobald sie es sehen, es zermalmen und die Seefahrer töten.
Es gibt einen Riesenkraken, der ein Boot ergreift und erst dann wieder losläßt, wenn ihm ein kleiner Junge geopfert wird, der geschmückt, gesalbt und dem *kwita* (Kraken) vorgeworfen wird. Es kann ein großer Regen kommen, der das Boot zerschlägt und versenkt. Doch die größte Gefahr droht von den fliegenden Hexen. Sobald diese hören, daß ein Boot versinkt – sie besitzen nämlich die Fähigkeit, Dinge aus außerordentlich großer Entfernung zu hören –, kommen sie alle zusammen und warten, bis die Männer in den Wellen treiben, um über sie herzufallen. Man ist fest davon überzeugt, daß Schiffbruch allein nicht so schlimm wäre; die Männer könnten an Land treiben, von den Trümmern des Bootes getragen, wenn nur die fliegenden Hexen sie nicht angriffen. Um diese Grundidee zieht sich ein ganzer Kreis von Vorstellungen, und bei einem Schiffbruch wird stets ein System von Riten angewandt, das, wenn es richtig durchgeführt wird, den Schiffbrüchigen Rettung bringen soll.
Ein Teil dieser Magie zielt darauf, die fliegenden Hexen zu blenden und

zu verwirren, damit sie die Männer in den Wellen nicht angreifen können. Einen anderen Teil spricht der *toliwaga* (der Bootsführer), während er und seine Begleiter am Schwimmer des Auslegers festgeklammert dahintreiben. Dadurch wird ein Riesenfisch *(iraveaka)* herbeigeholt, und dieses wohlwollende Tier kommt und zieht die Männer und ihren Schwimmer ans Ufer. Doch das ist noch nicht alles: Die Schiffbrüchigen müssen sich einer Reihe von Zeremonien unterziehen, um sich gegen fliegende Hexen immun zu machen. Erst danach dürfen sie in ihr Dorf zurückkehren. Diesen interessanten Bericht über einen möglichen Schiffbruch und die betreffenden magischen Rituale erhielt ich unabhängig von verschiedenen Informantengruppen. Es gibt auch einige konkretere Überlieferungen bezüglich der tatsächlichen Errettung vor dem Ertrinken durch die Anwendung von Magie.

Normalerweise aber segelt die Expeditionsgruppe einen Tag bei gutem Rückenwind, einen Tag länger, wenn der Wind schwach oder wechselhaft ist, und erreicht dann die erste Etappe, die Amphletts. Einiges wird dort getauscht, ebenso an zwei weiteren Landeplätzen auf dem Wege dorthin, in Tewara und Sanaroa. Auch hier muß dann die begleitende Magie vollzogen werden. Es befinden sich viele aus der Mythologie berühmte Plätze auf diesen Inseln: einige Felsen, von denen die Magie ihren Ursprung genommen hat; die Mythen berichten allerdings nicht genauer, auf welche Weise. Andere Felsen waren früher Menschen, die nach sehr weiten Reisen an ihren jetzigen Platz gelangt sind. Diesen opfern die Eingeborenen *pokala* (Geschenke für günstigen *kula*). Die Insel Gumasila im Amphlett-Archipel, die Insel Tewara und bestimmte Plätze auf Ferguson Island sind wichtige mythologische Zentren.

Das Hauptziel der Expedition aber ist der Dobu-Bezirk, genauer die Nordostspitze von Ferguson Island. Dort, im flachen und fruchtbaren Küstenstrich, zwischen Kokos-, Betel-, Mango- und Brotfruchthainen, erstrecken sich über Meilen die volkreichen Siedlungen Tautauna, Bwayowa, Deidei und Begasi.

Bevor die ganze Flotte Dobu ansteuert, macht sie an einem Strand mit Namen *Sarubwoyna* halt, nicht weit von den zwei Felsen *Atu'a'ine* und *Aturamo'a*, welche vielleicht die wichtigsten unter den Felsen sind, denen *pokala*-Geschenke gebracht werden. Hier findet der letzte magische Ritus statt. Alle *usagelu* (Mannschaftsmitglieder) gehen an Land und sammeln Blätter für die Magie. Die Mitglieder einer jeden Mannschaft sprechen magische Formeln darüber, jeder wäscht sich mit Meerwasser und trocknet sich mit den vorbehandelten Blättern ab. Dann werden magische Formeln über Kokosöl, roter Farbe und aromatischen Kräutern gesprochen. Die Eingeborenen salben und schmücken sich, und die Magie macht sie schön und unwiderstehlich. Magische Formeln werden auch über der Öffnung eines Muschelhornes gesprochen. Dann setzen sich die Boote in Bewegung. Das letzte Stück des Weges, wenige Meilen nur, wird mit Hilfe des Paddels zurückgelegt. In jedem Kanu rezitieren einige Männer gemeinsam machtvolle magische Formeln, und man bläst auf dem präparierten Muschelhorn. Die magischen Formeln sollen den Berg erschüttern, d. h. eine tiefe Unruhe in die Herzen der Dobuaner bringen und die Landung eindrucksvoll wirken lassen. Ein weiterer wichtiger Ritus wird gesprochen, um die Dobuaner davon abzuhalten, bösartig und unfreundlich zu werden, und um jeden Versuch, die Besucher anzugreifen, von vornherein zu unterbinden.

Schließlich ist die Gruppe angekommen. Von den Dobuanern verlangt der Brauch, sie mit *soulava* (den Halsketten aus Muschelscheiben) in der Hand zu empfangen. Die Muschelhörner werden geblasen, und die Dobuaner überreichen den Neuankommenden feierlich die Halsketten.

Dann geht die Gruppe an Land, jedermann in das Haus seines wichtigsten Partners. Dort empfangen die Besucher Speisegaben und geben den Dobuanern ihrerseits einiges von den weniger wichtigen Handelsgütern als *pari* (Gaben des Besuchers). Während des mehrere Tage dauernden Aufenthaltes bekommen die Besucher dann noch zahlreiche weitere *soulava*. Öfters wird es für einen Kiriwinianer notwendig sein, seinen Partner anzuflehen, ihn mit Gaben zu umwerben und mit magischen Riten, die er recht durchsichtig aufführt – für den Fall nämlich, daß der Partner einen besonders guten und begehrenswerten Gegenstand besitzt. Alle Transaktionen werden gemäß den zuvor dargestellten Regeln durchgeführt.

Gleichzeitig mit dem *kula* findet der Nebenhandel statt. Die Besucher erwerben eine Vielzahl Artikel von geringem Wert, aber großer Nützlichkeit, von denen einige in Kiriwina nicht zu bekommen sind, z. B. Rattanstöcke, Bastgürtel, Kasuarfedern, Hölzer zur Herstellung von Speeren, Obsidian, roten Ocker und viele Artikel mehr. Dieser Nebenhandel vollzieht sich zwischen Partnern als Tausch von Gabe und Gegengabe oder als Tauschhandel *(gimwali)*. Zusätzlich werden bestimmte Artikel direkt besorgt. Der wichtigste von ihnen ist die Spondylusmuschel, die die Sinaketaner aus der Lagune von Sanaroa fischen, wieder unter der Beachtung vieler Tabus und mit Hilfe von privater oder gemeinschaftlicher, einfacher oder feierlicher Magie. Die Muschel, *kaloma* genannt, wird zu Hause zu den roten Muschelscheiben verarbeitet, die zur Herstellung der *soulava*-Halsketten dienen.

Wenn alle Transaktionen in Dobu zum Abschluß gebracht sind, empfangen die Mitglieder der Gruppe ihre Abschiedsgaben *(talo'i)* und segeln zurück. Sie fischen dann, wie bereits erwähnt, die Spondylusmuscheln in Sanaroa, erhandeln Töpfe auf den Amphletts und empfangen *kula*-Gaben und *talo'i* (Abschiedsgaben) an allen Orten, an denen sie auf ihrer Heimreise landen.

Nach einer angemessenen Zeit, einem Jahr vielleicht, werden die Dobuaner mit genau dem gleichen Zeremoniell, der gleichen Magie und Soziologie ihre Expedition zum Gegenbesuch in Sinaketa rüsten. Auf dieser Expedition werden sie einige Armreifen im Austausch für die Halsketten, die sie vorher gegeben hatten, empfangen, dazu andere Gaben im Voraus für die nächste *kula*-Transaktion.

Der *kula*-Handel besteht aus einer Reihe von solchen periodisch stattfindenden Übersee-Expeditionen, durch die die verschiedenen Inselgruppen untereinander in Verbindung stehen, indem jedes Jahr große Mengen von *vaygu'a* und Artikeln des Nebenhandels von einem Bezirk zum anderen gebracht werden. Die Handelsgüter werden gebraucht und aufgebraucht, die *vaygu'a* hingegen, die Armreifen und Halsketten, kreisen um und um.

Wir haben es hier mit einer sehr interessanten Form von Stammesunternehmungen zu tun. In gewisser Hinsicht sind sie *wirtschaftlich* zu nennen, denn die Eingeborenen führen ihr Werk organisiert und zielgerichtet unter dem Antrieb eines starken Wunsches nach Reichtum und Besitz durch. Verschieden aber von den unsrigen sind die Konzeption des Wertes und die Form des Eigentums, die sich im *kula* zeigen – und dies macht deutlich, wie notwendig es ist, ihre ökonomischen Auffassungen genauer zu untersuchen.

Weiterhin stellt *kula* eine Form intertribaler Beziehungen von beispielloser Größe dar, in denen die ständige Partnerschaft Tausende über ein riesiges Gebiet verstreuter Menschen miteinander verbindet.

In diesem kurzen, vorläufigen Bericht konnte ich die wichtigsten Züge des *kula* nur eben streifen und nur eine kurzgefaßte Darstellung einer seiner typischsten Erscheinungen geben, der Expeditionen von Sinaketa nach Dobu. In einer genaueren und gründlicheren Beschreibung, die hoffentlich bald erscheinen wird, werde ich zahlreiche weitere Züge von großer Bedeutung aufzeigen können.

Anmerkungen

[1] Einige Ergebnisse aus der Arbeit von *Robert Mond Ethnological Research* in Britisch-Neuguinea.

[2] C. G. Seligman, *The Melanesians of British New Guinea,* Kap. VIII und XL. Bezüglich des Handelssystems der Mailu, eines Stammes, der in der Mitte zwischen Port Moresby

und der Ostspitze Neuguineas lebt, siehe B. Malinowski, »Mailu«, in: *Proc. R. Soc. of Austr.* 1915.

[3] A.a.O., Einleitung und Kap. XXXIII–LV.

[4] *Karayta'u* ist das Wort für »Partner« in der Sprache von Kiriwina auf den Trobriand-Inseln. Die gesamte Terminologie in diesem Aufsatz ist aus der Sprache der Trobriander genommen, von deren Gebiet aus der *kula* erforscht wurde.

Paul Bohannan
Über Tausch und Investition bei den Tiv[1]

Die Tiv sind ein heidnisches Volk von mehr als 800 000 Menschen, die im Tal des mittleren Benue im nördlichen Nigeria leben. Die Grundlage ihrer Ökonomie ist eine Subsistenzlandwirtschaft, die durch ein leistungsfähiges Netz von Märkten, besonders in den südlichen und zentralen Teilen ihres Landes, ergänzt wird. Die Tiv sind stolz auf ihre Fähigkeiten beim Ackerbau und ihren Reichtum an Subsistenzgütern. Gegenwärtig jedoch werden ihre Vorstellungen vom ökonomischen Tausch und ihre traditionellen Methoden, zu investieren und es wirtschaftlich zu etwas zu bringen, durch ein neues ökonomisches System untergraben, das andere Handlungen, Motive und Vorstellungen erfordert. Der vorliegende Aufsatz beschäftigt sich 1. mit den Vorstellungen der Tiv vom Tausch, wie sie in ihrer Sprache zum Ausdruck kommen, 2. mit einigen traditionellen Formen der Investition und des Tausches, die auf einer abgestuften Hierarchie von Sphären oder Kategorien tauschbarer Güter beruhen, und 3. mit der Wirkung der westlichen Ökonomie auf Momente von Subsistenz, Tausch und Investition, die von den Tiv mit diesen Sphären oder Kategorien in Zusammenhang gebracht werden.

I.

Die Güterverteilung bei den Tiv erfolgt zum einen in der Sphäre des »Markts«, zum anderen in der der Geschenke.
Worte, die sich am ehesten mit »Geschenk« übersetzen lassen, beziehen sich – neben den Fällen, in denen wir im Westen von »Geschenk« sprechen – auf einen langfristig angelegten Tausch zwischen Personen oder Gruppen, die in einer mehr oder weniger dauerhaften Beziehung stehen. Das Geschenk kann ein Mittel sein, das die Beziehung stärken oder sie allererst schaffen soll. Es gibt verschiedene Tiv-Worte für »Geschenk«, die zu untersuchen allein einen Aufsatz von der Länge des vorliegenden erforderte. In unserem Zusammenhang ist entscheidend, daß jedes dieser Worte für »Geschenk« auf eine Beziehung zwischen zwei Parteien hinweist, die von einer auf dem »Markt« nicht gekannten Beständigkeit und Wärme ist; daher verrät – obwohl über eine längere Zeitspanne

auch »Geschenke« reziprok werden sollten – jedes offene Zählen, Rechnen und Feilschen bei Geschenken schlechtes Benehmen.
Ein »Markt« ist eine Form der Transaktion, die von sich aus keine langfristige persönliche Beziehung zur Folge hat und daher in höchstmöglichem Maße ausgenutzt werden soll. Das Bestehen einer vorherigen Beziehung macht einen »guten Markt« sogar unmöglich: man verkauft nicht gern an Verwandte, weil es als schlechtes Benehmen gilt, von einem Verwandten einen ebenso hohen Preis wie von einem Fremden zu verlangen. Verhalten beim Markt und gegenüber Verwandten sind in ein und derselben Beziehung nicht zu vereinbaren, der Einzelne muß sich für das eine oder das andere entscheiden.
Das Wort »Markt« *(kasoa)* hat in der Tiv-Sprache mehrere Bedeutungen. Es bezeichnet in erster Linie jede Transaktion, die kein Geschenktausch ist (und, wie wir sehen werden, keine Tauschheirat). Es bezeichnet auch eine Versammlung von Menschen an einem bestimmten Ort und in regelmäßigen Zeitabständen, deren Hauptzweck der Tausch von Nahrungsmitteln und anderen Gegenständen ist. Jemandes »Markt« ist auch ein Aspekt seines Glücks *(ikôl)* – manche Leute haben »guten Markt«, andere »schlechten Markt« (d. h. kein Glück). Deshalb können die rituellen Umstände, in denen sich eine Person befindet, Auswirkungen auf ihren Markt haben, denn Fetische *(akombo)* – ganz zu schweigen von Hexen *(mbatsav)* – können ihren Markt verderben *(vhi or kasao)*; auch Verwünschungen und nicht eingehaltene Versprechen können den Markt einer Person beeinträchtigen.
Alles was getauscht wird, einschließlich der Frauen, besitzt einen Tauschwert oder ein Äquivalent *(ishe)*, während ein Geschenk keinen Tauschwert hat. In einer Marktsituation bedeutet *ishe* ungefähr »Tauschäquivalent« – manchmal läßt es sich sogar als »Preis« übersetzen –, obwohl die Tiv beim Handel nur selten Äquivalente verlangen oder angeben. Sie verhandeln eher von Fall zu Fall, meist ohne jenes Wort zu verwenden. Ein teurer Gegenstand dagegen ist ein »Ding von großem Wert« oder »Ding mit hohem Äquivalent« *(kwagh u kehe ishe)*, und Feilschen heißt, den Wert oder das Äquivalent bestreiten *(kperen ishe)*. Der allgemeine Begriff, sowohl beim ökonomischen Handel wie auch bei der Tauschheirat, läßt sich etwa als »Handelswert« *(yamen ishe)* übersetzen.
Bei jeder Markttransaktion gibt es jemanden, der verkauft *(te)*, und jemanden, der kauft *(yam)*. Diese Worte bedürfen einer sorgfältigen Untersuchung, denn ihre Bedeutung in der Tiv-Sprache entspricht nicht genau der ihrer Übersetzungen. *Te* heißt: auf dem Boden zur öffentlichen Betrachtung ausbreiten, wie auf einem Marktplatz. Die erweiterte Bedeutung ist »verkaufen« – es gibt keine andere Art, »verkaufen« zu sa-

gen, und kein anderes Wort, um jenen Teil eines Tausches zu bezeichnen, bei dem jemand einen Gegenstand hergibt. *Yam* andererseits meint »Handel« im weitesten Sinne, bezieht sich aber hauptsächlich auf den Teil des Tausches, bei dem man einen Gegenstand nimmt oder erwirbt. Dieses Wort kann daher oft als »kaufen« übersetzt werden. Der Unterschied läßt sich jedoch an Sätzen ablesen wie »ich kaufte Geld damit« *(m yam inyaregh a mi* – genauer übersetzt: »ich machte Geld daraus« oder, noch genauer, wenn auch weniger wörtlich: »Geld war es, was ich bei diesem Tausch erhielt«). Die Tätigkeit von Händlern wird *yamen a yam* genannt; Tauschheirat heißt oft »Frauenhandel« *(kwase yamen)* oder, höflicher, »Werthandel« *(ishe yamen)*.
Obwohl die Tiv ein Wort *(musan)* haben, das etwa dasselbe wie unser Wort »Tausch« bedeutet und mit dessen Hilfe sie manchmal Geldtransaktionen vom direkten Tausch unterscheiden, wird es doch gewöhnlich nicht im Zusammenhang mit Handel benutzt.

II.

Innerhalb des durch diese Worte und Grundbegriffe umrissenen Rahmens bilden und diskutieren die Tiv ihre Vorstellungen von ökonomischen Transaktionen und Investitionen. Man muß sich aber dabei vor Augen halten, daß diese Vorstellungen selbst gar nicht als Prinzipien oder logische Systeme formuliert zu werden brauchen. Die Systematisierung kann, wie im vorliegenden Fall, vom Ethnographen vorgenommen worden sein. Immerhin ist diese Systematisierung die verborgene Ideologie, die die Tiv von der Sache haben, oder steht zumindest in Einklang mit ihr; ihre empirische Triftigkeit erweist sich darin, daß der Ethnograph mit ihrer Hilfe die Ideen und Vorstellungen der Tiv einerseits in ihrer Sprache sinnvoll diskutieren kann, andererseits sie in einer anderen Sprache seinen Landsleuten und Kollegen mitzuteilen vermag.
Innerhalb dieses Rahmens können wir feststellen, daß es der Ideologie der Tiv zufolge weder üblich noch erstrebenswert ist, ein Gut gegen jedes beliebige andere zu tauschen. Es gibt vielmehr verschiedene Kategorien von tauschbaren Gütern und Gegenständen, deren jede als mehr oder weniger in sich geschlossen betrachtet wird. Es scheint notwendig, drei solcher Kategorien zu unterscheiden.
Die Kategorie tauschbarer Güter, die bei den Tiv zunächst auffällt, besteht vornehmlich aus Nahrungsmitteln *(yiagh)*. Von allen im Land produzierten Nahrungsmitteln (importierte, insbesondere europäische Nahrungsmittel sind nicht *yiagh*) sagen die Tiv, sie seien wirtschaftlich von derselben Art und unmittelbar tauschbar. Karubensauce für Pfeffer

oder Guineakorn für Yams einzuhandeln, ist bei den Tiv eine verbreitete Transaktion (bzw. ein »Markt«). Die zu tauschenden Quantitäten sind nie vorgeschrieben, wie es in manchen Gesellschaften vorkommt[2], – das Geschäft, das jemand in der Sphäre der Nahrungsmittel machen kann, reflektiert den Aspekt seines Glücks, der sich auf den Markt bezieht. Bekomme ich durch den Verkauf von Pfeffer Karuben einer solchen Qualität und Menge, daß ich ihren Wert höher einschätze als den Wert des Pfeffers, den ich dafür hergab, dann ist mein Markt gut; bekomme ich weniger, ist mein Markt schlecht – oder häufiger, der Markt der anderen Person ist besser als meiner. Der offensichtliche Vorteil einer solchen Denkweise ist, daß bei wirklich erfolgreichen Transaktionen jedermanns Markt gut ist.

Zur gleichen Kategorie gehören Hühner und Ziegen, ebenso Haushaltsgegenstände (Mörser, Schleifsteine, Kalebassen, Körbe und Töpfe) und manche Werkzeuge (besonders die, die in der Landwirtschaft verwendet werden), dazu die Rohstoffe, die in die Herstellung eines Gegenstandes dieser Kategorie eingehen. Wenn eine Frau etwa Yams verkauft, um einen Topf zu kaufen, oder einen Topf herstellt und verkauft, um Yams zu kaufen, gilt das als gewöhnliches Kaufen und Verkaufen *(yamen a yam)*.

Die zweite wichtige Kategorie umfaßt Sklaven, Vieh, eine Art von großem weißem Stoff, die als *tugudu* bekannt ist, und Metallstäbe. Man kann davon noch immer im Präsens sprechen, da diese Kategorie ideologisch weiterbesteht, obwohl Messingstäbe heute sehr selten sind und die Sklaverei durch Gesetz abgeschafft ist. Tiv geben die Preise von Sklaven immer noch in Kühen und Messingstäben und die von Vieh in Messingstäben und *tugudu*-Stoff an. Akiga erzählt in einem bislang unübersetzten Teil seines Buches: »Man konnte einen Eisenbarren für ein *tugudu*-Tuch kaufen. In jenen Tagen waren fünf *tugudu*-Tücher einen Stier wert. Eine Kuh war zehn *tugudu* wert. Ein Messingstab *(bashi)* war ungefähr soviel wert wie ein *tugudu*-Tuch; also waren fünf Messingstäbe einen Stier wert.« Andere Tiv wären mit den Wertangaben für diese verschiedenen Güter nicht einverstanden.[3] Vom Wert der Messingstäbe wird allgemein gesagt, er sei kurz vor der Ankunft der Europäer im Tiv-Land beträchtlich gesunken. Niemand aber würde jedenfalls Akigas Zusammenstellung von Gütern bezweifeln.

Die zweite Kategorie ist mit Prestige *(shagba)* so verbunden wie die erste mit der Subsistenz. Obwohl mindestens Sklaven und Messingstäbe einigen ökonomischen Wert hatten, abgesehen von ihrem Wert als prestigebringendes Eigentum, bedeuten sie vornehmlich letzteres.

Die höchste und exponierteste Kategorie von Tauschwerten enthält nur ein einziges Element: Rechte auf Menschen, Sklaven ausgenommen, und besonders Rechte auf Frauen. Noch fünfundzwanzig Jahre nach der offiziellen Abschaffung der Tauschheirat fühlen sich die Tiv gerade mit dieser Kategorie des Tausches emotional am meisten verbunden.[4] Jeder Tausch innerhalb dieser Kategorie ist ein Tausch von Rechten an Menschen. Es handelt sich dabei üblicherweise um abhängige Frauen und Kinder, so daß diese Kategorie die Kategorie abhängiger Personen genannt werden könnte, und viele ihrer Werte werden in bezug auf Verwandtschaft und Heirat ausgedrückt.

Dieses Schema läßt manchen wichtigen Bestandteil der materiellen Kultur der Tiv außer acht; besonders Waffen, Instrumente von Spezialisten, wie Orakelgerät usw., die im allgemeinen nicht in Tauschsituationen auftreten. Da sie meinen Aufzeichnungen zufolge im Zusammenhang mit dem Tausch nicht erwähnt werden, fehlt mir jede Grundlage, sie der einen oder anderen Kategorie zuzuordnen. Ich habe sogar Zweifel, ob Tiv das täten. Ich führe diese Kategorien nicht aus Pedanterie an; es geht nicht darum, jeden Gegenstand in der einen oder anderen unterzubringen; die Kategorien geben vielmehr die Grundbegriffe der Tiv von Tausch und Investition wieder.

Ferner werden einige Dinge, die wir als tauschbaren Reichtum und als Investitionsgrundlage betrachten, von den Tiv in dieses Denksystem nicht einbezogen. Dienstleistungen und Arbeit etwa sind überwiegend reziprok und bilden einen Teil der Altersgruppen-, Verwandtschafts- und Haushaltsstrukturen und ihrer moralischen Regeln. Die Tiv halten es für ungehobelt und ungehörig, Dienstleistungen in Begriffen des »Tausches« zu diskutieren, und bestehen darauf, sie als individuelle, großzügige Handlungen oder als Verwandtschafts- oder Altersgruppenpflichten zu betrachten. Sie erkennen darin zwar selbstverständlich die Reziprozität an, bringen sie aber nicht in einen Zusammenhang mit unserem Begriff von »Ökonomie«. Grund und Boden, den viele Völker – vielleicht auch wir – für die grundlegende Form des Reichtums halten, wird bei den Tiv nicht getauscht, auch nicht gegen anderes Land. Grundbesitz ist für die Tiv der räumliche Aspekt der sozialen Organisation; Rechte an Land sind durch das agnatische Prinzip bedingt. Ein Tiv kann nicht in Land investieren, weil sein Grundrecht auf Land einen Anspruch auf ausreichendes und erst in zweiter Linie auf bestimmtes Land darstellt. Kein Tiv kann mehr Land kontrollieren, als er zu nutzen vermag. Es ist daher zu beachten, daß wir uns zwar mit Tausch und Investition bei den Tiv befassen, die Begriffe der Tiv aber nur einen Ausschnitt dessen umfassen, was unsere Worte »Tausch« und »Investition« bezeichnen.

Für die Denkweise der Tiv hinsichtlich dieser drei Hauptkategorien tauschbarer Gegenstände ist die Art und Weise aufschlußreich, in der einzelne Elemente aus den Kategorien »beseitigt« oder für den weiteren Tausch untauglich gemacht werden können. Einzelne Gegenstände werden aus der Subsistenzkategorie beseitigt, indem sie – auch als Opfer für Fetische – verbraucht werden. Yams, einmal gegessen, verlieren sowohl ihren Tauschwert als auch ihren Nützlichkeitswert. Haushaltsgeräte gehen kaputt oder werden abgenutzt. Aus dieser Sphäre tauschbarer Güter werden Gegenstände nur beseitigt, indem sie verbraucht oder geopfert (und anschließend verbraucht) werden.

Die Beseitigung von Elementen aus der zweiten Kategorie – bei der es um Prestige geht – ist komplexer, und gerade darin liegen einige Eigentümlichkeiten der Tiv-Ökonomie. Einzelne Elemente – etwa Stoffe – können durch Verbrauch ausgeschieden werden; andere – z. B. Sklaven – werden durch den Tod entfernt. Die meisten Elemente aber werden durch einen Akt beseitigt, der das Prestige ihres Eigentümers steigert und zugleich ihre Nützlichkeit und Tauschbarkeit vermindert. So können Messingstäbe in Schmuck verwandelt werden, was das mit dem Eigentum verbundene Prestige erhöht, aber ihre Nutzungsmöglichkeiten einschränkt; Kühe können zu festlichen Anlässen geschlachtet werden (bei den Tiv wird Vieh nie für religiöse Zwecke geopfert), wodurch das Prestige des Eigentümers zunimmt, ihre Nützlichkeit jedoch abnimmt und ihre Tauschbarkeit verschwindet.

Aus der dritten Kategorie – der von Rechten an abhängigen Personen – werden Elemente ausschließlich durch den Tod von Menschen entfernt.

Den drei Hauptkategorien von tauschbaren Dingen bei den Tiv wird zwar gleiche praktische Bedeutung beigemessen, doch sind sie auf der Grundlage von moralischen Werten in einer Hierarchie angeordnet. Die Prestigekategorie steht über der Subsistenzkategorie (ist darum aber keineswegs wichtiger); viel Prestige setzt angemessene oder reichliche Subsistenzmittel voraus. Die Kategorie abhängiger Personen steht über den Kategorien von Prestige und Subsistenz, wenngleich diese nicht weniger wichtig sind. Erfolgreich eine große Zahl von Abhängigen an sich heranzuziehen, zu erwerben und bei sich zu halten setzt entsprechend reichliche Prestige- und Subsistenzgüter voraus. Umgekehrt aber verleihen viele Abhängige Prestige und ermöglichen die Produktion großer und reichlicher Mengen von Subsistenzgütern.

Die moralische Basis der Hierarchie zeigt sich deutlich darin, daß die Ethik der Verwandtschaft zwingender als die des bloßen Prestiges ist (und immer Vorrang genießt – idealiter müssen Prestige oder Hoffnung auf Gewinn allemal geopfert werden, wenn damit einem Verwandten geholfen werden kann); die Ethik des Prestiges ist zwingender als die moralischen Regeln des Marktes und des Tausches von Subsistenzgütern

– ein Mann verzichtet auf Gewinn an Subsistenzmitteln um des Prestiges willen, oder um Verwandtschaftspflichten nachzukommen.

Die Hierarchie der in den drei Hauptkategorien tauschbarer Güter enthaltenen Werte bildet die Grundlage für die Investition und die Bemühung um wirtschaftlichen Erfolg in der Tiv-Gesellschaft. Dieses Streben veranlaßt die meisten Tiv, soweit es irgend geht, Lebensmittel in Prestigegüter zu verwandeln und diese wiederum in Abhängige – Frauen und Kinder. Die Tiv sagen, es sei gut *(do kwagh),* Messingstäbe für Essen, aber schlecht *(vihi kwagh),* Essen für Messingstäbe einzuhandeln. Auch sei es gut, eine Frau für Kühe oder Messingstäbe, sehr schlecht jedoch, Kühe und Messingstäbe für eine *ingôl*[6] einzuhandeln. In der Perspektive des Einzelnen ist die Investition von Reichtum nur lohnend und möglich, wenn man ihn in eine höhere Kategorie umwandelt: Reichtum an Subsistenzgütern in Reichtum an Prestigegütern und beide in Frauen umzuwandeln ist das Ziel der individuellen wirtschaftlichen Bemühungen der Tiv.

Aus dem Umstand, daß die Tiv sich tauschbare Artikel als verschiedenen Kategorien zugehörig vorstellen und die Kategorien auf moralischer Grundlage abstufen, folgt die Unterscheidung von zwei Arten des Tausches: Tausch von Elementen innerhalb einer einzigen Kategorie und Tausch von Elementen verschiedener Kategorien. Für die Tiv sind diese Typen des Tausches mit deutlich unterschiedenen moralischen Haltungen verbunden.

Tausch innerhalb einer Kategorie – besonders jener der Subsistenz, die gegenwärtig allein noch intakt ist – bringt außer Bemerkungen über das »Markt«glück eines oder beider Tauschpartner keinerlei moralische Urteile mit sich. Tausch zwischen Kategorien dagegen hat eine ganz andere moralische Reaktion zur Folge: Wer Güter einer niedrigeren gegen solche einer höheren tauscht, rühmt sich nicht seines Marktglücks, sondern seiner Geschicklichkeit beim Investieren, seiner persönlichen Ausstrahlungskraft und seines »starken Herzens«. Wer Güter einer höheren Kategorie gegen die einer niedrigeren tauscht, rationalisiert sein Tun durch den Verweis auf eine hochbewertete Motivation (meist die Bedürfnisse seiner Verwandten).

Zur Unterscheidung der beiden Typen des Tausches, die Tiv in ihrem Verhalten und durch ihre Bewertung vornehmen, verwende ich verschiedene Worte. Ich nenne den Tausch von Elementen innerhalb einer Kategorie »Übertragung«, den von einer Kategorie zur anderen »Umwandlung« (Steiner[7] verwendet »Übersetzungen«« für das, was ich Umwandlungen nenne). Aus analytischen Gründen halte ich an der Dichotomie der beiden Worte für die Typen des Tausches strikter fest, als ein Tiv im Alltag an der der beiden Typen moralischen Verhaltens.

Übertragungen sind – vereinfachend gesagt – für die Tiv moralisch neutral, bei Umwandlungen sind in ihren Erklärungen deutlich moralische Züge erkennbar.

Am engsten mit Übertragungen verbunden sind die Institutionen des Markts und der Heirat, besonders die Tauschheirat. Beide stellen besondere Themen dar, die gesondert behandelt werden müssen. Der Rest dieses Teils des Aufsatzes handelt von Umwandlungen.

Umwandlung bedeutet, anders als eine Übertragung, nicht einen bloßen Tausch gleichwertiger Güter. Wegen ihrer deutlich moralischen Dimension ist die Umwandlung eine starke, motivationsbildende Kraft im Handeln des einzelnen. Solche Motivationen machen den Umstand begreiflich, daß ein Großteil der von Tiv gesammelten Autobiographien Varianten der folgenden Geschichte enthalten: »Als ich ein sehr kleines Kind war, gab mir mein Verwandter ein junges Huhn. Ich versorgte es gut, und als es größer wurde, legte es Eier und brütete weitere Hühner aus; ich tauschte sie gegen eine junge Geiß, die Junge bekam, welche ich bei verschiedenen Verwandten unterbrachte, bis ich dafür eine Kuh eintauschen konnte. Die Kuh bekam Kälber, und schließlich konnte ich die Kälber verkaufen und eine Frau besorgen.« Jeder erfolgreiche Mann betrachtet eine solche Geschichte als einen der wichtigsten Abschnitte seiner Biographie; sie beweist, daß er Erfolg hatte.

Die Tiv sagen, daß es in alten Zeiten oft möglich war, Messingstäbe für Nahrungsmittel zu kaufen, gewöhnlich aber nur dann, wenn es ihrem Eigentümer an Essen fehlte oder er so ungewöhnliche Mengen davon für ein Fest brauchte, daß die Vorräte seiner Frauen zu sehr in Mitleidenschaft gezogen worden wären. Sie sagen ferner, daß kein Mann von Ehre Sklaven gegen Essen tauschte – es gab andere Mittel, zu Essen zu kommen, besonders durch das ausgedehnte Netz von Verwandtschaftsbeziehungen. Obwohl alle Tiv, mit denen ich die Frage diskutierte, energisch bestritten, daß ein Tiv jemals einen Verwandten, eine Frau oder eine *ingôl* für Nahrung verkaufte (es gab andere Gründe für solche Verkäufe), erwähnt Akiga – in einem unübersetzten Abschnitt seines Buches – eine Hungersnot, die so schlimm war, daß Männer als allerletztes Mittel ihre Töchter an Fremde im Tausch gegen Lebensmittel verkauften, um ihre Söhne am Leben zu erhalten.

Eine andere Art der Umwandlung bei den Tiv ist die Heirat mit Heiratsgut. (Es gibt davon verschiedene Typen, die gewöhnlich zusammenfassend *kem kwase* genannt werden.) Obwohl es sich bei einigen Heiratsformen mit Heiratsgut in der Vergangenheit in Wirklichkeit um verzögerten Tausch handelte (und sie heute als Ersatz für einen Tausch gelten können[8]), ist es das Ziel jedes Mannes, »eine Frau zu erlangen« *(ngoho kwase)*, d. h. eine Frau oder eine *ingôl* zu bekommen, *ohne* eine

Frau dafür im Tausch zu geben. Traditionell erwirbt man eine Frau, indem man eine Schwester oder Cousine (irgendeine Frau aus der eigenen *ingôl*-Gruppe, vgl. Akiga[9] und Abraham[10]) zugesprochen bekommt, um sie direkt oder über Heiratsgut gegen eine Frau zu tauschen. Wird eine Frau auf irgendeine andere Art erworben, geht dies die *ingôl*-Gruppe nichts an, da ihr auch die Frau oder der Besitz, mit deren Hilfe sie eingetauscht wurde, nicht gehört hatte. Auch die Töchter einer solchen Frau werden nicht unter den Mitgliedern der *ingôl*-Gruppe des Mannes aufgeteilt. Eine so erworbene Frau ist nicht nur ein Beweis für finanziellen Erfolg und persönliche Fähigkeiten eines Mannes, sondern die Rechte an ihr sind auch die einzige Form des Eigentums, auf die seine Agnaten keinen moralischen Anspruch erheben können.

Mitunter können Frauen durch noch verwickeltere Umwandlungen erworben werden. Wir entdeckten im Laufe eines Hexereistreits einen Fall, bei dem ein Mann vor zwei Generationen eine Kuh für einen Sklaven und für diesen wiederum eine *ingôl* einhandelte, um sie schließlich gegen eine Frau zu tauschen. Die Verteilung der Töchter aus dieser Ehe als *ingôl* unter seine Söhne, und nicht in seiner *ingôl*-Gruppe, wurde angefochten. Manchmal erwerben Tiv gegen Vieh fremde Frauen von Stämmen, bei denen Vieh als Heiratsgut üblich ist; die Töchter dieser Frauen gelten als Tiv und können auf die bei den Tiv übliche Weise getauscht werden, – sie gehen nicht in den »Pool« der *ingôl* der *ingôl*-Gruppe ein, es sei denn, die Agnaten eines Mannes zwingen ihn durch Hexereidrohungen, sein »Eigentum« mit ihnen zu teilen.

Zahlreiche soziale Sanktionen zielen darauf ab, Reichtum in solchen einer höheren Kategorie umzuwandeln: Tiv verachten den, der bloß reich an Subsistenzgütern (oder heute Geld) ist; sie machen persönliche Unzulänglichkeit dafür verantwortlich, daß jemand seine Güter nicht umgewandelt hat. Auch sagen Tiv, daß eifersüchtige Verwandte einen Reichen und die Seinen mit Hilfe bestimmter Fetische verhexen würden, damit er seinen Reichtum für Opfer ausgibt, um die Fetische »wiedergutzumachen«. Ist die Umwandlung einmal vollzogen, sind die Forderungen von Verwandten nicht länger wirksam, zumindest müssen sie eine neue Form annehmen.

Von einem Mann, der ständig eine Politik der Umwandlung von Reichtum in höhere Kategorien verfolgt, statt zuzulassen, daß Abhängige oder Verwandte ihn verschleudern, wird gesagt, er habe ein »starkes Herz« *(taver shima)*. Er wird respektiert, weil er stark genug ist, den überzogenen Forderungen seiner Verwandten zu trotzen und dennoch seine Verwandtschaftspflichten großzügig zu erfüllen; er wird aber auch als ein Mann von besonderer, potentiell bösartiger Veranlagung *(tsav)* gefürchtet.

III.

Gerade die Vorstellungen der Tiv von Tausch und Investition sind unter dem Einfluß westlicher Ideologie und durch die koloniale Ökonomie und Sozialorganisation mit am härtesten getroffen worden, da sie unmittelbar und offensichtlich im Konflikt mit westlichen Vorstellungen und Verhaltensweisen stehen. Heute sind die Tiv darüber beunruhigt, daß ihre Kategorien tauschbarer Güter nicht aufrechtzuerhalten sind. Das hat im wesentlichen drei Gründe: 1. Zwei der Kategorien haben heute keine offizielle Gültigkeit mehr; 2. wurden viele neue Güter, die nicht zu einer der Kategorien gehören, eingeführt, und 3. steht mit Geld ein gemeinsamer Nenner der Kategorien zur Verfügung, der früher fehlte.
Es ist leicht zu sehen, daß der Kategorie der Prestigegüter, bei denen es sich vor allem um Vieh, Sklaven und Messingstäbe handelte, die materielle Grundlage entzogen wurde, auch wenn sie idealiter weiterbesteht. Der Sklavenhandel wurde verboten, gleich nachdem um 1910 die europäische Herrschaft etabliert worden war; Messingstäbe sind nicht mehr allgemein verfügbar, weil die Kolonialverwaltung sie vornehmlich als Währung betrachtete und durch *pounds, shillings* und *pence* ersetzte.
Möglicherweise noch folgenreicher war der Umstand, daß die höchste Tauschkategorie, die des Reichtums an Frauen, durch die Kolonialverwaltung entscheidend angegriffen wurde, indem sie 1927 die Tauschheirat abschaffte und sie durch die legale Form der Heirat mit Heiratsgut (zahlbar in Geld) ersetzte. Die Kategorie der Subsistenzgüter ist die einzige, die sich bis heute noch in einer Form vorfindet, die der ursprünglichen einigermaßen entspricht.
Europäische und afrikanische Händler brachten viele neue Waren sowohl nigerianischer wie europäischer Herkunft ins Tiv-Land und erhöhten die Mengen einiger anderer Güter, die es vorher nur in ganz geringer Menge oder Zahl gegeben hatte, um ein Vielfaches. Diese Güter, besonders die europäischen, wurden zusammen mit Geld eingeführt und gelten als Teil des Geldkomplexes. Sie gehören nicht zu einer herkömmlichen Kategorie, bilden aber auch nur höchst unvollkommen eine eigene. Es gibt also heute sehr viel mehr Güter als früher, die sich nicht genau in traditional bestimmte Tauschzusammenhänge einfügen.
Wichtiger ist schließlich vielleicht noch die Einführung einer Währung, deren Eigenart es gerade ist, daß sie den Tauschwert jedes Gegenstandes auf einen gemeinsamen Maßstab bezieht. Die Einführung einer Währung war nicht nur als Ergebnis der Ausdehnung westlicher Unternehmen zu erwarten, die Kolonialverwaltung drängte auch darauf, weil sie

Steuern in bequemer und leicht zu transportierender Form einziehen wollte.

Am Ende des Ersten Weltkriegs wurde eine Geldsteuer, die alle männlichen Bewohner zu zahlen hatten, im ganzen Tiv-Land eingeführt. Gleichzeitig begann auch in großem Stil der Anbau von Sesam *(sesamum indicum)* für den Markt. Sesam wird, obwohl er den Tiv schon seit langem bekannt ist, heute oft mit dem Wort für »Steuer« oder »Abgabe« *(kpandegh)* bezeichnet.

Obschon man Messingstäbe als eine »Währung« im alten System bezeichnen kann, weil ihr Tauschwert weiter reichte als der irgendeiner anderen Ware und sie zur mittleren Kategorie gehörten, war die Einführung von Geld, anders als man seinerzeit annahm, nicht eine einfache »Ersetzung« einer Währung durch eine andere. Zwar waren früher Messingstäbe das Hauptmittel der Umwandlung: Sie konnten zum Kauf von Nahrung verwendet werden, was manchmal geschah; sie konnten zum Erwerb einer Frau verwendet werden, was öfters vorkam. Aber auch wenn sie leichter als irgendein anderer Gegenstand in die andere Tauschkategorie dringen konnten, gab es doch Grenzen. Messingstäbe stellten nie ein Standardmaß dar, auf dessen Grundlage der Tauschwert aller Waren errechnet wurde, wie das bei dem vom *West African Currency Board* ausgegebenen Geld der Fall ist.

Heute werden alle Übertragungen und die meisten Umwandlungen mit Geld getätigt. Die Tiv bringen jedoch ständig ihr Mißtrauen gegenüber Geld zum Ausdruck. Sie vergleichen auf das ausführlichste Geldsystem und Subsistenzsystem, wobei das erstere immer schlechter abschneidet. Geld vermehrt sich nicht, sagen sie, und trägt auch keine Früchte. Man gibt Geld aus (*vihi*, wörtlich »vernichten«), und weg ist es – ein Feld kann ein Mann nicht ausgeben, und wenn er auch eine Ziege opfert, so hat sie doch bereits Junge geboren. Geld, so meinen sie, ist die Wurzel vieler ihrer Probleme.

In ihrem Verlangen nach Geld und zugleich ihrem Mißtrauen ihm gegenüber haben die Tiv versucht, es wenigstens in manchen Zusammenhängen als vierte und unterste Kategorie tauschbarer Güter einzustufen. Logisch müßte aus einer solchen Klassfizierung jedoch folgen, daß Geld entweder nur gegen Geld oder nur gegen die europäischen Güter getauscht würde, die mehr oder weniger gleichzeitig mit ihm eingeführt wurden. Das genau ist auch die Ansicht, die viele Älteste der Tiv vertreten. Doch diese Auffassung ist in der gegenwärtigen Situation des Tiv-Landes nicht aufrechtzuerhalten.

Mit der Einführung des Geldes, der Befriedung des Landes und der Einführung von vermarktbaren Anbaufrüchten geschah zugleich noch etwas anderes: Der Handel der Männer entwickelte sich sehr schnell. Er ist, wie der der Frauen, meist ein Handel mit Subsistenzgütern, aber anders als jener mit solchen, die über große Entfernungen beschafft und gehandelt werden: Räucherfisch vom Benue- und Katsina-Ala-Fluß, Kambalholz und Kolanüsse aus der Provinz Ogoja und Produkte wie Baumwolle, die nur in manchen Teilen des Tiv-Landes angebaut werden. Heutzutage tragen Männer bis zum Alter von vierzig Jahren ihre Güter manchmal 150 Meilen weit auf den Markt, auf dem sie den höchsten Preis erzielen. Dieser Handel wird gewöhnlich von halbprofessionellen Händlern mit Geld betrieben. Diese Leute beginnen mit Geld und hören mit Geld auf: Ihr Ziel ist es, das Geld zu vermehren. Die Tiv halten das für ein legitimes Geschäft.

Auch vom Handel der Frauen sagen Tiv, er sei legitim und sinnvoll: Eine Frau kann eine Art von Nahrungsmitteln verkaufen, um eine andere zu erwerben, oder Nahrung verkaufen, um sich ein Lendentuch für sich selbst oder kleine Geschenke und allerneueste Bedarfsartikel für ihre Kinder zu kaufen. Alle Tiv sagen, der Umstand, daß diese Transaktionen in Geld getätigt werden, tue nichts zur Sache: Die Frau hat keine Umwandlung vorgenommen, denn sie verkaufte und kaufte Subsistenzgüter, die verbraucht werden können.

Die Schwierigkeiten fangen an, wenn die halbprofessionellen Händler mit Nahrungsmitteln zu handeln beginnen, was früher ausschließlich Angelegenheit der Frauen war. Diese Männer investieren Teile ihres Kapitals in für den Wiederverkauf bestimmten Nahrungsmitteln; die halbprofessionellen Händler sind die aktivsten Getreidekäufer und -verkäufer auf den heutigen Tiv-Märkten, obwohl auch die Frauen in geringerem Umfang mit Getreide und Yams spekulieren. Ein junger Händler kauft Getreide in kleinen Mengen – oft nur für zwei oder drei *pence* – von den Frauen, die es auf dem Markt anbieten. Er sammelt dieses Getreide, hebt es vielleicht auch eine Weile auf und transportiert es aller Wahrscheinlichkeit nach zu einem anderen Markt, um es dort entweder an einen Zwischenhändler oder an die Hausa- oder Ibo-Lastwagenfahrer zu verkaufen, die auf den größeren Märkten Nahrungsmittel für den Export in die übervölkerten Gebiete der Ostprovinzen oder die neuen städtischen Zonen des Tiv-Landes aufkaufen.

Sowohl der von den Frauen betriebene als auch der Handel dieser jungen und ehrgeizigen professionellen Händler gilt bei den Tiv als eine gute Sache. Allerdings wird Händlern in der Tiv-Gesellschaft nicht dieselbe begünstigte Position eingeräumt wie in manch anderen westafrikanischen Gesellschaften, und bloßes Geldvermögen oder Reichtum an Subsistenzmitteln reicht nicht hin, um großes Prestige einzubringen. Der Handel der Frauen verbleibt in der Subsistenzkategorie (wenn man – wie die Tiv – das Ergebnis im Auge behält und das Auftreten des Geldes außer acht läßt), während der der Händler sich innerhalb der monetären Kategorie abspielt.

Nun sehen aber Tiv jeden fünften Tag von ihren großen Märkten einen Lastwagen nach dem anderen mit Nahrungsmitteln davonfahren. Sie sagen, Nahrungsmittel seien heute nicht so reichlich vorhanden wie früher, obwohl mehr Land bearbeitet wird. Die Tiv-Ältesten beklagen diese Situation und wissen, was geschieht, wissen andererseits aber nicht, wo genau sie die Schuld dafür suchen sollen. Manchmal versuchen sie etwas dagegen zu tun und geben bekannt, daß Frauen überhaupt keine Nahrungsmittel verkaufen sollen. Aber wenn die Frauen ihnen nicht gehorchen, haben die Männer nicht wirklich den Eindruck, sie hätten darin unrecht getan. Manchmal benachteiligen und diskriminieren Tiv Händler, die keine Tiv sind, um den Export von Nahrungsmitteln zu unterbinden, aber von den Gerichten, zu denen die Fremden laufen, werden solche Aktionen kaum je gebilligt; und zudem sind auch Tiv-Händler im Export von Nahrungsmitteln tätig. Ihre Mißbilligung eines Zustands, der sie ihrer Nahrungsmittel schneller beraubt, als sie die Erträge steigern können, bringen Tiv-Älteste zum Ausdruck, indem sie auf das Geld an sich schimpfen. Es ist das Geld, das als das Mittel beim Verkauf von lebensnotwendigen Gütern für die verschlechterte Situation verantwortlich ist – das Geld und die Europäer, die es brachten.

Dennoch können sie nirgends eine Schuld sehen oder diesem Zustand ein Ende machen. Wenn Frauen an Zwischenhändler verkaufen, reihen die Tiv diesen Tausch in die Kategorie des Subsistenztausches ein. Wenn Zwischenhändler unter sich oder an Exporthändler verkaufen, fällt das unter die Moral des Geldhandels. Daß sich die beiden Bereiche überschneiden, finden die Tiv rätselhaft und frustrierend und in der Natur des Geldes liegend. Doch solange eine Frau nicht zu viele Nahrungsmittel verkauft, entsteht nicht der Eindruck, sie tue etwas Falsches; solange ein Mann Waren für Geld kauft und dafür wieder verkauft, ist ihm nichts vorzuwerfen.

Von noch größerer Bedeutung ist für Tiv die Wirkung, die Geld auf die Heiratsregelungen hatte, indem es den gegenseitigen Tausch von Rechten an Frauen beeinflußte. Die Kolonialverwaltung hat – wie es oberflächlich schien – einem Wunsch der Bevölkerung entsprechend (dabei ermuntert von den Missionsgesellschaften und unter augenscheinlicher Mitwirkung der Stammesräte) die Tauschheirat abgeschafft und sie durch eine Form der Heirat mit Heiratsgut ersetzt. Heute sind meines Erachtens sowohl die Tiv wie die Kolonialverwaltung der Auffassung, daß dieses Vorgehen überstürzt und unklug war. Jeder »Vormund« einer Frau hat heute das Gefühl, er wandle nach unten um, wenn er Geld als Heiratsgut annimmt. Obwohl sie den Versuch machen, Geld, das sie als Heiratsgut bekamen, dazu zu verwenden, Frauen für sich selbst oder die eigenen Söhne zu beschaffen, bestehen Tiv darauf, daß dies der Natur des Geldes entsprechend äußerst schwierig zu verwirklichen sei. Ein guter Mann gibt zwar immer noch, was er an Heiratsgut bekommt, wieder für Frauen aus, aber gute Männer sind weniger zahlreich, als man wünschen möchte. Die Tiv beklagen sich darüber, daß sie ihre Töchter »verkaufen« *(te)* und Frauen »kaufen« (*yam,* aber euphemistisch *kem,* akkumulieren) müssen. Das klänge, sagen sie dem Forscher mit leiser Stimme, nach Sklaverei. Es ist würdelos, weil die Möglichkeit beseitigt wurde, eine Heiratsgut-Heirat in eine Tauschheirat umzuwandeln.

Tiv haben angesichts der Einführung der Geldwirtschaft diejenigen Motivationen beibehalten, die ihrer alten Investitionsideologie, die auf einem Schema von klar voneinander geschiedenen, hierarchisch angeordneten Kategorien tauschbarer Güter beruht, entsprechen. Daraus entstanden verschiedene Schwierigkeiten und Unvereinbarkeiten. Es gilt als bewundernswert, Reichtum in Frauen und Kinder zu investieren, der dauerhaftesten Form des Reichtums, die den Tiv traditionell bekannt ist, dazu diejenige, die am ehesten weiteren Reichtum erzeugt.

Aber die Tiv gerieten in ein schlichtes Paradox: Heute ist es leicht, Subsistenzgüter gegen Geld zu verkaufen, um Prestigegüter und Frauen zu erwerben und es schnell zu etwas zu bringen. Die verkauften Nahrungsmittel werden exportiert, die Menge der zum Verbrauch verfügbaren Subsistenzgüter verringert sich. Andererseits ist die Zahl der Frauen beschränkt. Das Ergebnis ist, daß das Heiratsgut wächst und der Preis der Frauen inflationär wird. Unter diesen Umständen führt das Streben der Tiv, immer reicher an Menschen zu werden, bloß dazu, daß sie zunehmend Nahrungsmittel und Subsistenzgüter verkaufen und ihnen immer weniger zum Eigenverbrauch übrigbleibt.

Die herkömmlichen Vorstellungen der Tiv, die wir ökonomisch nennen würden, waren nicht nur Grundlage ihrer verstandesmäßigen Einteilung des ökonomischen Tausches, sondern bildeten auch die Motivation für ihr individuelles wirtschaftliches Streben. Diese Vorstellungen sind mit einer Geldwirtschaft am Rande der Industriegesellschaft unvereinbar. Für die Tiv handelt es sich dabei nicht um »ökonomische Ideen«, sondern um eine »natürliche« Ordnung von Phänomenen und Verhalten: Sie neigen dazu, die Schwierigkeiten so zu betrachten, als lägen sie in der monetären Ökonomie. Der Ethnograph kann nur zusehen und versuchen, die Vorstellungen und Motivationen zu verstehen, wobei er sich darüber im klaren ist, daß die Diskrepanz zwischen Vorstellungen und wirklicher Situation zunimmt, bis eines davon zerschlagen und dann dem anderen angepaßt wird – und er weiß auch, daß das Ergebnis schon vorher feststeht.

Anmerkungen

[1] Meine Forschung unter den Tiv dauerte, zwischen Juli 1949 und Januar 1953, 26 Monate und wurde vom *Social Science Research Council* und der *Wenner-Gren-Foundation for Anthropological Research* gefördert, mit weiteren Zuschüssen des *Colonial Social Science Research Council* und der Regierung von Nigeria. Allen diesen Stellen sei dafür gedankt.

[2] Dieser Tatbestand mag davon herrühren, daß im Untersuchungszeitraum im Tiv-Land, wie auch anderswo, Inflation herrschte.

[3] Ich nehme an, daß Akiga hier eher Beispiele für eine Kategorie gibt und nicht Preisangaben macht. In den Zeiten des vormonetären Tausches, auf die sich Akiga bezieht, kann aber Preisstabilität allgemein gegolten haben.

[4] L. und P. Bohannan, *The Tiv of Central Nigeria,* London, International African Institute, 1953, S. 69–71.

[5] Bohannan, *Tiv Farm and Settlement,* London 1954.

[6] Bohannan übersetzt im Amerikanischen das Tiv-Wort *ingôl* mit *marriage ward*. Bei den Tiv bezeichnet es einmal die nächstjüngere Schwester eines Mannes, die er einem anderen Mann im Tausch gegen dessen *ingôl* zur Heirat gibt. Dieser Schwesterntausch kann zum anderen, z. B. aufgrund von ungünstigen Alters- oder Geschlechtsverhältnissen oder weil eine gerade weggegebene *ingôl* starb oder weglief und ersetzt werden muß, zu einem über kürzere Zeit oder auch über Generationen verzögerten Tausch führen, bei dem männliche Agnaten gemeinsam über eine Gruppe von weiblichen Agnaten in einer Art Vormundschaft verfügen bzw. sich *ingôl* untereinander im Tausch und für den Tausch zur Verfügung stellen. Da *marriage ward* nur schlecht übersetzt werden kann, wird hier jeweils *ingôl* eingesetzt (Anm. d. Übers.).

[7] F. Steiner, »Notes on Comparative Economics«, *British Journal of Sociology,* Vol. 5, 1954, S. 118–129, in diesem Band S. 85 ff.

[8] P. Bohannan, a.a.O., S. 71–73.

[9] Akiga (B. Akiga Sai), *Akiga's Story,* übers. von Rupert East, London, International African Institute, 1939.

[10] R. D. Abraham, *The Tiv People,* London 1940.

Franz Steiner
Notiz zur vergleichenden Ökonomie[1]

Ethnologen ist seit einiger Zeit bekannt, daß dort, wo Tiere in großen Herden gehalten werden, seien es Rinder, Pferde, Kamele oder Rentiere, die Einstellung der Eigentümer zum Wert der Tiere sich nicht bloß in Begriffen der Verwertung oder des Tausches ausdrücken läßt. In einem Dialog zwischen einem reichen Hirten der Juraksamojeden und einem Fremden wird auf das Problem hingewiesen:

Fremder: Verkauf mir ein Rentier!
Jurak: Es ist keins zum Verkauf da.
Fremder: Warum nimmst du kein Geld? Du kaufst dir Branntwein.
Jurak: Ich habe genug Branntwein.
Fremder: Du kaufst den Weibern etwas oder Eisfüchse zum Kauf einer Frau.
Jurak: Ich habe schon zwei Schlitten voll Eisfüchse.
Fremder: Du hast dreitausend Rentiere. Wozu sparst du sie auf?
Jurak: Die Rentiere wandern, und ich schaue sie an, das Geld aber verberge ich, das kann ich nicht sehen.[2]

Ähnliche Aussagen hat man von Lappländern aufgezeichnet. Hatt weist darauf hin, daß diese »Lust am Reichtum« einer intensiveren Pflege und Nutzung der Tiere entgegensteht.[3] Die Herden werden so groß, daß sich Arbeitsaufwand und Versorgung nicht mehr lohnen; sie stellen für ihren Eigentümer eine Belastung dar. Vielen afrikanischen Hirtenvölkern hat man die gleiche Einstellung zugeschrieben.

Ziel des vorliegenden Aufsatzes ist es, Einstellungen dieser Art zu untersuchen, und zwar im Hinblick auf ihre Implikationen für (1) die allgemeine Austauschbarkeit von Gütern (die Voraussetzung jeden Handels), (2) den Prozeß der Nutzensteigerung von Gütern (die im Verständnis westlicher Ökonomen das Wesen jeder Produktion ist) und (3) die Klassifikation von Wirtschaften, die in erster Linie vom Tausch abhängen, ohne dabei Münz- oder Papiergeld zu verwenden.

Unter Wirtschaft wird hier ein System der Produktion und Verteilung von Werteinheiten verstanden.[4] Das Wort wird also in einem sehr umfassenden Sinn verwendet.

I. Zwei Typen nicht-monetärer Wirtschaftsformen

Abgesehen von der Wirtschaft, die auf dem allgemeinen Gebrauch von Geld beruht und an komplexe Klassenstrukturen gebunden ist, lassen sich zwei weit verbreitete Typen von Wirtschaftsformen unterscheiden. Für den ersten Typ ist charakteristisch, daß in ihm drei Klassen oder Kategorien von Gütern immer getrennt gehalten und unterschieden werden: Rohstoffe, Geräte und persönliche Schätze. Im zweiten Typ werden Rohstoffe von Geräten nicht getrennt und es gibt keine Klasse von Gütern, die ausschließlich als persönliche Schätze Wert besitzen.
Der erste Typ, mit den drei Klassen von Gütern – (1) Nahrungsmittel und andere Rohstoffe, (2) Geräte und Alltagskleidung und (3) persönliche Schätze –, läßt sich nach den Beziehungen, die zwischen den Elementen dieser Klassen denkbar sind, weiter unterteilen. Objekte der zweiten und dritten Klasse – Geräte und persönliche Schätze – können oder können nicht getauscht werden – dies hängt von den Vorstellungen der Beteiligten ab –; daraus ergibt sich die Möglichkeit, Subtypen zu unterscheiden. Unter persönlichen Schätzen verstehen wir Dinge, die von ihren Eigentümern geschätzt werden, weil sie selten sind oder weil ihrer Herstellung eine besondere Aufmerksamkeit gewidmet wurde. Beispiele sind die Bumerangs einiger australischer Eingeborener, die so schön geschnitzt sind, daß sie für die Jagd nicht benutzt werden, oder die großartigen »Luxusbogen« der Andamanen, die kostbar sind und ebenfalls nicht benutzt werden, oder die Schnitzereien der Eskimo – alles Gegenstände, die in Mußestunden angefertigt werden und keinen Bezug zum religiösen Leben haben. Diese Dinge werden von ihren Eigentümern geschätzt, aber es wird ihnen kein allgemeiner Wert zugeschrieben. Ähnliche Fälle finden sich im Tierreich und beim Kind.
Alle diese Subtypen haben jedoch ein entscheidendes Merkmal gemeinsam: Die Organisation derjenigen gesellschaftlichen Einheit, die bei der Aufgabe, das Leben ihrer Mitglieder zu sichern, zusammenarbeitet, hat nur mit der ersten Klasse von Gütern etwas zu tun. Soweit wir von der Zirkulation von Gütern in diesen Gesellschaften sprechen, können wir uns nur auf Güter der ersten Klasse – Nahrungsmittel und andere Rohstoffe – beziehen. Diese werden entweder in einer gemeinsamen Unternehmung gewonnen und dann verteilt, oder sie werden von den einzelnen Untergruppen (Haushalte, Familien) gewonnen, die ihren Überschuß verteilen. Die Mitglieder der Gesellschaft erwidern die Verteilung mit solidarischen Handlungen, welche die weitere Produktion ermöglichen.
Unabhängig von den Regelungen für die Verteilung der gewonnenen Rohstoffe werden zwei Bedingungen eingehalten: (1) kein Gegenstand

der ersten Klasse wird gegen Gegenstände aus einer der beiden anderen getauscht – tatsächlich besteht keinerlei Wertbeziehung, kein gemeinsamer Wertmaßstab zwischen diesen Klassen. Daraus folgt, daß (2) jedes Ding, das verwandelter Rohstoff ist – sei es ein Stück Fleisch, von den Mitgliedern eines Haushalts gekocht, ein Werkzeug oder ein Kleidungsstück – *ipso facto* aus dem, wie wir sagen können, primären wirtschaftlichen Zyklus ausscheidet. Zusätzliche menschliche Arbeit fügt dem Ding also nicht nur keinen »Wert« hinzu, sondern entfernt es sogar aus dem wirtschaftlichen Bereich. Das bedeutet natürlich nicht, daß diese Gegenstände nicht begehrt würden, daß sie – in der Terminologie westlicher Ökonomen – Nutzen verloren hätten: Sie fungieren bei der Bildung von Bündnissen als Geschenke und im Krieg als Beute.

Reichtum wird in solchen Gesellschaften nicht angehäuft, Märkte gibt es nicht. Nur im Bereich des primären wirtschaftlichen Zyklus – d. h. des Tauschs von Nahrungsmitteln und Rohstoffen – treten marktähnliche Situationen auf, wenn wir darunter verstehen, daß sich die Verteilung nach der Nachfrage richtet.

In den Wirtschaftsformen des zweiten Typs dagegen ist der Tausch von Gegenständen, die sich in andere Klassen als diejenige der Rohstoffe differenzieren, *nicht* vom primären wirtschaftlichen Zyklus getrennt. Unterteilungen dieses Typs ergeben sich aus den verschiedenen Weisen, nach denen Menschen die verschiedenen Klassen oder Kategorien von Gegenständen bilden, klassifizieren und miteinander in Beziehung setzen. Das gemeinsame Merkmal aller Wirtschaftsformen dieses zweiten Typs ist, daß sie ausschließlich persönliche Schätze nicht anerkennen: Schätze haben entweder einen allgemein anerkannten Wert, den ihnen das Ritual verleiht, oder sie haben einen eingeschränkten Tauschwert. Es gibt also, allgemein gesprochen, zwei Arten von Gegenständen in Wirtschaften dieses Typs: solche, deren Wert allgemein anerkannt ist und in ihrem Gebrauch liegt, und solche, deren Wert rituell ist oder zumindest nicht auf Nützlichkeit beruht.

Der Wert von Gegenständen, der allgemein anerkannt ist und auf ihrem Gebrauch beruht, wird ihr Nützlichkeitswert genannt. Manche dieser Gegenstände können beim Tausch als Wertmaßstäbe dienen – Gefäße, Eisenstäbe und Salz in Afrika sind Beispiele. Solche Tauschgüter werden zunächst wegen ihrer offensichtlichen Nützlichkeit geschätzt; doch wo immer sie als Tauschgüter Verwendung finden, werden sie nicht innerhalb der betreffenden Gesellschaft hergestellt; ihre Tauscheigenschaft beruht auf ständiger Zufuhr aus fremden Herstellungszentren. Derartige externe Monopole funktionieren genauso wie eine beschränkte und kontrollierte Produktion innerhalb einer Gesellschaft, etwa durch eine privilegierte Gruppe.

Die ganze Gruppe von Gegenständen kann in symbolischer Terminologie[5] als $G \pm T^g$ bezeichnet werden, wenn G für »Gebrauchsgegenstände«, ± für »Wert« und T für »Tausch« steht. Dann bezeichnet T^g solche Gebrauchsgegenstände (G), die standardisierte Tauscheigenschaften besitzen. In derselben Sprache können wir den unvermittelten Tausch von Gebrauchsgegenständen ($G \rightleftarrows G$) vom Handel unterscheiden, d. h. vom Tausch eines Gebrauchsgegenstands gegen die Tauschbarkeit-von-Gebrauchsgegenständen ($G \rightleftarrows T^g$), oder vom Tausch eines Gebrauchsgegenstands gegen die Tauschbarkeit-von-Gebrauchsgegenständen, die ihrerseits gegen einen anderen Gebrauchsgegenstand getauscht wird ($G \rightleftarrows T^g \rightleftarrows G$).

Die zweite Gruppe von Gegenständen umfaßt Einheiten mit rituellem Wert und solche Schätze, die zum Tausch verwendet werden können. Kein Nützlichkeitswert kommt ihnen zu. So unterscheidet sich »Muschelgeld« oder »Geld« aus Streifen von miteinander verflochtenen Federn von Salz- oder Eisen»geld«. Diese zweite Gruppe kann als $R \pm T^s$ beschrieben werden, da sie Einheiten mit rituellem (R) Wert (±) und tauschbare (T) Schätze (S) enthält.

Betrachtet man beide Gruppen, $G \pm T^g$ und $R \pm T^s$, ergeben sich weitere Tauschmöglichkeiten: ein Gebrauchsgegenstand gegen die Tauschbarkeit-von-Schatz ($G \rightleftarrows T^s$), oder ein Gebrauchsgegenstand gegen die Tauschbarkeit-von-Schatzgegenständen, die ihrerseits für einen anderen Gebrauchsgegenstand getauscht wird ($G \rightleftarrows T^s \rightleftarrows G$). Beide stellen Handel dar; dagegen ist der Tausch von Tauschbarkeit-von-Gebrauchsgegenständen gegen Tauschbarkeit-von-Schatz ($T^g \rightleftarrows T^s$) eine finanzielle Transaktion, die dem Handel verwandt ist.

II. Übersetzung

Wir müssen von all diesen Transaktionen des unvermittelten Tausches oder des Handels einen anderen Tausch sehr sorgfältig unterscheiden: den eines Gebrauchsgegenstands gegen einen rituellen Gegenstand ($G \rightarrow R$), einen Vorgang, den ich »Übersetzung« nennen will. Die beiden logischen Grundmodelle, welche die zu diskutierenden Tätigkeiten beschreiben, sollen negative und positive Übersetzung genannt werden.

Negative Übersetzungen

Die allgemeine Form einer negativen Übersetzung ist $G \rightarrow R$, die Übersetzung eines Gebrauchsgegenstands in einen rituellen Gegenstand, wobei die Gebrauchsgegenstände (G) Tauschbarkeit-von-Gebrauchsgegenständen (T^g) oder Tauschbarkeit von Schatzgegenständen (T^s) einschließen können oder nicht. Das Eigentum an diesen Gegenständen und damit die Nützlichkeits- und Tauschwerte für ihren Eigentümer werden alle durch die Transaktion aufgehoben, die den ursprünglichen Eigentümer mit Einheiten rituellen Werts in Beziehung gesetzt hat. Dadurch werden diese Einheiten rituellen Werts in reiner Form isoliert. Sie werden aus dem wirtschaftlichen Zyklus freigesetzt.

In all diesen Zusammenhängen treten die Werteinheiten nicht logisch nach ihrem Verhältnis zum Gebrauch geordnet auf, nicht in der Form: Gegenstände mit Nützlichkeitswert und Tauschbarkeit-von-Gebrauchsgegenständen versus Gegenstände mit rituellem Wert und Tauschbarkeit-von-Schatzgegenständen ($G \pm T^g:R \pm T^s$); sondern wir finden Formen, in denen Gegenstände mit Nützlichkeitswert, Tauschbarkeit-von-Gebrauchsgegenständen und Tauschbarkeit-von-Schatzgegenständen den rituellen Gegenständen gegenüberstehen ($G \pm T^g T^s:R$). In solchen Fällen können die Beziehungen $G \pm T^g T^s$ »empirische Werte« (G^e) genannt werden.

Negative Übersetzungen treten bei den Bewohnern der Yap-Inseln auf, die Güter, die über mehrere Jahre hinweg angesammelt wurden, für runde Steinscheiben tauschen, die aus einem entfernten Steinbruch gehauen werden.[6] Diese Steine sind so gewaltig, daß Gruppen von Menschen viele Tage für ihren Transport benötigen. An ihrem Ziel werden sie unter den Hütten vergraben, nachdem ihr Wert durch ein Ritual bestätigt worden ist. Diese Steine fungieren in keiner weiteren Transaktion. Sie werden im Boden gelassen und nicht im Alltagsleben »benutzt«. Ihr Wert ist eher mit dem Status des Eigentümers und dem Boden, auf dem die Hütte steht, verbunden; er erhöht die Achtung, die den Bewohnern der Hütte, der Familie, entgegengebracht wird. Die Übersetzung empirischer in rituelle Werte ($G^e \to R$) hat also mehrere Phasen: Manche Gebrauchsgegenstände werden in Tauschbarkeit-von-Gebrauchsgegenständen, andere in Tauschbarkeit-von-Schatzgegenständen verwandelt, schließlich werden alle in rituelle Gegenstände übersetzt ($(G \genfrac{}{}{0pt}{}{\nearrow T^g}{\searrow T^s}) \to R$). Dies Beispiel mag ausreichen, eine der Formen der negativen Übersetzung zu veranschaulichen.

Eine andere Form der negativen Übersetzung kann man in *dem* Typ des Gabentausches sehen, bei dem die Gaben nicht bloß ein Bündnis zwischen den tauschenden Personen herstellen oder bestätigen, sondern die unter rituellen Umständen *weggegebene* (nicht die empfangene) Menge den Rang einer Person beeinflußt.

Das am häufigsten erwähnte Beispiel dieser Art der negativen Übersetzung ist der Potlatch, der in verschiedenen nordwestamerikanischen

Gesellschaften gebräuchlich war. Dort luden Familien oder größere miteinander in Wettbewerb stehende Verwandtschaftsgruppen in mehr oder weniger regelmäßigen Abständen oder zu wichtigen Anlässen, wie der Geburt eines Kindes oder dem Bau eines neuen Hauses, andere Mitglieder der Gesellschaft zu einem Fest ein und überreichten ihnen unter rituellen Umständen Güter, die über lange Zeiträume angesammelt worden waren. Die eingeladenen Teilnehmer erwiderten Einladung und Gaben, wann immer ihnen die Gelegenheit günstig schien. Der Wert der verteilten Güter verbindet sich entweder mit der Verwandtschaftsgruppe, die den Potlatch veranstaltete, oder mit der Person, zu deren Ehren der Potlatch gegeben wurde. Jeder Potlatch veränderte den Status der Betroffenen. Der Wert der Güter, über die auf diese Weise verfügt wurde, ist das gesellschaftliche Agens, während mit ihren sonstigen Wertzusammenhängen keine öffentliche Anerkennung verbunden ist. Diese Anerkennung tritt nur bei der öffentlichen Eigentumsübertragung auf. Bei einer solchen Übertragung werden die Werte des Gegenstands geteilt: (1) Die empirischen Werteinheiten (die in diesen Gesellschaften kein gesellschaftliches Agens sind) stehen dem Empfänger zur Verfügung, während (2) die rituellen Werteinheiten proportional zu den empirischen in einer Form auftreten können, die der des Eigentums nahekommt, und mit dem Gebenden verbunden sind.

Einer Variation dieses Brauches im selben Gebiet wurde von Ethnographen viel Aufmerksamkeit gewidmet: Im Verlauf von Potlatchfesten kann es geschehen, daß Güter nicht weggegeben, sondern verbrannt oder zerstört werden – eine weitere Annäherung an das Opfer, das wichtigste Modell all der Tätigkeiten, die darauf abzielen, Werteinheiten aus dem wirtschaftlichen Zyklus herauszulösen. Durch Vernichtung der Güter werden ihre empirischen Werte vollständig beseitigt, und die rituellen Werte, die den Veranstaltern des Potlatch »gehören«, sind gesichert, ungemischt und unzweideutig. Das Moment des Wettbewerbs um den Besitz dieser rituellen Werte wird durch die Aufgabe des kooperativen Moments verstärkt, das jedoch eine unerhebliche Begleiterscheinung dieses Gabentausches ist.

Bevor die Regierung gegen diese Bräuche einschritt, war bekannt, daß der Wettbewerb im Opferpotlatch die betroffenen Gemeinschaften zunehmend ruinierte. Daraus folgerte man, daß der Potlatch insgesamt eine wirtschaftliche Anomalie darstelle. Gegenüber einer derartigen Auffassung ist zweierlei geltend zu machen.

Es läßt sich zeigen, daß ein Verfahren wie jenes, in dem das riesenhafte Stein»geld« von Yap entsteht, auf dasselbe logische Modell bezogen werden kann, wie jenes, in dem Gaben- und Opferpotlatch entstehen. Während das Yap-Beispiel als $(G^e \rightarrow) \rightarrow R$ symbolisiert werden kann –

die Übersetzung empirischer Werte wird selbst ritueller Wert –, schließt der Gabentauschpotlatch notwendig zwei Transaktionen ein: Bei der einen gibt A Gegenstände mit empirischem Wert an B; der empirische Wert der Gegenstände geht an B, der rituelle Wert des Gebens aber bleibt bei A; bei der zweiten Transaktion handelt es sich um die genaue Umkehrung: B gibt A Gegenstände mit empirischem Wert; der empirische Wert geht an A, ihr ritueller Wert bleibt jedoch bei B. Dies kann folgendermaßen symbolisiert werden:

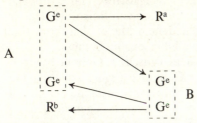

Der Opferpotlatch hingegen kommt der Yap-Formel noch näher, da keine Aufteilung von Werten eintritt, sondern eher eine direkte Übersetzung von empirischen in rituelle Werte:
$G^e \rightarrow R^a$
$R^b \leftarrow G^e$
Eine Transaktion, die einem so allgemeinen Modell entspricht, kann nicht als Anomalie abgetan werden. Gewisse Züge des »Zerstörungspotlatch« hingegen müssen als anomal gelten, insofern sie eine Störung der Gemeinschaften, in denen sie auftreten, widerspiegeln. Diese Züge würde ich als eine Folge des Kulturkontakts erklären, der in zweifacher Hinsicht den Potlatch modifiziert hat. Zum einen läßt die Reaktion auf die Auflösung der Stammesgesellschaft die Hauptzüge des gesellschaftlichen Zusammenhalts deutlicher hervortreten. In den betreffenden Gesellschaften wird die strukturelle Basis angezeigt durch die Achtung, die jedem Rang erwiesen wird. Deshalb ist vor dem Einsetzen der vollständigen Auflösung zu erwarten, daß die Solidarität zwischen den Untereinheiten ungewöhnlich verstärkt, der Wettbewerb zwischen ihnen nachdrücklicher betont wird und gleichzeitig das Bewußtsein gesellschaftlichen Rangs verletzlicher wird. Zum anderen machte die Einführung der Geldwirtschaft mehr Dinge tauschbar, so daß sich der Kreis von in rituellen Wert übersetzbaren Gegenständen erweiterte. Dies wird durch die Verzeichnisse von Boas bestätigt. Die Ökonomie des Potlatch stellt also nicht etwa eine Anomalie dar, sondern ein in sich konsistentes System, das mit anderen Wirtschaftsformen unvereinbar ist. Das System führte für die betreffenden Gesellschaften nur unter Einwirkung fremder Elemente zum Ruin; ihre Integration war nicht möglich.

Positive Übersetzungen

Den positiven Übersetzungen liegt eine andere Anordnung der Werte zugrunde: $(G : (\pm T^gT^s)R)$, d. h. Tauschbarkeit-von-Gebrauchsgegenständen und Tauschbarkeit-von-Schatz sind mit rituellen Gegenständen verbunden und von den Gebrauchsgegenständen getrennt (statt wie bei der negativen Übersetzung mit Gebrauchsgegenständen verbunden und von den rituellen Gegenständen getrennt), wobei Gebrauchsgegenstände den Gegenständen oder Schätzen mit Tauschwert oder rituellem Wert gegenübergestellt werden. Akkumulation von Reichtum, Handel und Marktverhältnisse sind, in verschiedenem Maße, charakteristisch für Gesellschaften, welche die positive Übersetzung betonen.

Es gibt folgende Typen von intertribalem Tausch: 1. Gebrauchsgegenstände der Gesellschaft A werden für Gebrauchsgegenstände der Gesellschaft B gehandelt ($G^a \rightleftarrows G^b$); 2. Gebrauchsgegenstände der Gesellschaft A werden für Tauschbarkeit-von-Gebrauchsgegenständen der Gesellschaft B getauscht ($G^a \rightleftarrows T^gb$); 3. Tauschbarkeit-von-Gebrauchsgegenständen der Gesellschaft A wird für Tauschbarkeit-von-Schatz der Gesellschaft B getauscht ($T^ga \rightleftarrows T^sb$); und 4. Schätze mit einem Tauschwert aus der Gesellschaft A werden für Schätze mit einem Tauschwert aus der Gesellschaft B gehandelt ($T^sa \rightleftarrows T^sb$). Wenn solche Tauschakte zwischen lokalen Produktionseinheiten – mit oder ohne professionelle Vermittlung – in regelmäßigen Abständen und mit festgesetzten Preisen auftreten, sprechen wir von »Märkten«.

Eine Klassifikation von Markttypen ist bislang weder in soziologischer noch in rein ökonomischer Perspektive versucht worden – die Klassifikation von Märkten nach Zeitintervallen (jährlich, monatlich oder wöchentlich) kann als nicht relevant verworfen werden.

Viele mögen der Ansicht sein, daß es in wissenschaftlichem Zusammenhang nicht zulässig sei, den Geltungsbereich des Begriffs »Markt« so auszudehnen, daß er auf der einen Seite regelmäßige Treffen mit direktem Tausch zwischen Angehörigen verschiedener Dörfer und auf der anderen Seite die regelmäßige Veräußerung eines ausschließlich zu diesem Zweck produzierten Surplus (wobei professionelle Händler in Konkurrenz stehen und ihre Profite kalkulieren) umfaßt. Der Hauptnachteil ist jedoch, daß der Begriff »Markt« für die meisten von uns mit der Vorstellung der Wirksamkeit der Gesetze von Angebot und Nachfrage verbunden ist, während solche Gesetze selbstverständlich nur für bestimmte Typen von Tauschakten gelten können.

Wenn etwa Stammesgruppen in Neuguinea regelmäßig Gebrauchsgegenstände der Gesellschaft A gegen Schätze mit Tauschwert der Gesellschaft B tauschen ($Ga \rightleftarrows T^sb$), bedeutet das sicher nicht, daß von der Ge-

sellschaft A ein Surplus von Gebrauchsgegenständen (G) mit der ausschließlichen Absicht hergestellt wurde, damit tauschbare Gebrauchsgegenstände oder tauschbare Schätze der Gesellschaft B zu erwerben; noch bedeutet es, daß der tauschbare Schatz der Gesellschaft B für den Tausch gegen Gebrauchsgegenstände der Gesellschaft A produziert wurde. Daher ist das Tauschverhältnis, in das jeweils Mengen der beiden Arten gesetzt werden, mehr oder weniger stabil und hängt keineswegs in erster Linie von Angebot und Nachfrage ab.
Marktsituationen können aus den Beziehungen zweier sozialer Gruppen nur unter zwei Voraussetzungen oder bei einer Verbindung von beiden entstehen. Eine mögliche Voraussetzung ist, daß ein gemeinsamer Wertnenner für tauschbare Gebrauchsgegenstände, Tauschwert eines Gebrauchsgegenstandes oder Tauschwert eines Schatzes (G, T^g und T^s) der Gesellschaften A und B besteht. Die andere Voraussetzung ist, daß die zwei sozialen (oder vielleicht politischen) Einheiten als Teile *einer* Ökonomie fungieren.
Soziale Einheiten, die zu *einer* Ökonomie integriert sind, tauschen hauptsächlich Gebrauchsgegenstände (G). Ein besonders faszinierender Fall wird von den Manus der südlichen Admiralitätsinseln berichtet.[7] Dort sind Gruppen von »Seemenschen«, die echten Manus, mit Gruppen von »Landmenschen«, den Usiai (Inland) und Matankor (»Auge des Landes«) verbunden. Sie hängen vom täglichen Tausch in solchem Maße ab, daß wir jede Wirtschaftseinheit als aus Gruppen beider Bevölkerungen zusammengesetzt betrachten müssen. Das politische Leben ist dieser Symbiose angepaßt, und im Krieg halten die Manus aus einer Siedlung am Waffenstillstand und am Tausch mit ihrem Usiaipartner fest, während sie eine andere Usiaigruppe angreifen, die ihrerseits sich der Partnerschaft einer anderen Manussiedlung erfreut. Diese Symbiose beruht auf einem sorgfältig ausgewogenen Verzicht auf wirtschaftliche Autonomie und geht so weit, daß die Seemenschen von der direkten Nutzung des Landes und seiner Erzeugnisse und die Landbewohner von jeder Nutzung des Meeres ausgeschlossen sind. Indes brauchen die Seemenschen, die in Pfahlhäusern auf den Lagunen leben, Boote, für die das Holz auf dem Land wächst; die Landmenschen essen Seefische. Absichtliche Beschränkungen ermöglichen einen regelmäßigen Tausch, bei dem Boote und Gemüse für Meeresprodukte gegeben werden.
Bei dieser Übereinkunft, die, wie Margaret Mead zeigt, noch viele Züge des direkten Tausches trägt, besteht insgesamt eine Marktsituation. Die Handhabung dieser Situationen wird durch das Fehlen eines gemeinsamen Wertnenners ermöglicht:

»Es gibt«, schreibt Margaret Mead, »ein seltenes Beispiel für diese Tendenz außerhalb des Bereichs der eigentlichen Nahrung. Während die Landmenschen Betelnuß und Pfefferblätter anbauen, brennen und verfeinern die Seemenschen Korallenkalk, mit dem zusammen Betel und Pfefferblatt gekaut werden. Auf dem Markt erzielt ein Fisch bestimmter Größe zehn Taro oder vierzig Betelnüsse. Eine Schale mit Kalk bringt achtzig Betelnüsse ein, jedoch nur vier Taro. Dem Bedürfnis nach Betel wird das Bedürfnis nach Betel entgegengehalten und mit ihm verglichen, um die Seemenschen zu zwingen, genug Kalk für die Landmenschen zu liefern.«[8]

Hier sehen wir die Gesetze von Angebot und Nachfrage ohne einen gemeinsamen Nenner wirken, der die Werte der getauschten Güter ausdrückte. In solchen Fällen besteht eine Tendenz, tauschbare Güter zu Paaren anzuordnen.[9]

Dieser standardisierte und geschäftsmäßige Tauschhandel besteht in Manus neben komplexeren Tauschakten wie $T^sa \rightleftarrows T^sb$ und $Ga \rightleftarrows T^ga \rightleftarrows T^sb$ usw. und neben der Ansammlung von tauschbarem Schatz (T^s) innerhalb einer Gruppe. Diese letztere Werthortung von Tauschbarkeit-von-Schatz ist mit dem Rangsystem innerhalb der sozialen Gruppe verbunden, nicht aber mit dem Tausch zwischen Seegruppen und Landgruppen. Zwei verschiedene wirtschaftliche Prozesse, die verschiedenen sozialen Beziehungen zugeordnet sind, greifen also ineinander. Diese Verbindungen sind sehr verschieden von negativen Übersetzungen, durch die zwei Wertsphären zusammengebracht werden. In den beiden Formen der Übertragung, für die ich den Begriff »positive Übersetzung« vorschlage, werden, obwohl Akkumulation stattfindet, keine Werteinheiten dem Wirtschaftsleben gänzlich entzogen. Der Unterschied zwischen den beiden Prozessen kann gar nicht genug betont werden. Bei der Darstellung des *kula*-Systems der Trobriander, eines Systems des intertribalen Tausches von Schätzen (T^s) mit sehr ausgedehnter Zirkulation, weist Malinowski auf die Großzügigkeit und Würde hin, die bei den (rituell relevanten) *kula*-Transaktionen gezeigt werden:

»Die Eingeborenen unterscheiden sie genau vom Tauschhandel, den sie in beträchtlichem Umfange betreiben, von dem sie eine klare Vorstellung haben und den sie mit einem festen Begriff bezeichnen – in der Sprache von Kiriwina: gimwali. Oft, wenn sie die Durchführung eines *kula*-Tausches als nicht korrekt, allzu hastig oder würdelos kritisieren, sagen sie ›er betreibt seinen *kula*, als wäre es gimwali‹.«[10]

III. Vergleiche und Schlußfolgerungen

Diese Sachverhalte wurden bislang kaum systematisch behandelt. Eine Klassifikation von Tauschakten und Märkten in einfachen Gesellschaften ist nicht versucht worden, und niemand hat an einer vergleichenden Soziologie handeltreibender Gruppen gearbeitet. Die Stellung von Spe-

zialisten in einfachen Gesellschaften – etwa die der Schmiede in Afrika – ist nicht vergleichend untersucht worden, obwohl damit verbundene Ideologien (die magische Kraft oder der niedrige Rang des Schmiedes) hervorgehoben wurden. Es läßt sich vielleicht ohne Übertreibung sagen, daß die vergleichende Methode in der Ökonomie noch nicht angewandt worden ist. Dieser Mangel ist noch spürbarer geworden, seit wir im Besitz genauer Monographien sind, die die Ökonomien südafrikanischer und ozeanischer Gemeinschaften detailliert darstellen. Im übrigen bleiben uns nur die Pionierarbeiten von Männern wie Schurtz – eine Art der Forschung, die nicht fortgeführt wurde und durch weit genaueres Material und wichtigere Fragestellungen überholt ist.
Aus Verallgemeinerungen über eine Fülle von nicht systematisch bearbeiteten Tatsachen und bloßen Vermutungen auf einem Gebiet, auf dem das wenige, das bekannt ist, durch mindestens sinnlose Terminologien verdunkelt wird, lassen sich begründete Theorien nicht bilden. Die wenigen Hinweise, die gegeben werden können, betonen entweder Offensichtliches oder bedürfen der ständigen Korrektur.
Dem Leser ethnographischer Berichte ist klar, daß viele Ökonomien nicht so klassifiziert werden können, als enthielten sie einen einzigen Typ des Wirtschaftsprozesses, dem andere Handlungen lediglich beigesellt wären. Verschiedene Typen von Wirtschaftsprozessen können zusammen die Wirtschaft einer Gesellschaft bilden. In den meisten Fällen ist es verfrüht, einen von ihnen dominant zu nennen, da nicht einmal die für eine solche Dominanz anzulegenden Kriterien diskutiert worden sind. So hat Mead für die Admiralitätsinseln einen Funktionszusammenhang von asymmetrischen Gleichsetzungen von Quantitäten im Tauschhandel zwischen sozialen Gruppen nachgewiesen ($Ga \rightleftharpoons Gb$). Dies kann vom internen Tausch von Gebrauchsgegenständen oder Schätzen (T^g und T^s) in einer der Gruppen jedoch nicht gesagt werden. Andererseits bilden auf Rossel Island, wie von Armstrong beschrieben wurde, verschiedene Arten von Tauschbarkeit-von-Schatz (T^s) ein Geldsystem, in dem es verschiedene Typen von »Geld« und innerhalb jedes Typs verschiedene Arten von Einheiten (Münzen) gibt. Das System ist verwickelt, da zwischen den Währungseinheiten asymmetrische Gleichungen gelten. Aufgrund des Umstands, daß wir asymmetrische Eigenschaften am allerwenigsten mit Geldsystemen in Verbindung bringen – die unserer Vorstellung nach Asymmetrie gerade verhindern –, nennt Armstrong die Wirtschaft von Rossel anomal.[11]
Wo immer zwischen zwei Wirtschaften Preise festgesetzt werden und die Tauschraten schwanken, muß dies durch eine veränderte interne Bewertung der tauschbaren Schätze in Verbindung mit ihren Produktionsbedingungen verursacht sein. Es gibt keine tauschbaren Schätze, die eine

Gesellschaft nur für den »Export« herstellte. Seligman berichtet von den Koita in Britisch-Neuguinea, daß bei einer Heirat die Eltern der Frau nach dem angemessenen Tausch von Gaben eine Anzahl von Armreifen als Heiratsgut bekamen. 1876 betrug deren Zahl zehn, aber als Eisenwerkzeuge ihre Herstellung erleichterten, stieg bis 1909 die Zahl der bei dieser Gelegenheit übergebenen Reifen auf vierzig oder dreiundvierzig an.[12] Thurnwald schließt daraus zu Recht, daß die veränderte Bewertung aus den Gesetzen von Angebot und Nachfrage erklärt werden kann.[13] Es muß aber betont werden, daß, wenn auch eine veränderte interne Bewertung tauschbarer Schätze auf lange Sicht eine externe Veränderung bewirken mag, die mit dem externen Tausch verbundenen Angebot-Nachfragerelationen für die Veränderung nicht verantwortlich sind.

Es gibt eine große Zahl von Ökonomien, in denen negative Übersetzungen nicht zu dominieren scheinen (wobei diese Kennzeichnung die erwähnten Vorbehalte erfordert), das läßt sich sogar von den Ökonomien der meisten bekannten Gesellschaften sagen. Dabei ist ein Typus von besonderem Interesse. In ihm findet man statt oder neben der Situation »Gebrauchsgegenstände versus Gegenstände mit rituellem Wert« ($G:(T \pm T^s T^g)R$) eine Anordnung, durch die die *Quantität* der Gebrauchsgegenstände entscheidend wird. Gebrauchsgegenstände werden gehortet und angesammelt, aber die Behandlung der Einheiten, mit denen so verfahren wird, entspricht keiner Form des Tausches oder der Übersetzung: Sie sind vom Gebrauch durch ihre Eigentümer nicht ausgeschlossen. Und doch steht die imponierende Menge dieser Einheiten nicht in Relation zu dem Bedürfnis, sie zu gebrauchen: die Vorräte haben einen Wert, der über den empirischen Wert ihrer Einheiten hinausgeht. Die empirischen Werte sind lediglich ein Teilpotential.

Wir stellen fest, daß der nicht-empirische Aspekt der reinen Quantität auf die gleiche Weise wirkt wie $G:(T \pm T^s T^g)R$. Bei der Ansammlung von Einheiten sind es nicht die besonderen Qualitäten besonderer Einheiten, auf die es ankommt, sondern die Qualität des organisierten Ganzen. Um dies klarzumachen, wollen wir Werteinheiten von 1 bis 100 *annehmen*, die sich auf die Verwendbarkeit der Gegenstände für Ernährung oder Kleidung beziehen. Wir sehen dann, daß unter gewissen Bedingungen eine Vorratssammlung von $100\ n(G)$ die Wertung von $n\ (100\ G)$ überschreitet, indem der nichtempirische Ansammlungswert die in den Einheiten enthaltenen empirischen Werte aufhebt.

Je größer die Zahl der Einheiten in einer organisierten Ansammlung ist, desto zahlreicher sind die Möglichkeiten, diese Einheiten anzuordnen, und desto größer ist die Macht des Eigentümers, insofern sie als Kontrolle über die Ansammlung definiert wird. In diesem Zusammenhang spielt es keine Rolle, ob die Ansammlung ein Gemüsespeicher oder eine Viehherde ist.

Bei den Trobriandern sind die Yam-Speicher

»so gebaut, daß die Menge der Nahrungsmittel abgeschätzt und ihre Qualität durch die weite Spalte zwischen den Balken ermittelt werden kann. Die Yams werden so angeordnet, daß die besten Stücke außen liegen und gut sichtbar sind. Spezielle Yamsorten, die bis zu zwei Meter lang werden und mehrere Kilogramm wiegen, werden in Holz gefaßt, mit Farbe angemalt und an die Außenseite der Yamhäuser gehängt. Daß das Recht, Nahrungsmittel auszustellen, hoch bewertet wird, läßt sich daran ablesen, daß in Dörfern, in denen ein Häuptling von hohem Rang residiert, die Speicher der einfachen Leute mit Kokosnußblättern abgedeckt werden müssen, um nicht mit den seinen in Wettbewerb zu treten.«[14]

Diese Ansammlungen, sagt Malinowski, dienen dazu, soziales Prestige zu erhöhen.

»Magie soll die Nahrungsmittel lange Zeit erhalten ... (Sie) wird dem Dorf reichliche Nahrung bescheren und die Vorräte lange reichen lassen. Aber – und dies ist für uns entscheidend – diese Magie wird vorgestellt, als wirke sie nicht auf die Nahrung, sondern auf die Dorfbewohner.

Sie verringert ihren Appetit, sie ruft, wie die Eingeborenen sagen, eine Neigung hervor, wildwachsende Früchte zu essen und Mango und Brotfrucht aus dem Dorfhain [kein Privateigentum], den Genuß von Yam zu verweigern oder zumindest mit sehr wenig zufrieden zu sein. Sie brüsten sich gern damit, daß, wenn diese Magie gut ausgeführt wird, die Hälfte der Yams im Speicher verrottet und auf den ... Abfallhaufen hinter den Häusern geworfen wird, um Platz für die neue Ernte zu schaffen.«[15]

Es ist wichtig zu erkennen, daß der Wert, der die nützlichen Eigenschaften der gespeicherten Yams überschreitet, durch die – fast könnte man sagen – Entschlossenheit, sie nicht zu nutzen, bekräftigt wird. Die magischen Riten sind Sparsamkeits- und nicht Fruchtbarkeitsriten. Allein der Umstand, daß diese Gegenstände verderblich sind, läßt das Verschwenderische des Vorgehens offensichtlich werden. Diese Seite der Einstellung zum Wert mag schwächer sein oder uns gänzlich entgehen, wenn wir statt der Yams Gegenstände betrachten, deren Eigenschaften über längere Zeiträume unverändert bleiben, oder, besser noch, Dinge, die sich reproduzieren oder sogar vervielfachen.

Die Ähnlichkeiten zwischen negativen Übersetzungen und Ansammlungswerten wie denen der Trobriander sind auffallend. Andererseits besteht eine Ähnlichkeit zwischen den Ansammlungswerten der Trobriander und denen von Leuten, die ihre Herdentiere, bei denen die »Verschwendung« weniger deutlich hervortritt, auf diese Weise betrachten. Zwei Züge sind negativen Übersetzungen und Ansammlungswerten gemeinsam: das Auftreten von Werten, die über die empirischen hinausgehen, und die Verbindung des nichtempirischen Werts mit Einstellungen, welche die empirischen Werte negieren. Da die Unterschiede bereits hervorgehoben wurden, können die Ähnlichkeiten in folgender Weise zusammengefaßt werden: Die Bekräftigung nicht-empirischer Werte wird von der Zerstörung oder Zurückweisung empirischer Werte begleitet und durch sie ermöglicht. Diese Bekräftigungen können durch rituelle Funktionen der Einheiten mit transzendierendem Wert verstärkt werden, etwa bei afrikanischen Viehzüchtern.

Das oben genannte Prinzip ist ein allgemeines; es gilt nicht nur für einfachere Ökonomien. Schließlich bedeutete die Eroberung der westlichen Zivilisation durch eine totale Geldwirtschaft, daß dem Geld transzendierende Werte verliehen wurden. Die Verfügung über Geld, der Zustand, in dem das Geld einer Person für sie »arbeitet« und nicht »untätig« ist, sind Ziele, deren Wertschätzung die Wertschätzung der Güter überschreitet, die mit diesem Geld für den Gebrauch gekauft werden können. Der Aufstieg der kapitalistischen Wirtschaft vollzog sich im Gewand eines Evangeliums der Sparsamkeit und asketischen Verweigerung des Gebrauchs der Güter. Niemand, der die Werke von Max Weber und Tawney gelesen hat, kann daran zweifeln, daß diese asketische Verweigerung in religiöser Terminologie postuliert wurde.

Es ist Aufgabe des Psychologen, die grundlegenden Affinitäten oder Verweigerungen zugunsten der transzendierenden Werte und des Opfers zu erklären; das kann nicht Sorge des Ethnologen sein. Für den, der in der *social anthropology* bewandert ist und Sparsamkeit und protestantische Ethik im Zusammenhang mit dem Potlatch und den Yamspeichern der Trobriander zu sehen vermag, verliert eine vieldiskutierte Kontroverse ihre Bedeutung: ob der Kapitalismus aus dem Puritanismus entstand oder umgekehrt (Weber-Tawney). Wenn darüber hinaus die Wissenschaft je eines Experiments bedürfte, um die These der Beziehung zwischen Zivilisation und dem religiösen Leben einer Gesellschaft zu überprüfen, kann auf ein Experiment verwiesen werden, das im gewaltigsten Umfang eintrat, den die Geschichte bereitstellen kann. Nach dem Ersten Weltkrieg verloren die deutschen Mittelschichten ihren Besitz durch eine Inflation. Dem folgte im protestantischen Deutschland eine vollständige Auflösung nicht bloß dessen, was Weber (in einer selbst protestantischen Ausgrenzung) als *Wirtschaftsethik* bezeichnet hat, sondern die Auflösung der gesamten Ideale und ungeschriebenen Gesetze der Mittelschichten. Keine kurzfristige, wenn auch noch so schwere Notlage kann einen Vertrauensverlust von solchem Ausmaß erklären.

Auf der allgemeinsten Ebene ist es gleichgültig, welche Seite – ob Verzicht auf den Gebrauch oder Verherrlichung transzendierender Werte – durch die Religion oder in religiöser Terminologie ausgedrückt wird. Das Unvermeidliche ist allen Formen gemeinsam: Die Anerkennung des Eigentums an Werteinheiten als tugendhaftes Verhältnis und die Verachtung von Tendenzen, die dieser Tugend entgegenstehen.

Verzeichnis der Symbole

±   Wert
G   Gebrauchsgegenstand
R   ritueller Gegenstand
S   Schatz
T   Tauschbarkeit
G^e empirischer Wert: $G + T^g + T^s = G^e$
T^g Tauschbarkeit-von-Gebrauchsgegenstand
T^s Tauschbarkeit-von-Schatz

Obwohl die beiden letzten Symbole (T^g und T^s) der Einfachheit halber manchmal als »tauschbare Gebrauchsgegenstände« bzw. als »tauschbare Schätze« wiedergegeben werden, ist die hauptsächliche Bedeutung immer die Tauschbarkeit selber.

Anmerkungen

[1] Aus der vorliegenden Notiz des verstorbenen Universitätsdozenten für *social anthropology* an der Universität Oxford sollte eigentlich ein Buch über die Wirtschaft primitiver Völker entstehen. Sie wurde von Paul Bohannan leicht redigiert und ist eine der Veröffentlichungen von Steiners Manuskripten, die von seinen Freunden und Kollegen am *Institute of Social Anthropology* vorbereitet werden. Sie wird mit Zustimmung des Verwalters von Steiners literarischem Nachlaß, H. Adler, veröffentlicht.
[2] Lehtisalo, T., »Beiträge zur Kenntnis der Renntierzucht bei den Juraksamoyeden«, Instituttet for Sammenlignende Kulturforskning, Series B, Vol. 16, Oslo, [1932].
[3] Hatt, Gudmund, »Notes on Reindeer Nomadism«, *American Anthropological Association, Memoirs,* Vol. VI, S. 114.
[4] Der ökonomischen Terminologie zufolge sollte hier statt des Wortes »Wert« wahrscheinlich »Nutzen« stehen; die Wortwahl des Originals ist aber beibehalten worden – P. B.
[5] Ein Verzeichnis der Symbole ist dem Ende des Artikels angefügt.
[6] Furness, W. H., *The Island of Stone Money,* Philadelphia 1910; Müller, Wilhelm, *Yap, Ergebnisse der Südseeexpedition 1908–1910,* Hamburg 1917, S. 129–132.
[7] Mead, Margaret, »The Manus of the Admiralty Islands«, in: Mead, Margaret (Hg.), *Cooperation and Competition among Primitive Peoples,* New York 1937, S. 210–239.
[8] Mead, Margaret, »Melanesian Middlemen«, *Natural History,* Vol. XXX, No. 2, 1930, S. 130.
[9] In einer sehr allgemeinen Weise lassen sich derartige asymmetrische Gleichungen wie folgt symbolisch darstellen, wobei sich kleine Buchstaben auf Mengen, große Buchstaben auf Arten beziehen: $aM = bN$; $aM = cO$; $bN = dO$. Statt ein Wirtschaftssystem »rational«

oder »logisch« zu nennen, würde ich lediglich sagen, daß die Gleichungen zwar vielfältig, aber symmetrisch sind.

[10] Malinowski, B., *Argonauts of the Western Pacific,* London 1922, S. 95–96.
[11] Armstrong, W. E., *Rossel Island,* Cambridge 1928, S. 59–75.
[12] Seligman, C. G., *The Melanesians of British New Guinea,* Cambridge 1910, S. 77.
[13] Thurnwald, Richard, *Werden, Wandel und Gestaltung der Wirtschaft,* Berlin 1932, S. 179.
[14] Malinowski, B., a.a.O., S. 168–69.
[15] Ebd., S. 169.

Raymond Firth
Der soziale Rahmen der ökonomischen Organisation

Der Anthropologe ist aus zwei Gründen an Struktur und Organisation ökonomischer Tätigkeiten interessiert: In den meisten sozialen Beziehungen wirken ökonomische Faktoren mit; viele soziale Beziehungen haben primär etwas mit ökonomischen Werten zu tun. Das Ziel des Anthropologen ist jedoch nicht die Entdeckung der Prinzipien der Ökonomie im Sinne der abstrakten Theorie, welche die ökonomischen Aspekte menschlichen Verhaltens auf allgemeinster, universaler Ebene zu erklären versucht. Seine Aufgabe ist es zu untersuchen, wie diese Prinzipien in spezifischen sozialen und kulturellen Zusammenhängen wirken. Es gibt nur wenige Prinzipien in der Ökonomie, die in ihrer Anwendung wirklich allgemein oder universal sind. Viele von denen, die scheinbar allgemein sind, wurden innerhalb des Begriffsrahmens eines industriellen kapitalistischen Systems entwickelt. Dieses umfaßt eine Technologie, die sich der Maschine bedient, ein monetäres Tauschmittel, ein hochentwickeltes Kreditsystem mit Wertpapieren und Geldinstituten, ein entwickeltes privates Unternehmertum und eine Sozialstruktur des individualistischen westlichen Typs. Der Anthropologe aber muß sich mit einer Vielfalt von Gesellschaftssystemen auseinandersetzen. Viele sind bäuerliche Systeme, in denen Geld nur für einen Teil der Transaktionen benutzt wird, die Technologie fast keine Maschinen aufweist und die Methoden der Produktion, der Kooperation, des Kredits und der Einkommenserzielung sich stark von denen einer westlichen Wirtschaft unterscheiden. Einige sind ausgesprochen primitiv und ohne jegliches monetäre Mittel zur Erleichterung der Tauschprozesse, der Verteilung und der Schatzbildung. Das Problem des Anthropologen besteht also darin, ökonomische Prinzipien auf neuartige Zusammenhänge anzuwenden oder sie ihnen anzupassen. Er muß sogar meistens auf die üblichen Mittel der Messung verzichten, die seinem Kollegen, dem Ökonomen, zur Verfügung stehen. Ohne Geld gibt es keine einfachen Mittel zur Berechnung der Preise. Und auch da, wo Geld benutzt wird, verhindert seine begrenzte Verbreitung eine einfache Messung der Gesamtheit der wirtschaftlichen Beziehungen. Der Ablauf der Zeit kann zwar ziemlich genau bezeichnet werden, aber es findet sich selten ein System, in dem die regelmäßigen Zeitabstände kürzer als ein Tag sind. So ist die genaue Berechnung des Arbeitsaufwandes in Arbeitsstunden nur durch

Feldforschung möglich. All das hat einen Vorteil: Der Anthropologe wird nicht Verzerrungen unterliegen, die bei einer zu starken Beachtung des monetären Aspektes möglich sind. Er untersucht das Zusammenspiel »realer« Einheiten von menschlicher Arbeit und Material, von Produktion und Einkommen, nicht verschleiert von der »Geldillusion« einer westlichen Wirtschaft. Für ihn ist es wichtig, das Bild der wirtschaftlichen Beziehungen in dem Rahmen zu untersuchen, den ihm die Menschen selbst gegeben haben. Zu welchen Ergebnissen kommt er? Und in welcher Beziehung stehen sie zu dem, was gemeinhin unter Wirtschaftswissenschaften verstanden wird?
Wir wollen zunächst das Wesen ökonomischer Organisation im weitesten Sinne betrachten.
Ökonomische Organisation ist eine Art sozialen Handelns. Sie umfaßt eine Kombination verschiedener Arten zwischenmenschlicher Dienstleistungen und des Verhältnisses zwischen Menschen und Dingen zur Erzielung bestimmter Zwecke. Das bedeutet die Einordnung dieser Elemente in ein System durch eine Eingrenzung der Arten von Beziehungen, die potentiell möglich sind. Eine solche Kombination oder Eingrenzung erfolgt nicht mechanisch, sondern indem den Gütern und Dienstleistungen Werte verliehen werden. Nach diesen Werten wird die Auswahl getroffen. Von den verfügbaren Mitteln werden die ausgewählt, die angesichts der angestrebten Ziele am geeignetsten erscheinen. Von den möglichen Zielen werden die genommen, die mit den verfügbaren Mitteln am ehesten zu verwirklichen sind. Für die meisten Arten von Handlungen ist eine mehr oder weniger bewußte Auswahl erforderlich. Sie wirkt sich auf die ökonomische Organisation dort aus, wo die Betonung auf der Verfügung über die Ressourcen liegt. Die Betonung kann auch woanders liegen; auf der Art der betreffenden gesellschaftlichen Verhältnisse oder auf der Handlung als solcher. Moralische oder ästhetische Entscheidungen beispielsweise haben eher etwas mit Handlungen und Beziehungen zu tun als mit dem Gebrauch von Ressourcen.
Solche Entscheidungen sind nicht isoliert, ohne Beziehungen zueinander. Sie bilden ein System, sie haben Kontinuität. Jede ist mit den anderen, die auf sie folgen, verhaltensmäßig verbunden – also nicht nur durch zeitliche Reihenfolge, sondern auch durch die Reihenfolge der Handlungen. Sie sind auch begrifflich durch Wertvorstellungen miteinander verbunden, d. h. hinsichtlich einer Reihe von Eigenschaften, die den von den Handlungen betroffenen Beziehungen zugeordnet werden.
Bei all dem ist die Tatsache der Gesellschaftlichkeit von größter Bedeutung. Die Entscheidung, das Verhalten und die Wertvorstellung jedes Einzelnen, all das ist von anderen Menschen mitbestimmt. Auch diese

treffen ihre Entscheidungen. Sie konkurrieren um die gleiche Summe von Ressourcen. Allein durch ihre Existenz bilden sie bedeutende Elemente in der Gesamteinschätzung, die das Individuum hinsichtlich seiner Lage hat. Den Beziehungen zu den anderen werden bestimmte Eigenschaften – Werte – zugemessen, und zwar zum Teil deshalb, weil die Handlungen dieser anderen Personen dem begrifflichen und symbolischen System des Individuums Sinn verleihen. Dessen Vorstellungen von der ökonomischen Realität werden dadurch bestätigt, daß es sieht, wie die anderen sich entscheiden. Je weniger ein Individuum isoliert handelt, desto mehr muß es auf die Entscheidungen oder erwarteten Entscheidungen der anderen reagieren. Die ökonomische Organisation ist Teil eines sozialen Systems – der Beziehungen zwischen Personen und zwischen Gruppen, die mit verschiedenen Begriffen und Betonungen als Werte, Symbole, Verhaltensregeln und -muster ausgedrückt werden. Ein sehr einleuchtendes Beispiel dafür ist das Funktionieren des Geldsystems. Geld ist ein Symbol. Es repräsentiert meßbar ein gewisses Verfügungsrecht über Güter und Dienstleistungen. Es kann seine Funktion nur so lange erfüllen, wie in dem betreffenden Wirtschaftssystem allgemein darauf vertraut wird, daß es ein gültiges Symbol ist und als solches auch von anderen anerkannt wird. Dieses Vertrauen kann durch Ereignisse erschüttert werden, die innerhalb des Systems selbst entstehen – beispielsweise durch ein rasches Anwachsen der zirkulierenden Geldmenge. Es kann aber auch durch dem Wirtschaftssystem äußerliche Ereignisse erschüttert werden – beispielsweise, wenn das Geld durch Gesetz für ungültig erklärt wird; oder wenn neue moralische Normen – etwa religiösen Ursprungs – den Gebrauch von Geld grundsätzlich für falsch erklären. Das Vertrauen eines jeden Individuums in das Geldsystem entsteht in einem empfindlichen Anpassungsprozeß und ist abhängig von seinem Vertrauen in seine Mitmenschen überhaupt. Es wird nicht nur dadurch aufrechterhalten, daß der Einzelne andere Geld benutzen sieht und auch das materielle Äquivalent des Geldes sieht, welches er selbst benutzt. Sein Vertrauen beruht auch auf seinem Glauben an eine allgemeine Konsistenz im Verhalten der anderen, auf seiner Erwartung, daß es sogar in Sphären, wo kein Geld benutzt wird, eine allgemeine Übereinstimmung von Ansichten gibt. Ein Aspekt hiervon ist die Abgrenzung der Sphären selbst. Die westlichen Normen des Austausches kann man nur akzeptieren, wenn man sie im Rahmen des gesamten sozialen Systems von Beziehungen und Wertvorstellungen sieht. Man bezahlt eine Mahlzeit im Restaurant, aber nicht in einer privaten Wohnung mit Geld, man gibt Geld für eine Kuh, aber nicht für eine Ehefrau. Doch dies sind Konventionen primär moralischer Art. Es gibt nichtwestliche Systeme, in denen für eine private Mahlzeit und für eine Ehefrau Geld gegeben wird und in denen beide Transaktionen moralisch gerechtfertigt sind.

Vor dem Hintergrund dieser Sozialstruktur nimmt der Anthropologe seine ökonomische Untersuchung auf.

Das grundlegende Konzept der Wirtschaftswissenschaften ist das der Allokation knapper verfügbarer Ressourcen zur Erfüllung menschlicher Bedürfnisse; wobei anerkannt wird, daß in jeder Sphäre Alternativen möglich sind. Wie auch immer die Definition lauten mag, die Wirtschaftswissenschaften befassen sich mit den Implikationen menschlicher Entschlüsse, mit den Ergebnissen von Entscheidungen. Entscheidungen, Bedürfnisse und die Implikationen ihrer Ausführung stehen in Zusammenhang mit persönlichen Beziehungen, sozialen Beziehungen. Während die *social anthropology* Formen sozialer Beziehungen in den primitiven Gesellschaften untersucht, befassen sich die Wirtschaftswissenschaften mit bestimmten Arten sozialer Beziehungen – z. B. den Produktions- und Tauschverhältnissen – in allen Gesellschaften. Und dies geschieht mit einem Rigorismus, wie er in anthropologischen Lehrsätzen kaum erreicht wird. Insofern man von der Wirtschaftswissenschaft sagen kann, daß sie wirklich universale Prinzipien aufstellt, hätte sie mehr Recht, die Wissenschaft vom Menschen genannt zu werden, als die Anthropologie, die man die Wissenschaft von den Arten der Menschen nennen könnte.

Die Beziehung der *social anthropology* zur Wirtschaftswissenschaft kann am besten anhand von Beispielen aufgezeigt werden. Das Problem wird durch die asymmetrische Entwicklung beider Wissenschaften erschwert. Während institutionelle Bereiche sozialer Beziehungen, vor allem Verwandtschaft, per Konvention fast ausschließlich Gegenstand der *social anthropology* sind, ist der Bereich der Wirtschaft schon in Beschlag genommen. Auf die wichtigsten Verallgemeinerungen – also jene, die die weiteste Spanne von Handlungen erklären und sehr viele scheinbar zusammenhangslose Elemente verknüpfen – hat die Wirtschaftswissenschaft ein Anrecht. Was bleibt dann noch für die ökonomische Anthropologie zu tun?

Wenn wir ökonomische Lehrsätze untersuchen, so sehen wir, daß alle außer den formalsten und abstraktesten mit institutionalisierten Begriffen formuliert werden. Wohl kann es vorkommen, daß keine bestimmte Ware genannt wird, daß es keine zeitlichen und räumlichen Bezüge gibt. Wohl mag die monetäre Bezeichnung bewußt vermieden werden zugunsten der Verwendung von Output-Einheiten, Investitionseinheiten, Arbeitseinheiten und anderen »realen« Größen. Aber der Begriff Output enthält schon – mehr oder weniger explizit – die Vorstellung einer Unternehmenseinheit Fabrik, einer Industrie als einer Gruppe solcher Einheiten, die weitgehend ähnliche Ressourcen und technische Verfahren einsetzen und vergleichbare Produkte hervorbringen, und eines Unternehmers, dessen Funktion speziell die Durchführung ökonomischer Operationen in einem solchen Milieu ist. Der Begriff Investition enthält ebenso die Vorstellung eines Marktes, der durch Kauf und Verkauf charakterisiert ist und auf dem der Bedarf – zumindest zum Ersatz von Ausrüstung – so stetig ist, daß ausreichende Möglichkeiten der Auswahl zur Verfügung stehen. Gewöhnlich haben die Lehrsätze einen noch sehr viel konkreteren Inhalt – sie umfassen die Vorstellung von Außenhandel, von Regierungseinnahmen und -ausgaben, von Akkumulation von Geldguthaben und von beschränkter Haftung in industriellen und kommerziellen Operationen. Weiterhin liegen ihnen bestimmte gesellschaftlich orientierte Vorstellungen vom Leben einer Gemeinschaft zugrunde – Vorstellungen von autonomen nationalen Einheiten, von der Unterscheidung von öffentlichen und privaten Dienstleistungen, vom Funktionieren der Regierung als einer legislativen und exekutiven Maschinerie. Viele dieser Konzeptionen sind den Typen von Wirtschaften fremd, die der Anthropologe zu beschreiben hat.

Dieses Vorgehen der Wirtschaftstheorie – nämlich einen bestimmten Zusammenhang vorauszusetzen – ist offensichtlich und notwendig. Es ist dies ein primär westlicher Zug, und das nicht nur, wie einige sagen würden, weil es eine Theorie geben muß, die den wirtschaftlichen Veränderungen in der Folge der Industriellen Revolution gesellschaftliche und moralische Gültigkeit verleiht. Der Anthropologe neigt vielleicht eher als andere Sozialwissenschaftler zu unausgesprochenem Historizismus. Aber selbst wenn man die Kritik an jenem Standpunkt, wo er extrem ausgeprägt ist, weitgehend akzeptiert, kann doch der Trend der Wirtschaftstheorie, dem Vormarsch der wirtschaftlichen Fakten zu folgen, nicht ignoriert werden.[1] Aber auch die Überzeugungskraft des Arguments, das vielen ökonomischen Analysen zugrunde liegt, muß berücksichtigt werden: daß nämlich die Verzweigtheit des Netzes von Institutionen im Westen sich sehr gut für reizvolle intellektuelle Übungen eignet und die besten Möglichkeiten feinster Messungen bietet. So kann man von einem Ökonomen wohl nur geringes Verständnis für Radhakamal Mukerjees Klage, die auch von Anthropologen aufgegriffen wurde, erwarten: daß nichtwestliche ökonomische Formen vernachlässigt würden.[2] Die Rolle des Anthropologen ist hier eher die eines Wachhundes – aufzupassen, daß niemand die Wirklichkeit der ökonomischen Systeme primitiver Völker versehentlich verschwinden läßt. Diese Gefahr hat bisher bestanden.

Aus theoretischer Sicht jedoch ist die Funktion der Anthropologie noch relevanter. Ökonomische Lehrsätze und Analysen enthalten nicht selten

Annahmen über gesellschaftliches Verhalten. Eine der großen Leistungen der modernen Wirtschaftstheorie ist, daß sie erfolgreich solche ihr fremden Faktoren ausgeschlossen und ihre Argumentation auf nur sehr wenige Primärdaten des menschlichen Lebens gegründet hat. Die Hauptprämissen sind: die Unterschiedlichkeit und Weite der Ziele menschlichen Verhaltens – die Vielfalt der Zwecke; die Begrenztheit der Mittel, sie zu verwirklichen – das Faktum ihrer Knappheit; und die Notwendigkeit, unter ihnen zu wählen – die Aufstellung von Präferenzen. So ausgerüstet kann es sich der Ökonom leisten, das Wesen der einzelnen Ziele zu ignorieren, es sei denn, es diene zur Illustration. Aus dieser Sicht beruht Herskovits Einwand, die Ökonomen hätten den psychologischen Faktor in der Einschätzung der Determinanten des Werts vernachlässigt[3], auf einem Mißverständnis. Der »psychologische Faktor« wird viel früher eingeführt, nämlich schon bei der Einführung der Begriffe Nachfrage und Wahl als solcher. Die psychologischen und soziologischen Determinanten bestimmter Einschätzungen zu untersuchen, das Wertsystem einer Gesellschaft empirisch aufzuzeichnen, das sind wichtige Aufgaben. Aber sie können dem Wirtschaftstheoretiker nicht als konkrete aufgezwungen werden. Wenn jedoch die Wirtschaftstheorie von der Ebene reiner Abstraktion zur Analyse und Beschreibung des Verhaltens von Menschen in einer bestimmten Gesellschaft übergeht, dann müssen zusätzliche Annahmen gemacht werden. Was man zu Recht gegen einige Aspekte der ökonomischen Analyse einwenden kann, ist, daß diese zusätzlichen Annahmen, die explizit gemacht und auf empirische Untersuchungen gestützt werden müßten, oft nur halb durchdacht sind und auf einigen vagen allgemeinen Vorstellungen über die lokalen Verhaltensnormen beruhen.

In der gewöhnlichen ökonomischen Analyse dient das »unpersönliche System von Märkten und Preisen« als Medium zur alternativen Allokation der Ressourcen für verschiedene mögliche Zwecke, und zwar über die Konkurrenz der Benutzer und ausgedrückt in Geldeinheiten. Es wird anerkannt, daß es nicht tatsächlich ein System wirklich freier Bewegungen ist. Die Konkurrenz ist unvollkommen; Verbindungen zwischen Produzenten und zwischen Händlern behindern Bewegungen der Warenpreise, und Gewerkschaften behindern Lohnbewegungen. Eine Theorie der unvollkommenen Konkurrenz mag solche »Friktionen« auf äußerst abstrakte Weise mit einbeziehen. Aber das reicht nicht aus, wenn das beschriebene Wirtschaftssystem ein Teil der Wirklichkeit sein soll. Wo immer der Versuch unternommen wird, Größen zu bestimmen, sei es im Ausgabeverhalten von Leuten mit kleinen Einkommen, in den Beziehungen von Kooperation und Rivalität von Kapital und Arbeit, in den Entscheidungen der Direktoren einer Aktiengesellschaft und in

dem ganzen Bereich der Produktionsanreize, es müssen immer Annahmen gemacht werden. Für diese benötigt man empirische Daten, die der Soziologe und der Historiker liefern könnten. Auf solchen Daten beruht die Annahme darüber, wie Menschen wirklich auf Veränderungen ihrer wirtschaftlichen Lage reagieren, und insbesondere wie breit die Skala der Abweichungen ist. Es wird behauptet, daß hochentwickelte technische Hilfsmittel, wie z. B. Indifferenzkurven, die psychologischen Elemente des Nutzens und der Befriedigung aus der Aufstellung von Präferenzen ausschließen. Aber sie müssen letztlich auch auf irgendeine überprüfbare Beobachtungsgrundlage zurückgreifen – wenn sie mehr als nur logische Manipulationen sein sollen. Damit die ökonomischen Lehrsätze, die aus ihnen entwickelt wurden, einen Bezug zur Realität haben können, muß angenommen werden, wie Hicks betont, daß die Kurven keine »Sprünge« aufweisen, oder daß diese Sprünge vernachlässigt werden können. Das ist gleichbedeutend mit der Annahme, daß es in dem System der Bedürfnisse und in dem der Produktion genügend Gleichmäßigkeit gibt, damit Schlüsse über mögliche Gleichgewichte gezogen werden können. So wie ältere Ökonomen ihr Prinzip vom abnehmenden Grenznutzen mit Hinweisen auf die alltäglichen Erfahrungen belegten, so sagt auch Hicks, nachdem er darauf hingewiesen hat, daß die Annahme der Gleichmäßigkeit die einfachste sei: »In der Tat scheint sie ausgesprochen gut mit der Erfahrung übereinzustimmen.«[4] Aber wie kommt man auf die Idee, daß es gut oder korrekt sei, eine Gleichmäßigkeit im System der Bedürfnisse anzunehmen? Letztlich doch nur durch Beobachtungen des Verhaltens der Menschen.
Die Implikationen für die ökonomische Anthropologie sind deutlich. Ein Teil der Aufgabe des Anthropologen besteht darin, allgemeine Lehrsätze der Wirtschaftstheorie in Begriffe zu übersetzen, die für bestimmte Gesellschaftstypen passen, an denen er interessiert ist und die normalerweise nicht in das Untersuchungsgebiet des Ökonomen fallen. Dazu muß er die sozialen Faktoren aufdecken, die in der Präferenzskala der Mitglieder der Gesellschaft am wichtigsten sind. Er muß – letztlich, falls möglich, durch quantitative Darstellung – die Gleichmäßigkeiten und Ungleichmäßigkeiten im System der Bedürfnisse deutlich machen. Wenn in einer primitiven Gesellschaft ein Kanu ein wichtiger Bestandteil des Reichtums ist und hoch in der Skala der Tauschwerte rangiert, dann muß der Anthropologe erklären, wie es kommt, daß solch ein Kanu beim Tode eines nahen agnatischen Verwandten zerstört wird. Er muß zeigen, daß diese konkurrierende Verwendung eines Kapitalbestandteils durch gesellschaftliche Konventionen streng definiert und eingegrenzt ist. Es ist nicht einfach ein sporadischer, unberechenbarer, individueller Akt. In den komplizierten Mechanismen, die zur Zerstörung des

Bootes oder zu seiner Bewahrung führen, gibt es eine voraussagbare Gleichmäßigkeit.

Im wesentlichen akzeptiert also der Anthropologe den Kern der ökonomischen Lehre als richtig. Gewöhnlich kann er nur einen kleinen Teil von ihr in seinen Begriffsapparat für die Untersuchung primitiver Gesellschaften aufnehmen. Aber er versucht, sie weiter in das Gebiet der Empirie zu drängen, indem er Material beschafft, durch das ökonomischen Lehrsätzen in gesellschaftlichen Situationen, in denen die Annahmen des Ökonomen über menschliches Verhalten neu formuliert werden müssen, Inhalt verliehen wird. Man kann bisher nicht sagen, daß die Ergebnisse sehr zufriedenstellend waren. Ein Grund dafür ist ohne Zweifel der Mangel an klaren Vorstellungen oder Formulierungen vieler Anthropologen, wenn es um das Wesen ökonomischer Daten geht.

Die meisten sozialen Beziehungen haben einen ökonomischen Aspekt. Das Treffen von Entscheidungen in sozialen Situationen impliziert auch eine Ökonomie der Ressourcen an Zeit und Energie. In diesem Sinne hat auch eine Heirat einen ökonomischen Aspekt, der alle Entscheidungen und Beziehungen des täglichen Lebens betrifft, einschließlich des Geschlechtsverkehrs, ganz abgesehen von dem Austausch von Gütern und Dienstleistungen, der die Heirat begleiten mag. Aber durch Übereinkunft befaßt sich die Wirtschaftswissenschaft nur mit den Gruppen von Entscheidungen, die sich auf Güter und Dienstleistungen beziehen – vornehmlich auf solche mit einem Preis. In diesem Sinne sind Beziehungen zwischen Personen »ökonomische« Beziehungen, wenn sie sich in der Produktion oder im Austausch dieser Güter und Dienstleistungen zusammentun. Oft haben Anthropologen falsch verstanden, worum es bei solchen Beziehungen geht. Wir brauchen hier nur kurz zu zeigen, daß Ökonomie nicht Technologie ist. Wenn man das Kapitel »Economic Life« in einer bekannten ethnographischen Monographie liest, so erinnern Aussagen wie »Zur Linderung des Juckreizes wird der Saft der *kabatiti*... auf die Haut aufgetragen« oder »Aufgesprungene Füße werden mit Carabao-Dung behandelt«[5] daran, daß vieles, was ökonomische Abhandlung genannt wurde, in den meisten der klassischen Aufzeichnungen der Feldforschung falsch klassifiziert worden ist. Doch selbst in den genannten Beispielen hätte eine nicht uninteressante ökonomische Information gegeben werden können: wieviel Zeit und Anstrengung wurde zur Sammlung und Anwendung der Heilmittel aufgewendet; mit welcher Häufigkeit hat man die Menschen sie benutzen sehen; wurden sie jemals als Gegenleistung ausgeborgt; wäre man leichter an andere Heilmittel gekommen, hat sie aber nicht vorgezogen? Da man das Wesen der Probleme nicht erkannt hatte, wurde eine ganze Reihe von Daten über Produktion, Kosten, Einkommen, Zirkulation von Wertgegenständen und andere ökonomische Aspekte weggelassen, die dem mühseligen Faktensammeln hätten Struktur und Genauigkeit verleihen können. Robbins scharfe Kritik an Alfred Marshalls »rückgratlosen Platitüden über Dünger« könnte eindeutig mit noch größerem Recht einigen Anthropologen gelten, die unter dem Titel Wirtschaft geschrieben haben. Überdies neigen moderne Anthropologen dazu, ihre Definition von Wirtschaft auf Güter, besser: materielle Güter, zu beschränken und Dienstleistungen auszuschließen. Gerade der Anthropologe aber sollte in der Lage sein, Frank H. Knights Ausspruch zu würdigen, daß die Grenzen der Ökonomie nicht durch Güter, sondern durch Dienstleistungen gesteckt sind. Auch die Tendenz, den grundlegenden Faktor Entscheidung in der Allokation der Ressourcen zu vernachlässigen, verrät einen ähnlichen Mangel an Vertrautheit mit dem Leitgedanken der Wirtschaftswissenschaften.

Wenn sich also die Wirtschaftswissenschaften mit den Prinzipien der Verwendung von Ressourcen im allgemeinen befassen, so befaßt sich die ökonomische Anthropologie mit den sie begleitenden gesellschaftlichen Beziehungen, mit der spezifischen Art, in der diese Prinzipien in verschiedenen gesellschaftlichen Situationen zum Tragen kommen. Ökonomische Anthropologie ist eine empirische und komparative Disziplin. Aber welche soziale Situation hat sie zum Untersuchungsgegenstand? Die Definition, die man auf diese Frage erhält, ist nicht präziser als die des Gebietes der *social anthropology,* daß nämlich insgesamt die eher primitiven Gesellschaften ihr eigentliches Untersuchungsfeld seien. Das erste Kriterium ist also ein empirisches – die Einfachheit der Technologie. Ein zweites Kriterium, ebenfalls ein empirisches, ist in gewissem Maße mit dem ersten verwandt, aber es entsteht zum Teil aus der Enthaltung der Ökonomen selbst. Tendenziell beanspruchen die Wirtschaftswissenschaften das ganze Gebiet der Entscheidungen über die Allokation von Ressourcen als ihr Revier; aber in der Praxis beschränken sie sich auf Fälle, in denen es Preise gibt, in denen in Geld gemessen wird. Pigou zum Beispiel korrigiert Marshall zwar, indem er Operationen einer reinen Tauschwirtschaft in den Themenbereich der Wirtschaftswissenschaften einbezieht, schenkt dann aber in seinen Analysen solchen Operationen tatsächlich wenig Aufmerksamkeit. Der Grund dafür liegt in der Annahme, daß der technische Unterschied auch ein begrifflicher Unterschied sei. Darüber hinaus findet die Leistungsfähigkeit des monetären Systems Anklang bei einer Einschätzung, die moralische, vielleicht sogar ästhetische Elemente enthält.[7] Diese Einschätzung des Geldes als eines sehr leistungsfähigen Tauschmittels wird unter heutigen Bedingungen durch die Überzeugung vieler Ökonomen bestärkt, daß der Preismechanismus ein wichtiges Instrument im Wirtschaftssystem einer jeden entwickelten Gesellschaft sei und daß bei der Planung der Grundstruktur der Wirtschaft durch den Staat, soweit überhaupt durchführbar, ein solches Instrument angewandt werden müsse. Diese enge Verbindung von politischer und ökonomischer Argumentation bedeutet, daß Aussagen von Leuten, die nicht Anthropologen sind, über nichtmonetäre Wirtschaften in der Regel in einem besonderen Kontext gesehen werden müssen. Da erfahren wir, daß Kooperation und Austausch ohne ein Geldsystem nicht effizient sein könnte. Man erzählt uns auch, daß eine Wirtschaft ohne Geld, die ihre Produktion nicht nach dem Profitprinzip ausrichten kann, ihre Entscheidung darüber, was und wieviel produziert werden soll, nur entweder nach den Regeln einer Tradition oder durch willkürliche diktatorische Bestimmungen treffen könne.[8] Aber wir brauchen hier nicht global Einspruch zu erheben. Wenn von einer primitiven Wirtschaft die Rede ist, muß der Anthropologe zweierlei hervorheben: Erstens hängt die Vorstellung darüber, was ein effizientes Funktionieren eines Austausch- und Kooperationssystems ist, von den Kriterien ab, die man anwendet. Viele primitive Gesellschaften können angesichts ihrer geringen Größe und der Ziele der Menschen sehr wohl Effizienz für sich beanspruchen. Zweitens werden, auch wenn wir zugestehen, daß Effizienz in einer nichtmonetären Wirtschaft nur sehr schwer gemessen werden kann, Güter und Dienstleistungen tatsächlich aneinander gemessen, und es gibt keine Anzeichen dafür, daß die Effizienz ohne effektive Kontrollmechanismen sinkt. Das Problem der Entscheidung darüber, wieviel in einer primitiven Wirtschaft produziert werden soll, wird nach wenigstens vier Kriterien gelöst. Es kommt zwar vor, daß einzelne Führer befehlen, dann aber gewöhnlich in einer modifizierten Form einer Entscheidung, die grundsätzlich repräsentativ für das Gruppeninteresse ist – beispielsweise, daß ein Festessen von einem gewissen Umfange veranstaltet werden soll und daß dafür ein Vorrat von Nahrungsmitteln angelegt wird. Auch traditionelle Normen tragen dazu bei, das Niveau der Produktion zu bestimmen – ausgedrückt in den unmittelbaren Konventionen der alltäglichen Arbeit. Abgesehen von diesen beiden, von Max Weber erwähnten Elementen gibt es in der nichtmonetären Wirtschaft sehr oft den direkten Vergleich von Gütern und Dienstleistungen, bei dem die Vorstellungen des komparativen Wertes der Zeit, der Arbeit und anderer Komponenten der Präferenzskala zum Tragen kommen. Und schließlich wird die Vorstellung technischer Effizienz im wirtschaftlichen Bereich zum Teil ersetzt durch die der sozialen Effizienz. Das Fehlen eines Geldmaßstabes in der Vergleichung der Güter und Dienstleistungen führt zu Ungenauigkeit. Aber es bedeutet weder einen Mangel an rationaler Berechnung noch fehlende Systematik in der Verausgabung von Ressourcen.

Dies kann am besten anhand einer genaueren Untersuchung der allgemeinen Charakteristika der einfacheren Wirtschaftssysteme exemplifiziert werden, insbesondere im Gegensatz zu einem hochdifferenzierten industriellen System. Zuerst muß folgendes betont werden: So wie der Ausdruck »analphabetisch« unter heutigen Bedingungen kaum noch als unterscheidender empirischer Begriff von Nutzen ist, da sich selbst in den entlegensten Gesellschaften irgendeine Art von Grundschulausbildung finden läßt, ist auch der Ausdruck »nichtmonetär« zum größten Teil ein begriffliches und nicht ein empirisches Kriterium zur Unterscheidung von Wirtschaftssystemen. Im ganzen Gebiet des Pazifik gibt es nur einige wenige isolierte Gesellschaften auf Inseln wie Tikopia und im Inneren von Neuguinea, in denen überhaupt kein Geld westlichen Typs vorkommt. Wenn also der Ökonom von der »Naturalwirtschaft« primitiver Gesellschaften spricht – d. h. vom Erlangen oder Tauschen von Gütern und Dienstleistungen ohne den Einsatz von Geld bei diesen Transaktionen –, dann ist das als ein – für den Anthropologen nicht sehr attraktives – Etikett für einen Teil eines Wirtschaftssystems zu betrachten. Wie bei dem Ausdruck »Subsistenzwirtschaft« geht es um eine Hervorhebung, eine begriffliche Kategorie und nicht um eine ökonomische Totalität. (Aus früheren Untersuchungen dürfte klar hervorgegangen sein, daß »Natur« in Naturalwirtschaft nicht so interpretiert werden darf, als sei eine solche Wirtschaft von den unbeschränkten Bedürfnissen des Eingeborenen bestimmt. Die Bedürfnisse sind zu einem hohen Grade vergesellschaftet, und das Tauschsystem funktioniert innerhalb eines Rahmens gesellschaftlicher Konventionen, oft unter Einbeziehung symbolischer Medien.) Soweit es jedoch ein monetäres Medium zur Erleichterung von Tauschakten und zur Messung ökonomischer Aktivitäten gibt, ist sein Aktionsradius normalerweise beschränkt. Ein großer Teil des Tausches von Gütern und Dienstleistungen findet außerhalb der Geldsphäre statt und ist dennoch ein integraler Bestandteil des Wirtschaftssystems. Das Preissystem kann in solchen Fällen, wie Weber betont, sehr stark durch Traditionen bestimmt sein; die Tauschrelationen bleiben über große Zeiträume hinweg relativ stabil, und die Produzenten und Konsumenten setzen einer Veränderung dieser Relationen beträchtlichen Widerstand entgegen. Das ist nicht immer der Fall. Es kann einen deutlichen Unterschied zwischen den traditionell bestimmten Tauschrelationen für einige Arten von Dienstleistungen und den sehr flexiblen Relationen für andere geben. In der malaiischen bäuerlichen Wirtschaft bestehen fest verankerte Konventionen der Bezahlung von Erntehelfern mit einem Zehntel dessen, was sie ernten, unabhängig vom augenblicklichen Reispreis, nebst traditionellen Geldgeschenken zu Festen Seite an Seite mit einem sehr empfindlichen Preissystem beim Kauf und Verkauf von Fisch, in dem die Preise sich von Ort zu Ort und Stunde zu Stunde verändern. Fluktuationen von Angebot und Nachfrage und von Profiterwartungen greifen in einem Mechanismus fast »reiner« Marktbeziehungen ineinander. In solchen bäuerlichen Verhältnissen können die Geldwirtschaft und die Naturalwirtschaft Seite an Seite auftreten. Noch wichtiger ist, daß man das gleiche wirtschaftliche Verhalten in vielerlei Arten von Beziehungen, wie z. B. in der Einstellung zum Sparen oder Borgen, sowohl in Preissystemen als auch in Nicht-Preissystemen finden kann. Ein solches Verhalten ist abhängig von der Sozialstruktur mit ihrer Betonung der Dorfgemeinschaft und der Verwandtschaftsgruppe.

Eine Zusammenfassung der wesentlichen Eigenschaften der Wirtschaft solcher bäuerlicher Systeme außerhalb des westlichen Raumes, gleichgültig ob sie monetär oder nichtmonetär sind, würde folgendermaßen aussehen:
Die relative Einfachheit der Technologie mit wenig Einsatz von Maschinen bedeutet zugleich, daß der Grad der Arbeitsteilung nicht sehr hoch ist. Damit geht auch einher, daß die Ressourcen kaum für technische Entwicklung als solche eingesetzt werden. Der Wirtschaftsmechanismus ist nicht hochempfindlich für die Möglichkeit technischen Wandels, und letzterer ist sehr gering und vollzieht sich nur langsam.
Die eigentliche Produktionseinheit ist klein. Sogar in einer großen Gesellschaft, wie beispielsweise einem afrikanischen oder malaiischen Staat, in denen das Netz der Produzenten sehr groß sein mag, gibt es nur in begrenztem Maße räumliche und zeitliche Verbindungen von Produzenten als Einheiten mit unterschiedlichen Funktionen.
Es gibt keinen sich ständig erweiternden Markt für Kapital, das stets neue Investitionsmöglichkeiten sucht, obwohl es Kapitalgüter gibt und man bestimmte Vorstellungen über ihren Gebrauch und ihre Erhaltung hat.
Dementsprechend gibt es kein ausgedehntes Unternehmersystem, das ständig neue Bedürfnisse zu wecken versucht. Unternehmer spielen gewöhnlich eine gewisse Rolle in der Organisation der Güter und Dienstleistungen, aber ihr Ziel ist normalerweise die Erfüllung traditioneller Bedürfnisse, und sie sind nicht auf diese Tätigkeit beschränkt.
Das System der Kontrolle der Kapitalgüter ist von anderen Konventionen bestimmt als von denen, die wir in einem westlichen Wirtschaftssystem kennen. Es gibt andere gesellschaftliche Grenzen der Akkumulation, weil spezifischere und regelmäßigere institutionalisierte Möglichkeiten der Verausgabung geboten werden, beispielsweise für ein Fest; oder es sind bestimmte Arten der Bereicherung verboten, beispielsweise

Form von Rindenkleidung, Matten und anderen Wertsachen als Anerkennung ihres Kommens, jedoch nicht im direkten Verhältnis zu ihrem Zeitaufwand. Die Helfer bekommen ihre Bezahlung in Form eines gemeinschaftlichen Mahles, welches sie mit den handwerklich gelernten Hausbauern teilen. Jeder, der vorbeikommt, erhält seinen Teil am Mahl, gleichgültig, wie viel oder wenig Arbeit er geleistet hat. Eine besondere Kategorie von Produzenten sind die Ehemänner der Schwestern und Töchter der Männer, für die das Haus gebaut wird. Jeder von ihnen bringt ein Bündel Brennholz und einiges Kokosnüsse oder rohe Nahrung [...] ihren Heiratsverpflichtungen, die sich auf Beiträge ähnlicher Art zu allen gesellschaftlichen Ereignissen in der Gruppe erstrecken, in die sie [...] Entlohnung einen Teil der gekochten Speisen und möglicherweise auch andere Güter.

Man kann hier nur schwer das Prinzip der im Verhältnis zur Gesamtproduktivität festgesetzten Entlohnung erkennen, das der Ökonom behandelt. Dennoch existiert ein solches Prinzip auch in dieser Art von System [...] Beziehungen nur als Teil eines Gerüsts sozialer Beziehungen verstanden [...] deren Sprache als das Wirtschaftsleben des Mittelalters beschrieben hat. [...] personalisiert sind – d. h. die ökonomischen Beziehungen hängen von dem sozialen Status und den sozialen Beziehungen der betroffenen [...] nicht einfach als eine ökonomische Dienstleistung verrichtet. Ihre Entlohnung wird daher eher im Hinblick auf die gesamte gesellschaftliche Situation berechnet als im Hinblick auf die unmittelbar ökonomische Si-

Vergleichen wir das mit den ökonomischen Beziehungen in einem industriellen System: In diesem besitzt der Einzelne gewöhnlich einen hohen Grad an Anonymität und Unpersönlichkeit auf ökonomischem Gebiet. Selbst wenn er nicht lediglich eine Nummer auf der Lohnliste ist, so ist es doch vor allem seine Funktion als Arbeitskraft, Kapitalgeber oder Organisator, die von ausschlaggebender Bedeutung ist. Es sind also seine besonderen industriellen Merkmale und nicht seine gesamten gesellschaftlichen Merkmale, die zählen. Man betrachtet ihn als ersetzbar. Gerade der Umfang und die Qualität seines Beitrags zum ökonomischen Prozeß und nicht sein persönlicher Status oder seine Position in der Gesellschaft definieren ihn. In primitiven Gesellschaften ist der Einzelne als ökonomischer Faktor personalisiert, nicht anonym. Er nimmt seine ökonomische Stellung eher aufgrund seiner gesellschaftlichen Stellung ein. Daher kommt es auch einer gesellschaftlichen Störung gleich, wenn man ihn aus seiner ökonomischen Position entfernt.

Damit verbunden ist ein anderes allgemeines Merkmal, nämlich der offensichtliche Einfluß von Gruppenelementen bei individuellen Entscheidungen. In einem westlichen Wirtschaftssystem mag die Rolle des Individuums zwar von seiner Stellung in der Gruppe beeinflußt sein. Bei seiner Entscheidung hinsichtlich des Arbeitsplatzes läßt sich der Arbeiter von der Einstellung seiner Frau zu den Arbeitsbedingungen, der Sauberkeit der Arbeit und ihren Gefahren oder Annehmlichkeiten leiten. Und seine Entscheidung, ob er arbeiten gehen oder zu Hause bleiben soll, wenn er krank ist, wird zum großen Teil von der Reaktion der Familie auf seinen Zustand bestimmt. Aber bei einem Großteil der Entscheidungen über ökonomische Aspekte seines Verhaltens läßt der Einzelne sich von dem eigenen unmittelbaren Vorteil leiten. Er fällt seine Entscheidung in Rücksprache mit anderen, die direkt etwas mit dem ökonomischen Prozeß zu tun haben, jedoch nicht mit jenen, die außerhalb dieses Prozesses stehen. In einem primitiven System dagegen verlaufen persönliche Entscheidungsprozesse offener in einem sozialen und nicht lediglich ökonomischen Milieu. In kleineren Gesellschaften kann es sogar schwierig sein, Außenstehende zu finden; alle Mitglieder sind auf die eine oder andere Art an einem ökonomischen Prozeß beteiligt: als Mitbesitzer von Ressourcen, als Mitproduzenten oder als Teilhaber an den Produktionserträgen durch verschiedenartige gesellschaftliche Kanäle.

Der Gegensatz wird noch deutlicher, wenn man das Verhältnis zwischen ökonomischen und moralischen Normen betrachtet. In unserer modernen westlichen Gesellschaft kollidieren sie oft, oder ihre Unvereinbarkeit kann nicht behoben werden. »Geschäft ist Geschäft« und »Liebe deinen Nächsten« laufen normalerweise parallel zu einander, ohne sich je zu treffen, und der Staat oder freiwillige Organisationen müssen die Kluft zwischen ihnen überbrücken. Auch in einer bäuerlichen Wirtschaft kann der wirtschaftliche Kampf recht hart sein. Da jedoch diese Beziehung oft mehr als nur eine ökonomische ist, können moralische Verpflichtungen im wirtschaftlichen System selbst mit vorgesehen sein: es ist dem sozialen System integriert. Daher also das scheinbare Paradox, daß es in einer afrikanischen oder orientalischen bäuerlichen Wirtschaft nicht das Problem der Arbeitslosigkeit, nicht den radikalen Klassenkampf und nicht die Kluft zwischen Hungrigen und Wohlgenährten geben kann.

In der ökonomischen Anthropologie ist es demnach wichtig, die ökonomische Rolle einer Person in einer bestimmten Lage im Vergleich mit ihrer sozialen Rolle und vor dem Hintergrund des Gruppensystems zu untersuchen, von dem sie ein Teil ist. Die ökonomische Anthropologie behandelt vor allem die ökonomischen Aspekte sozialer Beziehungen zwischen Personen. Die Faktoren des ökonomischen Prozesses werden nicht als abstrakte Größen wie beispielsweise Einheiten von Arbeit, Kapital oder Kaufkraft betrachtet, sondern als soziale Größen, gesehen als Beziehungen zwischen Personen, die über diese Größen verfügen oder sie benutzen. Der Anthropologe hat eine doppelte Aufgabe: die Untersuchung und Klassifikation einerseits der Prozesse der Kombination von Gütern und Dienstleistungen unter Bedingungen, in denen Geld kaum in das System der Kombinationen eintritt, und andererseits der Art, in der die notwendig aus dieser Bewegung von Gütern und Diensten entstehenden Beziehungen sich auf das System der sozialen Beziehungen auswirken. Damit kann der Anthropologe zusätzlich dazu beitragen, den richtigen gesellschaftlichen Zusammenhang für ökonomische Lehrsätze zu liefern.

Man wird sehen, daß die Verallgemeinerungen, die wir hier angeboten haben, weit entfernt sind von der Art von Lehrsätzen, die der Ökonom gern anwendet, wenn er von primitiven Wirtschaftssystemen spricht. Was Annahmen über eine nichtmonetäre Wirtschaft anbelangt, so befindet ein Großteil der Wirtschaftstheorie sich noch im Anfangsstadium. Dazu paßt auch die Behandlung der »Robinson-Crusoe-Wirtschaft«. Robinson Crusoe wird als Illustration des isoliert wirtschaftenden Subjekts genommen. Aber der moderne Ökonom kennt Lewis Caroll oft genauer als Daniel Defoe, und »Alice im Wunderland« zitiert er mit einigem Recht. Häufig scheint er sich der Tatsache seltsam unbewußt zu sein, daß Robinson Crusoe nicht so sehr für seine isolierte Wirtschaft Beachtung verdient, vielmehr für seine Handels- und Kolonisationsabenteuer. Und wenn Robinsons wirtschaftliche Unternehmungen scheiterten, dann hauptsächlich, weil er – wie er selbst sagt – seine eigene menschliche Schwäche und die Komplexität der Motive anderer nicht berücksichtigt hatte! Zwar sind Robinson Crusoe und der Wilde der Marshall-Inseln nur erläuternde Hilfsmittel und sollen nicht das wirkliche Leben widerspiegeln, aber es hängen ihnen Implikationen einer Roheit an, die der Abendländer nur allzugern seinen primitiven Zeitgenossen zuspricht. Auch wenn der Ökonom das ethnographische Bild nicht verzerrt, so verhält er sich manchmal so, als gäbe es gar keine Wirklichkeit, die eins liefern könnte.

Meine Argumentation blieb bisher weitgehend abstrakt. Sie kann nun konkreter geführt werden. Eines der zentralen Themen im Verständnis eines Wirtschaftssystems ist das Wesen der Anreize, die die Menschen zum Handeln veranlassen. Eine kurze Betrachtung der Anreize zum Einsatz von Arbeit und Kapital in einigen primitiven und bäuerlichen Wirtschaftssystemen wird zeigen, daß viele ökonomische Anreize kulturell bestimmt sind und oft symbolischen Charakter haben.
Vor einem Vierteljahrhundert war das Wesen des Anreizes in der Industrie für einen Ökonomen zwar nicht unwichtig, aber es wurde als außerhalb seines direkten Untersuchungsgebiets liegend betrachtet. Er nahm nicht unbedingt an, daß der einzige Anreiz, der in Betracht komme, das Geld sei; aber er nahm in der Tat an, daß der für seinen Zweck wichtigste Anreiz Geld sei – zum Teil, weil es am leichtesten gemessen werden konnte. In jüngster Zeit nehmen die Probleme des Anreizes einen hervorragenden Platz in den Diskussionen der Geschäftsleute und der Ökonomen über den Output ein.[9] Die Ansichten gehen weit auseinander darüber, wie weit die Höhe des Outputs des Lohnarbeiters in der Industrie abhängig ist von dem relativen Gewicht solcher Faktoren wie der Höhe des Nominallohnes, der Anzahl und der Art der Ausgabemöglichkeiten, den Annehmlichkeiten bei der Arbeit oder dem Entgegenkommen von Verwaltung und Betrieb. Die einen meinen, daß die Dicke der Lohntüte immer noch der wichtigste Anreiz zur Arbeit sei. Eine etwas differenziertere Ansicht betont nicht die Höhe des Nominallohnes, sondern die Verfügbarkeit von Konsumgütern, die damit gekauft werden können. Hier werden die Bedürfnisse der Frau und der Familie des Mannes als eine wichtige Determinante angesehen. Dann wiederum wird eingewandt, daß bei dem heutigen Preisniveau der normale Arbeiter nicht sehr an weiteren Erhöhungen des gesamten Nominallohnes interessiert sei. Was er will, sagt man, ist ein wöchentliches Einkommen von genau bestimmter Größe, mit dem er seinen gewöhnlichen Bedarf decken kann; und er ist nicht gewillt, für mehr zu arbeiten. Letztlich neigen diese letzteren Ansichten dazu, die Bedeutung der Sparmöglichkeiten als Anreiz unter modernen Bedingungen zu unterschätzen. Es sind einige empirische Untersuchungen gemacht worden, die die relative Bedeutung dieser und anderer Thesen zu bestimmen versuchen. Aber die Ergebnisse scheinen bisher eher auf besondere als auf allgemeine Bedingungen in der Industrie anwendbar zu sein. Ein recht interessantes Beispiel ist in dieser Hinsicht eine Untersuchung über die Begrenzung des Outputs in einer amerikanischen Fabrik, die von einer Gruppe von

Anthropologen gemacht wurde, welche dort viele Monate lang als »teilnehmende Beobachter« arbeiteten. Sie stellten allgemein fest, daß die Begrenzung des Outputs bisher viel zu sehr als technisches und wirtschaftliches Problem betrachtet wurde, welches durch Mittel wie Produktionskontrolle und Lohnanreize gelöst werden könnte. Der Grund des Problems des Outputs in dieser Fabrik war aber die Vorstellung der Arbeiter von den Unterschieden zwischen ihren Zielen und denen des Managements und das Bewußtsein von der Bedeutung der Gruppenloyalität innerhalb der Organisation der Arbeiter. Das Problem schien also viel mehr eines der sozialen als der ökonomischen Beziehungen zu sein.[10] Es mag sein, daß solche Ergebnisse kaum mehr vermögen, als zur Bestätigung bestehender Eindrücke beizutragen. Aber sie betonen noch einmal die Notwendigkeit, diesem soziologischen Element unter den Faktoren, die unternehmerische Kosten und Erwartungen bestimmen, einige Aufmerksamkeit zu zollen.

Der Anthropologe hat eine ganze Menge qualitativer Daten über Arbeitsanreize in der Produktion in bäuerlichen und primitiven Wirtschaftssystemen gesammelt. Da die Möglichkeiten, in Geld zu messen, meist nicht vorhanden sind, hat er sich mehr auf die direkten Ziele der Arbeit konzentriert. Er hat gezeigt, wie die Arbeit des Einzelnen unter solchen Bedingungen motiviert ist durch seine Vorstellungen von den Bedürfnissen seiner Familie, von seinen Verpflichtungen gegenüber seiner Verwandtschaft und der Gemeinschaft, in der er lebt, von den Möglichkeiten, auf gesellschaftlich vorgeschriebene und geschätzte Art Prestige zu gewinnen, und von den Vorschriften eines magischen und religiösen Systems. Sogar dort, wo monetäre Entlohnung von Arbeit weitgehend geläufig ist, hat er festgestellt, daß Arbeit auch für anderes als Geldsymbole geleistet werden kann. Ein Beispiel dafür liefern die irischen Bauern.[11] Dort gibt es bei Aufgaben wie mähen, Torf stechen und Kartoffeln pflanzen eine Form von nichtmonetärer Kooperation, die als *coor* bekannt ist. Dabei kommt keine Lohnzahlung und auch kein anderes geldliches Äquivalent ins Spiel. Die Hilfe wird als Teil der Reziprozität der Verwandtschaftsbeziehungen geleistet – einem Vetter zweiten Grades, einem Onkel oder einem anderen Mitglied der erweiterten Verwandtschaftsgruppe. Das wird so ausgedrückt, daß der Soundso »ein Recht zu helfen hat«, was bedeutet, daß er dazu verpflichtet ist. In einer industriellen Gesellschaft spielen solche Rechte kaum eine große Rolle in dem Schema der Produktionsbeziehungen. Aber in einer bäuerlichen Gesellschaft können sie einen beträchtlichen Teil der landwirtschaftlichen Dienstleistungen ausmachen. In der guten alten Zeit Irlands bildete man auf die gleiche Weise aus Mitgliedern der Gemeinde ein größeres Arbeitsteam, *meithal* genannt, das für den Dorfpriester oder für ein altes Paar ohne Kinder mähte und erntete oder um eine von ihrer Pacht vertriebene Familie wieder anzusiedeln. Auch hier wurde der Beitrag eines jeden als gesellschaftlicher Dienst geleistet, ohne daß eine Gegenleistung erwartet wurde. Wie bei dem *coor* war der Anreiz sozialer, sogar moralischer Art, und der materielle Gesichtspunkt trat nicht in Erscheinung.

Das Prinzip ist nicht genau das der alten Parole »Jeder nach seinen Fähigkeiten, jedem nach seinen Bedürfnissen«. Es wird von einem anderen überdeckt: »Jeder nach den Verpflichtungen seines sozialen Status, jedem nach seinen Rechten in diesem sozialen System.« Mit anderen Worten: In der Zugehörigkeit des Einzelnen zu einer sozialen Gruppe liegen starke Anreize zu arbeiten. Er wagt nicht nachzulassen, da er sonst viele der Vorteile seiner Zugehörigkeit verliert. In der Verteilung, in der Zuteilung der Entlohnungen für Arbeit, können kurzfristige Wirkungen von langfristigen Wirkungen unterschieden werden. Auf kurze Sicht ist der Einfluß der gesellschaftlichen Verpflichtungen, die häufige Leistung von Diensten ohne sichtbare äquivalente Gegenleistung, am ausgeprägtesten. Auf lange Sicht kann man annehmen, daß Beiträge und Erträge einander ausgleichen. Das System funktioniert, weil oft zusätzlich zur gesellschaftlichen Befriedigung schließlich auch materielle Belohnung erlangt wird. Ein praktisches Beispiel: Die Arbeit, die A für B als gesellschaftliche Verpflichtung leistet, wird auf lange Sicht durch Geschenke von C an D zurückgezahlt. Hier kann B der Schwiegervater von A sein, D der Sohn von A und C der Bruder von B. Oder B und C können Schwäger von A sein und D der Sohn von A. Das Bewußtsein eines langfristigen Ausgleichs der Dienstleistungen ist in einer primitiven oder bäuerlichen Gesellschaft einer der wichtigsten Anreize zu arbeiten.[12] In Gesellschaften mit stark voneinander abgegrenzten Verwandtschaftsgruppen, wie es sie im größten Teil des primitiven Bereichs gibt, kann man bildlich von vertikalen, lateralen und diagonalen Dienstleistungsbeziehungen sprechen. In einem System mit patrilinearen Lineages gibt es beispielsweise vertikale Dienstleistungsbeziehungen zwischen Vater und Sohn und zwischen anderen Personen verschiedener Verwandtschaftsgrade in derselben Gruppe. Laterale Dienstleistungsbeziehungen kommen zwischen Personen des gleichen Verwandtschaftsgrades vor; entweder in derselben Gruppe, wie zwischen Brüdern, oder zwischen verschiedenen Gruppen, wie zwischen Schwägern. Diagonale Dienstleistungsbeziehungen gibt es zwischen Personen verschiedenen Verwandtschaftsgrades in verschiedenen Gruppen, wie zwischen dem Mutterbruder und dem Schwesterkind. Die Kombination dieser Dienstleistungsbeziehungen ist eine der wichtigsten Strukturen in der ökonomischen Organisation dieses Typs von Gesellschaft. Sie ist eine der Exemplifikationen des Prinzips grundsätzlicher Kompensation, welches ein grundlegender Aspekt sozialer Organisation ist.

Hier kommt auch die Bedeutung des moralischen Imperativs eines großen Teils der ökonomischen Aktivität zum Ausdruck. Hinter der Arbeit einer Person, die die Allokation ihres Arbeitseinsatzes widerspiegelt, wirken Verpflichtungen wie eine moralische elektrische Ladung. Positiv oder negativ ist ihr Verhalten bestimmt durch das Richtig und Falsch des Gebens und Nehmens, des Bezahlens mit einem materiellen Äquivalent für die eine Art von Diensten und mit einem verbalen Äquivalent für eine andere Art; des Benutzens des einen Dings als Nahrung und des Vermeidens des Gebrauchs eines anderen, das oberflächlich gesehen ebensogut zu sein scheint. Sogar in unserer westlichen Gesellschaft gibt es strenge Konventionen hinsichtlich der Schicklichkeit, ja fast Moral der Arbeit und dessen, was man dafür kriegen sollte. Arbeit an sich wird allgemein als gut betrachtet und Müßiggang als moralisch schlecht. Viele Menschen haben eine genaue ethische Ansicht darüber, was andere an »rechtschaffener Arbeit« für einen bestimmten Lohn zu leisten haben. Mit der Festlegung der Arbeitszeit in vielen Berufen ist die Vorstellung entstanden, daß »Überstunden« ein Zugeständnis sind und daß es nicht nur eine ökonomische Forderung sei, sondern daß man das Recht habe, mehr als den durchschnittlichen Lohnsatz dafür zu verlangen. Und viele religiöse Menschen betrachten es, obwohl sie im allgemeinen die Moral der Arbeit anerkennen, als unmoralisch, am Sonntag zu arbeiten – wobei jedoch nicht alle darin übereinstimmen, welche Aktivitäten unter diese Kategorie fallen. Es ist auch allgemein anerkannt, daß bestimmte Arten von Arbeit, bekannt als »persönliche Dienstleistungen«, besondere Anerkennung zusätzlich zur normalen Lohnzahlung erfordern. Viele Menschen scheinen Trinkgeld nicht etwa zu geben, weil sie bessere Bedienung erwarten oder weil sie selbst es für moralisch richtig halten, sondern aus Rücksicht auf die moralischen Ansichten anderer, einschließlich der Empfänger. Eine Untersuchung von Arbeitskämpfen würde wahrscheinlich ergeben, daß moralische Entrüstung eine beträchtliche und sehr reale Rolle in der Verschärfung des Konflikts zwischen beiden Parteien spielt, und daß bei der Herbeiführung einer Einigung der Begriff des moralischen Rechts gleichrangig ist mit ökonomischem Druck und rechtlichen Erfordernissen. Viel öfter, als wir gemeinhin annehmen, beruhen ökonomische Beziehungen auf moralischen Grundlagen. Wenn dem nicht so wäre, würde dem Kommunismus in der industriellen Gesellschaft eine der stärksten Waffen fehlen.

In einer primitiven Gesellschaft unterscheiden sich die moralischen Ziele stark von denen einer westlichen Gesellschaft; die Struktur der ökonomischen Beziehungen erfährt deshalb an anderen Punkten Unterstützung. Einer der Unterschiede liegt in dem Gebrauch, der von Statusvorstellungen gemacht wird. Im Westen haben wir von Veblen und aus dem Verhalten von Industriemagnaten gelernt, welche Rolle die »Prestigekäufe« als motivierende Kraft in der Wirtschaft spielen. Das ist eine der Facetten von Statuserwerb. In einer westlichen Gesellschaft verläuft dieser Prozeß verhältnismäßig unsystematisch. Aufwendiger Lebensstil und öffentliche Schenkungen können einen Mann zwar zu Ehren bringen, aber sie werden nicht als eine Stufenleiter für sich betrachtet, die dem Spender ihren eigenen Titel verleiht. In primitiven und bäuerlichen Gesellschaften wird das sehr unterschiedlich gehandhabt. Aber der Tendenz nach sind Feste und andere Formen des Pomps und des Konsums im großen Maßstabe schematisiert; jede dieser Gesten steht mit ihrem eigenen Namen in einer festen Reihenfolge und verleiht dem Veranstalter jeweils das Recht, sich einen bestimmten Ehrentitel zuzulegen, bestimmte privilegierte Schmuckstücke anzulegen, ein noch höheres Haus als die anderen zu bauen oder andere Privilegien zu genießen. Der *potlatch* der Haida, Tlinkit und anderer Indianer der amerikanischen Nordwestküste, die Verdienstfeste der Chin in Burma, das *pai* der chinesischen Shans, das *anga* der Tikopia, das *gawai* der Dayak von Borneo – all das sind Beispiele der Verwendung großer Mengen von Gütern und Arbeit mit dem primären Ziel eines Statusgewinns. Das betrifft nicht nur den Gebrauch des Überschusses über den täglichen Bedarf. Es impliziert die Schaffung eines Mehrprodukts für diesen Zweck, die Ausrichtung der Energien und des Reichtums des Festveranstalters und seiner Gemeinschaft auf Monate oder sogar Jahre im voraus. Ein solches System ist verknüpft mit dem oben besprochenen System der Verpflichtungen, der Verwandtschaft und anderer Bindungen, deren ökonomischer Aspekt in der Vorbereitung dieser Feste zum Ausdruck kommt. Doch dieser Statusanreiz hat eine noch weiterreichende Bedeutung. Einige dieser Feste im großen Maßstabe verleihen den Spendern keine besonderen Titel oder Insignien. Aber sie dienen dazu, ihr Prestige bei ihren Nachbarn zu heben oder wenigstens ihren Status zu erhalten, indem ein Äquivalent für vergangene Dienste geboten wird. Darüber hinaus ist selbst im täglichen Lauf der Dinge, im täglichen Gebrauch von Ressourcen und Einsatz von Arbeit für eine Unternehmung die Aufrechterhaltung des Status in den Augen der anderen sehr wichtig.

Das erklärt auch den hohen Grad an Bereitwilligkeit, Verpflichtungen, wenn sie sich ergeben, nachzukommen. Man könnte einwenden, daß es in einer kleinen, personalisierten Wirtschaft, wie wir sie beschrieben haben, viele Möglichkeiten gibt, sich vor der Arbeit zu drücken. Das Verwandtschaftssystem und andere Strukturen garantieren, daß keiner hungert. Und stimmt es nicht, daß ein Gefühl der Unsicherheit ein notwendiger Antrieb ist, um den Menschen zu veranlassen, zu arbeiten und sein Bestes zu geben? Dennoch wird es in einer solchen Wirtschaft als selbstverständlich angesehen, daß die meisten ihren Verpflichtungen nachkommen. Diese durchschnittliche Erwartung basiert weitgehend auf dem Faktor Status. Wenn jemand seinen Teil Arbeit nicht leistet, insbesondere die Aufgaben, die ihm aufgrund seiner verwandtschaftlichen und anderen gesellschaftlichen Verpflichtungen zufallen, dann schadet das seinem Ansehen. Abgesehen von dem direkten Ansporn durch Hohn und Spott wird ein Prestigeverlust in den Augen der anderen seinen Stolz verletzen. Und der Wunsch nach Prestige im positiven Sinne kann einen Mann sehr wohl dazu veranlassen, seine Verpflichtungen im Übermaß zu erfüllen. (Die Stachanow-Methoden in der Sowjetunion haben sich dieses Prinzip zunutze gemacht.)

Der materielle Anreiz muß in Verbindung mit anderen Kriterien betrachtet werden. Die Bemba in Nordrhodesien waren in der Vergangenheit nicht sehr eifrige Ackerbauern. Der Grund dafür war zum Teil der Mangel einer Tradition in gutem Gartenbau, ein Mangel an guter Führung und ein Mangel an Arbeitskräften, da viele junge Männer weggegangen waren und in den Minen arbeiteten. Wahrscheinlich ist auch die schlechte Ernährung zum Teil dafür verantwortlich. Bei diesem Volk sieht die Praxis so aus, daß landwirtschaftliche Arbeit für einen anderen ein legitimes Anrecht auf Nahrung verleiht. Aber es werden Unterschiede je nach Nähe der Verwandtschaftsbeziehungen gemacht. Ein naher Verwandter wird weiter ernährt, auch wenn er sich als Tunichtgut erweist und fast überhaupt nicht arbeitet. Ein junger Schwiegersohn riskiert nicht nur seine Mahlzeiten, sondern auch seine Braut, wenn er sich als unverbesserlich faul erweisen sollte. Bei einem entfernten Verwandten wird Dienstleistung und materielle Entlohnung so weit wie möglich ausgeglichen; er muß sich seine Nahrung bis zu dem Maße durch Arbeit verdienen, daß der Unterschied zwischen einem mitarbeitenden Verwandten und einem zeitweilig beschäftigten Arbeiter nur sehr klein ist.[13]

Die Verknüpfung von Anreizen findet man in einem Fall, in dem der Gebrauch von Geld in einer Wirtschaft zur Entlohnung von Arbeit schon weit verbreitet ist. Bei kanadischen Indianern fielen besonders folgende Arbeitsanreize auf: die Notwendigkeit, die Schulden zu begleichen, um die Vorräte bekommen zu können, mit denen man im folgenden Herbst zum Fallenstellen gehen konnte; der Wunsch, die eigene Familie zu versorgen; die Befürchtung, durch Vernachlässigung der Familienverpflichtungen die Mißbilligung der Gemeinde zu erregen. All das könnte ganz normal monetär durch das verdiente Geld ausgedrückt werden. Andererseits wirkte auch das Element Prestige, ausgedrückt in der Furcht vor einem Mißerfolg und der Schande, die er mit sich bringen würde. Wenn die Erfolgschancen zweifelhaft waren, dann resultierte daraus in der Regel ein Nachlassen im Arbeitseinsatz und Übertreibung des Risikofaktors bis zu einem Grade, bei dem der Ertrag fast keine Rolle mehr spielte. Der Indianer neigte daher dazu, sich eine Arbeit auszusuchen, die schnellen Erfolg versprach, die wahrscheinlich von der öffentlichen Meinung mit Wohlwollen betrachtet wurde und die im allgemeinen für sein unmittelbares Wertsystem von Bedeutung war. Dementsprechend wollte der Indianer nicht für die Hudson Bay Company arbeiten, nicht nur, weil er die von ihr gezahlten Löhne als zu niedrig erachtete, sondern auch, weil die Arbeit gewöhnlich nach seinem Wertsystem keinen Sinn hatte. Sie bestand weitgehend in Routinearbeit und kollidierte mit seinen Mußezeiten, was nicht zu seinen anderen ökonomischen und sozialen Verhaltensmustern paßte.[14]

Bei der Behandlung wirtschaftlicher Anreize ist der Anthropologe manchmal versucht, den Wert der materiellen Anreize zu leugnen und sogar auszuschließen, indem er nichtmaterielle Faktoren betont. Das ist ein Fehler. In vielen Fällen ist der Anreiz zum Arbeiten primär der Wunsch nach Nahrung und Schutz, wobei zugestandenermaßen in jedem Fall die Form, die diese Dinge annehmen, kulturell bestimmt ist. In anderen Fällen werden Anreize, sei es das Streben nach Status oder etwas anderes, materiell ausgedrückt. Aber auch wenn man das berücksichtigt, bleibt doch die Frage: Wenn Vorgehensweise *a* und *b* den gleichen Ertrag bringen, weshalb wird dann beständig Vorgehensweise *a* und nicht Vorgehensweise *b* gewählt? Und wenn Vorgehensweise *a* größeren Ertrag zu bringen verspricht als *b*, warum wird dann trotzdem Vorgehensweise *b* beständig gewählt? An diesem Punkt der Untersuchung kann die Antwort nur mit Bezug auf die sozialen und moralischen Standards hinter dem besonderen Wirtschaftssystem gegeben werden. Wir haben schon verschiedentlich darauf hingewiesen. Die Fragen können genauer untersucht werden anhand einiger Aspekte des Gebrauchs von Kapital, insbesondere was die Erhebung von Zinsen anbelangt.

Fast alle ökonomischen Abhandlungen gehen davon aus, daß zur Erlangung von Kapital Zinszahlungen notwendig sind. Auch hält man die Erhebung von Zinsen für moralisch gerechtfertigt. Ich möchte grundsätzlich einfach folgendes betonen: Die Vorstellungen von Kapital und von der Art, wie es gebraucht und entgolten werden sollte, sind nicht lediglich ökonomische Vorstellungen; sie sind auch gesellschaftliche Vorstellungen. Sie haben ihre Wurzeln nicht im Wesen der ökonomischen Aktivitäten selbst, sondern unterscheiden sich von einer Gesellschaft zur anderen.

Betrachten wir als erstes den Begriff des Zinses selbst. So wie der Marxismus gegen den Kapitalismus im allgemeinen rebelliert, rebellierten das mittelalterliche Christentum und der Islam speziell gegen den Zins. Aber der Westen hat, unter dem Zwang der Ausdehnung seines ökonomischen Programms, allmählich das Erheben von Zinsen gerechtfertigt; er hat sogar schon immer in der Praxis zwischen gewöhnlichem Wucher und den Resultaten augenscheinlich produktiver Investitionen von Kapital unterschieden. Der Islam andererseits bewahrt dieses moralische Gesetz noch immer explizit in der Sphäre des Handels. Der Fluch des Koran über den »Wolf des Wuchers« wird in vielen muslimischen Kreisen heute ebenso für gültig gehalten wie vor 1300 Jahren. Das Wort, das im Koran für Zins oder Wucher benutzt wird, ist *riba;* es bezeichnet die Vermehrung von irgend etwas oder den Zusatz – d. h. den zusätzlichen Betrag, den der Schuldner dem Gläubiger entsprechend der Zeit, für die er das Geld benutzen darf, bezahlt. Nach muslimischen Juristen ist *riba* die erpresserische Erzielung von Reichtum ohne legalen oder rechtlichen Grund. Und der Empfänger von *riba,* der Geber, der Verfasser des Vertrags und die Zeugen werden vom Propheten gleichermaßen in ihrer Sünde für verflucht erklärt.

Was aber sind die Gründe für dieses Verbot des Zinses? Der Islam verbietet nicht allgemein die Vergabe von Kredit. Der Einwand gegen den Empfang von Zins richtet sich im wesentlichen dagegen, daß der Gläubiger einen Zuwachs zu seinem Darlehen erhält und daß dieser Zuwachs eine feste, periodisch fällige Summe ist. Wenn jedoch jemand sein Geld in ein Geschäft als Partner einbringt und daraus profitiert, indem er am Risiko des Unternehmers teilhat, dann ist das rechtmäßig; der Zuwachs zu seinem Geld ist ungewiß. Vielleicht wird er keinen Zuwachs erzielen und sogar sein investiertes Kapital verlieren. So schreibt Imam Razi, ein bekannter muslimischer Gelehrter: »Es ist ungewiß, ob der Gläubiger aus jeder Investition in einem Geschäft Profit erlangt; der ›zusätzliche Betrag‹ aber vom Schuldner an den Gläubiger ist gewiß.«[15]

Nun, diese Worte des ägyptischen Gelehrten sind fast identisch mit jenen, die mir gegenüber ein malaiischer Fischer gebrauchte, und mit denen von R. H. Tawney, wenn er vom mittelalterlichen Verbot des reinen Zinses spricht. Das Argument des malaiischen Fischers lautete: Wenn man Geld für ein Boot verleiht und die Hälfte des wöchentlichen Einkommens des Bootes dafür nimmt (ganz abgesehen vom Grundbetrag), dann ist das nicht eine »Steuer auf Geld« oder »das Kind des Geldes« (d. h. Zins), »weil es ungewiß ist«. In der einen Woche kann der, der das Kapital gegeben hat, einen guten Ertrag auf sein Darlehen erhalten, in der nächsten Woche kann es sein, daß er gar nichts bekommt. Für die Malaien ist das also ein Prozeß, in dem Profit geteilt, nicht aber Zins ge-

nommen wird. Und nun zum Vergleich Professor Tawney: »Das Wesen des Wuchers war, daß er gewiß war und daß der Wucherer sein Pfund Fleisch nahm, gleichgültig ob der Borger gewonnen oder verloren hatte. In der Meinung des Mittelalters, das nichts gegen Pacht oder Profit hatte, solange sie angemessen waren ..., fand der Besitzer von Schuldscheinen keine Gnade. Sein Verbrechen ist, daß er feste und gewisse Bezahlung für Geld nimmt, und eine solche Bezahlung ist Wucher.«[16]
Dieses Zusammentreffen ist natürlich nicht zufällig. Der ägyptische Jurist und der malaiische Fischer nähern sich dem Thema Ökonomie von zwei entgegengesetzten Seiten, aber sie teilen den einfachen Glauben, daß der Koran recht hat. Der Geistliche des Mittelalters baute auf einem anderen religiösen Fundament auf. Aber in beiden Fällen gelten grundsätzlich die gleichen sozialen und ökonomischen Bedingungen. Die Sozialstruktur beider Gesellschaften hat im wesentlichen eine bäuerliche Basis, und der Handel und nicht die Industrie ist das wichtigste Gebiet wirtschaftlicher Unternehmungen. Was Tawney vom mittelalterlichen Westen sagt – »diese Doktrin vom Zins erhielt ihren Charakter in einem Zeitalter, in dem die meisten Darlehen nicht Teil eines Kreditsystems waren, sondern ein außergewöhnliches Hilfsmittel, und in dem man sagen konnte, daß der, der borgt, immer unter dem Druck der Not stehe« –, das scheint zum großen Teil auch für den Osten unserer Zeit zu gelten. Das Verbot des Zinsnehmens ist also nicht einfach das Resultat einer willkürlichen moralischen Einstellung zum Gebrauch von Geld. Es ist mit einem Gesellschaftstypus verbunden, in dem eine besondere Art des Gebrauchs von Geld leicht zu deutlich erkennbarer persönlicher Not führen kann und zu einem Versiegen jener Quelle des Mitleids, die in jedem menschlichen Wesen lebendig bleiben soll.
Im modernen Islam wie auch im mittelalterlichen Christentum wurde diese Doktrin nicht selten angegriffen und umgangen. Die christliche Seite der Geschichte ist wohlbekannt. Im Islam gibt es zwei parallel verlaufende Bewegungen, die beide, wenn auch auf verschiedene Weise, auf die wirtschaftliche Lage reagieren. Die eine ist das schlichte Nicht-Beachten der Gebote des Propheten. Ich kenne Fälle in Malaia, in denen Geldverleiher aufgrund heimlicher Vereinbarungen einen festen Zuwachs zu ihrem Darlehen erhielten. Oder sie verliehen eine geringere Summe, als in dem Vertrag mit dem Borger als Rückzahlungssumme schriftlich festgehalten war, damit sie, falls nötig, diesen Betrag vor Gericht einklagen konnten. Die Gerichte, die jeden Fall zurückweisen, in dem Zinszahlungen vereinbart worden sind, hätten in einem solchen Fall keinen Beweis dafür, daß weniger als die für die Rückzahlung vereinbarte Summe tatsächlich ausgehändigt wurde. Auf der anderen Seite treten einige muslimische Modernisierer für eine differenziertere Inter-

pretation der Ansichten des Propheten ein. Einige Moslems verteidigen die Erhebung von Zinsen und sagen, daß das, was der Prophet wirklich ablehnte, der »Wucher« war. Das wird von den Orthodoxen bekämpft, die einwenden, daß als Wucher gewöhnlich ein maßlos hoher Zinssatz betrachtet werde, daß aber die Vorstellungen von Maßlosigkeit von Zeit zu Zeit sehr unterschiedlich seien und daß es keinen wesentlichen Unterschied zwischen beiden Begriffen gebe. Andere vertreten die Ansicht, daß einfacher Zins erlaubt sei, aber nicht Zinseszins. Dieses Argument wiederum wird von den meisten muslimischen Juristen als Scheinargument angesehen. Viele moderne Moslems der gebildeten Klasse halten sogar den einfachen Zins auf Bankguthaben für ungesetzlich.[17] Und wenn viele von ihnen den Zuwachs aus Zins auf ihren Bankguthaben tatsächlich akzeptieren, so wird das schlicht als »persönliche Schwäche« erklärt, so wie wenn man seine Gebete nicht regelmäßig zur vorgeschriebenen Zeit spricht. Die strikt orthodoxe Ansicht über die Rolle der Banken in einem islamischen Staat wäre, daß sie arbeiten dürfen, vorausgesetzt, sie zahlen den Einlegern keine Zinsen und erheben keine Zinsen von ihren Kunden – in anderen Worten, sie würden alle Guthaben so behandeln, wie westliche Banken Girokonten behandeln, und die Einleger würden sie wegen der Sicherheit und nicht wegen des Profits benutzen.

Der Prophet hat das Verbot der *riba* auch auf solche Transaktionen ausgedehnt, bei denen bestimmte Mengen von Gold, Silber, Weizen, Roggen, Datteln und Salz gegen mehr oder weniger von der *gleichen Art* von Ware ausgetauscht werden. Der Handel wird allgemein ermutigt, aber dieses Verbot verhindert verdeckte Zinseinnahmen und direkte Termingeschäfte. Aber auch hier gibt es Meinungsverschiedenheiten unter den gelehrten Männern des Islam. Einige wollen dieses Verbot in modernen Zeiten auf alle Waren übertragen. Andere, die sich an den Buchstaben des Gesetzes halten, sagen, daß man nicht mit Analogien argumentieren solle und daß nur die sechs Waren, die der Prophet besonders genannt hatte, betroffen seien.

Ein Wirtschaftswissenschaftler, der wirtschaftlicher Berater in der Regierung des Nizam von Hyderabad war[18], hat kürzlich eine aufgeklärte Darstellung der orthodoxen muslimischen Position zu Papier gebracht, in der viele der hier behandelten Punkte im einzelnen untersucht werden. Kurzgefaßt ist seine These die: Der Grund für viele der Übel der kapitalistischen Gesellschaft sei hauptsächlich der Zins, und der Islam habe einen Beitrag zur Rettung von den Übeln der Welt geleistet, indem er den Zins endgültig verboten habe. Als Beleg für seine Behauptung zitiert er historische Vorläufer aus dem Westen. Aristoteles' Vergleich des Geldes mit einer unfruchtbaren Henne, die keine Eier legt, wird zitiert; ebenso die Einwände des Mittelalters gegen den Zins. Für ihn, wie vielleicht für andere, hat das Zeitalter des Glaubens dem Zeitalter der Wissenschaft Platz gemacht, aber nicht notwendig dem Zeitalter der Vernunft. Er verteidigt seine Position noch weiter, indem er recht einfallsreich anführt, daß westliche Ökonomen sich nicht über das Wesen und die Theorie des Zinses einig sind, daß Keynes und andere den Zinssatz weitgehend als ein von Konventionen bestimmtes Phänomen ansehen und daß der Zinssatz in westlichen Ländern immer weiter sinkt. Es sei also theoretisch möglich und praktisch keineswegs illusorisch, daß der minimale Zinssatz null Prozent betrage. Seine allgemeine Schlußfolgerung läuft darauf hinaus, daß das, was der Islam aus religiösen Gründen verboten hat, aus wirtschaftlichen Gründen aufgegeben werden sollte. Die Gewißheit, die regelmäßige Akkumulation und die Nicht-Verausgabung von Mühe, die charakteristisch für Zinseinnahmen sind, wirken sozial und wirtschaftlich gegen sie. Für ihn wie für die meisten Moslems ist die richtige Methode des Gebrauchs von Kapital eine Partnerschaft, in der das Kapital mit Arbeit zusammenarbeitet und aus dem gemeinsamen Ergebnis einen Profit bezieht. Dieser Profit sollte nach vereinbarten Proportionen der gemeinsamen Produktion verteilt werden – ein Drittel, ein Viertel etc. – und nicht prozentual zum ursprünglich investierten Kapital festgesetzt werden. Das ist das muslimische *mazarebat,* die Unternehmung mit Gewinnbeteiligung.

Der Islam hat damit also nicht alle Transaktionen für ungesetzlich erklärt, die Einkommen ohne Arbeitseinsatz produzieren. Tatsächlich erlaubt er zusätzlich zu dem Profit aus einer Partnerschaft noch Pacht auf Häuser und landwirtschaftlichen Boden. Einwände erhebt er gegen eine Situation, in der nur eine Partei Opfer oder Risken auf sich nehmen muß und die andere davon vollkommen oder praktisch vollkommen verschont bleibt.

Im 19. Jahrhundert hätte eine solche Argumentation wie purer Idealismus oder veraltete Sentimentalität geklungen. Heute sind wir uns da vielleicht nicht mehr so sicher. Wir erkennen den Befehl Mohammeds nicht als ein Argument gegen die Erhebung von Zinsen an. Wir bejahen die Ansicht, daß es notwendig sein kann, Zinsen zu zahlen, um zum Gebrauch von Kapital zu kommen. Aber wir haben festgestellt, daß der Zinssatz selbst nicht notwendig ein Maß der Bereitschaft von Leuten ist, Geld zu verleihen, vorausgesetzt, daß gute Sicherheiten gegeben sind. Und wir können uns soziale Bedingungen vorstellen, unter denen Darlehen gegeben werden können – oder, vielleicht besser, gegeben werden sollten –, auf die keine Zinsen erhoben werden oder deren Zinssatz so niedrig ist, daß er unwirtschaftlich genannt werden kann. Eine Nation, die während des Zweiten Weltkrieges in den Genuß von Leih- und

Pachtverträgen der USA und nach dem Zweiten Weltkrieg in den der Marshallhilfe kam, könnte nur mit großen Schwierigkeiten anders argumentieren. Und ich glaube, es wird nicht bezweifelt, daß in unserem Jahrhundert die Vergabe kleinerer zinsfreier Darlehen immer häufiger praktiziert wird, und zwar entweder als allgemeine soziale Geste oder um den wirtschaftlichen Wiederaufbau oder die wirtschaftliche Expansion zum letztendlichen Wohl des Gebers zu fördern.

Aber uns kümmern hier nicht die Möglichkeiten einer zinsfreien Wirtschaft als solcher. Uns geht es um die Grundlage der Entscheidungen bei diesem Typus wirtschaftlicher Aktivitäten. Was wir gezeigt haben, ist, daß angesichts der Aussicht auf scheinbar gleichen Ertrag der gute Moslem den Profit den Zinsen, die Teilhabe am Risiko einer Unternehmung dem passiven Wucher vorzieht; darüber hinaus ist er bereit, in einigen Fällen auf den Ertrag seines Kapitals zu verzichten. Das impliziert nicht das Fehlen eines monetären Anreizes, sondern einen positiven Wunsch, sich den moralischen und religiösen Idealen entsprechend zu verhalten.
Damit stoßen wir auf das Problem der Rationalität in ökonomischen Aktivitäten. Rationales Verhalten bedeutet die entsprechend dem verfügbaren Wissen möglichst weitgehende Anpassung der Mittel an das anerkannte Ziel. Insbesondere auf wirtschaftlichem Gebiet wurde das, wie beispielsweise von Max Weber, dahingehend interpretiert, daß es die bewußte systematische Ausrichtung ökonomischer Mittel auf die Erzielung pekuniärer Profite sei. Aus den bisherigen Ausführungen sollte klar hervorgegangen sein, daß es vielen ökonomischen Handlungen primitiver Völker, einschließlich ihrer Feste und anderer Konsumtionen im großen Maßstabe, scheinbar an unmittelbarer Rationalität mangelt. In der Tat erfüllen sie jedoch langfristig das Ziel eines materiellen Gewinns. Sogar da, wo dies nicht der Fall ist, wird nicht auf rationale Vorstellungen verzichtet. Deren Bezugsrahmen erstreckt sich nun auf das gesamte soziale System und nicht allein auf das ökonomische. Das ökonomische System hat keine eigenständige Bedeutung für den Einzelnen. Dieser bezieht seine Wertvorstellungen letztlich aus seiner Interpretation sozialer Begriffe. So ergeben sich ständig Situationen, in denen es für notwendig erachtet wird, ökonomischen Vorteil zu opfern, um den sozialen Status zu erhalten oder zu verbessern, oder um zur Verwirklichung der sozialen Ideale beizutragen, die man für wichtig hält. Ökonomische Aktivität wird sozialen Zielen untergeordnet. Nur durch eine Untersuchung dieser Ziele kann man die Mechanismen eines bestimmten ökonomischen Systems verstehen. Gelingt das nicht, so kann das die Effektivität vieler Versuche schmälern, in der heutigen Zeit die

Produktionsorganisation der primitiven und bäuerlichen Völker durch Investitionen aus der westlichen Welt zu stimulieren.

In diesem Problembereich kann man sich die Sozialstruktur als ein System von Entscheidungen in Situationen vorstellen, in denen die Betonung auf anderen Faktoren als der »klugen Allokation der Ressourcen« liegt. Diese Struktur wirkt sich auf verschiedene Art auf Entscheidungen im ökonomischen Bereich aus. Bis zu einem gewissen Grade schränkt sie die Anzahl der möglichen Kombinationen von Ressourcen ein, die einem Einzelnen offenstehen – soziale und moralische Werte begrenzen dessen Aktionsradius. Auf der anderen Seite hilft die Sozialstruktur dem Einzelnen bei der Auswahl der Anwendungsmöglichkeiten seiner Ressourcen, indem sie ihm anerkannte Verhaltensnormen liefert. Er setzt z. B. viele Ressourcen zur Stärkung der Position seiner Familie ein. Darüber hinaus hilft sie ihm bis zu einem gewissen Grade, zukünftige Entwicklungen vorauszusehen. Oft kann er die ökonomischen Entscheidungen der anderen voraussagen. Soziale Normen geben ihm Hinweise darauf, was die anderen machen werden. Von besonderer Bedeutung ist jedoch, daß die Sozialstruktur seine Entscheidungen bestätigt und ihnen den Sinn verleiht, ohne den der ökonomische Prozeß nicht andauern könnte. Der Ökonom neigt dazu anzunehmen, daß die Sozialstruktur hauptsächlich aus Kontrollen besteht, die vom Gesetz ausgeübt werden – z. B. hinsichtlich des Eigentums oder der Beschränkung von Gewalt oder Betrug auf ein Mindestmaß. Für den Anthropologen besteht diese Struktur im wesentlichen aus Werten, die dem Wirtschaftssystem Sinn verleihen.

Anmerkungen

[1] Nicht so sehr theoretische Überlegungen, sondern das Aufkommen der sowjetischen und der faschistischen Wirtschaft und die Aussichten auf demokratischen Sozialismus in anderen Ländern hat wahrscheinlich dazu geführt, daß neuerdings so viele Analysen über die ökonomischen Probleme angestellt wurden, die sich aus zentraler Planung und der Einschränkung der Freiheit zu persönlicher Entscheidung in einem sozialistischen Staat ergeben. Das mag auch, gemeinsam mit den Schwierigkeiten der Durchführung eines Investitionsprogrammes in technisch unterentwickelten Ländern, zu genaueren theoretischen Untersuchungen bäuerlicher Wirtschaftssysteme, einschließlich der nichtmonetären, führen.
[2] Radhakamal Mukerjee, *Principles of Comparative Economics,* London 1922, Bd. II, S. 86. Vgl. auch Raymond Firth, *Primitive Economics of the New Zealand Maori,* London 1929, S. 2–4; ders., *Primitive Polynesian Economy,* London 1940, S. 23–28. Vgl. Max Weber, *Wirtschaft und Gesellschaft,* Köln/Berlin 1956, S. 153f.
[3] M. J. Herskovits, *Economic Life of Primitive Peoples,* New York 1940, S. 210 (und etwas modifiziert in seiner *Economic Anthropology,* 1952).

⁴ J. R. Hicks, *Value and Capital,* Oxford 1939, S. 24ff.
⁵ Fay-Cooper Cole, *The Tinguian,* Field Museum of Natural History, Publication 209, Anthropological Series XIV, Nr. 2, S. 410, Chicago, 1922.
⁶ Radcliffe-Brown gibt verschiedene Abgrenzungen an. In seinem Aufsatz über die Sozialstruktur ist *social anthropology* die Wissenschaft von der menschlichen Gesellschaft, ebenso wie die komparative Soziologie. In einem Kommentar zum Standpunkt Leslie Whites (*American Anthropologist,* 1949, Vol. 51, S. 563) beschreibt er sie als die Wissenschaft der primitiven oder analphabetischen Gesellschaften.
⁷ Pigou gibt einem Kapitel den Titel »Die Notwendigkeit des Geldes im freiwilligen privaten Handel« (Pigou, *Economics of Stationary States,* 1935). Vgl. J. E. Meade: »Zweifellos sind Geld und Preissystem eine der größten sozialen Erfindungen der Menschheit. Richtig angewandt müßten sie es ermöglichen, daß jeder über seinen *gerechten* Anteil an den Ressourcen der Gemeinschaft allgemein verfügt; daß jeder selbst entscheiden kann – wo private Entscheidung *angebracht* ist –, wie er diese Verfügung ausüben wird; daß den einzelnen Produzenten und Händlern die Initiative überlassen ist, das zu produzieren, was am meisten gebraucht wird, es auf die wirtschaftlichste Weise zu produzieren und für Märkte, auf denen ein Angebot am notwendigsten ist; kurz gesagt, daß *Freiheit, Effizienz* und *Gerechtigkeit* in gesellschaftlichen Angelegenheiten kombiniert werden.« (J. E. Meade, »Planung ohne Preise«, *Economica,* Neue Serie XV, Februar 1948, S. 34; Hervorhebungen von mir.)
⁸ Pigou, a.a.O., S. 33 und S. 70. Max Weber, a.a.O., S. 166 und S. 190. Und der Beitrag von Edward Shils in *Economica,* N.S. XV, 1948, S. 36–50.
⁹ Vgl. Lionel Robbins: »Die Thesen der Theorie der Abweichungen (d. h. der Gesetze von Angebot und Nachfrage) beinhalten keineswegs die Annahme, daß die Menschen sich *nur* von Erwägungen über monetäre Gewinne und Verluste leiten lassen. Sie gehen nur von der Annahme aus, daß Geld eine *gewisse* Rolle in der Einschätzung gegebener Alternativen spielt . . . Die Rolle des Geldes in der betrachteten Situation muß nicht als bestimmend angesehen werden. Solange es überhaupt eine Rolle spielt, sind die Thesen anwendbar.« (Lionel Robbins, *Nature and Significance of Economic Science,* London 1932, S. 90.)
Vgl. S. Moos, »Laissez-faire Planning and Ethics«, *The Economic Journal,* Vol. LV, 1945, S. 17–27: »Eine der wichtigsten Aufgaben, die sich dem Ökonomen heute stellen, ist die Erforschung des Problems der Anreize . . .« Sir Sydney Chapman, »The Profit Motive and the Economic Incentive«, ebd., Vol. LVI, 1946, S. 51–56: »Der Fehler, monetären Antrieb mit persönlicher Initiative gleichzusetzen, ist die Wurzel des Irrtums, den ich hier aufdecken wollte. Initiative . . . ist im Gesellschaftssystem die motivierende Kraft. Die einseitige Theorie der ›ökonomischen Anreize‹ wurde manchmal vorgebracht, um ihr Wirken in geschäftlichen Dingen zu erklären. Aber keiner, der über dieses Problem nachgedacht hat, kann auch nur für einen Augenblick annehmen, daß der Gedanke an das, was sich am besten auszahlt, von primärer Bedeutung sei und besonderer Einsatz nur das Produkt oder ein Ausdruck davon wäre.«
¹⁰ O. Collins, M. Dalton und D. Roy, »Restriction of Output and Social Cleavage in Industry«, *Applied Anthropology,* 1946, Vol. 5, Nr. 3, S. 1–14. Einige Bemerkungen zum Anreiz in der Produktion sind auch zu finden in: Raymond Firth, »Anthropological Background to Work«, *Occupational Psychology,* London, 1948, Vol. XXII, S. 94–102.
¹¹ Vgl. Raymond Firth, *Elements of Social Organization,* London 1969, 1. Kapitel.
¹² In seinen Büchern *Argonauts of the Western Pacific,* London 1922, und *Crime and Custom in Savage Society,* London 1926, hat B. Malinowski einige der Auswirkungen davon gut ausgearbeitet.
¹³ A. I. Richards, *Land, Labour and Diet in Northern Rhodesia,* Oxford 1939, S. 143.
¹⁴ John J. Honigman, »Incentives to Work in a Canadian-Indian Community«, *Human Organization,* 1949, Vol. 8, Nr. 4, S. 23–28.

¹⁵ Imam Razi, *Tafsir Kabir,* Cairo, Bd. II, S. 58; zitiert nach A. I. Qureshi, *Islam and the Rate of Interest,* Lahore 1945, S. 52.
¹⁶ R. H. Tawney, *Religion and the Rise of Capitalism,* London 1926 (Pelican Ed. 1938), Bd. II, Kap. 1, »The Sin of Avarice«. Vgl. Max Weber, *Die protestantische Ethik,* Hg. J. Winckelmann, München 1965, S. 167, 247. Raymond Firth, *Malay Fishermen: Their Peasant Economy,* London 1946, S. 169–176.
¹⁷ Ich verdanke Barbara Fisher die Information, daß im Jahre 1901, dem ersten Jahr, in dem Sparkassen in Ägypten eröffnet wurden, von insgesamt 4197 ägyptischen Sparern, zumeist Moslems, 390 Moslems Zinsen auf ihre Einlagen zurückgewiesen haben (wahrscheinlich aus religiösen Gründen). Der größte Teil der Sparer waren Städter (und deshalb wahrscheinlich weltoffener als einfache Bauern).
¹⁸ Anwar Iqbal Qureshi, *Islam and the Rate of Interest,* Lahore 1945.

II. Regulierte Anarchie

Bronislaw Malinowski
Gegenseitigkeit und Recht

Die bindende Kraft ökonomischer Verpflichtungen

Wir wollen den Fischern zum Strand folgen, um die Natur dieser bindenden Verpflichtungen besser verstehen zu können. Schauen wir, was bei der Teilung des Fangs vor sich geht. In den meisten Fällen bleibt nur ein kleiner Teil in den Händen der Dorfbewohner. Regelmäßig werden wir sehen, daß eine Anzahl von Leuten einer Gemeinde im Inneren des Landes am Strand wartet. Sie erhalten die Fischbündel von den Fischern und tragen sie nach Hause; oft rennen sie, damit der Fisch bis zu ihrer Ankunft frisch bleibt. Hier finden wir wieder ein System gegenseitiger Dienste und Verpflichtungen, das auf einer bestehenden Übereinkunft zwischen zwei Dorfgemeinden beruht. Das Dorf im Innern versorgt die Fischer mit Gemüse: Die Gemeinschaft an der Küste zahlt dafür mit Fisch. Diese Übereinkunft ist in erster Linie ökonomisch. Sie hat auch einen zeremoniellen Aspekt, denn der Tausch muß entsprechend einem ausgefeilten Ritual durchgeführt werden. Aber es gibt auch noch eine rechtliche Seite, ein System gegenseitiger Verpflichtungen, das den Fischer zur Zahlung zwingt, wann immer er eine Gabe von seinem Partner aus dem Innern erhalten hat, und umgekehrt. Kein Partner kann dies verweigern, keiner kann mit seiner Gegengabe knausern, keiner sollte die Sache hinauszögern.

Was ist die treibende Kraft hinter diesen Verpflichtungen? Die Dörfer an der Küste und im Innern sind aufeinander angewiesen in der Versorgung mit Nahrung. An der Küste haben die Eingeborenen niemals genug Gemüse, während die Leute im Innern immer Fisch brauchen. Mehr noch, der Brauch verlangt, daß an der Küste alle großen zeremoniellen Darbietungen und die Verteilung der Nahrung, die einen außerordentlich wichtigen Aspekt des öffentlichen Lebens dieser Eingeborenen bilden, mit bestimmten Gemüsen in besonders großer und reichhaltiger Auswahl gemacht werden müssen, die nur in den fruchtbaren Ebenen des Innern gedeihen. Dort wiederum ist Fisch von entsprechender Bedeutung für eine Verteilung und ein Fest. So kommt zu allen anderen Gründen des Wertes der jeweils selteneren Nahrung eine künstliche, kulturell entstandene gegenseitige Abhängigkeit der beiden Bezirke hinzu. Auf diese Weise ist insgesamt jede Gemeinschaft sehr stark auf

ihre Partner angewiesen. Wenn eine von ihnen sich jedoch früher jemals eines Versäumnisses schuldig gemacht hat, so weiß sie, daß sie auf die eine oder andere Weise ernsthaft bestraft werden wird. Jede Gemeinschaft hat deshalb eine Waffe zur Erzwingung ihrer Rechte: die Gegenseitigkeit.
Dies ist nicht beschränkt auf den Austausch von Fisch und Gemüse. In der Regel sind zwei Gemeinden außerdem in anderen Formen des Handels und anderen gegenseitigen Diensten aufeinander angewiesen. So wird jede Kette der Gegenseitigkeit noch bindender als Teil eines ganzen Systems gegenseitiger Verpflichtungen.

Gegenseitigkeit und duale Organisation

Ich habe nur einen Autor gefunden, der die Bedeutung der Gegenseitigkeit in primitiven sozialen Organisationen voll zu schätzen weiß. Der führende deutsche Anthropologe Prof. Thurnwald aus Berlin erkennt klar »die Symmetrie des Gesellschaftsbaus« und die entsprechende »Symmetrie von Handlungen«.[1] Durch seine ganze Monographie, die wahrscheinlich die beste Beschreibung der sozialen Organisation eines noch bestehenden wilden Stammes ist, zeigt Prof. Thurnwald, wie die Symmetrie der sozialen Struktur und der Handlungen das Leben der Eingeborenen bestimmt. Ihre Bedeutung als eine gesetzlich bindende Form wird jedoch vom Autor nicht ausdrücklich festgestellt, der sich eher ihrer psychologischen Grundlage ›im menschlichen Fühlen‹ bewußt war als ihrer sozialen Funktion für die Aufrechterhaltung der Kontinuität und Adäquanz gegenseitiger Dienste.
Die alten Theorien stammesmäßiger Dichotomie, die Diskussionen über die »Ursprünge« von »Phratrien« oder »Hälften« und über die Dualität stammesmäßiger Unterabteilungen stießen nie zu den inneren oder besonderen Grundlagen des Oberflächenphänomens der Halbierung vor. Die kürzliche Behandlung der »dualen Organisation« durch den verstorbenen Dr. Rivers und seine Schule leidet ernsthaft unter dem Mangel, daß sie nach tiefgründigen Ursachen sucht, statt das Phänomen selbst zu analysieren. Das duale Prinzip ist weder das Resultat von »Fusion« oder »Teilung« noch irgendeiner anderen soziologischen Umwälzung. Es ist das integrale Ergebnis der inneren Symmetrie aller sozialen Transaktionen, der Gegenseitigkeit der Dienste, ohne die keine primitive Gemeinschaft bestehen könnte. Eine duale Organisation mag klar erscheinen in der Teilung eines Stammes in zwei »Hälften« oder fast vollständig beseitigt sein – aber ich wage vorherzusagen, daß, wo immer eine sorgfältige Untersuchung gemacht wird, die Symmetrie der Struk-

tur in jeder wilden Gesellschaft als die unentbehrliche Grundlage gegenseitiger Verpflichtungen gefunden wird.

Die Art und Weise, in der sich die Beziehungen der Gegenseitigkeit soziologisch vollziehen, macht sie noch stringenter. Zwischen den zwei Gemeinschaften wird der Tausch nicht zufällig durchgeführt, indem jeweils zwei Individuen aufs Geratewohl miteinander Handel treiben. Im Gegenteil, jeder Mann hat seinen ständigen Partner beim Tausch, und die beiden müssen miteinander verhandeln. Sie sind oft verschwägert oder Schwurfreunde oder Partner in dem wichtigen System des zeremoniellen Tausches, der *kula* genannt wird. Innerhalb der Gemeinschaft sind die Partner wiederum in totemistische Subclans eingeordnet. Auf diese Weise etabliert der Tausch ein System soziologischer Bindungen ökonomischer Natur, die oft mit anderen Bindungen zwischen Individuum und Individuum, zwischen Verwandtschaftsgruppe und Verwandtschaftsgruppe zwischen Dorf und Dorf, zwischen Distrikt und Distrikt kombiniert sind.

Wenn man die Beziehungen und Transaktionen, die gerade beschrieben wurden, betrachtet, so kann man leicht feststellen, daß das gleiche Prinzip der Gegenseitigkeit auch die Sanktion für jede Regel liefert. In jeder Handlung ist ein soziologischer Dualismus enthalten: zwei Parteien, die Dienste und Funktionen austauschen, wobei jede das Maß der Erfüllung und die Fairness ihrer Handhabung durch die andere überwacht. Der Herr des Einbaums, dessen Interessen und Ambitionen von seiner Geschicklichkeit abhängen, wacht über die Ordnung bei den internen Transaktionen zwischen den Mitgliedern der Besatzung und repräsentiert die letztere nach außen. Ihm ist jedes Mitglied der Besatzung verpflichtet, in der Zeit des Baus und selbst nachher, immer wenn Zusammenarbeit notwendig ist. Ungehindert muß der Herr des Einbaums beim Fest der Fertigstellung jedem Mann seine zeremonielle Bezahlung geben, er kann keinem seinen Platz im Boot verweigern, und er muß darauf achten, daß jeder Mann seinen gerechten Anteil am Fang erhält. In dieser und in all den vielfältigen Aktivitäten der ökonomischen Ordnung beruht das soziale Verhalten der Eingeborenen auf einem gut eingeübten Geben und Nehmen, das immer als gerecht empfunden wird und auf längere Sicht ausbalanciert ist. Es gibt keine massenhafte Entlassung aus den Pflichten oder die Anerkennung von Privilegien; keine »kommunistische« Vernachlässigung von Soll und Haben. Die freie und einfache Weise, auf die alle Transaktionen durchgeführt werden, die guten Manieren, die alles durchdringen und jedes Hindernis und jede Ungerechtigkeit verdecken, machen es dem oberflächlichen Beobachter schwer, das klare Selbstinteresse und die wachsame Berechnung zu erkennen, die überall vorhanden sind. Für einen, der die Eingeborenen gut kennt, ist allerdings nichts offenkundiger. Die gleiche Kontrolle, die der Herr eines Einbaums übernimmt, wird innerhalb der Gemeinschaft von einem Dorfvorsteher ausgeübt, der in der Regel auch der erbliche Magier ist.

Gesetz, Selbstinteresse und soziale Ambition

Man muß wohl kaum hinzufügen, daß es außer dem Zwang gegenseitiger Verpflichtungen noch andere treibende Motive gibt, die die Fischer ihre Aufgabe erfüllen lassen. Die Nützlichkeit des Tuns, das Streben nach frischer, ausgezeichneter Nahrung und vielleicht am stärksten der Reiz dessen, was für die Eingeborenen ein äußerst faszinierender Sport ist – all das bewegt sie offensichtlicher, bewußter und effektiver als das, was wir als rechtliche Verpflichtung beschrieben haben. Aber der soziale Zwang, die Achtung für die wirklichen Rechte und Ansprüche anderer sind im Denken und im Verhalten der Eingeborenen immer deutlich vorhanden, wenn dies einmal klar erkannt ist. Er ist auch unerläßlich für das reibungslose Funktionieren ihrer Institutionen. Denn trotz aller Reize und Attraktionen gibt es doch bei jeder Gelegenheit einige Individuen, die untauglich, launisch oder von anderen Interessen – sehr oft durch eine Intrige – eingenommen sind und gerne ihrer Verpflichtung entfliehen würden, wenn sie könnten. Jeder, der weiß, wie äußerst schwierig, wenn nicht unmöglich es ist, eine Gruppe von Melanesiern zu organisieren, und sei es auch nur für ein kurzes und amüsantes Treiben, das aber gemeinsames Handeln verlangt, und der weiß, wie gut und bereitwillig sie die Arbeit in ihren gewohnten Tätigkeiten verrichten, wird die Funktion und die Notwendigkeit des Zwangs erkennen, der aus der Überzeugung der Eingeborenen resultiert, ein anderer habe Anspruch auf ihre Arbeit.
Es gibt noch einen anderen Zwang, der die Verpflichtungen noch bindender macht. Ich habe bereits den zeremoniellen Aspekt der Transaktionen erwähnt. Die aus Lebensmitteln bestehenden Geschenke in dem oben beschriebenen Tauschsystem müssen in strenger Förmlichkeit angeboten werden, in besonders angefertigten Holzgefäßen, die in einer vorgeschriebenen Art getragen und präsentiert werden, in einer zeremoniellen Prozession und begleitet von Muschelmusik. Nichts hat einen größeren Einfluß auf das Denken des Melanesiers als Ehrgeiz und persönliche Eitelkeit in Verbindung mit Zurschaustellung von Nahrung und Wohlstand. In der Übergabe von Geschenken, in der Verteilung ihres Überschusses erleben sie eine Manifestation der Macht und eine Steigerung der Persönlichkeit. Der Trobriander bewahrt seine Nahrung in

Häusern auf, die besser gebaut und schöner verziert sind als seine Wohnhütten. Großzügigkeit ist für ihn die größte Tugend und Wohlstand das wesentliche Element von Einfluß und Rang. Die Verbindung einer halbkommerziellen Transaktion mit festen öffentlichen Zeremonien liefert somit einen weiteren bindenden Zwang zur Erfüllung durch einen besonderen psychologischen Mechanismus: den Wunsch nach Zurschaustellung, den Ehrgeiz, großzügig aufzutreten, die äußerst große Wertschätzung von Wohlstand und der Anhäufung von Nahrungsmitteln.

Wir haben so einen Einblick erhalten in die Natur der geistigen und sozialen Zwänge, die bestimmte Verhaltensregeln zu einem bindenden Gesetz machen. Ein verbindlicher Zwang ist also nicht überflüssig. Wann immer der Eingeborene seinen Verpflichtungen ausweichen kann, ohne Prestige zu verlieren oder ohne den Verlust eines in Aussicht stehenden Gewinns, so tut er dies, genauso wie ein zivilisierter Geschäftsmann dies tun würde. Wenn man die automatische Gewandtheit, die dem Melanesier in der Verrichtung seiner Verpflichtungen so oft nachgesagt wird, genauer untersucht, wird klar, daß es ständig Hindernisse bei den Transaktionen, viel Murren und Beschuldigungen gibt, und daß selten ein Mann völlig zufrieden ist mit seinem Partner. Aber insgesamt fährt er mit seiner Partnerschaft fort, und im großen und ganzen versucht jeder, seine Verpflichtungen zu erfüllen, denn er ist dazu gezwungen, teils durch aufgeklärtes Selbstinteresse, teils aufgrund seiner sozialen Ambitionen und Gefühle. Nehmen wir den wirklichen Wilden, darauf bedacht, seinen Pflichten auszuweichen, prahlerisch und großtuerisch, wenn er sie erfüllt hat, und vergleichen wir ihn mit dem angeblichen Mustereingeborenen des Anthropologen, der sklavisch dem Brauch folgt und automatisch jeder Regel gehorcht. Es besteht nicht die entfernteste Ähnlichkeit zwischen den Lehren der Anthropologie auf diesem Gebiet und der Wirklichkeit des Lebens der Eingeborenen. Wir beginnen nun zu sehen, wie das Dogma des mechanischen Gehorsams gegenüber dem Gesetz den Feldforscher daran hindert, die wirklich relevanten Fakten der primitiven Rechtsorganisation zu erkennen. Wir verstehen nun, daß die Regeln des Rechts, die Regeln mit einer eindeutig bindenden Verpflichtung, herausragen aus den einfachen Regeln des Brauches. Wir können auch sehen, daß das »Zivilrecht«, das aus positiven Vorschriften besteht, viel weiter entwickelt ist als das System reiner Verbote und daß eine Studie des reinen Strafrechts unter Wilden das wichtigste Element ihres Rechtswesens außer acht läßt.

Es ist auch offensichtlich, daß der Typ von Regeln, die wir erörtert haben, in keiner Weise den Charakter religiöser Gebote hat, die absolut festgelegt, strikt zu befolgen und umfassend sind, obwohl es sich zweifel-

los um Regeln bindenden Rechts handelt. Die hier beschriebenen Regeln sind ihrem Wesen nach elastisch und anpassungsfähig; sie haben eine beträchtliche Bandbreite, innerhalb derer ihre Befolgung als befriedigend angesehen wird. Die Fischbündel, die Yamsmengen und die Tarobüschel können nur grob geschätzt werden, und natürlich variieren die getauschten Mengen je nach Ergiebigkeit des Fangs und der Ernte. All dies wird in Betracht gezogen, und nur ausdrücklicher Geiz, Nachlässigkeit oder Faulheit werden als Bruch des Vertrages angesehen. Da wiederum Großzügigkeit eine Sache der Ehre und des Ansehens ist, wird der durchschnittliche Eingeborene all seine Ressourcen einsetzen, um im Rahmen seiner Möglichkeiten verschwenderisch sein zu können. Darüber hinaus weiß er, daß betonter Eifer und betonte Großzügigkeit früher oder später sicher erwidert werden.
Wir können nun sehen, daß eine enge und rigide Konzeption des Problems – eine Definition von »Recht« als Mechanismus der Ausübung von Gerechtigkeit in Fällen von Vergehen – alle Phänomene, die wir aufgezählt haben, links liegenlassen würden. In allen beschriebenen Fakten besteht das rechtliche Element oder der rechtliche Aspekt, die gesellschaftlich wirksamen Zwang ausüben, in komplexen Vereinbarungen, die die Menschen ihre Verpflichtungen einhalten lassen. Die wichtigste unter ihnen ist die Art und Weise, in der viele Transaktionen zu einer Kette von gegenseitigen Diensten verknüpft sind, Dienste, von denen jeder zu einem späteren Zeitpunkt erwidert werden muß. Die öffentliche und zeremonielle Art, in der diese Transaktionen gewöhnlich durchgeführt werden, stärkt zusammen mit dem großen Ehrgeiz und der Eitelkeit der Melanesier die sichernden Kräfte des Rechts noch weiter.

Die Rechtsnormen in religiösen Handlungen

Bisher habe ich fast ausschließlich wirtschaftliche Beziehungen behandelt, denn ebenso wie bei uns handelt auch bei den Wilden das Zivilrecht vor allem von Eigentum und Reichtum. Aber den rechtlichen Aspekt finden wir auch in jedem anderen Bereich des Stammeslebens. Nehmen wir z. B. die typischsten Handlungen des zeremoniellen Lebens – die Riten der Trauer um die Toten. Zuerst fällt uns natürlich ihr religiöser Charakter auf: Sie sind Akte der Pietät für den Verstorbenen, die ihren Grund in der Angst oder der Liebe oder der Sorge um den Geist des Verschiedenen haben. Als rituelle und öffentliche Zurschaustellung von Gefühlen sind sie auch Teil des zeremoniellen Lebens der Gemeinschaft.
Wer würde in solchen religiösen Handlungen einen rechtlichen Aspekt

vermuten? Aber auf den Trobriand-Inseln gibt es keinen einzigen Trauerakt, keine Zeremonie, die nicht verstanden wird als eine Verpflichtung des sie Durchführenden gegenüber anderen Überlebenden. Die Witwe weint und klagt in zeremonieller Trauer, in religiöser Ehrfurcht und Angst – aber auch weil die Tiefe ihrer Trauer direkte Befriedigung für den Bruder des Toten und die mütterlichen Verwandten bedeutet. Es ist die matrilineare Verwandtschaftsgruppe, die gemäß der Ansicht der Eingeborenen über Verwandtschaft und Trauer die wirklichen Hinterbliebenen stellt. Nach den Regeln der matrilinearen Verwandtschaft bleibt die Gattin eine Fremde, obwohl sie mit ihrem Mann zusammengelebt hat, obwohl sie bei seinem Tod trauern muß und dies oft wirklich und ehrlich tut. Dementsprechend ist es ihre Pflicht gegenüber den hinterbliebenen Mitgliedern des Clans ihres Mannes, ihre Trauer zu zeigen, eine lange Trauerzeit zu beachten und für einige Jahre nach dem Tod ihres Gatten dessen Kieferknochen zu tragen. Aber dies ist keine einseitige Verpflichtung. Anläßlich der ersten großen Verteilungszeremonie, die etwa drei Tage nach dem Tod ihres Mannes stattfindet, erhält sie von dessen Verwandten eine rituelle Bezahlung – und zwar eine beträchtliche – für ihre Tränen, und bei späteren zeremoniellen Festen bekommt sie erneut Bezahlungen für die weiteren Trauerdienste. Man darf auch nicht vergessen, daß für die Eingeborenen die Trauer nur ein Glied in der lebenslangen Kette von Gegenseitigkeiten zwischen Gatte und Gattin und zwischen deren jeweiligen Familien ist.

Das Eherecht

Das bringt uns zur Frage der Ehe, die für das Verständnis des Rechts der Eingeborenen von äußerster Wichtigkeit ist. Die Heirat stellt nicht nur eine Verbindung zwischen Mann und Frau her, sondern sie verpflichtet auch zu einer ständigen gegenseitigen Beziehung zwischen dem Mann und der Familie der Frau, besonders ihrem Bruder. Eine Frau und ihr Bruder sind miteinander verbunden durch charakteristische und höchst bedeutende Verwandtschaftsbindungen. In einer trobriandrischen Familie muß eine Frau immer unter der Vormundschaft eines Mannes stehen – eines ihrer Brüder, oder wenn sie keinen hat, unter der Vormundschaft ihres nächsten männlichen Verwandten. Sie hat ihm zu gehorchen und muß eine Anzahl Verpflichtungen erfüllen, während er auf ihr Wohlergehen achtet und sie auch nach ihrer Heirat ökonomisch versorgt.
Der Bruder wird zum natürlichen Vormund ihrer Kinder, die deshalb ihn und nicht ihren Vater als legales Familienoberhaupt ansehen müs-

sen. Er ist auf der anderen Seite für sie verantwortlich und muß den Haushalt mit einem beträchtlichen Anteil seiner Nahrung versorgen. Dies ist besonders lästig, da die Heirat patrilokal und das Mädchen in die Gemeinschaft ihres Ehemannes gezogen ist, so daß zur Erntezeit ein allgemeines ökonomisches Hin und Her im ganzen Distrikt stattfindet.

Nachdem die Früchte geerntet sind, wird der Yams sortiert und das Beste der Ernte jedes Gartens auf einen kegelförmigen Stapel aufgeschüttet. Der Hauptstapel in jedem Garten ist immer für den Haushalt der Schwester. Der einzige Zweck all dieses Aufwands und all dieser Anstrengungen für die Zurschaustellung der Nahrung ist es, den Ehrgeiz des Gärtners zu befriedigen. Die ganze Gemeinschaft, nein, sogar der ganze Distrikt wird das Produkt des Gartens sehen, es kommentieren, kritisieren oder loben. Ein großer Stapel verkündet, in den Worten meines Informanten: »Schaut, was ich für meine Schwester und ihre Familie getan habe. Ich bin ein guter Gärtner, und meine engsten Verwandten, meine Schwester und ihre Kinder, werden niemals unter Nahrungsmangel leiden!« Nach ein paar Tagen wird der Stapel abgeräumt, der Yams in Körben in das Dorf der Schwester getragen, wo sie in genau der gleichen Form vor dem Yams-Haus des Ehemanns der Schwester abgeladen werden; auch dort werden die Mitglieder der Gemeinschaft den Stapel sehen und ihn bewundern. Diese ganze zeremonielle Seite der Handlung hat eine verbindliche Kraft, die wir bereits kennen. Die Zurschaustellung, die Vergleiche, die öffentliche Bewertung erlegen dem Gebenden einen bestimmten psychologischen Zwang auf – sie befriedigen und belohnen ihn, wenn die erfolgreiche Arbeit es ihm ermöglicht, ein großzügiges Geschenk zu machen, und sie strafen und demütigen ihn für Unfähigkeit, Geiz oder Glücklosigkeit.

Neben dem Ehrgeiz ist die Gegenseitigkeit dieser Transaktion so ausschlaggebend wie überall sonst; sie folgt tatsächlich manchmal der Handlung der Erfüllung fast auf den Fersen. Zunächst muß der Ehemann jede jährliche Erntezuteilung durch bestimmte periodische Gaben zurückzahlen. Später, wenn die Kinder herangewachsen sind, unterstehen sie direkt der Autorität ihres Onkels mütterlicherseits; die Jungen werden ihm helfen und bei allem beistehen müssen, um so einen bestimmten Beitrag zu all den Zahlungen zu leisten, die er zu machen hat. Die Töchter seiner Schwester tun zwar direkt nur wenig für ihn, aber in einer matrilinearen Gesellschaft versorgen sie ihn indirekt mit Erben und Nachfolgern von zwei folgenden Generationen.

Wenn wir so den Erntegaben ihren Platz im soziologischen Kontext zuordnen und einen umfassenderen Blick auf die Beziehung werfen, erkennen wir, daß jede einzelne dieser Handlungen sich rechtfertigt als ein

Glied in der Kette der Gegenseitigkeiten. Wenn wir die Sache jedoch isoliert betrachten, außerhalb ihres Rahmens, so erscheint jede Handlung unsinnig, unerträglich lästig und auch soziologisch bedeutungslos, zweifellos »kommunistisch«! Was könnte ökonomisch absurder sein als diese indirekte Verteilung des Gartenprodukts, wo jedermann für seine Schwester arbeitet und sich dagegen auf den Bruder seiner Frau stützen muß, wo augenscheinlich mehr Zeit und Energie auf die Zurschaustellung verschwendet wird, auf die Schau, auf das Hin- und Hertragen der Güter, als auf die tatsächliche Arbeit?

Eine gründlichere Analyse zeigt jedoch, daß einige dieser scheinbar unnötigen Handlungen starke ökonomische Anreize sind, daß andere eine rechtlich bindende Kraft darstellen, während wieder andere das direkte Resultat der Verwandtschaftsideen der Eingeborenen sind. Es ist auch klar, daß wir den rechtlichen Aspekt solcher Beziehungen nur verstehen können, wenn wir sie in ihrem Zusammenhang sehen, ohne ein Glied in der Kette der gegenseitigen Verpflichtungen überzubetonen.

Das Prinzip des Gebens und Nehmens durchdringt das Stammesleben

Im bisherigen sahen wir eine Reihe von Bildern aus dem Leben der Eingeborenen, die den rechtlichen Aspekt der Heiratsbeziehung, der Zusammenarbeit im Fischerteam, des Nahrungstauschs zwischen den Dörfern im Inneren und an der Küste und bestimmter Pflichten der Trauerzeremonie illustrieren. Diese Beispiele wurden detailliert aufgeführt, um das konkrete Funktionieren von dem, was für mich als der reale Mechanismus des Rechts erscheint – sozialer und psychologischer Zwang, die tatsächlichen Kräfte, Ursachen und Gründe, die die Menschen zur Erhaltung ihrer Verpflichtungen bringen – klar herauszustellen. Wenn es der Platz erlauben würde, wäre es ein Leichtes, diese isolierten Beispiele in ihrem Zusammenhang darzustellen, um zu zeigen, daß in allen sozialen Beziehungen und in all den vielfältigen Bereichen des Stammeslebens genau der gleiche rechtliche Mechanismus gefunden werden kann und daß das Stammesleben die bindenden Verpflichtungen als spezielle Kategorie setzt und sie trennt von anderen Arten gewohnheitsmäßiger Regeln. Ein grober, aber umfassender Überblick muß hier ausreichen.

Nehmen wir zuerst die wirtschaftlichen Transaktionen. Der Tausch von Gütern und Diensten läuft normalerweise im Rahmen einer feststehenden Partnerschaft ab, oder er ist verknüpft mit festen gesellschaftlichen Beziehungen oder gekoppelt mit einer Gegenseitigkeit auf nichtökonomischem Gebiet. Die meisten, wenn nicht alle wirtschaftlichen Hand-

lungen sind letztlich Glied einer Kette von gegenseitigen Geschenken und Erwiderungsgeschenken, die sich langfristig ausgleichen und so beide Teile gleichermaßen befriedigen.
Über die ökonomischen Bedingungen in Nordwest-Melanesien habe ich bereits berichtet in »The Primitive Economics of the Trobriand Islanders« *(Economic Journal,* 1921) und in *Argonauts of the Western Pacific* (1923). Das 6. Kapitel der *Argonauts* handelt von hier diskutierten Problemen, d. h. von den Formen des wirtschaftlichen Austauschs. Meine Ansichten über das primitive Recht waren damals noch nicht ausgereift, und die Fakten wurden ohne jeden Bezug zur heutigen Argumentation dargestellt – weshalb sie um so eindrücklichere Zeugnisse sind. Als ich jedoch eine Kategorie von Gaben als »reine Geschenke« beschrieb und dazu die Geschenke des Gatten an die Gattin oder des Vaters an die Kinder zählte, beging ich offensichtlich einen Fehler. Ich fiel dem oben beschriebenen Irrtum zum Opfer, die Handlung losgelöst vom Kontext zu betrachten, von einer zu kurzen Kette von Transaktionen auszugehen. Im gleichen Abschnitt nahm ich aber eine implizite Korrektur meines Fehlers vor, als ich sagte: »Ein Geschenk des Vaters an seinen Sohn wird (von den Eingeborenen) als eine Zurückzahlung für die Beziehung des Mannes zur Mutter angesehen« (S. 179). Ich sagte auch, die »freien Geschenke« an die Gattin seien auf der gleichen Anschauungsweise begründet. Aber eine wirklich korrekte Schilderung der Bedingungen – korrekt sowohl vom rechtlichen als auch vom ökonomischen Standpunkt aus – hätte das ganze System von Geschenken, Pflichten und gegenseitigem Nutzen zwischen dem Gatten einerseits und Gattin, Kindern und Brüdern der Gattin andererseits umfassen müssen. Es hätte sich dann gezeigt, daß im Denken der Eingeborenen das System auf einem komplexen Geben und Nehmen beruht und daß langfristig die gegenseitigen Dienste einander die Waage halten.[2]
Warum all diese wirtschaftlichen Verpflichtungen normalerweise eingehalten – und sehr genau eingehalten – werden, erklärt sich dadurch, daß ein Unterlassen einen Mann in eine unhaltbare Lage bringt, während Nachlässigkeit in der Einhaltung ihm Schande bringt. Ein Mann, der sich in seinen wirtschaftlichen Handlungen hartnäckig den Rechtsnormen entziehen würde, sähe sich sehr schnell außerhalb der gesellschaftlichen und wirtschaftlichen Ordnung gestellt – und er weiß das. Heute gibt es Beispiele dafür, so wenn eine Reihe von Eingeborenen durch Faulheit, Exzentrizität oder einen nonkonformistischen Unternehmungsgeist die Verpflichtungen ihres Status ignorieren und dadurch automatisch zu Ausgestoßenen werden, zu Schmarotzern dieses oder jenes Weißen.
Der ehrbare Bürger muß seinen Verpflichtungen nachkommen, und dies nicht, weil er irgendeinem Instinkt, irgendeinem intuitiven Impuls

oder einem mysteriösen »Gruppengefühl« unterworfen ist, sondern kraft des detaillierten und entwickelten Funktionierens eines Systems, in dem jede Handlung ihren bestimmten Platz hat und ohne Ausnahme ausgeführt werden muß. Obwohl kein Eingeborener, und sei er auch noch so intelligent, diese Sachlage in allgemeine abstrakte Begriffe fassen oder sie als soziologische Theorie vortragen könnte, ist sich ein jeder der Existenz jenes Systems völlig bewußt und kann in jedem Fall die aus einer Handlung resultierenden Konsequenzen vorhersehen.

Neben den ursprünglichen Zwecken und Folgen werden beinahe alle Handlungen magischer oder religiöser Zeremonien auch als Verpflichtungen zwischen Gruppen und Individuen angesehen. Hier kommt es ebenfalls früher oder später zu einer äquivalenten Gegengabe oder einem äquivalenten Gegendienst, veranlaßt durch die Gewohnheit, den Brauch. Die Magie ist in ihren wichtigsten Formen eine öffentliche Institution, in der der kommunale Magier seines Amtes, das er in aller Regel durch Erbschaft erhält, im Namen der ganzen Gruppe waltet, so in der Magie der Gärten, des Fischens, des Krieges, des Wetters und des Einbaumbaus. Er ist, wenn sich zu bestimmten Jahreszeiten oder unter bestimmten Umständen die Notwendigkeit ergibt, verpflichtet, seine Magie zu zelebrieren, über den Tabus zu wachen und zu gewissen Zeiten auch das ganze Unternehmen zu kontrollieren. Er wird dafür durch kleine Gaben bezahlt, die ihm unmittelbar überreicht werden, oft eingebettet in den Ablauf des Rituals. Aber der eigentliche Lohn liegt im Prestige, der Macht und den Privilegien, die er durch seine Position in sich vereinigt.[3] In Fällen von weniger wichtiger oder gelegentlicher Magie wie Liebeszauber, Heilungsriten, Hexerei, Zahnweh-Magie und Magie für die Gesundheit der Schweine muß diese Magie, falls sie im Auftrag eines anderen durchgeführt wird, mit einem nicht nur symbolischen Betrag bezahlt werden, und die Beziehung zwischen dem Kunden und dem berufsmäßigen Magier basiert auf einem Vertrag, der durch Brauch festgelegt ist. Unter dem Aspekt unserer gegenwärtigen Ausführungen müssen wir die Tatsache feststellen, daß alle Handlungen dörflicher Magie für den Ausführenden verpflichtend sind und daß die Verpflichtung, sie auszuführen, an den Status des dörflichen Magiers, eine in den meisten Fällen erbliche und immer mit Macht und Privileg verbundene Position, gekoppelt ist. Ein Mann kann auf seine Position verzichten und sie an den nächsten in der Folge weitergeben, aber wenn er sie einmal angenommen hat, muß er die damit verbundene Arbeit tun, und die Gemeinschaft ihrerseits muß ihm alles geben, was ihm zusteht.

Was die Handlungen betrifft, die gewöhnlich eher religiös als magisch gesehen werden – Zeremonien bei Geburt oder Heirat, Riten des Todes und der Trauer, die Verehrung der Geister oder mythischer Personen –,

so haben diese ebenfalls eine rechtliche Seite, die klar hervortritt im Falle der oben beschriebenen Todeszeremonien. Jede wichtige Handlung religiöser Natur wird als eine moralische Verpflichtung gegenüber dem verehrten Objekt, dem verehrten Geist oder der verehrten Macht begriffen; daneben aber haben diese Handlungen natürlich auch noch ihren Platz in einem sozialen Schema, indem sie von einer dritten Person oder von Personen, an die sie gerichtet sind, wahrgenommen, beobachtet und dann bezahlt oder entsprechend erwidert werden. Wenn man z. B. bei der jährlichen Rückkehr der hingeschiedenen Geister in ihr Dorf dem Geist eines verstorbenen Verwandten etwas anbietet, so befriedigt man dessen Gefühle und zweifellos auch seinen spirituellen Appetit, der sich an der spirituellen Substanz des Mahles gütlich tut; man drückt wahrscheinlich auch seine eigenen Gefühle gegenüber dem geliebten Toten aus. Aber es spielt hier überdies noch eine soziale Verpflichtung hinein: Nachdem die Opfergerichte einige Zeit stehen geblieben sind und der Geist seinen spirituellen Anteil daran gehabt hat, wird der Rest so schlecht er sich auch nach der Vereinnahmung durch den Geist für den gewöhnlichen Verzehr eignet, an einen Freund oder noch lebenden Schwiegerverwandten weitergegeben, der dann später mit einem ähnlichen Geschenk sich revanchiert.[4] Ich kann mich keiner einzigen Handlung religiöser Natur erinnern, der nicht irgendeine solche soziologische Nebenhandlung zugeordnet wäre, mehr oder weniger direkt verknüpft mit der hauptsächlichen, der religiösen Funktion der Handlung. Diese Zuordnung erhält ihre Bedeutung dadurch, daß durch sie die Handlung neben der religiösen Pflicht auch zu einer gesellschaftlichen Verpflichtung wird.
Ich könnte mit der Untersuchung einiger anderer Phasen des Stammeslebens fortfahren und die legalen Aspekte der häuslichen Beziehungen, die bereits oben dargelegt wurden, noch eindringlicher diskutieren, oder ich könnte auf die Gegenseitigkeit der großen Unternehmungen eingehen usw. Aber es müßte jetzt klar geworden sein, daß die oben gegebenen ausführlichen Illustrationen keine außergewöhnlichen, keine isolierten Fälle sind, sondern repräsentative Ereignisse, wie sie in allen Bereichen des Lebens der Eingeborenen auftreten.

Gegenseitigkeit als Basis der Sozialstruktur

Wenn wir nun erneut unsere ganze Perspektive umorientieren und die Sache vom soziologischen Gesichtspunkt aus betrachten würden, das heißt einen Aspekt der Stammesverfassung nach dem andern statt der verschiedenen Arten von Stammesaktivitäten heranziehen würden, wäre es möglich zu zeigen, daß die ganze Struktur der Gesellschaft der Trobriander auf dem Prinzip des Rechtsstatus beruht. Damit meine ich, daß die Ansprüche der Häuptlinge an die Gemeinen, des Ehemanns an die Ehefrau, der Eltern an die Kinder und umgekehrt nicht willkürlich oder einseitig ausgeübt werden, sondern durchgesetzt werden gemäß festgelegter Regeln und angeordnet sind in wohlausgewogenen Ketten gegenseitiger Dienste.

Sogar der Häuptling, dessen Position erblich ist, auf verehrungswürdigen mythologischen Traditionen beruht, von einer halbreligiösen, Ehrfurcht einflößenden Aura umgeben ist und aufrechterhalten wird durch ein fürstliches Zeremoniell von Distanz, Unterwürfigkeit und strikten Tabus und der über eine große Macht, großen Reichtum und große Mittel zur Durchsetzung seines Willens verfügt, muß sich strikt den Normen unterwerfen und ist durch rechtliche Fesseln gebunden. Wenn er Krieg erklären, eine Handelsfahrt organisieren oder ein Fest feiern will, muß er formale Aufrufe erlassen, seinen Willen öffentlich kundtun, mit den Vornehmen beraten, den Tribut, Dienste und die Hilfe seiner Untertanen in einer zeremoniellen Weise empfangen und diese schließlich entsprechend einer festgelegten Abstufung bezahlen.[5] Es genügt hier zu erwähnen, was bereits früher über den soziologischen Status der Heirat, die Beziehungen zwischen Ehemann und Ehefrau und über den Status zwischen Schwiegerverwandten berichtet worden ist.[6] Die ganze Einteilung in totemistische Clans, in Sub-Clans lokaler Natur und in Dorfgemeinschaften ist charakterisiert durch ein System von reziproken Diensten und Pflichten, in welchem die Gruppen durch das Prinzip von Geben und Nehmen verbunden sind.

Das Erstaunlichste an der rechtlichen Natur der gesellschaftlichen Beziehungen ist, daß die Gegenseitigkeit, das Prinzip des Gebens und Nehmens, herrschendes Prinzip ist auch im Clan, ja sogar in der engsten Verwandtschaftsgruppe. Wie wir gesehen haben, ist die Beziehung zwischen dem Onkel mütterlicherseits und seinen Neffen, sind die Beziehungen zwischen Brüdern, ja sogar die uneigennützigsten Beziehungen, jene zwischen einem Mann und seiner Schwester, alle begründet auf Gegenseitigkeit und der Erwiderung von Diensten. Es ist gerade diese Gruppe, die immer des »primitiven Kommunismus« bezichtigt wurde. Der Clan wurde oft als die einzige juristische Person beschrieben, die einzige Körperschaft und Einheit der primitiven Rechtsprechung. »Die Einheit ist nicht das Individuum, sondern die Verwandtschaftsgruppe. Das Individuum ist nichts als ein Teil des Stammes«, sagt Sidney Hartland. Das ist sicher dann richtig, wenn wir jenen Teil des gesellschaftlichen Lebens in Betracht ziehen, in dem die Verwandtschaftsgruppe – totemistischer Clan, Phratrie, Hälfte oder Klasse – in Gegenseitigkeitsbeziehungen zu anderen Gruppen tritt. Aber wie steht es mit der perfekten Einheit innerhalb des Clans? Hier wird uns die universelle Lösung des »vorherrschenden Gruppengefühls, wenn nicht Gruppeninstinkts« angeboten, von denen es heißt, daß sie vor allem in dem Teil der Welt grassieren, mit dem wir uns beschäftigen, eine Gegend, die bewohnt ist von »Menschen, die durch solche Gruppengefühle beherrscht werden, wie sie die Triebkräfte der Melanesier sind« (Rivers). Dies ist, wie wir wissen, eine falsche Ansicht. Innerhalb der engsten Verwandtschaftsgruppe blühen Rivalitäten, Streitereien und stärkste Geltungssucht, und sie beherrschen zweifellos alle Verwandtschaftsbeziehungen. Es ist nötig, diesen Mythos des Verwandtschaftskommunismus, einer perfekten Solidarität innerhalb der durch direkte Abstammung geschaffenen Gruppe mit mehr und endgültig schlagenden Fakten zu zerstören, einen Mythos, der kürzlich durch Dr. Rivers wiederbelebt wurde und der deshalb zur gängigen Münze werden könnte.

Anmerkungen

[1] »Die Symmetrie von Handlungen aber nennen wir das Prinzip der Vergeltung. Dieses liegt tiefverwurzelt im menschlichen Empfinden – als adäquate Reaktion – und ihm kam von jeher die größte Bedeutung im sozialen Leben zu.« *(Die Gemeinde der Bànaro*, Stuttgart 1921, S. 10).
[2] Vergleiche auch die zutreffende Kritik, die Marcel Mauss (in *L'Année Sociologique*, Nouvelle Série, vol. I, S. 171 ff.) an meinem Begriff »reines Geschenk« und allem, was er impliziert, übt. Ich habe den obigen Absatz geschrieben, bevor mir die kritischen Bemerkungen von Herrn Mauss zu Gesicht kamen, Bemerkungen, die im wesentlichen mit meinen eigenen Einwänden übereinstimmen. Es befriedigt einen Feldforscher, wenn seine Beobachtungen so gut dargestellt sind, daß andere seine Schlußfolgerungen aus dem eigenen Material widerlegen können. Und es freut mich noch mehr, zu sehen, daß mein reiferes Urteil mich unabhängig zu den gleichen Schlußfolgerungen geführt hat wie mein geschätzter Freund M. Mauss sie traf.
[3] Weitere Informationen über den sozialen und rechtlichen Status des erblichen Magiers finden sich in Kap. 17 über »Magie« in: *Argonauts of the Western Pacific*; dort auch Beschreibungen und Erwähnungen der Magie des Einbaums, der Segel-Magie und »Kaloma«-Magie. Vgl. auch den kurzen Bericht über die Garten-Magie in »Primitive Economics« *Economic Journal*, 1921; über Kriegs-Magie in *Man*, 1920 (5. Artikel); und über die Magie des Fischens in *Man*, 1918 (53. Artikel).
[4] Vgl. den Bericht des Autors über das »Milamala«, das Fest der jährlichen Rückkehr der Geister, in: »Baloma, the Spirits of the Dead in the Trobriand Islands« *(Journal of the R. Anthrop. Institute*, 1916). Die hier in Frage kommenden Opfermahle werden auf S. 378 beschrieben.
[5] Detailliertere Angaben über die verschiedenen Aspekte des Häuptlingstums mache ich im zitierten Artikel »Primitive Economics«, in *Argonauts*, a.a.O., und in den ebenfalls bereits erwähnten Artikeln über »Krieg« und über »Geister«.
[6] Hier muß ich erneut auf einige meiner früheren Publikationen verweisen, in denen diese

Dinge, wenn auch nicht vom gegenwärtigen Standpunkt aus, im einzelnen abgehandelt sind. Vgl. z. B. die drei in *Psyche* veröffentlichten Artikel: »The Psychology of Sex in Primitive Societies«, Oktober 1923; »Psycho-Analysis and Anthropology«, April 1924; »Complex and Myth in Mother-Right«, Januar 1925, in denen viele Aspekte der Sexualpsychologie, der fundamentalen Vorstellungen und Gebräuche des Stammeslebens und der Verwandtschaft beschrieben wurden. Die zwei letzten Artikel erscheinen in meinem Buch *Sex and Repression in Savage Societies* (1926).

Meyer Fortes und Edward E. Evans-Pritchard
Afrikanische politische Systeme – Einleitung

I. Ziele des Buches

Als wir diese Untersuchung in Gang setzten, war eines der Ziele, Anthropologen ein geeignetes Nachschlagewerk bereitzustellen. Wir hoffen, daß sie überdies einen Beitrag zur vergleichenden Politikwissenschaft darstellt. Das erste Ziel halten wir für erreicht, denn die beschriebenen Gesellschaften sind repräsentativ für verbreitete Typen afrikanischer politischer Systeme und erlauben in ihrer Gesamtheit dem interessierten Leser, sich ein Bild zu machen von der großen Vielfalt solcher Typen. Die beigefügte Karte zeigt, daß die acht beschriebenen politischen Systeme über den ganzen Kontinent verteilt sind. Die meisten beschriebenen Formen sind darüber hinaus Varianten eines politischen Organisationsmusters, das sich in angrenzenden oder benachbarten Gesellschaften ebenfalls findet, so daß dieses Buch implizit einen sehr großen Teil Afrikas abdeckt. Wir sind uns bewußt, daß nicht jeder Typ von afrikanischem politischen System vertreten ist, aber wir sind der Ansicht, daß alle wesentlichen Prinzipien politischer Organisation afrikanischer Gesellschaften in diesen Aufsätzen herausgearbeitet werden.
Mehrere Autoren dieses Buches haben für die von ihnen untersuchten politischen Systeme den Wandel beschrieben, der aus europäischer Eroberung und Herrschaft resultierte. Wenn wir diesen Aspekt nicht besonders hervorheben, so deshalb, weil alle Autoren mehr an anthropologischen als an administrativen Problemen interessiert sind. Wir möchten aber nicht den Eindruck entstehen lassen, als verhielte die Anthropologie sich indifferent zur praktischen Politik. In Britisch-Afrika wird heute allgemein die Politik der indirekten Herrschaft (Indirect Rule) akzeptiert. Wir meinen, daß diese Politik sich langfristig nur dann als vorteilhaft erweisen kann, wenn die Prinzipien afrikanischer politischer Systeme, mit denen sich dieses Buch beschäftigt, verstanden werden.

II. Eine repräsentative Auswahl von afrikanischen Gesellschaften

Jeder Aufsatz ist das Konzentrat einer ausführlichen Studie über das politische System eines einzelnen Volkes. Diese Studien wurden in den letzten Jahren mit Hilfe der fortgeschrittensten Methoden der Feldfor-

schung durch Forscher durchgeführt, die in anthropologischer Theorie ausgebildet waren. Aus Platzgründen mußte zu einer radikalen Komprimierung gegriffen werden, die einigen wichtigen Bereichen kaum gerecht wird. Aber trotzdem bietet jeder Aufsatz einen nützlichen Maßstab, mit dem die politischen Systeme anderer Völker im gleichen Gebiet klassifiziert werden können. Dieses Buch zielt nicht auf eine solche Klassifikation ab, aber wir wissen, daß eine befriedigende vergleichende Untersuchung von politischen Institutionen in Afrika erst vorgenommen werden kann, wenn eine entsprechende Klassifikation erfolgt ist. Diese Klassifikation würde ermöglichen, eine ganze Gruppe von benachbarten Gesellschaften im Lichte des Ngwato-Systems, des Tale-Systems, des Ankole-Systems, des Bemba-Systems etc., zu studieren und durch Analyse die wichtigsten Merkmale einer Reihe von politischen Systemen, die über große Gebiete zu finden sind, herauszuarbeiten. Eine Analyse der Resultate dieser vergleichenden Studien aus Gebieten, in denen eine ganze Reihe von Gesellschaften viele ähnliche Merkmale in ihren politischen Systemen aufweisen, würde mit größerer Wahrscheinlichkeit zu gültigen wissenschaftlichen Verallgemeinerungen führen als ein Vergleich zwischen bestimmten Gesellschaften aus unterschiedlichen Gebieten und von unterschiedlichem politischem Typ.
Wir behaupten nicht, daß die politischen Systeme von Gesellschaften, die einen hohen Grad von allgemeiner kultureller Ähnlichkeit haben, notwendigerweise vom gleichen Typ sind, obwohl dies oft die Tendenz ist. Man sollte jedoch im Auge behalten, daß innerhalb eines einzelnen linguistischen oder kulturellen Bereichs die politischen Systeme sich sehr oft in vielen wichtigen Aspekten stark unterscheiden. Auf der anderen Seite finden sich die gleichen politischen Strukturen in Gesellschaften mit völlig verschiedener Kultur. Dies zeigt sich sogar an den acht Gesellschaften, die in diesem Buch beschrieben werden. Es ist auch möglich, daß soziale Prozesse mit identischen Funktionen völlig verschiedene kulturelle Inhalte haben. Die Funktion der rituellen Ideologie in der politischen Organisation in Afrika zeigt dies klar. Dem politischen Amt sind bei den Bemba, den Banyankole, den Kede und den Tallensi mystische Werte beigeordnet, aber die Symbole und Institutionen, in welchen diese Werte ihren Ausdruck finden, unterscheiden sich in allen vier Gesellschaften stark. Eine vergleichende Studie politischer Systeme muß auf einer abstrakten Ebene verbleiben, auf der die sozialen Prozesse ihrer kulturellen Ausdrucksweise entkleidet und auf ihre funktionellen Begriffe reduziert werden. Die strukturellen Ähnlichkeiten, die durch kulturelle Disparitäten verborgen waren, werden herausgearbeitet, und die strukturellen Unterschiede treten hinter dem Vorhang der kulturellen Uniformität hervor. Es gibt

natürlich einen wesentlichen Zusammenhang zwischen der Kultur eines Volkes und seiner sozialen Organisation, aber mit diesem Zusammenhang beschäftigt sich vor allem die Soziologie, und wir können nicht genug davor warnen, diese beiden Komponenten des gesellschaftlichen Lebens zu vermengen.

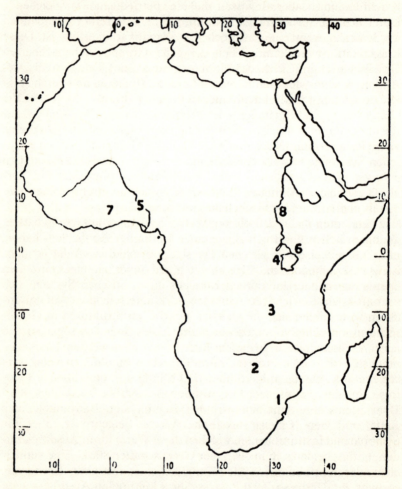

Die Verteilung der hier behandelten Völker

1. Zulu 4. Banyankole 7. Tallensi
2. Ngwato 5. Kede 8. Nuer
3. Bemba 6. Bantu Kavirondo

Die acht hier beschriebenen Gesellschaften geben dem Leser zum einen gleichsam einen Überblick aus der Vogelschau auf die grundlegenden Prinzipien der politischen Organisation in Afrika und erlauben ihm zum anderen, einige wenige, vielleicht elementare, Schlußfolgerungen allgemeiner und theoretischer Natur zu ziehen. Wir müssen aber unterstreichen, daß das Ziel der Autoren vor allem ein gedrängter beschreibender Bericht war und daß diesem Ziel theoretische Spekulationen untergeordnet wurden. Soweit sie theoretische Schlußfolgerungen gezogen haben, waren diese vor allem bestimmt durch das, was sie als politische Strukturen ansehen. In dieser Frage sind nicht alle der gleichen Ansicht. Um einen Rückgriff auf die Schriften politischer Philosophen vermeiden zu können, legen wir unseren eigenen Standpunkt dar; wir sind uns dabei der Zustimmung unserer Ko-Autoren sicher.

*III. Politische Philosophie
und vergleichende Politikwissenschaft*

Die Theorien der politischen Philosophen haben uns nicht geholfen, die Gesellschaften, die wir studiert haben, zu verstehen; für uns haben diese Theorien wenig wissenschaftlichen Wert, denn nur selten sind ihre Folgerungen in Begriffen von beobachtetem Verhalten formuliert, und nur selten können sie nach diesem Kriterium überprüft werden. Die politische Philosophie beschäftigt sich vor allem damit, wie die Menschen leben *sollten* und welche Form der Regierung sie haben *sollten*, weit weniger aber damit, welches ihre politischen Gewohnheiten und Institutionen denn wirklich *sind*.
Insofern politische Philosophen versucht haben, bestehende Institutionen zu verstehen, anstatt zu versuchen, sie zu rechtfertigen oder zu untergraben, taten sie dies in Begriffen populärer Psychologie oder Geschichte. Im allgemeinen nahmen sie Bezug auf Hypothesen über frühere Stadien menschlicher Gesellschaft, wobei sie voraussetzten, diese hätten keine politischen Institutionen gehabt oder nur in sehr rudimentärer Form. Aus diesen elementaren Organisationsformen versuchten sie dann, den Prozeß zu rekonstruieren, durch den politische Institutionen, die sie aus ihren eigenen Gesellschaften kannten, hätten entstanden sein können. Politische Philosophen von heute haben oft versucht, ihre Theorien durch Bezug auf Erscheinungen in primitiven Gesellschaften zu belegen. Man kann ihnen keinen Vorwurf machen, daß sie sich haben irreführen lassen, denn über primitive politische Systeme wurde nur wenig anthropologische Forschung betrieben, verglichen mit der Forschung über andere primitive Institutionen, Bräuche

und Vorstellungen, und noch weniger wurden vergleichende Studien betrieben.[1] Wir sind nicht der Ansicht, daß die Ursprünge primitiver Institutionen entdeckt werden können, deshalb glauben wir nicht, daß es sich lohnt, danach zu suchen. Wir sprechen im Namen aller *social anthropologists,* wenn wir feststellen, daß wissenschaftliche Studien über politische Institutionen allemal induktiv und vergleichend sein müssen, mit dem einzigen Ziel, ihre Gemeinsamkeiten und Interdependenzen mit anderen Aspekten sozialer Organisation herauszuarbeiten und zu erklären.

IV. Die zwei Typen politischer Systeme

Der Leser wird feststellen, daß die in diesem Buch beschriebenen politischen Systeme zwei Hauptkategorien zuzuordnen sind. Eine Gruppe, die wir als Gruppe A bezeichnen, setzt sich aus Gesellschaften zusammen, die zentralisierte Herrschaft, Verwaltung und Gerichtsbarkeit – kurz eine Regierung – besitzen und in denen die Unterschiede hinsichtlich Wohlstand, Privilegien und Status der Verteilung von Macht und Herrschaft entsprechen. Zu dieser Gruppe gehören die Zulu, die Ngwato, die Bemba, die Banyankole und die Kede. Die andere Gruppe, von uns als B bezeichnet, besteht aus Gesellschaften, in denen es keine zentralisierte Autorität, keinen Verwaltungsapparat und keine zentral kontrollierte Gerichtsbarkeit gibt – kurz, die keine Regierung haben – und in denen keine scharfen Trennungslinien von Rang, Status oder Wohlstand festzustellen sind. Dazu gehören die Logoli, die Tallensi und die Nuer. Wer das Vorhandensein von Regierungsinstitutionen zu einem Wesensmerkmal des Staates macht, der wird die erste Gruppe zu den primitiven Staaten und die zweite zu den staatslosen Gesellschaften rechnen.
Die herangezogenen Informationen und die Art der Probleme, die bei der Beschreibung jeder Gesellschaft diskutiert werden, hängen weitgehend von der Kategorie ab, zu der diese Gesellschaft zu zählen ist. Jene, die Gesellschaften der Gruppe A erforscht haben, beschreiben vor allem die Organisationsformen der Regierung. Sie stellen daher den Status von Königen und Klassen, die Rollen verschiedener Typen von Verwaltungsbeamten, die Rängen zugeordneten Privilegien, die Unterschiede von Reichtum und Macht, die Handhabung von Steuern und Tribut, die territoriale Einteilung des Staates und die Beziehungen zur Zentralgewalt, die Rechte der Untertanen und die Pflichten der Herrscher sowie die Grenzen der Herrschaft dar. Die Forscher, die sich mit Gesellschaften der Gruppe B beschäftigt haben, hatten nichts dergleichen zu unter-

suchen und erforschten daher, was dort, wo ausgebildete Formen der Regierung fehlen, als politische Struktur des Volkes anzusehen sei. Dieses Problem war am einfachsten bei den Nuer, die sehr klare territoriale Einteilungen haben. Die Schwierigkeit war größer bei den Logoli und Tallensi, die keine klaren, ausdrücklich definierten politischen Einheiten besitzen.

V. Verwandtschaft in der politischen Organisation

Einer der herausragenden Unterschiede zwischen den beiden Gruppen ist die Rolle, die das Lineage-System im politischen Aufbau spielt. Wir müssen hier unterscheiden einerseits das Geflecht von Beziehungen, die das Individuum mit anderen Personen und mit besonderen sozialen Einheiten durch die vergängliche bilaterale Familie verbinden, die Beziehungen also, die wir als Verwandtschaftssystem bezeichnen, und andererseits das segmentäre System permanenter unilateraler Abstammungsgruppen, das wir Lineage-System nennen. Nur das letztere begründet korporative Einheiten mit politischen Funktionen. In beiden Gruppen von Gesellschaften spielen verwandtschaftliche und häusliche Bande eine wichtige Rolle im Leben der Individuen, aber ihre Beziehung zum politischen System ist zweitrangig. In den Gesellschaften der Gruppe A ist es die Verwaltungsorganisation, in Gesellschaften der Gruppe B das segmentäre Lineage-System, die in erster Linie die politischen Beziehungen zwischen territorialen Segmenten regulieren.
Dies ist am deutlichsten bei den Ngwato, deren politisches System dem Muster gleicht, mit dem wir durch den modernen Nationalstaat vertraut sind: Die politische Einheit ist im wesentlichen eine territoriale Gruppierung, worin das Netzwerk der Verwandtschaftsbeziehungen nur dazu dient, jene Beziehungen zu festigen, die bereits durch die Mitgliedschaft zu Bezirk, Distrikt und Nation bestehen. In Gesellschaften dieses Typs ist der Staat niemals einfach das erweiterte Verwandtschaftssystem, sondern nach völlig anderen Prinzipien organisiert. In Gesellschaften der Gruppe B scheinen Verwandtschaftsbeziehungen in der politischen Organisation eine bedeutendere Rolle zu spielen, entsprechend der engen Verknüpfung von territorialer Gruppierung und Gruppierung nach Lineage, aber diese Rolle ist dennoch nur zweitrangig.
Es ist wahrscheinlich, daß man drei Typen politischer Systeme unterscheiden kann. 1. Sehr kleine Gesellschaften (in diesem Buch nicht beschrieben), in denen selbst die größte politische Einheit lediglich Menschen umfaßt, die alle durch Verwandtschaftsbeziehungen miteinander verbunden sind, so daß die politischen Beziehungen sich decken mit den

verwandtschaftlichen und die politische Struktur total verschmilzt mit der verwandtschaftlichen Organisation. 2. Gesellschaften, in denen die Lineage-Struktur den Rahmen des politischen Systems bildet und es eine präzise Koordinierung zwischen den beiden gibt, wodurch sie miteinander in Übereinstimmung stehen, obwohl sich beide klar unterscheiden und in ihrem jeweiligen Bereich autonom sind. 3. Gesellschaften, in denen die Verwaltungsorganisation der Rahmen für die politische Struktur ist.
Der demographische und territoriale Umfang eines politischen Systems schwankt entsprechend dem Typ, zu dem es gehört. Ein Verwandtschaftssystem scheint nicht in der Lage zu sein, eine so große Anzahl von Personen in einer einzigen Organisation zur Verteidigung und zur Schlichtung von Streitfällen zu vereinigen wie ein Lineage-System, und ein Lineage-System scheint nicht in der Lage zu sein, eine so große Anzahl zu vereinigen wie ein Verwaltungssystem.

VI. Der Einfluß der Bevölkerungsdichte

Es ist bemerkenswert, daß die politische Einheit in den Gesellschaften mit einer staatlichen Organisation größer ist als in solchen ohne eine staatliche Organisation. Die größten politischen Gruppen bei den Tallensi, Logoli und Nuer lassen sich von der Zahl her nicht vergleichen mit den 250 000 bis 500 000 Angehörigen des Zulu-Staates (um etwa 1870), den 101 000 des Ngwato-Staates und den 140 000 des Bemba-Staates. Es trifft zwar zu, daß die Kede und ihre Untertanen nicht so zahlreich sind, aber es muß daran erinnert werden, daß sie einen Teil des großen Nupe-Staates bilden. Es soll weder behauptet werden, daß eine staatenlose politische Einheit sehr klein sein muß – politische Einheiten bei den Nuer umfassen bis zu 45 000 Menschen –, noch daß eine politische Einheit mit staatlicher Organisation sehr groß sein muß, aber es ist wahrscheinlich, daß es eine Grenze für die Größe einer Bevölkerung gibt, die ohne eine Art von Zentralgewalt bestehen kann, ohne auseinanderzufallen.
Die Größe der Bevölkerung darf nicht mit der Bevölkerungsdichte verwechselt werden. Es mag einen Zusammenhang geben zwischen dem Grad der politischen Entwicklung und der Bevölkerungsgröße, aber es wäre nicht richtig anzunehmen, daß Regierungsinstitutionen in den Gesellschaften mit der größten Bevölkerungsdichte zu finden sind. Das Gegenteil kann nach unserem Material auch zutreffen. Die Bevölkerungsdichte der Zulu ist 3,5, die der Ngwato 2,5 und die der Bemba 3,75 Einwohner pro Quadratmeile, während die der Nuer höher und die der

Tallensi und Logoli sogar bedeutend höher ist. Man könnte nun annehmen, daß die dichte permanente Besiedlung der Tallensi notwendigerweise zur Entwicklung einer zentralisierten Form der Regierung führen müßte, während die weite Streuung der wandernden Dörfer der Bemba unvereinbar sei mit zentralisierter Herrschaft. Das Gegenteil ist der Fall. Zusätzlich zu dem in diesem Buch gesammelten Material könnten andere afrikanische Gesellschaften herangezogen werden, um zu beweisen, daß eine große Bevölkerung in einer politischen Einheit und ein hoher Grad politischer Zentralisierung nicht notwendigerweise einhergehen mit großer Bevölkerungsdichte.

VII. Der Einfluß der Lebensweise

Die Dichte und Verteilung der Bevölkerung in einer afrikanischen Gesellschaft entsprechen deutlich den ökologischen Bedingungen, die auch die gesamte Lebensweise beeinflussen. Es ist jedoch offensichtlich, daß geringe Unterschiede in der Art der Lebensweise nicht Unterschiede in der politischen Struktur determinieren. Sowohl die Tallensi als auch die Bemba sind Ackerbauern. Die Tallensi betreiben eine seßhafte und die Bemba eine »nomadisierende« Landwirtschaft, aber sie haben sehr unterschiedliche politische Systeme. Sowohl die Nuer und die Logoli der Gruppe B als auch die Zulu und Ngwato der Gruppe A betreiben eine Mischung von Ackerbau und Viehzucht. Im allgemeinen bestimmt die Art der Lebensweise zusammen mit den Bedingungen der Umwelt – die der Art der Lebensweise immer Grenzen setzen – die vorherrschenden Werte der Völker, ebenso wie sie entscheidenden Einfluß auf die soziale Organisation einschließlich des politischen Systems haben. Dies trifft zu auf die politische Gliederung der Nuer, auf die Verteilung der Kede-Siedlungen und deren verwaltungsmäßige Organisation und auf das Klassensystem der Banyankole.

Die meisten afrikanischen Gesellschaften haben ein ökonomisches System, das sich sehr stark von unserem unterscheidet. Es ist hauptsächlich eine Subsistenzwirtschaft mit einer rudimentären Differenzierung der produktiven Arbeit, ohne den Mechanismus der Akkumulation in Form von Handels- oder Industriekapital. Wenn Reichtum akkumuliert wird, dann in Form von Konsumgütern oder Luxus, oder er wird gebraucht für den Unterhalt zusätzlicher Abhängiger. So wird sich der Reichtum in der Regel schnell verflüchtigen und nicht zu permanenten Klassenbildungen führen. Unterschiede von Rang, Status oder Beschäftigung bestehen unabhängig von Unterschieden im Reichtum.

Ökonomische Privilegien wie Recht auf Besteuerung, Tribut und Fronarbeit sind in den politischen Systemen der Gruppe A sowohl die Hauptquelle politischer Macht als auch ein wesentliches Mittel, sie zu erhalten. Aber es gibt ein Gegengewicht ökonomischer Verpflichtungen, die nicht weniger stark institutionalisierten Sanktionen unterliegen. Es sollte auch nicht vergessen werden, daß diejenigen, die aus dem politischen Amt den größten ökonomischen Nutzen ziehen, auch die größte administrative, richterliche und religiöse Verantwortung haben.

In der Gruppe B sind, verglichen mit der Gruppe A, Unterschiede in Rang und Status von geringerer Bedeutung. Das politische Amt bringt keine ökonomischen Privilegien mit sich, obwohl größerer als durchschnittlicher Reichtum ein Kriterium sein kann für die für politische Führerschaft erforderten Eigenschaften und für den erforderlichen Status, denn in diesen ökonomisch homogenen, egalitären und segmentären Gesellschaften hängt das Erlangen von Reichtum entweder von außerordentlichen persönlichen Eigenschaften oder Fertigkeiten ab oder aber von einem höheren Status im Lineage-System.

VIII. Heterogene politische Systeme und die Eroberungstheorie

Man könnte sagen, daß Gesellschaften wie die der Logoli, der Tallensi und Nuer, die keine Zentralregierung und keinen Verwaltungsapparat haben, durch Eroberungen zu Staaten werden wie die der Ngwato, Zulu und Banyankole. Es wird behauptet, daß die Zulu und Banyankole eine solche Entwicklung erlebt haben. Aber die Geschichte aller in diesem Buch behandelten Völker ist nicht gut genug bekannt, als daß wir auch nur mit einiger Sicherheit sagen könnten, welche Entwicklung sie politisch genommen haben. Das Problem muß deshalb von einer anderen Seite her angegangen werden. Alle Gesellschaften der Gruppe A scheinen eine Verschmelzung verschiedener Völker zu sein, von denen jedes sich seines besonderen Ursprungs und seiner besondern Geschichte bewußt ist, und alle außer den Zulu und den Bemba sind bis heute kulturell heterogen. Die kulturelle Unterschiedlichkeit ist am ausgeprägtesten bei den Banyankole und den Kede, aber sie ist auch bei den Ngwato klar erkennbar. Man kann daher die Frage aufwerfen, wie weit die kulturelle Heterogenität einer Gesellschaft zusammenhängt mit einem Verwaltungssystem und mit einer Zentralgewalt. Das Material, das wir in diesem Buch zur Verfügung haben, legt den Schluß nahe, daß kulturelle und ökonomische Heterogenität verknüpft ist mit einer staatsähnlichen politischen Struktur. Zentralisierte Gewalt und ein Verwaltungssystem scheinen notwendig zu sein, um kulturell unterschiedliche Gruppen in einem einzigen politischen System zusammenzuhalten, vor allem, wenn es sich um unterschiedliche Arten der Lebensweise handelt. Sind es große kulturelle oder vor allem große ökonomische Unterschiede, kann das zur Herausbildung eines Klassen- oder eines Kasten-Systems führen. Aber auch bei Völkern mit homogener Kultur und mit geringen ökonomischen Differenzierungen wie den Zulu gibt es zentralisierte Formen der Regierung. Es ist möglich, daß, je größer die kulturelle Nähe von Gruppen unterschiedlicher Kultur ist, sie desto leichter zu einem einheitlichen politischen System verschmelzen, ohne daß es zur Herausbildung von Klassen kommt. Eine zentralisierte Form der Regierung ist nicht nötig, um unterschiedliche Gruppen, die starke kulturelle Ähnlichkeit und die gleiche Lebensweise haben, zu verschmelzen. Auch resultiert aus einer solchen Verschmelzung nicht notwendig eine zentralisierte Form der Regierung. Die Nuer haben eine große Anzahl unterworfener Dinka assimiliert, die ebenso wie sie Hirten sind und eine sehr ähnliche Kultur besitzen. Sie haben sie durch Adoption oder auf andere Weise in ihr Lineage-System aufgenommen, ohne daß dies zu einem Klassen- oder Kasten-System oder zu einer zentralisierten Form der Regierung geführt hätte. Scharfe Unterschiede kultureller oder ökonomischer Art sind wahrscheinlich unverträglich mit einem segmentären politischen System wie dem der Nuer oder dem der Tallensi. Wir haben kein Material, dies zu überprüfen. Es ist jedoch klar, daß eine Eroberungstheorie, die sich auf den primitiven Staat bezieht – geht man einmal davon aus, daß die benötigten historischen Zeugnisse vorhanden sind –, nicht nur die Art und Weise der Eroberung und der Bedingungen des Kontakts, sondern auch die Ähnlichkeiten und Unterschiede in Kultur und Lebensweise von Eroberern und Unterworfenen und die politischen Institutionen, die beide in die neue Kombination einbringen, in ihre Überlegungen einbeziehen muß.

IX. *Der territoriale Aspekt*

Maine hat in *Ancient Law* mit Recht den territorialen Aspekt von Frühformen politischer Organisation hervorgehoben, und auch andere Forscher haben sich ausführlich mit ihm beschäftigt. In allen in diesem Buch beschriebenen Gesellschaften hat das politische System einen territorialen Rahmen, der aber in den zwei Typen politischer Organisation eine jeweils andere Funktion hat. Dieser Unterschied erklärt sich aus der Dominanz eines administrativen und rechtlichen Apparats im einen Typ von Gesellschaft und seinem Fehlen im anderen. In Gesellschaften der Gruppe A ist die administrative Einheit eine territoriale Einheit; politische Rechte und Pflichten sind territorial abgegrenzt. Ein Häuptling ist das verwaltungsmäßige und juristische Oberhaupt einer gegebenen territorialen Abteilung, und er hat meist die letzte ökonomische und rechtliche Kontrolle über alles Land innerhalb seiner Grenzen inne. Jedermann, der in diesen Grenzen lebt, ist sein Untertan, und man kann das Recht, in diesem Gebiet zu leben, nur erwerben, indem man die Verpflichtungen eines Untertans auf sich nimmt. Das Oberhaupt des Staates ist ein territorialer Herrscher.

In der anderen Gruppe von Gesellschaften gibt es keine durch ein Verwaltungssystem definierten territorialen Einheiten, sondern die territorialen Einheiten sind lokale Gemeinschaften, deren Ausdehnung in Zusammenhang steht mit der Reichweite eines bestimmten Geflechts von Lineage-Bindungen und den Verbindungen der direkten Kooperation. Das politische Amt schließt keine gerichtlichen Befugnisse über ein bestimmtes, festgelegtes Territorium oder dessen Bewohner ein. In der Regel werden die Mitgliedschaft in der lokalen Gemeinschaft und die damit verbundenen Rechte und Pflichten durch genealogische Bande erworben, seien diese nun wirklich oder fiktiv. Die Prinzipien der Lineage treten an die Stelle der politischen Untertanenpflicht, und die Beziehungen zwischen territorialen Segmenten sind direkt koordiniert mit den Beziehungen zwischen Lineage-Segmenten.

Politische Beziehungen sind nicht einfach der Reflex von territorialen Beziehungen. Das politische System enthält in sich selbst territoriale Beziehungen und gibt ihnen ihre besondere politische Bedeutung.

X. Das Gleichgewicht der Kräfte im politischen System

Ein relativ stabiles politisches System in Afrika zeigt ein Gleichgewicht zwischen widerstreitenden Tendenzen und zwischen unterschiedlichen Interessen. In der Gruppe A ist es ein Gleichgewicht zwischen verschiedenen Teilen der Verwaltungsorganisation. Den Kräften, die die Vorherrschaft des obersten Herrschers aufrechterhalten, stellen sich Kräfte entgegen, die seiner Macht Grenzen setzen. Institutionen wie die Regimentsorganisation der Zulu, die genealogische Beschränkung der Nachfolge in der Königs- oder Häuptlingswürde, die Ernennung von Gefolgsleuten des Königs durch diesen zu regionalen Häuptlingen und die mystische Sanktionierung seines Amtes – all dies stärkt die Macht der Zentralgewalt. Aber es gibt das Gegengewicht anderer Institutionen wie den Kronrat, Priester-Beamte, die ein entscheidendes Wort bei der Investitur des Königs haben, Höfe der Königinnen-Mütter etc., Institutionen, die auf den Schutz von Recht und Sitte achten und die Zentralgewalt kontrollieren. Die angesichts der Kommunikations- und

Transportschwierigkeiten und wegen anderer kultureller Unterschiede notwendige regionale Übertragung von Macht legt der Macht des Königs strenge Beschränkungen auf. Das Gleichgewicht zwischen Zentralgewalt und regionaler Autonomie ist ein sehr wichtiges Element in der politischen Struktur. Wenn ein König seine Macht mißbraucht, sind die ihm untergebenen Häuptlinge verpflichtet, sich von ihm loszusagen oder einen Aufstand gegen ihn anzuführen. Wenn untergebene Häuptlinge zu mächtig oder zu unabhängig zu werden scheinen, werden andere untergebene Häuptlinge die Zentralgewalt dabei unterstützen, diesen Häuptling zu unterdrücken. Ein König kann versuchen, seine Macht dadurch zu stützen, daß er rivalisierende untergebene Häuptlinge gegeneinander ausspielt.

Es wäre ein Fehler, würde man das Konzept verfassungsmäßiger Kontrollen und Gegengewichte und die Delegierung von Macht und Autorität an regionale Häuptlinge lediglich als einen verwaltungsmäßigen Kniff ansehen. Diese Einrichtungen verkörpern ein Prinzip von großer Wichtigkeit, durch das jedem Teil und jedem hauptsächlichen Interesse der Gesellschaft direkte oder indirekte Teilnahme an der Führung der Regierung gewährt wird. Lokale Häuptlinge vertreten die Zentralgewalt in Beziehung zu ihren Gebieten, sie vertreten aber auch die Bevölkerung ihres Bereichs gegenüber der Zentralgewalt. Räte und für die Riten Verantwortliche vertreten die für das Wohlergehen der Gesellschaft als notwendig erachteten Interessen an der Aufrechterhaltung von Recht und Sitte und an der Einhaltung der rituellen Maßnahmen. Die Stimme solcher Funktionäre und Delegierten hat einen Einfluß auf das Verhalten der Regierung, unter Berücksichtigung des allgemeinen Prinzips, nach dem Macht und Autorität verteilt sind. Macht und Autorität des Königs bestehen aus verschiedenen Elementen, und die verschiedenen Komponenten sind verteilt auf verschiedene Ämter. Ohne die Kooperation jener, die diese Ämter innehaben, ist es für den König äußerst schwierig, wenn nicht unmöglich, seine Einnahmen zu erhalten, seine juristische und legislative Vorherrschaft zu wahren und sein weltliches und rituelles Prestige zu erhalten. Mit entscheidender subsidiärer Macht und mit entscheidenden subsidiären Privilegien ausgerüstete Funktionäre können oft das Handeln des Herrschers unterbinden, wenn sie ihm nicht zustimmen.

Unter einem anderen Aspekt gesehen ist die Regierung eines afrikanischen Staates ein Gleichgewicht zwischen Macht und Autorität einerseits und Verpflichtung und Verantwortung andererseits. Jeder, der ein politisches Amt ausübt, hat seinen Rechten und Privilegien entsprechende Verantwortung für das öffentliche Wohl. Die Verteilung von politischer Autorität führt zu einem Mechanismus, durch den die verschiedenen Personen, die Herrschaftsaufgaben wahrnehmen, zur Einhaltung ihrer Verantwortung gebracht werden können. Ein Häuptling oder ein König hat das Recht, von seinen Untertanen Steuern, Tribute oder Fronarbeit zu fordern, er hat aber die entsprechende Verpflichtung, für Gerechtigkeit zu sorgen, die Untertanen vor dem Feind zu schützen und ihr allgemeines Wohlergehen durch rituelle Akte und Befolgung der rituellen Vorschriften zu sichern. Die Struktur eines afrikanischen Staates impliziert, daß die Könige und Häuptlinge durch Konsens an der Macht sind. Die Untertanen eines Herrschers sind sich seiner Pflichten ihnen gegenüber ebenso bewußt wie der ihren ihm gegenüber, und sie sind in der Lage, ihn durch Druck zur Erfüllung dieser Pflichten zu bringen.

Es muß hervorgehoben werden, daß wir hier von verfassungsmäßigen Regelungen sprechen, und nicht davon, wie sie in der Praxis funktionieren. Die Afrikaner haben ebenso klar wie wir erkannt, daß die Macht korrumpiert und daß der Mensch dazu neigt, sie zu mißbrauchen. In verschiedener Hinsicht sind die in Gesellschaften der Gruppe A vorgefundenen Verfassungen schwerfällig und allzu lose gefügt, um diesen Mißbrauch völlig auszuschließen. Die in diesen Gebieten anzutreffende Theorie der Herrschaft steht oft im Widerspruch zur Praxis. Beide, Herrscher und Untertanen, kommen, angetrieben durch ihre privaten Interessen, mit den Regeln der Verfassung in Konflikt. Obwohl sie im allgemeinen von der Form her das Ziel haben, jeder Tendenz in Richtung von absolutem Despotismus entgegenzutreten, kann doch keine der afrikanischen Verfassungen verhindern, daß mitunter ein Herrscher zum Tyrannen wird. Die Geschichte von Shaka ist ein extremes Beispiel, aber in diesem und in anderen Fällen, in denen der Widerspruch zwischen Theorie und Praxis zu offensichtlich wird und die Verletzung konstitutioneller Regeln zu schwerwiegend, kommt es mit Sicherheit zu öffentlicher Mißbilligung, ja, ist sogar eine Sezession möglich oder eine Revolte, geführt von Mitgliedern der königlichen Familie oder untergebenen Häuptlingen. Dies widerfuhr Shaka.

Man muß sich daran erinnern, daß es in diesen Staaten nur eine einzige Herrschaftstheorie gibt. Im Falle einer Rebellion ist das Ziel und Resultat stets die Auswechslung der Amtsträger und niemals die Beseitigung des Amtes oder dessen Ersetzung durch eine neue Form der Regierung. Wenn untergeordnete Häuptlinge gegen den König, mit dem sie oft verwandt sind, rebellieren, tun sie das zur Verteidigung der durch seine schlechte Amtsführung verletzten Werte. Sie haben mehr denn alle anderen Teile des Volkes ein Interesse an der Erhaltung des Königtums. Das ideale Verfassungsmuster bleibt die gültige Norm, trotz der Verletzung seiner Regeln.

Eine andere Art von Gleichgewicht gibt es in Gesellschaften der

Gruppe B. Es ist ein Gleichgewicht zwischen einer Anzahl von räumlich benachbarten und strukturell äquivalenten Segmenten, die sich in Begriffen von Raum und Lineage definieren, nicht aber von Verwaltung. Jedes Segment hat die gleichen Interessen wie die anderen Segmente einer solchen Ordnung. Das Geflecht von intersegmentären Beziehungen, das die politische Struktur bildet, ist ein Gleichgewicht von gegensätzlichen lokalen Loyalitäten und von unterschiedlichen Lineage- und Ritual-Beziehungen. In Gesellschaften der Gruppe A sind Konflikte zwischen den Interessen von administrativen Einheiten nicht ungewöhnlich. Untergeordnete Häuptlinge und andere politische Funktionsträger, deren Rivalitäten oft persönlicher Art sind oder in ihren Beziehungen zum König oder der herrschenden Aristokratie begründet liegen, nutzen diese unterschiedlichen lokalen Loyalitäten oft für ihre eigenen Zwecke aus. Aber die Verwaltungsorganisation kanalisiert und begrenzt diese inter-regionalen Streitigkeiten. In Gesellschaften ohne Verwaltungsorganisation gehört die Interessendivergenz zwischen einzelnen Segmenten zum Wesen der politischen Struktur. Konflikte zwischen lokalen Segmenten bedeuten notwendig Konflikte zwischen Lineage-Segmenten, denn die beiden sind aufs engste miteinander verknüpft, und der stabilisierende Faktor ist keine übergeordnete juristische oder militärische Organisation, sondern ganz einfach die Summe aller inter-segmentären Beziehungen.

XI. Das Auftreten und die Funktion organisierter Gewalt

Nach unserer Einschätzung ist das Auftreten und die Funktion organisierter Gewalt im System das wichtigste Unterscheidungsmerkmal zwischen den zentralisierten, pyramidenförmigen, staatsähnlichen Typen der Regierung bei den Ngwato, Bemba etc. und den segmentären politischen Systemen der Logoli, der Tallensi und der Nuer. In der ersten Gruppe von Gesellschaften ist der hauptsächliche Ausdruck der Rechte und Vorrechte des Herrschers und der durch seine Untergebenen ausgeübten Autorität die Verfügung über organisierte Gewalt. Dies mag es einem afrikanischen König für einige Zeit erlauben, mit Unterdrückungsmethoden zu herrschen, falls er dies will, aber ein guter Herrscher setzt die seiner Kontrolle unterstehenden Streitkräfte im öffentlichen Interesse ein, als ein akzeptiertes Regierungsinstrument: für die Verteidigung der gesamten Gesellschaft oder jedes ihrer Teile, für den Angriff gegen den gemeinsamen Feind, als Sanktionsmittel zur Erzwingung des Gesetzes oder des Respekts für die Verfassung. Der König und seine Delegierten und Ratgeber nutzen die organisierte Gewalt mit der Zu-

stimmung ihrer Untertanen zur Aufrechterhaltung des politischen Systems, das nach deren Überzeugung die Grundlage ihrer sozialen Ordnung ist.
In Gesellschaften der Gruppe B gibt es keine Vereinigung, keine Klasse und kein Segment, die dadurch, daß sie über eine mächtigere organisierte Gewalt verfügen als ihresgleichen, eine dominierende Stellung in der politischen Struktur einnehmen. Wird in einem Disput zwischen Segmenten zur Gewalt gegriffen, so wird diese auf eine ihr gleichwertige treffen. Wenn ein Segment ein anderes besiegt, so versucht es nicht, eine politische Herrschaft über dieses zu errichten; es gibt keine Verwaltungsmaschinerie, und so stehen auch keine Mittel zur Verfügung, dies zu tun. In der Sprache der politischen Philosophie ausgedrückt: es gibt keine einzelne Gruppe, die als Träger der Souveränität angesehen werden könnte. In einem solchen System wird die Stabilität entlang jeder Scheidelinie und an jedem Punkt divergierender Interessen durch ein Gleichgewicht aufrechterhalten. Die Balance wird aufrechterhalten durch die Verteilung der Verfügung über Gewalt entsprechend der Verteilung von gleichen, aber in Konkurrenz stehenden Interessen unter den homologen Segmenten der Gesellschaft. Während es in Gesellschaften der Gruppe A angesichts des Rückhalts durch eine organisierte Gewalt immer einen verfaßten Gerichtsapparat geben kann und auch immer gibt, bleiben die rechtlichen Institutionen der Logoli, der Tallensi und der Nuer auf das Recht der Selbsthilfe beschränkt.

XII. Unterschiede in der Antwort auf die europäische Herrschaft

Die Unterschiede, die wir für die beiden Kategorien, in die sich die acht Gesellschaften einteilen lassen, festgestellt haben, insbesondere die Art des jeweils charakteristischen Gleichgewichts, sind sehr ausgeprägt in ihrer Anpassung an die Herrschaft der Kolonialregierungen. Die meisten dieser Gesellschaften wurden erobert oder haben sich der europäischen Herrschaft aus Angst vor einer Invasion unterworfen. Sie würden diese Herrschaft nicht mehr anerkennen, wenn die Gewaltdrohung entfallen würde, und diese Tatsache bestimmt die Rolle, die jetzt die europäische Verwaltung in ihrem politischen Leben spielt.
In den Gesellschaften der Gruppe A wird der oberste Herrscher durch die Kolonialregierung gezwungen, auf sein Recht zu verzichten, die organisierte Gewalt in eigener Verantwortung einzusetzen. Dies führte überall zu einer Verminderung seiner Autorität und allgemein zu einer Vergrößerung der Macht und Unabhängigkeit seiner Untergebenen. Er herrscht nicht mehr aus eigenem Recht, sondern als Agent der Kolonial-

regierung. Die pyramidenförmige Struktur des Staates wird dadurch aufrechterhalten, daß jene den Platz des Herrschers an der Spitze einnimmt. Wenn dieser sich total unterwirft, kann er zu einer reinen Marionette der Kolonialregierung werden. Er verliert die Unterstützung seines Volkes, da das Muster gegenseitger Rechte und Pflichten, das ihn mit dem Volk verbunden hat, zerstört ist. Auf der anderen Seite mag er seinen früheren Status bis zu einem gewissen Grad aufrechterhalten, indem er offen oder verdeckt die Oppositionsbewegung anführt, die im Volk unvermeidlich gegen die ausländische Herrschaft entsteht. Sehr oft befindet er sich in der ambivalenten Position, seine widersprüchlichen Rollen als Repräsentant seines Volkes gegenüber der Kolonialregierung und als Vertreter der letzteren gegenüber seinem Volk in Einklang bringen zu müssen. Er wird zum Dreh- und Angelpunkt für das neue System in dessen prekärem Zustand. Indirect Rule kann als eine Politik angesehen werden, deren Ziel es ist, die neue politische Ordnung mit dem einheimischen obersten Herrscher in seiner ambivalenten Rolle zu stabilisieren und die Friktionen zu beseitigen, die sie hervorruft.

In den Gesellschaften der Gruppe B hat die europäische Herrschaft die gegenteilige Wirkung. Die Kolonialregierung kann die Verwaltung nicht auf Gruppierungen von Individuen, die politische Segmente bilden, übertragen, sondern muß Regierungsagenten einsetzen. Zu diesem Zweck benutzt sie alle Personen, die dem stereotypisierten Begriff eines afrikanischen Häuptlings zugeordnet werden können. Diese Agenten haben zum ersten Mal für ihre Autorität den Rückhalt der Gewalt, eine Autorität, die sich nun auch auf Bereiche ausweitet, auf die sie sich bisher nicht erstreckte. Direkte Anwendung von Gewalt in Form der Selbsthilfe bei der Verteidigung von Rechten von Individuen oder Gruppen ist nicht mehr erlaubt, denn es gibt nun erstmals eine oberste Autorität, die aufgrund ihrer überlegenen Gewalt, durch die sie an die Stelle der Selbsthilfe Gerichtshöfe setzen kann, Gehorsam fordert. Es besteht die Tendenz, daß das ganze System sich gegenseitig ausbalancierender Segmente zusammenbricht und ein bürokratisches europäisches System an seine Stelle tritt. Es entsteht eine Organisation, die eher einem zentralisierten Staat entspricht.

XIII. Die mit dem politischen Amt verknüpften mystischen Werte

Die Legitimierung der Gewaltanwendung ist keine Neuerung in afrikanischen Regierungsformen. Wir haben die Tatsache betont, daß sie einer der Hauptpfeiler des einheimischen Staatstyps ist. Aber jene Sanktionierung der Gewalt, von der die europäischen Verwaltungen abhängen, liegt außerhalb des einheimischen politischen Systems. Sie wird nicht benutzt, um die inneren Werte des Systems aufrechtzuerhalten. Sowohl Gesellschaften der Gruppe A als auch denen der Gruppe B können europäische Regierungen ihre Autorität aufzwingen, aber nirgends sind sie in der Lage, moralische Beziehungen mit den abhängigen Völkern aufzubauen. Denn wie wir gesehen haben, wird im ursprünglichen einheimischen System die Gewalt vom Herrscher – in Übereinstimmung mit seinen Untergebenen – im Interesse der sozialen Ordnung eingesetzt.

Für sein Volk ist ein afrikanischer Herrscher nicht einfach eine Person, die ihm ihren Willen aufzwingen kann. Er ist die Achse seiner politischen Beziehungen, das Symbol seiner Einheit und Einzigartigkeit und die Verkörperung seiner wesentlichen Werte. Er ist mehr als ein weltlicher Herrscher; in *dieser* Eigenschaft kann die europäische Regierung ihn in hohem Maße ersetzen. Seine Legitimierung ist mystisch und von alters her überliefert. In Gesellschaften, in denen es keine Häuptlinge gibt, sind die im Gleichgewicht befindlichen Segmente, die die politische Struktur bilden, durch Tradition und Mythos verbürgt und die Beziehungen zwischen ihnen werden von Werten bestimmt, die in mystischen Symbolen ausgedrückt werden. In diese geheiligten Bereiche können die europäischen Herrscher niemals eindringen. Sie haben keine mythische oder rituelle Rechtfertigung für ihre Autorität.

Welche Bedeutung hat dieser Aspekt afrikanischer politischer Organisation? Afrikanische Gesellschaften sind keine Modelle kontinuierlicher innerer Harmonie. Akte der Gewalt, Unterdrückung, Aufstand, Bürgerkrieg usw. kennzeichnen die Geschichte jedes afrikanischen Staates. In Gesellschaften wie der der Logoli, der Tallensi und der Nuer wird die segmentäre Natur der sozialen Struktur oft sehr eindrücklich klar durch bewaffnete Konflikte zwischen den Segmenten. Aber wenn das soziale System ein genügendes Maß an Stabilität erreicht hat, wird es durch diese internen Auseinandersetzungen nicht notwendigerweise zerstört. Tatsächlich können sie, wie wir gesehen haben, ein Mittel zu seiner Stärkung sein gegenüber den Angriffen und Übergriffen, die ihren Grund in privaten Interessen der Herrscher haben. In den segmentären Gesellschaften ist der Krieg kein Mittel, mit dem ein Segment einem anderen seinen Willen aufzwingt, aber er ist ein Weg, über den Segmente ihre partikularen Interessen innerhalb eines Bereichs allgemeiner Interessen und Werte schützen.

Es bestehen in jeder afrikanischen Gesellschaft unzählige Bindungen, die den Tendenzen zu politischer Spaltung entgegenwirken, die aus den Spannungen und Spaltungen in der sozialen Struktur entstehen. Eine administrative Organisation, gestützt auf Sanktionen mit Zwangscharakter, das Clan-System, das Lineage-System und altersmäßige Bindun-

gen, das feingewobene Netz der Verwandtschaft – sie alle vereinigen Menschen, die verschiedene oder sogar sich widersprechende Teil- und Privatinteressen haben. Oft bestehen gemeinsame materielle Interessen wie die Notwendigkeit, Weiden zu teilen oder in einem gemeinsamen Marktort Handel zu treiben, oder es gibt komplementäre ökonomische Ziele, die verschiedene Teile aneinander binden. Immer gibt es gemeinsame rituelle Werte, die der ideologische Überbau der politischen Organisation sind.
Angehörige afrikanischer Gesellschaften fühlen ihre Einheit und erfassen ihre gemeinsamen Interessen in Symbolen; und es ist ihre Bindung an diese Symbole, die ihre Gesellschaft mehr als alles andere zusammenhält und ihr Bestand gibt. In der Form von Mythen, Vorstellungen, Dogmen, Ritualen, geheiligten Orten und Personen repräsentieren diese Symbole die Einheit und Einzigartigkeit der Gruppen, die sie respektieren. Sie werden dennoch nicht als einfache Symbole betrachtet, sondern als letzte Werte in sich selbst.
Diese Symbole muß man in Begriffe sozialer Funktionen und gesellschaftlicher Strukturen, zu deren Aufrechterhaltung sie dienen, übersetzen, um sie soziologisch zu erklären. Afrikaner haben keine objektive Kenntnis der Kräfte, die ihre gesellschaftliche Organisation bestimmen und ihr soziales Verhalten auslösen. Aber sie wären unfähig, ihr kollektives Leben weiterzuführen, könnten sie nicht über die Interessen, die sie zum Handeln bringen, über die Institutionen, durch die sie ihr kollektives Handeln organisieren, und über die Strukturen der Gruppen, in denen sie organisiert sind, nachdenken und sie fühlen. Mythen, Dogmen, rituelle Vorstellungen und Aktivitäten machen dieses soziale System für einen Afrikaner intellektuell greifbar und kohärent und ermöglichen ihm, es sich vorzustellen und darüber nachzudenken. Diese geheiligten Symbole, die das soziale System widerspiegeln, statten es darüber hinaus mit mystischen Werten aus, die zu einer Akzeptierung der sozialen Ordnung führen, welche weit über den durch weltlich sanktionierte Gewalt bedingten Gehorsam hinausgeht. Das soziale System ist, und war auch früher, auf eine mystische Ebene gehoben, wo es ein System geheiligter Werte darstellt, über Kritik und Veränderung erhaben. So ist es möglich, daß ein schlechter König gestürzt wird, aber das Königtum wird niemals in Frage gestellt; so spielen sich die Kriege oder Fehden zwischen Segmenten einer Gesellschaft wie der der Nuer oder der Tallensi innerhalb der Grenzen mystischer Sanktionen ab. Diese Werte werden von der ganzen Gesellschaft geteilt, sowohl von den Herrschenden als auch den Beherrschten und von allen Segmenten und Teilen der Gesellschaft.
Der Afrikaner sieht nicht über die Symbole hinaus; man kann davon

ausgehen, daß, wenn er ihren objektiven Gehalt verstünde, sie ihre Macht über ihn verlieren würden. Diese Macht liegt eben in ihrem symbolischen Gehalt und in ihrer Verbindung mit den verknüpfenden Institutionen der sozialen Struktur wie dem Königtum. Nicht jede Art des Rituals oder jede Art mystischer Idee kann die Werte ausdrücken, die eine Gesellschaft zusammenhalten und die Loyalität und Unterwerfung ihrer Mitglieder gegenüber den Herrschenden klar machen. Wenn wir die mystischen Werte, die in jeder Gesellschaft der Gruppe A mit dem Königtum verbunden sind, untersuchen, finden wir, daß sie sich auf Fruchtbarkeit, Gesundheit, Wohlstand, Friede, Gerechtigkeit, kurz, auf alles beziehen, was für das Volk Leben und Glück bedeutet. Der Afrikaner sieht in der Befolgung der rituellen Vorschriften die oberste Sicherheit für die grundlegenden Bedürfnisse seiner Existenz und für die grundlegenden Beziehungen, die seine soziale Ordnung bilden – Land, Vieh, Regen, Gesundheit, Familie, Clan, Staat. Die mystischen Werte spiegeln die generelle Bedeutung der grundlegenden Elemente der Existenz wider: das Land als die Quelle der materiellen Reproduktion des ganzen Volkes, physische Gesundheit als etwas allgemein Erwünschtes, die Familie als grundlegende Fortpflanzungseinheit usw. Dies sind die gemeinsamen Interessen der ganzen Gesellschaft, wie der Eingeborene sie sieht. Dies sind die Themen der Tabus, Regeln und Zeremonien, an denen in Gesellschaften der Gruppe A das ganze Volk teilhat durch seine Vertreter und an denen in den Gesellschaften der Gruppe B alle Segmente teilnehmen, da es Angelegenheiten von gleicher Bedeutung für alle sind.

Wir haben die Tatsache betont, daß der universale Aspekt von Dingen wie Land oder Fruchtbarkeit Gegenstände gemeinsamen Interesses in einer afrikanischen Gesellschaft sind, denn diese Dinge stellen als private Interessen von Individuen oder Segmenten einer Gesellschaft noch eine andere Seite dar. Die Produktivität seines eigenen Landes, der Wohlstand und die Sicherheit seiner eigenen Familie oder seines eigenen Clans sind von täglicher, praktischer Bedeutung für jeden Angehörigen einer Gesellschaft; und über solchen Dingen entstehen Konflikte zwischen den Teilen und Fraktionen der Gesellschaft. So sind die grundlegenden Bedürfnisse der Existenz und die grundlegenden sozialen Beziehungen in ihren pragmatischen und utilitaristischen Aspekten als Quellen unmittelbarer Befriedigung und Bestrebungen Gegenstand der privaten Interessen; als allgemeine Interessen sind sie nicht-utilitaristische und nicht-pragmatische Angelegenheiten von moralischem Wert und ideologischer Signifikanz. Die allgemeinen Interessen entspringen jenen sehr privaten Interessen, zu denen sie in Gegensatz stehen.

Die rituellen Aspekte afrikanischer politischer Organisation in Begriffen magischer Mentalität zu erklären, genügt nicht; und es führt uns nicht weit zu sagen, daß Land, Regen, Fruchtbarkeit usw. »geheiligt« seien, weil sie vitalste Bedürfnisse der Gemeinschaft sind. Solche Argumente erklären nicht, warum die großen Zeremonien, in denen das Ritual für das Wohlergehen der Gesamtheit vollzogen wird, normalerweise öffentlich stattfinden. Sie erklären nicht, warum die rituellen Funktionen, die wir beschrieben haben, immer an wichtige politische Ämter gebunden sein sollen und Teil der politischen Theorie einer organisierten Gesellschaft sind.

Es reicht aber auch nicht, diese rituellen Funktionen der Häuptlingswürde, des Königtums usw. abzutun als Sanktionierung politischer Autorität. Warum werden sie dann als eine der verbindlichsten Verantwortlichkeiten des Amtes angesehen? Warum sind sie so oft aufgeteilt unter einer Anzahl unabhängiger Funktionsträger, die eine ausgleichende gegenseitige Kontrolle ausüben können? Es ist klar, daß sie auch als Sanktionen gegen den Mißbrauch politischer Macht dienen und als ein Mittel, die politischen Funktionsträger zur Ausübung sowohl ihrer administrativen Verpflichtungen als auch ihrer religiösen Pflichten zu bringen, auf daß das allgemeine Wohl keinen Schaden leide.

Wenn wir schließlich als eine beobachtbare und beschriebene Tatsache festhalten, daß wir es hier mit Institutionen zu tun haben, die der Bejahung und Förderung der politischen Solidarität dienen, müssen wir fragen, warum dies so ist. Warum ist ein allumfassender administrativer Apparat oder ein ausgedehntes Lineage-System nicht durch sich selbst in der Lage, dies zu erreichen?

Wir können nicht versuchen, diese Fragen des längeren zu behandeln. Wir haben ihnen bereits sehr viel Platz eingeräumt, da wir sie als außerordentlich wichtig betrachten, sowohl unter theoretischem als auch unter praktischem Gesichtspunkt. Die »übernatürlichen« Aspekte afrikanischer Regierung sind für den europäischen Administrator immer verwirrend und entmutigend. Aber noch sehr viel mehr Forschung ist nötig, bevor wir sie voll verstehen können. Die Hypothesen, auf die wir uns stützen, sind für uns ein stimulierender Ausgangspunkt für die weitere Forschung auf diesem Gebiet. Der Teil der Hypothesen, der bereits dargelegt wurde, ist wahrscheinlich der am wenigsten kontroverse, aber er ist unvollständig.

Jedes soziale Verhalten und daher auch jede politische Beziehung hat einen utilitaristischen oder pragmatischen Inhalt. Das bedeutet, daß materielle Güter den Besitzer wechseln, verteilt oder erworben werden, und daß die direkten Ziele der Individuen erreicht werden. Soziales Verhalten und daher ebenso politische Beziehungen haben aber auch einen moralischen Aspekt, das heißt, sie drücken Rechte und Pflichten,

Privilegien und Verpflichtungen, politische Gefühle, soziale Bindungen und Gruppierungen aus. Diese zwei Aspekte sind klar zu erkennen in solchen Handlungen wie der Tributzahlung an einen Herrscher oder der Übergabe von Sühnerindern als Kompensation für Mord. Konsequenterweise finden wir in politischen Beziehungen zwei Arten von Interessen, die zusammenwirken – materielle Interessen und moralische Interessen –, auch wenn sie im Denken der Eingeborenen nicht in dieser abstrakten Weise getrennt sind. Die Eingeborenen betonen die materiellen Komponenten einer politischen Beziehung und legen sie allgemein fest in bezug auf ihre utilitaristischen und pragmatischen Funktionen.

Ein Recht, eine bestimmte Pflicht oder politische Bewußtheit treten auf als Momente im Verhalten eines Individuums oder einer kleinen Sektion einer afrikanischen Gesellschaft und können erzwungen werden durch weltliche Sanktionen gegenüber diesen Individuen oder Teilgruppen. Aber in einer politisch organisierten Gemeinschaft besteht ein bestimmtes Recht, eine bestimmte Pflicht oder eine besondere Bewußtheit nur als Element in einem Ganzen von allgemeinen, gegenseitigen und einander ausbalancierenden Rechten, Pflichten und Gefühlen – dem Korpus moralischer und rechtlicher Normen. Die Stabilität und Kontinuität der Struktur einer afrikanischen Gesellschaft hängt ab von der Stetigkeit und Ordnung, mit der diese Einheit ineinander verwobener Normen aufrechterhalten wird. Im allgemeinen müssen Rechte geachtet, Pflichten ausgeführt und Gefühle, die die Angehörigen aneinander binden, respektiert werden, da sonst die soziale Ordnung so unsicher wäre, daß die materiellen Bedürfnisse der Existenz nicht mehr befriedigt werden könnten. Die Produktion würde zum Stillstand kommen und die Gesellschaft würde auseinanderbrechen. Dies ist das größte gemeinsame Interesse in jeder afrikanischen Gesellschaft, und es ist dieses Interesse, das dem politischen System als ganzem förderlich ist. Dies ist auch die letzte und, man kann sagen, axiomatische Gruppe von Prämissen der sozialen Ordnung. Wenn sie kontinuierlich und willkürlich verletzt würden, hörte das soziale System auf zu arbeiten.

Wir können diese Analyse zusammenfassen in der Feststellung, daß die materiellen Interessen, die Individuen oder Gruppen in einer afrikanischen Gesellschaft zum Handeln veranlassen, im Rahmen eng miteinander verbundener moralischer und rechtlicher Normen wirken, deren Ordnung und Stabilität durch die politische Organisation aufrechterhalten wird. Wie wir gezeigt haben, analysieren die Afrikaner nicht ihr soziales System, sie leben es. Sie denken darüber nach und fühlen es in Wertbegriffen, die in Doktrinen und Symbolen die Kräfte, die wirklich ihr soziales Verhalten kontrollieren, zwar widerspiegeln, aber nicht er-

klären. Unter diesen Werten ragen die mystischen hervor, die in den großen öffentlichen Zeremonien dargestellt und mit ihren politischen Schlüsselinstitutionen verbunden werden. Wir sind der Ansicht, daß diese mystischen Werte für das größte gemeinsame Interesse der breitesten politischen Gemeinschaft stehen, zu der ein Angehöriger einer bestimmten afrikanischen Gesellschaft gehört – d. h. für das Ganze miteinander verbundener Rechte, Pflichten und Gefühle, denn das ist es, was die Gesellschaft zu einer einzigen politischen Gemeinschaft macht. Aus diesem Grunde sind die mystischen Werte immer verbunden mit politischen Schlüsselämtern und drücken sich aus sowohl in Privilegien als auch in Verpflichtungen des politischen Amtes.
Ihre mystische Form entspringt dem endgültigen und axiomatischen Charakter der Einheit moralischer und legaler Normen, die durch säkulare Sanktionen nicht als Einheit erhalten werden könnten. Periodische Zeremonien sind notwendig, um diese Werte zu bestätigen und zu konsolidieren, denn normalerweise konzentrieren sich die Menschen vor allem auf Teil- und Privatinteressen und neigen dazu, die gemeinsamen Interessen und die politische Interdependenz aus den Augen zu verlieren. Schließlich reflektiert ihr symbolischer Inhalt die grundlegenden Existenzbedürfnisse und die grundlegenden sozialen Beziehungen, denn diese sind die konkretesten und faßbarsten Elemente aller sozialen und politischen Beziehungen. Der sichtbare Beweis, wie gut ein bestehendes Ganzes von Rechten, Pflichten und Gefühlen aufrechterhalten wird und funktioniert, findet sich im Niveau der Sicherheit und des Erfolges, mit denen die grundlegenden Existenzbedürfnisse befriedigt und die grundlegenden sozialen Beziehungen erhalten werden.
Es ist eine interessante Tatsache, daß afrikanische Könige unter europäischer Herrschaft ihre »rituellen Funktionen« beibehalten, noch lange nachdem sie den größten Teil der säkularen Autorität verloren haben, den diese sanktionieren sollten. Die mystischen Werte des politischen Amtes werden auch nicht völlig aufgehoben durch einen Wechsel der Religion zum Christentum oder Islam. Solange das Königtum als das Zentrum eines Ganzen von moralischen und legalen Normen bestehen bleibt, welches das Volk in einer politischen Gemeinschaft zusammenhält, wird es höchstwahrscheinlich auch weiterhin der Brennpunkt mystischer Werte bleiben.
Es ist einfach, die Beziehung zwischen dem Königtum einerseits und den Interessen und der Solidarität der gesamten Gemeinschaft andererseits in einem Staat mit stark zentralisierter Herrschaft zu erkennen. In Gesellschaften ohne Zentralregierung können soziale Werte nicht in einer einzigen Person symbolisiert werden, sondern sind verteilt auf entscheidende Positionen der Sozialstruktur. Hier finden wir die Mythen, Dog-

men, rituellen Zeremonien, mystischen Kräfte usw. verbunden mit den Segmenten, indem sie die Beziehungen zwischen diesen definieren und aufrechterhalten. Periodische Zeremonien, die die Solidarität in den Segmenten und zwischen den Segmenten im Gegensatz zu Partialinteressen innerhalb dieser Gruppen hervorheben, sind die Regel bei den Tallensi und Logoli ebenso wie bei den Bemba und Kede. Bei den Nuer ist der Leopardenfell-Häuptling – eine geheiligte Person, die in Verbindung gebracht wird mit der Fruchtbarkeit der Erde – das Medium, in dem Fehden bereinigt und damit intersegmentäre Beziehungen reguliert werden. Der Unterschied zwischen diesen Gesellschaften der Gruppe B und jenen der Gruppe A liegt in der Tatsache, daß es keine Person gibt, die die politische Einheit des Volkes repräsentiert, da es diese Einheit nicht gibt, und daß es unter Umständen auch keine Person gibt, die die Einheit der Segmente des Volkes verkörpert. Rituelle Kräfte und Verantwortlichkeiten werden in Übereinstimmung mit der stark segmentären Struktur der Gesellschaft aufgeteilt.

XIV. Das Problem der Abgrenzung der politischen Gruppe

Zum Schluß möchten wir zwei Punkte von sehr großer Bedeutung hervorheben, die oft übersehen werden. Wie immer man politische Einheiten oder Gruppen definieren mag, so können sie doch nicht isoliert betrachtet werden, denn sie sind immer Teil eines größeren sozialen Systems. Um ein extremes Beispiel zu nehmen: Die lokalisierten Lineages der Tallensi überlappen sich gegenseitig wie eine Reihe von sich überschneidenden Kreisen, so daß es unmöglich ist, genau festzustellen, wo genau die Linien politischer Abgrenzung verlaufen. Diese einander überlappenden Felder politischer Beziehungen dehnen sich fast unendlich aus, so daß sogar benachbarte Völker in einer gewissen Weise miteinander verbunden sind. Obwohl wir feststellen können, daß dieses Volk sich von jenem unterscheidet, ist es nicht einfach zu sagen, in welchem Punkt man sie kulturell oder politisch als unterschiedliche Einheiten betrachten kann. Bei den Nuer ist die politische Abgrenzung einfacher, aber selbst hier gibt es zwischen den Segmenten einer politischen Einheit die gleiche Art struktureller Beziehung, wie sie zwischen dieser Einheit und einer anderen Einheit gleicher Ordnung besteht. So ist die Bestimmung autonomer politischer Gruppen in gewisser Hinsicht eine willkürliche Angelegenheit. Das trifft verstärkt zu für die Gesellschaften der Gruppe B; aber auch unter denen der Gruppe A besteht eine Interdependenz zwischen der beschriebenen politischen Gruppe und benachbarten politischen Gruppen und eine gewisse Überlappung. Die

Ngwato haben eine segmentäre Beziehung zu anderen Tswana-Stämmen, die in vielfacher Hinsicht jener entspricht, die zwischen Teilen der Ngwato selbst besteht. Das gleiche gilt auch für andere Gesellschaften mit Zentralinstanz.

Dieses Sich-Überlappen von Gesellschaften und diese Verbindungen zwischen ihnen sind weitgehend auf die Tatsache zurückzuführen, daß der Punkt, an dem politische Beziehungen – eng definiert in Begriffen der militärischen Aktion und rechtlicher Sanktionen – enden, noch lange nicht der Punkt ist, an dem alle sozialen Beziehungen aufhören. Die soziale Struktur eines Volkes reicht, so definiert, über ihr politisches System hinaus, denn es bestehen immer soziale Beziehungen der einen oder anderen Art zwischen Völkern verschiedener autonomer politischer Gruppen. Clans, Altersgruppen, rituelle Vereinigungen, affinale und Handelsbeziehungen sowie soziale Beziehungen anderer Art verbinden die Menschen verschiedener politischer Einheiten ebenso wie gemeinsame Sprache oder eng verwandte Sprachen, ähnliche Gebräuche und Glaubensvorstellungen usw. So kann ein starkes Gefühl der Gemeinschaft zwischen Gruppen bestehen, die keinen gemeinsamen Herrscher anerkennen oder sich nicht für bestimmte politische Zwecke vereinigen. Gemeinschaft von Sprache und Kultur führt nicht notwendigerweise zu politischer Einheit, wie wir gezeigt haben, ebensowenig wie sprachliche und kulturelle Unterschiedlichkeit eine politische Einheit verhindert.

Darin liegt ein Problem von universeller Bedeutung: Wie ist die Beziehung der politischen Struktur zur ganzen sozialen Struktur? Überall in Afrika besteht die Tendenz, daß soziale Bindungen der einen oder anderen Art Völker zusammenbringen, die politisch getrennt sind; und politische Bindungen scheinen immer dominant zu sein, wenn es zu einem Konflikt zwischen ihnen und anderen sozialen Bindungen kommt. Die Lösung dieses Problems könnte in einer detaillierteren Untersuchung der Natur der politischen Werte und der Symbole, in denen sie sich ausdrücken, gefunden werden. Die Bande utilitaristischer Interessen zwischen Individuen und zwischen Gruppen sind nicht so stark wie die in gemeinsamer Bindung an mystische Symbole liegenden Bande. Die auf ihnen gründende größere Solidarität gerade ist es, die politischen Gruppen normalerweise ihre Dominanz über soziale Gruppen anderer Art verleiht.

Anmerkung

[1] Wir würden von dieser Einschränkung Professor R. H. Lowie ausnehmen, auch wenn wir seine Methoden und Schlußfolgerungen nicht völlig akzeptieren. (Vgl. seine Werke *Primitive Society*, 1920, und *Origin of the State*, 1927.) Wir beziehen uns hier nur auf Anthropologen. Die Arbeiten der großen Rechts- und Verfassungshistoriker wie Maine, Vinogradoff und Ed. Meyer, denen alle, die über politische Institutionen arbeiten, zu Dank für ihre bahnbrechenden Untersuchungen verpflichtet sind, gehören in eine andere Kategorie.

Edward E. Evans-Pritchard
Die Nuer im südlichen Sudan

I. Geographische Verteilung

Zur Darlegung der Prinzipien des anarchischen Gemeinwesens der Nuer müssen wir zuerst kurz auf die Ökologie dieses Volkes eingehen: die Mittel zur Gewinnung seines Lebensunterhalts, seine Verteilung und die Beziehung dieser Faktoren zu seiner Umwelt. Die Nuer betreiben Rinderzucht und Landwirtschaft, außerdem fischen und jagen sie und sammeln wildwachsende Früchte und Wurzeln. Vieh ist jedoch – und darin unterscheidet es sich von den anderen Nahrungsquellen – nicht nur für die Ernährung von Bedeutung, sondern stellt in der Tat für die Nuer den größten Wert überhaupt dar. So fühlen sie sich vor allem als Hirten, obwohl ihre Wirtschaft gemischt ist.
Nuerland ist für Viehzucht besser geeignet als für Ackerbau: Die flache, lehmige Savannenlandschaft ist während der Dürre ausgetrocknet und kahl, während der Regenzeit überflutet und mit hohem Gras bedeckt. Von Juni bis Dezember lassen heftige Regenfälle die Flüsse über ihre Ufer treten, während es zwischen Dezember und Juni wenig Regen gibt und die Flüsse wenig Wasser führen. Ein Jahr besteht also aus zwei Jahreszeiten von ungefähr gleicher Dauer. Die Kombination dieser jahreszeitlichen Dichotomie mit den sich aus dem Hirtenleben ergebenden Interessen beeinflußt zutiefst die politischen Beziehungen.
Während der Regenzeit wohnen die Nuer in Dörfern, die auf den Kuppen von Hügeln und Hügelketten errichtet oder über weitere Strecken etwas höhergelegenen Bodens verstreut sind, und bauen Hirse und Mais an. Das zwischen den Dörfern liegende, mehr oder weniger sechs Monate lang überschwemmte Land ist dann nicht bewohnbar und kann weder kultiviert noch als Weide benutzt werden. Die Entfernung von einem Dorf zum andern kann zwischen fünf und zwanzig Meilen betragen, während die zwischen Stammessektionen oder Stämmen größer sein mag.
Am Ende der Regenzeit verbrennt man das alte Gras, damit neues Weidegras wachsen kann, und zieht aus den Dörfern in kleine Lager. Bei schwerer Dürre konzentrieren sich die Einwohner dieser Zwischenlager an Stellen mit permanenten Wasservorräten. Dies geschieht zwar hauptsächlich wegen des Viehs, gibt aber den Nuern auch Gelegenheit

zum Fischen, was ihnen im allgemeinen von den Dörfern aus unmöglich ist. In geringerem Maße gehen sie hier auch auf die Jagd und sammeln wildwachsende Früchte und Wurzeln. Wenn die Regenzeit wieder beginnt, kehren sie in ihre Dörfer zurück, wo sie ihrem Vieh Schutz bieten können und der höhergelegene Boden Ackerbau zuläßt.

Die geographische Verteilung der Nuer ist determiniert durch die physischen Bedingungen und die Lebensweise, die wir skizziert haben. Während der Regenzeit sind die Dörfer von ihren Nachbardörfern zwar keinesfalls isoliert, aber durch überschwemmte Flächen Graslandes getrennt; Lokalgemeinschaften sind deshalb sehr klar abgegrenzte Einheiten. Während der Dürre konzentrieren sich die Einwohner verschiedener Dörfer eines Distrikts schließlich an Stellen mit permanenten Wasservorräten und wohnen in gemeinsamen Lagern. Andererseits können aber auch einige Familien eines Dorfes in ein Lager, andere in ein anderes ziehen; die Mehrheit bildet jedoch das ganze Jahr hindurch eine Lokalgemeinschaft.

Die Nuer haben nur selten einen Nahrungsüberschuß, und am Anfang der Regenzeit reicht die Nahrung oft nicht aus. Man kann sogar sagen, daß sie sich gewöhnlich an der Schwelle des Hungers befinden und alle paar Jahre mit einer mehr oder minder schweren Hungersnot konfrontiert sind. Es ist also unter diesen Bedingungen verständlich, daß man im selben Dorf, und hier vor allem die Mitglieder benachbarter Hofstätten und Weiler, oft die Nahrungsvorräte untereinander teilt. Zwar ist es jederzeit möglich, daß einige Mitglieder mehr Vieh und Korn haben als andere – und dies ist ihr persönlicher Besitz –, aber man ißt bei Festen wie bei täglichen Mahlzeiten in den Gehöften der anderen und teilt sich die Nahrung auch auf andere Weise, so daß man von einem gemeinsamen Vorrat reden kann. In einem normalen Jahr ist die Nahrung von Ende September bis Mitte Dezember am reichlichsten, und in diesen Abschnitt fallen die meisten Zeremonien, Tänze usw.

Die Technologie der Nuer ist sehr einfach. In ihrem Lande findet sich weder Eisen noch Stein, und die Anzahl der Bäume und Baumarten ist gering, im allgemeinen sind sie außerdem nur zum Hausbau geeignet. Zusammen mit der dürftigen Nahrungsmittelversorgung strafft diese Knappheit der Rohstoffe die sozialen Bindungen und bringt – in einem moralischen Sinne – die Einwohner eines Dorfes oder eines Lagers einander näher, denn diese sind schließlich aufs höchste voneinander abhängig, und ihre Tätigkeiten als Hirten, Jäger, Fischer und in geringerem Ausmaß ihre Arbeit auf den Feldern sind notwendigerweise gemeinschaftliche Unternehmungen. Dies wird in der Trockenzeit besonders deutlich, wenn das Vieh vieler Familien in einem gemeinsamen Kral angebunden und als *eine* Herde zu den Weideplätzen getrieben wird.

Während also in einem engeren Sinne der Haushalt die ökonomische Einheit darstellt, sind die größeren Lokalgemeinschaften direkt oder indirekt kooperative Gruppen, die sich zur Existenzerhaltung zusammengeschlossen haben, und Korporationen, denen die natürlichen Ressourcen gehören und die sie gemeinschaftlich ausbeuten. In den kleineren Lokalgruppen sind die kooperativen Funktionen direkter und deutlicher als in den größeren, jedoch ist in einem gewissen Grade die kollektive Funktion der Gewinnung des zum Leben Notwendigen aus denselben Ressourcen allen Gruppen vom Haushalt bis zum Stamm gemeinsam.

Diese Lokalgemeinschaften sind die in einer Hütte wohnende monogame Familie, die Haushaltsgruppe eines Gehöfts, Weiler, Dorf, Lager, Distrikt, Stammessektionen verschiedener Größe, Stamm, Volk und die internationale Gemeinschaft, deren Grenzen den sozialen Horizont eines Nuer darstellen. Wir betrachten Familie, Haushalt und Weiler als häusliche, nicht als politische Gruppen und werden sie nicht weiter im Detail diskutieren.

Die Verteilung dieser Lokalgemeinschaften ist weitgehend von physischen Bedingungen abhängig, besonders von in der Regenzeit über dem Wasserniveau liegendem Boden und permanenten Wasserstellen, die auch in der Dürre nicht versiegen. In jedem Dorf bestimmen die natürlichen Gegebenheiten Bevölkerungsgröße und Anordnung der Gehöfte. Auf einer einzelnen Hügelkuppe liegen die Gehöfte dicht beieinander, entlang einer Hügelkette sind sie weiter voneinander entfernt, und auf einer ausgedehnten Fläche höhergelegenen Bodens kann die Entfernung von einem Weiler zum nächsten mehrere hundert Meter betragen. In jedem großen Dorf sind die Gehöfte in Gruppen – oder Weilern – angeordnet, deren Bewohner im allgemeinen nahe Verwandte und deren Gatten sind. Über die Größe der Bevölkerung in den Dörfern sind uns nur angenäherte Angaben möglich, man kann jedoch annehmen, daß sie zwischen fünfzig und mehreren hundert Einwohnern variiert.

Wie schon erwähnt, sind die Dörfer durch mehrere Meilen Savanne voneinander getrennt. Distrikt nennen wir ein Aggregat von solchen Dörfern, die in einem Radius liegen, innerhalb dessen Kommunikation ohne Schwierigkeiten möglich ist. Dies ist keine politische Gruppe, da sie nur in Relation zu jedem Dorf definiert werden und dasselbe Dorf mehr als nur einem Distrikt angehören kann; eine Lokalgemeinschaft betrachten wir dann als politische Gruppe, wenn die sie konstituierenden Mitglieder von sich selbst als einer Gemeinschaft im Gegensatz zu anderen Gemeinschaften derselben Ordnung sprechen und auch von Außenseitern so angesehen werden. Wie dem auch sei, tendenziell fällt ein Distrikt mit einer tertiären Stammessektion zusammen, und es ist vor allem sein Netz sozialer Beziehungen, welches der Sektion Kohärenz verleiht. Die Leute eines Distrikts wohnen während der Dürre in einem Lager und nehmen gemeinsam an Hochzeiten und anderen Feierlichkeiten teil. Sie heiraten untereinander und etablieren so unter sich viele schwiegerschaftliche und kognatische Beziehungen, die, wie wir später sehen werden, um einen agnatischen Kern kristallisiert sind.

Dörfer – die politischen Einheiten Nuerlands – sind in Stammessektionen zusammengefaßt. Westlich des Nils findet man einige sehr kleine Stämme, die nur aus wenigen nebeneinanderliegenden Dörfern bestehen. In den größeren Stämmen westlich und allen Stämmen östlich des Nils ist das Stammesgebiet unterteilt in eine Anzahl territorialer Sektionen, die durch Flächen unbewohnten Landes voneinander getrennt sind; diese erstrecken sich auch zwischen den sich am nächsten liegenden Wohnsitzen benachbarter Stämme.

In der Trockenzeit folgt eine zweite Verteilung daraus, daß alle Nuer ihre Dörfer verlassen und Lager in der Nähe des Wassers errichten. Geschieht dies entlang eines Flusses, so trennen manchmal nur wenige Meilen ein Lager vom nächsten; lagern sie aber an Teichen im Landesinneren, kann ein Lager zwanzig bis dreißig Meilen vom nächsten entfernt sein. Das territoriale Prinzip der politischen Struktur der Nuer wird durch die saisonbedingte Migration tief beeinflußt. Angehörige verschiedener Dorfgemeinschaften können während der Trockenzeit in einem Lager vereint sein, ebenso können sich aber auch die Einwohner desselben Dorfes verschiedenen Lagern anschließen. Auch müssen die Dorfbewohner der größeren Stämme oft weite Strecken Landes durchqueren, das von anderen Dorfgemeinschaften bewohnt ist, bevor sie eine Wasserstelle erreichen, und ihr Lager kann in der Nähe von wieder anderen Dörfern liegen. Damit nicht ihre ganze Herde durch Rinderpest oder ein anderes Unglück verlorengeht, verteilen die Nuer ihre Tiere oft auf mehrere Lager.

Im westlichen Nuerland, wo die Stämme im allgemeinen kleiner sind als östlich des Nils, ist an Wasser und Weide gewöhnlich kein Mangel, und den Dorfgemeinschaften der Regenzeit ist es so möglich, auch während der Trockenzeit in relativer Isolation zu bleiben. Wenn jedoch, wie im Stamme der Lou, Wasser- und Weideknappheit zu größeren Bewegungen und höherer Konzentration führen, können sehr weit verstreute Gruppen mehr soziale Kontakte miteinander haben als im westlichen Nuerland. Die Isolation und Autonomie von Lokalgemeinschaften wird von ökonomischen Notwendigkeiten durchbrochen, und das bringt eine Vergrößerung der politischen Gruppen mit sich. Dies muß im Zusammenhang mit der Tatsache im Auge behalten werden, daß östlich des Nils größere Flächen höhergelegenen Bodens während der Regenzeit größere Konzentrationen ermöglichen, als es westlich des Flusses die Regel ist. Außerdem bietet die saisonbedingte Konzentration eine Erklärung – wenn sie auch keineswegs genügt – für den Verlauf von Stammesgrenzen. Diese nämlich sind nicht nur durch die Verteilung der Dörfer determiniert, sondern auch durch die Richtung, welche die Gruppe in ihrem Zug zu Weideplätzen in der Trockenzeit einschlägt. So nehmen die Stämme im Zeraf-Tal Zuflucht zum Zeraf-Fluß, haben also mit dem Stamm der Lou keine gemeinsamen Lager, und der nach Osten und Nordosten ziehende Teil des Lou-Stammes errichtet seine Lager am Nanding-Fluß und im oberen Bereich des Pibor; Wasser und Weide teilen sie nicht mit den Jikany-Stämmen, die zum oberen Bereich des Sobat und zum unteren Bereich des Pibor ziehen. Außerdem kann die Tatsache, daß einige der größeren Nuer-Stämme einen bestimmten Grad von Stammeseinheit aufrechtzuerhalten vermögen, wenigstens teilweise auf saisonbedingte Migration zurückgeführt werden, weil, wie schon er-

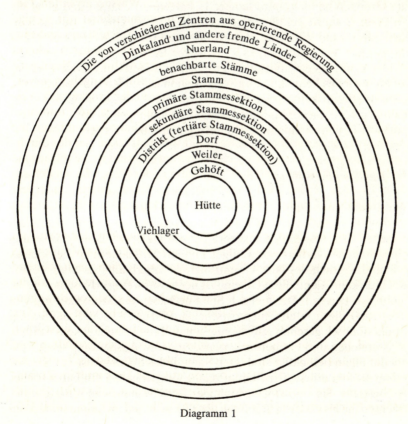

Diagramm 1

wähnt, die verschiedenen lokalen Sektionen durch die rauhen Bedingungen in diesen Breiten zu gegenseitigem Kontakt gezwungen werden und ein gewisses Maß an Nachsicht und Anerkennung gemeinsamer Interessen entwickeln müssen.

Dazu ist eine Stammessektion auch distinktes Segment, nicht nur, weil ihre Dörfer einen klar abgegrenzten Teil ihres Territoriums einnehmen, sondern auch, weil sie spezielle Trockenzeit-Weiden besitzt. Die Angehörigen einer Sektion schlagen eine bestimmte Richtung ein, die der nächsten eine andere. Trockenzeit-Konzentrationen haben als Basis nie den Stamm, sondern immer die Sektion, und in keinem Gebiet ist je die Bevölkerungsdichte groß.

Obwohl Trockenzeit-Bewegungen mehr soziale Beziehungen zwischen Mitgliedern verschiedener Stammessektionen produzieren, als es uns die Verteilung während der Regenzeit vielleicht erwarten läßt, sind diese Kontakte in der Hauptsache individuell, oder es werden, wenn es sich um Gruppen handelt, nur kleinere Lokalgemeinschaften und nicht die größeren Stammessektionen zusammengebracht. Dies ist wahrscheinlich ein Grund für den Mangel an struktureller Komplexität und die geringe Variation der Typen sozialer Beziehungen bei den Nuer. Außer kleinen Verwandtschaftsgruppen und Dorf- und Lagergemeinschaften gibt es keine kooperativen ökonomischen Zusammenschlüsse, auch existieren keine organisierten rituellen Assoziationen. Mit Ausnahme gelegentlicher militärischer Unternehmungen ist das aktive korporative Leben auf kleine Stammessegmente beschränkt.

II. Das Stammessystem

Was ist ein Nuer-Stamm? Das augenfälligste Charakteristikum ist seine territoriale Einheit und Exklusivität, ein Kennzeichen, das vor der europäischen Eroberung noch ausgeprägter war als heute. Die Bevölkerung eines Stammes variiert von wenigen hundert Mitgliedern einiger kleiner Stämme westlich des Nils – wenn man sie überhaupt als Stämme betrachten kann, denn diese Gegend ist noch sehr wenig erforscht – bis zu mehreren tausend. Die meisten Stämme haben eine Bevölkerung von über 5000, die größten zählen zwischen 30 000 und 45 000. Jeder Stamm ist ökonomisch gesehen selbstgenügsam und hat seine eigenen Weiden, Wasserstellen und Fischereireservate, zu deren Ausbeutung seine Mitglieder allein berechtigt sind. Der Name jedes Stammes ist ein Symbol seiner Besonderheit. Die Stammesangehörigen haben ein patriotisches Bewußtsein: Sie sind stolz, Mitglieder ihres Stammes zu sein, und betrachten ihn als anderen Stämmen überlegen. In jedem Stamm liefert ein

dominanter Clan einen Verwandtschaftsrahmen, auf dem das politische Aggregat aufgebaut ist. Außerdem reguliert jeder Stamm unabhängig seine Altersgruppenorganisation.
Keine der oben erwähnten Eigenschaften begründet klar eine formale Unterscheidung zwischen einem Stamm und seinen Abteilungen. Am einfachsten ist ein Stamm definiert als die größte Gemeinschaft, die noch den Willen besitzt, Streitigkeiten zwischen ihren Mitgliedern durch Schlichtung zu beheben und Gemeinschaften derselben Art sowie Fremden gegenüber vereint aufzutreten. Unter diesen beiden Gesichtspunkten gibt es keine größere politische Gruppe als den Stamm, und alle kleineren politischen Gruppen sind seine Sektionen.
Innerhalb eines Stammes besteht eine Rechtsordnung: Es existieren Mechanismen zur Beilegung von Streitigkeiten und die moralische Verpflichtung, diese früher oder später zu beenden. Wenn ein Mann einen Stammesgenossen tötet, ist es möglich, durch eine Zahlung von Vieh eine Fehde zu vermeiden oder zu verkürzen. Handelt es sich um zwei Stämme, gibt es keine Möglichkeit, die streitenden Parteien zusammenzubringen, und Entschädigung wird weder angeboten noch verlangt. Wenn also ein Angehöriger eines Stammes den eines anderen tötet, kann Vergeltung nur in der Form eines Krieges zwischen den Stämmen erfolgen. Man darf jedoch nicht glauben, daß Fehden innerhalb eines Stammes einfach beizulegen wären. Im Dorf unterliegen Vergeltungsmaßnahmen einer erheblichen Kontrolle; je größer aber die Lokalgemeinschaft ist, desto schwieriger wird die Beilegung. Wenn sich zwei große Abteilungen eines Stammes in einer Fehde befinden, sind die Chancen ihrer unmittelbaren Schlichtung und Beendigung nur gering. Der Einfluß des Rechts variiert mit der zwischen den betroffenen Personen liegenden Distanz in der Stammesstruktur. Trotzdem betrachtet sich ein Stamm noch als vereinte Gruppe, solange ein Gemeinschaftssinn fortbesteht und die Rechtsnorm formal anerkannt wird, welche Ungereimtheiten und Widersprüche auch immer in den tatsächlichen Beziehungen zwischen Stammesangehörigen auftreten. Entweder spürt man dann den durch Fehden geschaffenen Widerspruch und legt sie bei, wodurch die Stammeseinheit erhalten bleibt, oder sie bleiben so lange ungelöst, bis alle Hoffnungen und Intentionen, sie je zu beenden, aufgegeben sind und man schließlich aufhört, an die Notwendigkeit ihrer Lösung zu glauben, so daß der Stamm sich teilt und zwei neue Stämme entstehen.
Auch darf man nicht glauben, daß sich die politischen Grenzen eines Stammes mit denen des sozialen Verkehrs decken. Man bewegt sich frei im ganzen Nuerland und wird nicht belästigt, wenn man keine Blutschuld auf sich geladen hat. Man heiratet und betreibt

in geringem Maße Handel über Stammesgrenzen hinweg; auch besucht man Verwandte, die außerhalb ihres eigenen Stammes leben. Viele soziale, nicht spezifisch politische Beziehungen verbinden die Mitglieder verschiedener Stämme. Man braucht hier nur zu erwähnen, daß dieselben Clans in verschiedenen Stämmen zu finden und überall die Altersklassen koordiniert sind. Jeder Nuer kann seinen Stamm verlassen und sich in einem neuen Stamm ansiedeln, dessen Mitglied er dadurch wird. In Friedenszeiten können sogar Dinka ohne Gefahr Nuerland besuchen. Darüber hinaus müssen wir zur Kenntnis nehmen, daß das ganze Nuervolk eine territorial zusammenhängende Gemeinschaft mit einer gemeinsamen Kultur und einem Bewußtsein der Exklusivität bildet. Gemeinsame Sprache und gemeinsame Wertvorstellungen erlauben eine unbehinderte Interkommunikation. In der Tat könnten wir von den Nuern als einer Nation sprechen, dies jedoch nur in einem kulturellen Sinn, denn es fehlt an einer gemeinsamen politischen Organisation und einer zentralen Verwaltung.

Außer der größten Gruppe, in der rechtliche Verpflichtungen anerkannt werden, ist ein Stamm auch die größte sich gewöhnlich zu Angriff oder Verteidigung verbindende Vereinigung. Bis vor kurzer Zeit gingen die jungen Leute des Stammes noch auf gemeinsame Raubzüge gegen die Dinka und führten Krieg gegen andere Nuer-Stämme. Überfälle auf die Dinka waren sehr häufig, Kriege zwischen Stämmen weniger. Wenn zwei Sektionen verschiedener Stämme in Feindseligkeiten verwickelt waren, konnte theoretisch jede auf die Unterstützung der anderen Sektionen desselben Stammes rechnen, doch schalteten sich diese in der Praxis nicht immer ein. Manchmal vereinigten sich benachbarte Stämme gegen Fremde, vor allem gegen die Dinka, obwohl dazu keine moralische Verpflichtung bestand; das Bündnis war von kurzer Dauer, und die beiden Parteien operierten unabhängig voneinander, sogar in der Zusammenarbeit.

In der Gegenwart grenzen die Nuer im Westen und im Süden an die Dinka, deren politisches System in hohem Maße dem der Nuer zu gleichen scheint, d. h. sie bestehen aus einer Anzahl von Stämmen ohne zentrale Regierung. Seit sehr langer Zeit haben die Nuer gegen die Dinka gekämpft, und sie befanden sich im allgemeinen in der Offensive. Wir wissen, daß während der ersten Hälfte des letzten Jahrhunderts Wellen von Nuern aus ihrer Heimat westlich des Nils aufbrachen und in das Land der Dinka östlich des Flusses zogen; im größten Teil des jetzigen östlichen Nuerlandes eroberten und absorbierten sie die Einwohner. (Die Nuer unterscheiden zwischen *Nath cieng,* der »Heimat«, d. h. dem westlichen Nuerland, und *Nath doar,* dem »Zuwanderungs-« oder östlichen Nuerland.) Die Kämpfe zwischen diesen beiden Völkern ziehen sich bis in die Gegenwart hinein, doch scheint es während der letzten fünfzig Jahre keine großen territorialen Veränderungen gegeben zu haben, wenn man den Karten der ersten Reisenden Glauben schenken kann. Diese nach Osten gerichtete Migration ist eine Tatsache, die mit dem oben Geschilderten in Erwägung zu ziehen ist, wenn man danach fragt, warum die östlichen Stämme territorial und numerisch gesehen größer sind als die westlichen, denn man kann annehmen, daß die Kämpfe um Eroberung und Besiedlung sowie die Absorption der Dinka in einer beispiellosen Größenordnung gewisse Auswirkungen auf die migrierenden Horden hatte.

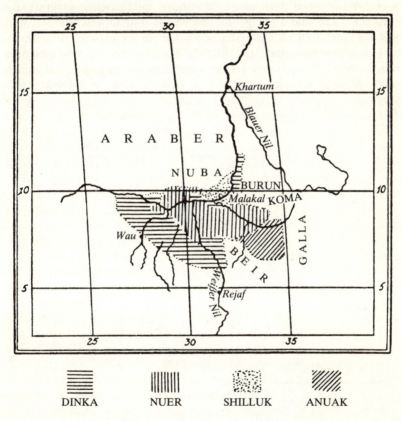

Im Norden befinden sich die Nuer in unterschiedlich naher Berührung mit Arabern, den Völkern der Nubaberge, dem mächtigen Shilluk-Königreich und bestimmten kleinen Gesellschaften in Darfung (Burun und Koma); im Osten und Südosten grenzen sie an die Galla Äthiopiens, die

Segmenten steht. Deshalb kann jemand in einer bestimmten Situation als Mitglied einer politischen Gruppe gelten und in einer anderen Situation nicht als ihr Mitglied zählen; z. B. ist er in bezug auf andere Stämme Mitglied eines Stammes, insofern jedoch sein Segment des Stammes in Gegensatz zu anderen Segmenten steht, ist er nicht Mitglied dieses Stammes. Es ist deshalb unerlaubt, beim Studium der politischen Verfassung der Nuer diese zusammen mit denen ihrer Feinde als ein einziges politisches System zu betrachten, denn das hervorragende strukturelle Merkmal der politischen Gruppen der Nuer ist ihre Relativität. Das Segment eines Stammes ist eine politische Gruppe im Verhältnis zu anderen gleichartigen Segmenten, und nur im Verhältnis zu anderen Nuer- und angrenzenden fremden Stämmen, die Teil ihres politischen Systems sind, bilden sie gemeinsam einen Stamm; ohne diese Relationen kann den Begriffen »Stamm« und »Stammessegment« nur sehr wenig Bedeutung beigemessen werden. Die Verallgemeinerung, daß die Unterschiedenheit und Individualität einer politischen Gruppe nur besteht in Relation zu gleichartigen politischen Gruppen, gilt für alle Gemeinschaften der Nuer, von der größten bis zur kleinsten.

Die Beziehung zwischen Stämmen und Segmenten eines Stammes, die diesen politische Einheit und Unterschiedenheit verleiht, ist gekennzeichnet durch Opposition. Zwischen Stämmen oder Stammesbündnissen und fremden Völkern findet die Opposition – wenigstens auf der Seite der Nuer – ihren Ausdruck in Verachtung und anhaltenden Überfällen, die oft rücksichtslos und brutal sind. Zwischen Nuerstämmen drückt sich diese Opposition in Kriegen oder in der Akzeptierung der Tatsache aus, daß ein Streitfall durch kein anderes Mittel gelöst werden kann und soll. Bei Kriegen zwischen den Stämmen jedoch werden Frauen und Kinder weder ergriffen noch darunter Funktionen Stämmen mit Gebieten und Segmenten eines Stammes manifestiert sich die Opposition in der Institution der Fehde. Ein Kampf zwischen Personen desselben Dorfes oder Lagers ist soweit wie möglich auf das Duell mit Keulen beschränkt. Die feindliche

Gesinnung und ihre Ausdrucksweise variieren in diesen unterschiedlichen Beziehungen im Grad und in der Form, die sie annehmen.
Oft brechen zwischen den Sektionen eines Stammes Fehden von langer Dauer aus. Ihre Schlichtung ist desto schwieriger, je größer die davon betroffenen Sektionen sind. In einem Dorf werden Fehden leicht geschlichtet und auch in einer tertiären Stammessektion früher oder später beendet; wenn jedoch noch größere Gruppen darin verwickelt sind, werden sie möglicherweise niemals geschlichtet, besonders wenn auf einer Seite viele Personen in einem großen Kampf getötet worden sind.
Eine Stammessektion besitzt die meisten Attribute eines Stammes: Name, patriotisches Bewußtsein, eine dominante Lineage, territoriale Unterschiedenheit, ökonomische Ressourcen etc. Jede ist ein Miniaturstamm, und von Stämmen unterscheiden sie sich nur durch ihre Größe, den Grad der Integration und dadurch, daß sie sich zu Kriegszwecken zusammenschließen und ein gemeinsames Rechtsprinzip anerkennen.
Die Stärke des Zusammengehörigkeitsgefühls lokaler Gruppen ist ungefähr ihrer Größe umgekehrt proportional, in einem Stamm also schwächer als in seinen Sektionen. Je kleiner die Lokalgruppe ist, desto häufiger sind die Kontakte unter ihren Mitgliedern, desto mehr gewinnen diese Kontakte einen kooperativen Charakter und desto notwendiger werden sie zur Gewährleistung des Lebens der Gruppe. In einer großen Gruppe wie dem Stamm sind die Kontakte selten, kurz und von beschränkter Art. Je kleiner die Gruppe, desto enger und vielfältiger werden auch die Kontakte zwischen ihren Mitgliedern, wobei Residenzbeziehungen nur eine Faser im Netz von agnatischen, kognatischen und schwiegerschaftlichen Beziehungen darstellen. Bluts- und Schwiegerschaftsbeziehungen werden seltener und indirekter, je größer die Gruppe ist.
Offensichtlich handelt es sich bei der Bezeichnung »Nuer-Stamm« um einen relativen Terminus, denn nach den oben verwandten Kriterien ist es nicht immer einfach zu bestimmen, ob wir einen Stamm mit zwei primären Sektionen oder zwei Stämme vor uns haben. Das in einer soziologischen Analyse definierte Stammessystem kann daher nur annähernd in einem einfachen Diagramm ausgedrückt werden. Ein Stamm ist Beispiel für eine segmentäre Tendenz, welche die politische Struktur im Ganzen kennzeichnet. Der Grund dafür, daß wir die politischen Gruppen der Nuer und besonders den Stamm als relative Gruppen bezeichnen und hervorheben, daß sie in den Termini politischer Morphologie nicht einfach zu beschreiben sind, liegt im dynamischen Charakter der politischen Beziehungen. Sie verändern sich ständig in dieser oder jener Richtung. Die auffälligste Bewegung ist die auf Spaltung hin. Die Tendenz von Stämmen und Stammessektionen zur Spaltung und inneren

Opposition zwischen ihren Teilen wird ausgeglichen, durch eine Tendenz zur Fusion, d. h. zum Zusammenschluß und zur Verschmelzung von Gruppen. Diese Fusionstendenz ist dem segmentären Charakter der politischen Struktur der Nuer immanent, weil zwar jede Gruppe in ihre entgegengesetzten Teile zu zerbrechen neigt, diese Teile aber auch eine Tendenz zur Fusion in bezug auf andere Gruppen haben. Deshalb sind Spaltung und Fusion zwei Aspekte desselben segmentären Prinzips, und wir müssen den Nuer-Stamm und seine Abteilungen als eine Relation zwischen diesen sich widersprechenden, aber doch komplementären Tendenzen verstehen. Physische Umwelt, Art des Lebensunterhalts, Art der demographischen Verteilung, schlechte Kommunikationswege, einfache Wirtschaft usw. – dies alles erklärt zu einem gewissen Grad das Auftreten politischer Spaltung, jedoch scheint die Tendenz zur Segmentation der politischen Struktur selbst immanent zu sein.

III. Das Lineage-System

Die Einheit eines Stammes kann mit den bisher erwähnten Fakten – ob isoliert oder als Ganzes betrachtet – nicht erklärt werden, sondern nur durch den Bezug auf das Lineage-System. Der Nuer-Clan ist im Gegensatz zu vielen anderen afrikanischen Clans keine undifferenzierte Gruppe von Personen, die ihre gemeinsame Verwandtschaft anerkennen, sondern ist in hohem Grade segmentiert. Die Segmente sind genealogische Strukturen, wir bezeichnen sie deshalb als Lineages (d. h. Bündel von Abstammungslinien) und den Clan als exogames System von Lineages, die ihre Abstammung von einem gemeinsamen Vorfahren herleiten. Das definierende Charakteristikum einer Lineage besteht darin, daß die Beziehung jedes ihrer Mitglieder zu anderen Mitgliedern in genealogischen Begriffen genau ausgedrückt werden kann. Seine Beziehung zu Mitgliedern anderer Lineages desselben Clans ist deshalb ebenfalls bekannt, da zwischen Lineages genealogische Beziehungen bestehen. So ist A im unten wiedergegebenen Diagramm ein Clan, der in die Maximallineages B und C segmentiert ist, diese wiederum spalten sich in die Großlineages D, E, F und G. Ebenso sind die Kleinlineages H, I, J und K Segmente der Großlineages E und F, und L, M, N und O sind Minimallineages und Segmente der Kleinlineages H und J. Der ganze Clan ist eine genealogische Struktur, d. h. die Buchstaben stellen Personen dar, von denen der Clan und seine Segmente ihre Abstammung herleiten und deren Namen sie oft übernehmen. Es gibt wenigstens 20 dieser Clans in Nuerland, abgesehen von den vielen kleinen, von Dinka gegründeten Lineages.

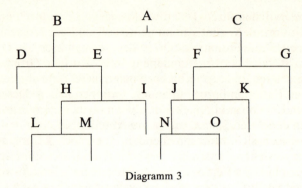

Diagramm 3

Die Nuer-Lineage ist eine Gruppe von Agnaten und besteht aus allen Personen, die – nur über männliche Vorfahren – vom Gründer dieser besonderen Linie abstammen. Sie schließt logischerweise auch tote, vom Gründer abstammende Personen ein, doch sind diese nur insofern bedeutend, als ihre genealogische Position die Beziehungen zwischen den Lebenden erklärt. Je weiter agnatische Verwandtschaft anerkannt wird, von desto ferner zurück muß die Abstammung hergeleitet werden, so daß die Tiefe einer Lineage immer ihrer Breite proportional ist.
Der so in hohem Grade segmentierte Nuer-Clan besitzt viele der Charakteristika, die wir auch in der Stammesstruktur vorfanden. Seine Lineages sind nur in bezug aufeinander unterschiedene Gruppen. So ist im Diagramm M nur in Opposition zu L eine Gruppe, H nur in Opposition zu I, D nur in Opposition zu E usw. Zwischen den kollateralen Lineages desselben Zweiges findet immer Fusion in bezug auf einen kollateralen Zweig statt, z. B. sind im Diagramm L und M in Opposition zu I nicht mehr getrennte Minimallineages, sondern eine einzige Kleinlineage H; und D und E sind in Opposition zu C nicht mehr getrennte Großlineages, sondern eine Maximallineage B. Daher sind zwei gleiche und entgegengesetzte Lineages in Relation zu einer dritten vereint, so daß ein Mann in bezug auf eine bestimmte Gruppe Mitglied einer Lineage ist, ihr aber in bezug auf eine andere Gruppe nicht angehört. Wie Stammessektionen sind Lineages also im wesentlichen relative Gruppen, und wie jene haben sie einen dynamischen Charakter. Sie können deshalb zufriedenstellend nur in der Terminologie von Werten und Situationen beschrieben werden.
Nuer-Lineages sind korporative, lokalisierte Gemeinden, obwohl ihre Mitglieder oft mit einer Lokalität verbunden sind und von ihr als einer exklusiven agnatischen Gruppe reden. Jedes Dorf ist mit einer Lineage assoziiert, und obwohl ihre Mitglieder oft nur einen kleinen Teil der Gemeinschaft ausmachen, wird diese Gemeinschaft in einem solchen Maße

mit ihnen identifiziert, daß wir sie als Aggregat von Personen bezeichnen können, die um einen agnatischen Kern gruppiert sind. Linguistisch gesehen geschieht diese Identifikation mit dem Kern durch den Gebrauch des Lineage-Namens zur Bezeichnung der Dorfgemeinschaft. Nur in bezug auf Exogamieregeln und gewisse rituelle Aktivitäten müssen Lineages als völlig autonome Gruppen betrachtet werden. Im gesellschaftlichen Leben funktionieren sie innerhalb der Lokalgemeinschaften jeder Größe und als deren Teil, vom Dorf bis zum Stamm. Wir können hier nicht die Mittel diskutieren, durch die Residenzgruppen zu einem Netz von Verwandtschaftsverbindungen werden – Heirat, Adoption und verschiedene Fiktionen –, jedoch läuft das Resultat darauf hinaus, daß eine lokale Gruppe gebildet wird durch eine kognatische Gruppierung um einen agnatischen Kern, wobei die Exogamieregeln das regulierende Prinzip in dieser Tendenz sind.

Nuer-Clans sind überall weit verstreut, so daß man in einem Dorf oder Lager Repräsentanten verschiedener Clans findet. Kleine Lineages zogen frei durch Nuerland, siedelten sich hier und da an und verbanden sich mit agnatisch nicht verwandten Elementen in den Lokalgemeinschaften. Migration und die Absorption von Dinka bildeten für die Zerstreuung und Mischung von Clans günstige Umstände. Als eroberndes Hirtenvolk, das keinen Ahnenkult besaß, waren die Nuer weder durch Notwendigkeit noch durch Gefühl je an einen bestimmten Ort gebunden.

Trotzdem existiert eine unmittelbare Beziehung zwischen politischer Struktur und Clansystem, denn mit jedem Stamm ist ein Clan oder eine Maximallineage verbunden und nimmt in ihm eine dominante Stellung unter anderen agnatischen Gruppen ein. Weiter tendiert jedes Clansegment zu einer solchen Assoziation mit einem Stammessegment, daß die Teile eines Clans denen eines Stammes entsprechen und oft auch eine sprachliche Identifikation besteht. Wenn wir also die Diagramme 2 und 3 vergleichen und annehmen, daß A der dominante Clan in Stamm B ist, dann entsprechen die Maximallineages B und C den primären Sektionen X und Y, die Großlineages D und E den sekundären Sektionen X^1 und X^2; die Großlineages F und G den sekundären Sektionen Y^1 und Y^2, und die Kleinlineages J und K den tertiären Sektionen Z^1 und Z^2.

Wir bezeichnen einen Clan, der in einem Stamme dominant ist, als aristokratisch, obwohl seine Überlegenheit – ausgenommen in der Peripherie der nach Osten gerichteten Nuer-Expansion – eher Prestige als Privilegien verleiht. Innerhalb des Stammes sind seine Mitglieder in der Minderheit, die oft verschwindend gering ist. Nicht alle Mitglieder eines dominanten Clans leben in dem Stamm, in dem der Clan eine dominante

Stellung einnimmt; viele können in anderen Stämmen gefunden werden. Auch sind nicht alle Clans in dieser Weise mit einem Stamm assoziiert. Ein Mann ist nur Aristokrat in dem besonderen Stamm, in dem sein Clan dominant ist; wohnt er an einem anderen Ort, ist er dort kein Aristokrat.

Folglich besteht in jedem Stamm ein gewisses Maß an sozialer Differenzierung. Wir finden Aristokraten, Nuer anderer Clans und Dinka, aber diese Schichten sind keine Klassen, und es wäre richtiger, die zweite und dritte als Kategorien, nicht als Gruppen zu verstehen. Die in die Nuer-Gesellschaft absorbierten Dinka sind zum größten Teil durch Adoption und Heirat in das Verwandtschaftssystem inkorporiert worden; die Eroberung führte nicht zur Entwicklung von Klassen oder Kasten. Dies könnte wenigstens teilweise darauf zurückgeführt werden, daß die Dinka wie die Nuer größtenteils Hirten sind und auch in anderer Beziehung ihre Lebensweise große Ähnlichkeiten aufweist.

Ohne alle Beweise anzuführen und ohne alle Einschränkungen zu machen, wollen wir hier zu erklären versuchen, warum Nuer-Clans und vor allem dominante Clans in weit höherem Grade in Lineages segmentiert sind, als dies sonst bei afrikanischen Völkern üblich ist. Unserer Ansicht nach liegt der Grund darin, daß die politische Struktur, der sie entsprechen, in der oben beschriebenen Weise segmentiert ist. Bei den Nuern werden soziale Verpflichtungen hauptsächlich in einem Verwandtschaftsidiom ausgedrückt, und die Beziehungen zwischen Lokalgemeinschaften in einem Stamm sind in den Termini agnatischer Beziehungen definiert. Bei einer Segmentierung des Stammes segmentiert sich deshalb ebenfalls der Clan, und der Trennungspunkt zwischen den Stammessektionen wird zum Divergenzpunkt in der Clanstruktur der mit jeder Sektion assoziierten Lineages. Denn Clans und ihre Lineages sind, wie wir sahen, nicht selbständige korporative Gruppen, sondern sie sind in Lokalgemeinschaften inkorporiert, durch die sie strukturell funktionieren. Daher ist es nicht verwunderlich, daß sie die Form des Staates annehmen, die ihnen ein korporatives Wesen verleiht.

Die mit Stämmen assoziierten Clans haben im allgemeinen eine größere Lineagebreite und -tiefe als die, die es nicht sind, und je größer der Stamm, desto mehr Bedeutung geben die Nuer dieser Assoziation. In den territorial und numerisch gesehen größten Stämmen und in solchen, die am weitesten expandiert und die meisten Fremden assimiliert haben, wie den Lou-, den östlichen Gaajak- und Gaajok-Stämmen, wird der herausgehobenen und dominanten Position der aristokratischen Clans die größte Aufmerksamkeit geschenkt. In der Tat sind es nicht nur die politischen Beziehungen, welche die strukturelle Form des Clans beeinflussen und sie in Segmente entlang den Linien der politischen Spaltung aufsplittern: Eine entsprechende Wirkung kann auch dem Clansystem im Hinblick auf die politische Struktur zugesprochen werden. In einer verwirrenden Ansammlung von Lineages, die verschiedenen Clans entstammen, und einem amorphen Netz kognatischer Bindungen erhält – im Idiom der Verwandtschaft – die politische Struktur eine feste Form dadurch, daß *ein* Clan, ein einziges System von Lineages, zur Entsprechung mit einem Stamm und dessen Struktur entgegengesetzter Segmente gebracht wird. So wie jemand Mitglied eines Stammessegments ist, das zu anderen Segmenten derselben Ordnung in Gegensatz steht, er aber trotzdem dem Stamm angehört, der all diese Segmente einschließt, so ist er auch Mitglied einer zu anderen Lineages derselben Ordnung in Gegensatz stehenden Lineage und trotzdem Mitglied des Clans, der all diese Lineages umfaßt; auch besteht eine strenge Entsprechung zwischen diesen beiden Arten der Affiliation, da die Lineage im Segment und der Clan im Stamm inkorporiert ist. Außerdem neigt die Distanz in der Clanstruktur zwischen zwei Lineages eines dominanten Clans dazu, der Distanz in der Stammesstruktur zwischen den zwei Segmenten zu entsprechen, mit denen sie assoziiert sind. So ermöglicht es das Lineagesystem des dominanten Clans den Nuern, sich ihren Stamm in der höchst konsequenten Form der Clanstruktur vorzustellen. In jedem Segment erhält das Netz von Verwandtschaftsbeziehungen Einheit und Kohärenz durch die gemeinsame Verbindung mit der dort residierenden Lineage des dominanten Clans, und da diese separaten Lineages in bezug auf andere Clans vereint erscheinen, ist der ganze Stamm um einen exklusiven agnatischen Rahmen herum gebaut. Obwohl die Sektionen auseinanderstreben und sich spalten können, bleibt ein gemeinsamer agnatischer Wert bestehen, der von den in ihnen enthaltenen dominanten Lineages geteilt wird.

IV. Das System der Altersklassen

Eine andere Stammesinstitution ist das Altersgruppensystem, das bei den Nuern eine größere soziale Bedeutung hat als bei anderen nilotischen Völkern des Sudan. Nuer-Jungen müssen sich beim Übergang in den Rang des Mannesalters einem qualvollen Ordal und einer Reihe damit zusammenhängender Riten unterziehen. Diese Initiationen finden immer dann statt, wenn eine genügende Anzahl von Jungen im Alter von ungefähr 14 bis 16 Jahren in einem Dorf oder Distrikt vorhanden ist. Alle in einer aufeinander folgenden Reihe von Jahren initiierten Jugendlichen gehören zu einer Altersklasse, und zwischen den zuletzt initiierten einer Klasse und den zuerst initiierten der nächsten besteht ein vierjähriges Intervall, während dessen keine Jungen initiiert werden dürfen. Die Initiationsperiode ist ungefähr sechs Jahre lang geöffnet, so daß mit den vier Jahren, in denen sie geschlossen ist, ungefähr zehn Jahre zwischen dem Beginn einer Altersklasse und dem der vorhergehenden oder darauffolgenden Klasse liegen. Die Altersklassen sind nicht in Zyklen organisiert.

Wenigstens in den größeren Stämmen sind die Altersklassen der Nuer in dem Sinne eine Stammesinstitution, daß sich bei allen Stammessektionen dieselben offenen und geschlossenen Perioden vorfinden und in ihnen die Namen der Altersklassen dieselben sind. Auch sind sie unter den nationalen Institutionen der Nuer die charakteristischste, denn Initiationsnarben sind Zeichen ihrer Einheit und Symbol ihrer Überlegenheit. Obwohl jeder große Stamm seine eigene Altersklassenorganisation besitzt, koordinieren benachbarte Stämme Perioden und Nomenklatur ihrer Klassen, so daß die westlichen, östlichen und mittleren Nuer in dieser Hinsicht tendenziell drei Abteilungen bilden. Doch kann ein Mann sogar dann, wenn er von einem Ende Nuerlands bis ans andere reist, immer und ohne Schwierigkeiten die Klasse ausfindig machen, die in jeder Gegend seiner eigenen entspricht. Das Altersklassensystem ist daher wie das Clansystem nicht durch politische Spaltungen festgelegt, obwohl es Konnotationen hat, die sich auf den Stamm beziehen.

Gewöhnlich besitzt in jedem Stamm ein Mann das Privileg, Initiationsperioden zu eröffnen und zu beschließen und jeder Klasse einen Namen zu geben. Er gehört zu einer jener Lineages, die eine besondere rituelle Beziehung zum Vieh haben und als »Männer des Viehs« bezeichnet werden. Er eröffnet und beschließt Initiationsperioden in seinem eigenen Distrikt, danach folgen andere Distrikte seines Stammes. Nach der Eröffnung einer Periode initiiert jedes Dorf und jeder Distrikt seine Jungen nach Belieben. Die Altersklassen betätigen sich nicht als Vereine oder Verbände, noch kann man ihnen spezifisch politische Funktionen zusprechen. Mit der Verwaltung des Landes beauftragte Ränge wie »Krieger« und »Älteste« existieren nicht; auch sind die Klassen keine Regimenter, denn ein Mann kämpft mit den Mitgliedern seiner Lokalgemeinschaft ohne Rücksicht auf Altersunterschiede. Die Initiationsriten schließen kein erzieherisches oder moralisches Training ein; in ihnen gibt es keine Führung.

Wahrscheinlich existieren zu einem gegebenen Zeitpunkt nie mehr als sechs Klassen, da diese ungefähr 75 Jahre umfassen. Nach dem Aussterben einer Klasse bleibt ihr Name nur zwei oder drei Generationen lang im Gedächtnis. Die Seniorität einer Klasse wächst mit den Jahren, so daß ein Mann als Mitglied einer Klasse von einer unteren zu einer mittleren und von dort zu einer höheren Position in seiner Gemeinschaft aufsteigt. Die Schichtung des Altersklassensystems ist also ein weiteres Beispiel für das Segmentationsprinzip, das wir als kennzeichnend für das politische und Verwandtschaftssystem erkannt haben. Innerhalb jeder Klasse setzt sich die Schichtung fort, dies ist aber von geringer Bedeutung, da die Klasse sich selbst in bezug auf andere Klassen als ungeteilt empfindet und auch von anderen so gesehen wird; auch verschmelzen die Unterschiede beim Aufsteigen der Klasse zu einer höheren Seniorität. Die Mitgliedschaft einer vollständigen Klasse ändert sich nicht, jedoch variiert die Stellung der Klassen ständig in Relation zum ganzen System. Diese geschichteten Klassen sind ebenfalls durch eine gewisse Relativität gekennzeichnet, die der für Stammessektionen und Clans beschriebenen ähnlich sieht, denn obwohl sie ihre Unterschiedlichkeit bewahren, finden wir häufig eine Fusion von zwei Klassen in bezug auf eine dritte. Dies wird bei Festen besonders deutlich. Ob eine Klasse als jünger oder gleichgestellt angesehen wird, hängt nicht nur von ihrer Stellung in der Altersklassenstruktur ab, sondern auch vom Status einer dritten, an jeder Situation beteiligten Klasse, – eine Tendenz, die auf die Verbindung von Altersklassen und Generationen zurückzuführen ist.

Der am deutlichsten sichtbare Einfluß der Altersklassen bei der Determinierung von Verhalten liegt in der Weise, in der Pflichten und Privilegien beim Übergang vom Knaben- zum Mannesalter verändert werden. Auch besitzt jeder männliche Nuer kraft der Stellung seiner Klasse in der gesamten Struktur einen übergeordneten, gleichen oder untergeordneten Status gegenüber jedem anderen männlichen Nuer. Einige Männer sind seine »Söhne«, andere seine »Brüder«, wieder andere seine »Väter«. Ohne hier auf Einzelheiten einzugehen, können wir sagen, daß die Einstellung eines Mannes zu anderen Männern seiner Gemeinschaft zum großen Teil durch ihre respektiven Positionen im Altersklassensystem bestimmt wird. Altersbeziehungen sind also wie Verwandtschaftsbeziehungen strukturelle Verhaltensdeterminanten. Das Altersklassensystem kann darüber hinaus als politische Institution betrachtet werden, da es in hohem Grade stammesmäßig segmentiert ist und die männlichen Angehörigen eines Stammes in altersbezogene Gruppen unterteilt, die zueinander in einer festgelegten Beziehung stehen. Wir sind jedoch nicht der Meinung, daß dieses System direkt mit der auf territorialer Segmentation beruhenden Stammesstruktur übereinstimmt, die wir oben beschrieben haben. Politisch-territoriales und Altersklassensystem haben beide ihre innere Logik und überschneiden sich zu einem gewissen Grade, sie sind jedoch nicht voneinander abhängig.

V. Fehden und andere Streitfälle

Wir sind der Ansicht, daß sich das politische System hauptsächlich durch die Institution der Fehde aktualisiert, die durch einen als »Leopardenfell-Häuptling« bekannten Mechanismus geregelt wird. Wir behalten diesen Titel bei, obwohl die Bezeichnung »Häuptling« irreführend ist. Diese Person ist einer jener Spezialisten, die sich in ritueller Eigenschaft mit verschiedenen Bereichen des gesellschaftlichen Lebens der Nuer sowie der Natur befassen. Leopardenfell-Häuptlinge gehören ausschließlich bestimmten Lineages an, doch nutzen nicht alle Mitglieder dieser Lineages ihre ererbten rituellen Fähigkeiten. Im größten Teil Nuerlands sind diese Lineages nicht Zweige dominanter Clans.
Wenn ein Mann einen anderen getötet hat, muß er sofort einen Häuptling aufsuchen; dieser schneidet ihm in den Arm, so daß Blut fließt. Erst wenn dieses Kainsmal gemacht worden ist, darf der Totschläger essen oder trinken. Fürchtet er Rache, wie dies meistens der Fall ist, bleibt er im Hause des Häuptlings, das als unantastbar gilt. Innerhalb der nächsten Monate versucht der Häuptling von den Verwandten des Totschlägers zu erfahren, ob sie bereit sind, zur Vermeidung einer Fehde eine Kompensation zu zahlen, und er überzeugt die Verwandten des Toten, einen Ausgleich zu akzeptieren. Während dieser Zeit darf keine der beiden Parteien aus Gefäßen essen oder trinken, die die andere benutzt hat, und daher dürfen sie auch nicht beide im Haus einer dritten Person essen. Der Häuptling holt dann das Vieh – bis vor kurzem etwa 40 bis 50 Tiere – und treibt es zum Haus des Toten; dort bringt er verschiedene Reinigungs- und Sühneopfer dar. Dieses Vorgehen zur Schlichtung einer Fehde mußte vor Beginn der gegenwärtigen Administration oft angewandt werden, denn die Nuer sind ein aufrührerisches Volk, das Mut als die höchste Tugend und Geschicklichkeit im Kampf als die notwendigste Fertigkeit schätzt.
In einer so kurzen Beschreibung könnte vielleicht der Eindruck entstehen, daß der Häuptling den Fall richtet und die Akzeptierung seiner Entscheidung erzwingt. Nichts könnte von der Wirklichkeit weiter entfernt sein. Man verlangt von einem Häuptling kein Urteil; dessen Notwendigkeit würde einem Nuer niemals einleuchten. Scheinbar zwingt er die Verwandten des Toten durch seine Beharrlichkeit, die Kompensation zu akzeptieren, und er geht sogar soweit, sie mit einem Fluch zu bedrohen. Dies ist jedoch etablierter Brauch, so daß die trauernden Verwandten ihr Prestige bewahren können. Wirkliche Bedeutung scheint die Anerkennung gemeinschaftlicher Bindungen zwischen den Parteien zu haben und damit auch die Annahme der moralischen Verpflichtung, den Streit durch die Akzeptierung einer traditionellen Zahlung zu

schlichten, sowie der Wunsch auf beiden Seiten, wenigstens vorläufig weitere Feindseligkeiten zu vermeiden.

Auf direkte Weise berührte eine Fehde nur nahe agnatische Verwandte beider Seiten. Man rächte sich nicht an Kognaten oder weit entfernten agnatischen Verwandten. Trotzdem glauben wir, daß die Fehde größere gesellschaftliche Implikationen hatte und daß darin ihre politische Bedeutung liegt. Zuerst müssen wir uns darüber im klaren sein, daß Fehden desto leichter geschlichtet werden, je kleiner die betroffene Gruppe ist. Wenn ein Mann einen nahen Verwandten oder Nachbarn tötet, wird diese Angelegenheit rasch dadurch beendet, daß unverzüglich Kompensation – diese oft in geringer Höhe – angeboten und akzeptiert wird. Bei einem Totschlag innerhalb eines Dorfes verlangt nämlich die öffentliche Meinung eine baldige Schlichtung, da jeder die Unmöglichkeit gemeinschaftlichen Lebens einsieht, wenn hier Rache erlaubt wäre. Nach einem Totschlag am anderen Ende der Skala – zwischen primären und sekundären Sektionen eines Stammes – sind die Chancen einer raschen Schlichtung gering, auch sind wegen der Entfernung Racheakte nicht leicht möglich, so daß es zu einer Akkumulation ungeschlichteter Fehden kommt. Totschlag dieser Art ist im allgemeinen das Ergebnis stammesinterner Kämpfe, in denen mehrere Personen getötet wurden. Ein solcher Fall vergrößert nicht nur die Schwierigkeiten, die einer Schlichtung im Wege stehen, sondern erhält auch die gegenseitige Feindschaft zwischen den Sektionen, die Anlaß des Kampfes war, denn hiervon sind nicht nur nahe agnatische Verwandte des Toten, sondern ganze Lokalgemeinschaften betroffen. Fehden – als Wahl zwischen direkter Rache und Annahme einer Kompensation, ohne daß die Notwendigkeit einer unmittelbaren Schlichtung gegeben wäre, obwohl sie letztlich gelöst werden müssen – sind ein vor allem zwischen Dörfern desselben Distrikts häufig anzutreffender Zustand. Die Verwandten des Toten sind nahe genug, den Verwandten des Täters einen Schlag zu versetzen, doch sind sie auch so weit entfernt, daß eine vorübergehende Feindschaft zwischen den Lokalgemeinschaften, zu denen die Parteien gehören, möglich ist. Denn notwendigerweise werden hiervon ganze Gemeinschaften betroffen, obwohl sie nicht denselben starren Tabus wie die nahen agnatischen Verwandten des Täters und des Getöteten unterliegen noch mit Racheakten bedroht sind. Trotzdem sind ihre Mitglieder gewöhnlich mit den Hauptbeteiligten über kognatische oder schwiegerschaftliche Bindungen verwandt und müssen diesen im Falle eines offenen Kampfes zur Seite stehen. Gleichzeitig stehen diese Gemeinschaften in häufigem Kontakt, so daß letztlich zur Vermeidung ihrer völligen Entzweiung der Mechanismus des Leopardenfell-Häuptlings benutzt werden muß. Auf diese Weise gewinnt die Fehde einen politischen Charakter und wird

Ausdruck der feindlichen Haltung zwischen den politischen Segmenten. Die ausgewogene Opposition politischer Segmente wird unserer Ansicht nach zum großen Teil durch die Institution der Fehde aufrechterhalten, die einen Zustand latenter Feindschaft zwischen den lokalen Gemeinschaften, aber auch ihre Verschmelzung zu einer größeren Gruppe erlaubt. Wir nennen diese Feindschaft latent, weil sogar dann, wenn eine Fehde aktiv betrieben wird, kein ununterbrochener Drang nach Rache besteht, aber die Verwandten des Toten jede sich ihnen bietende Gelegenheit zur Erreichung ihres Zieles wahrnehmen können; auch ist selbst nach Annahme einer Kompensationszahlung die Wunde noch nicht verheilt, und die Fehde kann trotz der Schlichtung erneut ausbrechen, weil sie im Bewußtsein der Nuer für immer fortdauert. Der Leopardenfell-Häuptling regiert und richtet nicht, sondern fungiert als Vermittler zwischen solchen Gemeinschaften, die eine offene Feindschaft beilegen wollen und über ihn einen aktiven Fehdezustand beenden können. Die Fehde und mit ihr die darin vom Häuptling gespielte Rolle ist also ein Mechanismus, mit dessen Hilfe sich die politische Struktur in der uns bekannten Form aufrechterhält.

Der Leopardenfell-Häuptling kann außerdem in Streitigkeiten über den Besitz von Vieh vermitteln und mit den Ältesten beider Seiten die jeweiligen Ansichten über die Rechtslage austauschen. Jedoch lädt der Häuptling die Angeklagten nicht vor, denn er besitzt weder ein Gericht noch richterliche Gewalt, und es fehlen ihm die Mittel zu einer Erzwingung von Gehorsam. Er kann nur mit dem Kläger und einigen Ältesten seiner Gemeinschaft zum Haus des Beklagten gehen und diesen mit seinen Verwandten um eine Diskussion der Angelegenheit bitten. Nur wenn beide Seiten willens sind, sich einem Schiedsspruch zu beugen, ist eine Schlichtung möglich. Obwohl der Häuptling nach einer Besprechung mit den Ältesten ein Urteil abgeben kann, ist dieses Urteil durch allgemeines Einverständnis erreicht worden und beruht daher zum großen Teil auf dem Eingeständnis der Partei des Beklagten oder der des Klägers, daß die andere Partei das Recht auf ihrer Seite hat. Trotzdem wird ein Häuptling nur sehr selten um Vermittlung gebeten, und außer ihm besitzt niemand die Macht, in Streitigkeiten einzugreifen, die dann mit außerjuristischen Methoden geschlichtet werden.

Im engen Sinne des Wortes haben die Nuer kein Gesetz; es existiert niemand mit legislativen oder juridischen Funktionen. Man hält den Anspruch eines Mannes auf herkömmliche Zahlungen für gerechtfertigt, wenn diesem ein gewisser Schaden zugefügt wurde, z. B. Ehebruch mit seiner Frau, Unzucht mit seiner Tochter, Diebstahl, Knochenbrüche usw.; diese Zahlungen konstituieren jedoch kein juristisches System, denn es gibt weder eine verfaßte und unparteiliche Instanz, die in einem

Streitfall entscheiden, noch eine externe Gewalt, die eine solche Entscheidung erzwingen könnte, wenn sie getroffen würde. Wenn ein Mann sich im Recht befindet, aus diesem Grunde die Unterstützung seiner Verwandten gewinnt und sie zur Anwendung von Gewalt bereit sind, hat er gute Aussichten, das ihm Zustehende zu erlangen, wenn die beiden Parteien nahe beieinander wohnen. Gewöhnlich geschieht das dadurch, daß man zum Kral des Schuldners geht und sein Vieh nimmt. Leistet die andere Partei Widerstand, riskiert sie Totschlag und Fehde. Ob und wie ein Streitfall geschlichtet wird, scheint zum großen Teil von der relativen Position der betroffenen Personen im Verwandtschafts- und Altersklassensystem und von der Entfernung ihrer Gemeinschaften in der Stammesstruktur abzuhängen. Theoretisch kann man von jedem Mitglied seines Stammes Genugtuung erhalten, die Aussichten sind jedoch praktisch gering, wenn dieser nicht Mitglied derselben Lokalgemeinschaft und ein Verwandter ist. Die Macht des »Gesetzes« variiert mit der Position der Parteien in der politischen Struktur, daher sind die »Gesetze« der Nuer, wie die Struktur selbst, im wesentlichen relativ.

Während des Jahres, das ich bei den Nuern verbrachte, habe ich von keinem Prozeß gehört, der vor einer Person oder einem Ältestenrat geführt worden wäre, und ich gewann den Eindruck, daß Genugtuung nur sehr selten anders als durch Gewalt oder Androhung von Gewalt erlangt wird. Und so wie die Nuer kein Gesetz kennen, fehlt es ihnen auch an einer Regierung. Der Leopardenfell-Häuptling ist keine politische Autorität, und der »Mann des Viehs« und andere rituelle Ämter (Totemspezialisten, Regenmacher, Fetischbesitzer, Zauberer, Wahrsager usw.) haben weder politischen Status noch politische Funktionen, obwohl sie an ihrem Ort zu einer prominenten und gefürchteten Position aufsteigen können. Die Oberhäupter von Familienverbänden sind gewöhnlich die einflußreichsten Männer eines Dorfes, besonders wenn sie reich an Vieh sind, einen starken Charakter haben und dem aristokratischen Clan angehören. Jedoch ist weder ihr Status noch ihre Funktion klar definiert. Als Produkt einer harten und egalitären Erziehung betrachtet sich jeder Nuer – von Grund auf demokratisch und leicht zu Gewalt erregbar – als seinem Nachbarn ebenbürtig; mögen Familienverbände ihre Aktivitäten auch mit denen der anderen Dorfbewohner koordinieren, so regeln sie doch ihre Angelegenheiten nach ihrem Willen. Sogar Überfälle sind nur sehr wenig organisiert, und die Führung bleibt auf die Sphäre des Kampfes beschränkt; sie ist weder institutionalisiert noch permanent. Politische Bedeutung hat sie nur, wenn Überfälle von Propheten kontrolliert und organisiert werden. Von keinem Nuer-Spezialisten kann man behaupten, er bekleide ein politisches Amt und repräsentiere oder symbolisiere die Einheit oder Exklusivität von Lokalgruppen; auch kann, von den Propheten abgesehen, keinem mehr als örtlich beschränkte Bedeutung zugesprochen werden. Alle Führer, in dem unbestimmten Sinn von »einflußreiche Person an einem Ort«, sind Erwachsene und, bis auf einzelne Prophetinnen, männlichen Geschlechts.

Weil Nuer-Propheten den Kern der Opposition gegen die Kolonialregierung bildeten, waren sie in Ungnade gefallen; während meines Aufenthalts in Nuerland befanden sich die einflußreichsten unter ihnen in Gewahrsam oder hielten sich versteckt, so daß ich keine detaillierten Beobachtungen über ihr Verhalten anstellen konnte. Die Nuer sind sich darin einig, daß diese Propheten nicht lange vor Ende des letzten Jahrhunderts ihren Aufstieg nahmen; außerdem liegen Hinweise dafür vor, daß ihre Genese mit der Verbreitung des Mahdismus verbunden war. Wie dem auch sei, es kann kein Zweifel daran bestehen, daß sich mit dem arabischen Eindringen in Nuerland mächtige Propheten erhoben und daß sie zur Zeit der britischen Eroberung größeren Respekt und Einfluß als alle anderen Personen besaßen. Ohne ihre Billigung wurden keine größeren Raubzüge unternommen, und oft waren sie deren Anführer, erhielten einen Teil der Beute und überwachten bis zu einem gewissen Grade die Verteilung des Restes. Obwohl viele Anzeichen dahin deuten, daß die ersten Propheten nur rituelle Funktionen besaßen, scheinen einige unter ihnen Streitigkeiten geschlichtet zu haben, wenigstens in ihren eigenen Distrikten. Trotzdem lag der Schwerpunkt ihrer politischen Bedeutung auf einem anderen Gebiet. Zum ersten Mal symbolisierte eine einzelne Person – selbst wenn dies nur in spiritueller Form geschah – die Einheit eines Stammes, denn die Propheten waren im wesentlichen stammesbezogene Personen, obwohl ihr Einfluß – und dies ist von großer politischer Bedeutung – oft über Stammesgrenzen hinwegreichte und eine größere Einheit zwischen benachbarten Stämmen schuf, als sie bisher zu existieren schien. Fügen wir hinzu, daß nach dem Tode der Propheten die Geister, von denen sie besessen waren, meistens auf ihre Söhne übergingen, so ist die Schlußfolgerung gerechtfertigt, daß sich eine engere Verbindung zwischen den Stämmen und die Ansätze einer politischen Führung zu entwickeln begannen und daß diese Veränderungen durch das arabische und europäische Vordringen erklärbar sind. Die Opposition zwischen den Nuern und ihren Nachbarn hatte immer einen sektionalen Charakter, jetzt aber waren sie mit einem überwältigenden gemeinsamen Feind konfrontiert. Nach dem Sturz der Propheten durch die Regierung wurde diese Entwicklung abgebrochen.

VI. Zusammenfassung

Wir haben kurz beschrieben und analysiert, was wir als die politische Struktur der Nuer betrachten: die Beziehungen zwischen den territorialen Segmenten in einem territorialen System und die zwischen jenem und anderen sozialen Systemen in einer gesamtgesellschaftlichen Struktur. Wir untersuchten die Beziehungen zwischen verschiedenen Stämmen und Stammessegmenten. Diese Verhältnisse sind es, die wir zusammen mit stammesinternen oder mehrere Stämme betreffenden Kontakten mit fremden Völkern als das politische System der Nuer definieren. Im gesellschaftlichen Leben ist das politische System mit anderen verbunden, besonders mit dem Clan- und dem Altersklassensystem; wir haben untersucht, in welcher Beziehung sie zur politischen Struktur stehen. Außerdem erwähnten wir die rituellen Besonderheiten, denen eine politische Bedeutung zukommt, und setzten das politische System in Beziehung zu Umweltbedingungen und Arten des Lebensunterhalts.

Die Verfassung der Nuer ist aufs höchste individualistisch und libertär. Es handelt sich um einen akephalen Staat, der weder legislative noch juridische noch exekutive Organe besitzt. Trotzdem ist er keineswegs chaotisch, und seine dauerhafte und kohärente Form könnte als »regulierte Anarchie« bezeichnet werden. Das Fehlen von zentralisierter Regierung und Bürokratie in Nation, Stamm und Stammessegmenten – nicht einmal im Dorf liegt die Autorität in den Händen bestimmter Personen – ist weniger bemerkenswert als die Abwesenheit jeglicher Repräsentanten der Einheit und Exklusivität dieser Gruppen.

Es ist, falls diese Möglichkeit überhaupt besteht, unmöglich, allein aufgrund des Studiums der Gesellschaft der Nuer das Vorhandensein oder die Abwesenheit politischer Institutionen in den Termini ihrer funktionalen Beziehung zu anderen Institutionen zu erklären. Wir können höchstens feststellen, daß gewisse soziale Charakteristika übereinzustimmen scheinen. Umweltbedingungen, Art des Lebensunterhalts, territoriale Verteilung und die Form der politischen Segmentierung stehen dem Anschein nach im Einklang. So scheint sich auch das Vorhandensein von Clans mit genealogischer Struktur und ein entwickeltes Altersklassensystem mit dem Fehlen von politischer Autorität und Klassenschichtung zu decken. Allein vergleichende Untersuchungen werden zeigen, ob Verallgemeinerungen dieser Art richtig und ob sie überhaupt nützlich sind. Wir können diese Fragen hier nicht diskutieren und stellen zum Schluß fest, daß die Übereinstimmungen, die uns in der politischen Struktur der Nuer gegenübertreten, eher den Prozeß als die Morphologie betreffen. Dieser Prozeß besteht aus komplementären Tendenzen zu

Trennung und Fusion, die in allen politischen Gruppen auf gleiche Weise mittels einer Reihe von Zurechnungen und Ausgrenzungen funktionieren, welche durch die Veränderungen in der gesellschaftlichen Situation bedingt sind; diese komplementären Tendenzen geben uns das Recht, von einem System zu sprechen und als die es charakterisierende Bestimmung die Relativität und Opposition seiner Segmente anzugeben.

Laura Bohannan
Politische Aspekte der sozialen Organisation der Tiv

Einleitung

Die 800 000 Tiv, die zu beiden Seiten des Benue-Flusses leben, sind der größte heidnische Stamm in Nord-Nigeria. Von dieser Bevölkerung konzentrieren sich etwa 700 000 im Tiv-Bezirk der Provinz Benue.
Im Osten grenzen die Jukun und die Chamba an die Tiv. Im Westen ihres Gebiets leben die Idoma und im Norden die sogenannten zersplitterten Stämme (Angwe, Bassa, Koro) – kleine miteinander vermischte Gruppen, die für einander unverständliche Sprachen sprechen. Im Süden, in der Provinz Ogoja, leben die Leute, welche die Tiv Udam nennen: ein Agglomerat von kleinen Stämmen, die eine dem Bantu verwandte Sprache sprechen – Bette, Otukwang, Egede, Bisseri, Bendi und Boki. Einige der Bantu-Stämme in Kamerun – die Mambila, Yukutare, Abo, Ndoro und Tigong – haben gewisse sprachliche und kulturelle Gemeinsamkeiten mit den Tiv und den Udam. In sozialer Hinsicht gibt es eine Reihe verblüffender Ähnlichkeiten, wie z. B. Tauschheirat, und noch verblüffendere Unterschiede. Die meisten dieser Gesellschaften scheinen aus kleinen Abstammungsgruppen aufgebaut zu sein, die manchmal räumlich abgesondert, manchmal verstreut leben; quer zu ihnen verlaufen Bande fiktiver Verwandtschaft, Häuptlingsschaft und religiöse Verbindungen, welche die Abstammungsgruppen untereinander integrieren. Die Segmentation in diesen Gesellschaften könnte man mit jener der Tiv nur inhaltlich vergleichen. In ihrer politischen Organisation sind die Tiv in keiner Weise typisch für die Region, in der sie leben.[1]
Das Land der Tiv ist eine weite Ebene, die von den Ausläufern der Kamerunberge und der Sonkwala-Hügel im Süden, wo sie etwa 450 m hoch ist mit einigen Erhebungen von 1300 m, abfällt zu den Ufern des Benue-Flusses (120 m). Sowohl in den südlichen Hügeln wie am Lauf des Benue- und des Katsina-Ala-Flusses findet sich stark mit Bäumen durchsetztes Grasland. In der zentralen Ebene gibt es wenig Wald, und hier kann das Wasser am Ende der Trockenzeit knapp werden. Das tiefliegende Land am Lauf des Benue ist in der Regenzeit eine Kette von Sümpfen und leidet während des Harmattan unter staubiger Dürre.
Es gibt Tsetse-Fliegen. Die wenigen Rinder, die gehalten werden, ge-

hören zur Zwergrasse. Der Boden und das Klima erlauben den Tiv aber, sowohl an der Getreidekultur des Nordens als am Yamswurzel-Anbau des Südens teilzuhaben. Die Tiv sind Subsistenz-Bauern.

Eine einheitliche und charakteristische Siedlungsweise macht das Land der Tiv von der Luft aus leicht erkennbar. Die Gehöfte der Tiv sind über die Landschaft verstreut; sie bestehen teilweise aus zwei oder drei Hütten, andere haben 40 und mehr Hütten.[2] Jedes Gehöft setzt sich aus zwei Ringen von Hütten zusammen, wobei die Schlafhütten und die Speicher außen liegen und die Empfangshütten innen. Die Hütten sind konzentrisch um einen offenen Hof angeordnet und von Obstbäumen umrahmt. Von jedem Gehöft strahlen eine Anzahl von Pfaden aus, die es mit mindestens zwei anderen Gehöften verbinden. Einige verlieren sich in den dunklen Rechtecken von Feldern, die über den Busch zwischen den Siedlungen verteilt sind. Andere sind breit und viel benutzt und führen an den Siedlungen vorbei; auf ihnen kann man weite Entfernungen zurücklegen, und im Süden führen sie auf offene Plätze mit rechteckigen Unterständen: die Marktplätze.

Wenn man von Norden nach Süden fliegt, bemerkt man den immer geringeren Anteil des Busches, die geringere Größe der Felder und die größere Nähe zwischen Feldern und Siedlungen, was auf die höhere Bevölkerungsdichte hinweist.[3] Nirgends aber kann man eine Zusammenballung von Gehöften, feste Raster von Pfaden oder Streifen von Niemandsland, welche die territorialen Gruppen voneinander abgrenzen würden, beobachten. Grenzen sind bei den Tiv soziale Tatsachen.

In der Sozialstruktur der Tiv besteht eine Anzahl von segmentären Systemen. Das Lineage-System ist zwar das durchgängigste, aber selbst nicht primär politisch. Die territoriale und politische Organisation des Tiv-Landes, das System der *utar* und *uipaven,* werden aber beide in der Sprache des Lineage-Systems ausgedrückt; das System der Altersgruppen bezieht ebenfalls eine seiner Dimensionen daraus. Die Märkte sind mit politischen Segmenten verbunden und stehen teils im Konflikt mit den mit diesen verbundenen Werten, teils unterstützen sie diese. Die Märkte bilden aufgrund ihres nicht-segmentären Charakters, und weil sie die Kommunikation mittels des rituellen Friedens unterstützen, eine begriffliche Brücke zwischen dem Lineage-System und der recht unentwickelten und gewiß unsystematischen Anhäufung von Friedensverträgen, die quer zu anderen politischen Loyalitäten verlaufen.

Die Gliederung der folgenden Darstellung ergibt sich teils durch begriffliches Fortschreiten von miteinander verzahnten segmentären Systemen hin zu Institutionen, die der politischen Struktur nicht immanent sind, die aber große politische Bedeutung besitzen. Die territorialen und politischen Systeme – *utar* und *uipaven* – sind für das ganze Land der Tiv charakteristisch. Altersklassen, sich gegenseitig überschneidende Marktsphären und Friedensbande dehnen sich unregelmäßig vom Süden her aus, und wir glauben, daß ihr Bestehen dem höheren Grad an Kohäsion entspricht, den relativ große Bevölkerungsteile im südlichen Tiv-Land erreichen.

Die Lineage und ihre Segmentation

Die Tiv stellen nicht das in Afrika so verbreitete Problem: den Stamm zu identifizieren. Ein Tiv ist ein Tiv und kann es auch beweisen. Dieser Beweis besteht in einer Genealogie, mit der jeder Tiv seine Abstammung auf Tiv selbst zurückführen kann. An sich ist dies keine Aufzeichnung von Ahnenreihen; die Tiv selbst betrachten sie nur im Zusammenhang mit der Lineage-Struktur als solche. Die Genealogie ist auch kein Abbild der politischen Struktur, denn ihr Bedeutungsfeld ist größer als das des Politischen, während andererseits nicht alle politischen Beziehungen in ihrer Sprache ausgedrückt werden können (Bohannan 1952).
Obwohl in einer gemeinsamen Sprache gehalten, gehören die mit Namen versehenen Segmentationspunkte in dieser Genealogie (Figur 1) offensichtlich unterschiedlichen Ebenen an. Chenge ist ein lebender Mann mit Söhnen und Enkeln; Kunab bedeutet eine territoriale und politische Einheit, die sich früher zu Kriegszwecken zusammentat: Ikor ist der Ahnherr der Kparev und von zwei Völkern, die nicht zu den Tiv gehören, der Uge und der Utange; Tiv ist der Name eines sprachlich und kulturell einheitlichen Gebildes, das vor der Zeit der britischen Verwaltung nie als politische Einheit auftrat; Adam schließlich ist der Vater von Batule, von dem alle weißen Völker abstammen, und von Shôn, dem Ahnherrn der Schwarzen. Diese Genealogie liefert eine gemeinsame Sprache, um individuelle Bande in verwandtschaftlichen, politischen und territorialen Gruppierungen sowie kulturelle Einheit, Bündnisse mit Fremden und eine allgemeine kosmologische Verortung unter den Völkern der Welt darzustellen.
Die Genealogie steht für ein Lineage-System, soweit sie dazu dient, Beziehungen zwischen den Lebenden unter Bezugnahme auf die Toten auszudrücken; jedes Segment dieses Systems kann unter dem Gesichtspunkt seiner Breite betrachtet werden, d. h. als aus lebenden Menschen zusammengesetzt *(nongo)*, oder unter dem Gesichtspunkt der Tiefe, d. h. in seiner Zusammensetzung als unilaterale Abstammungsgruppe *(ityô)*. Die Segmente bilden ein System, weil das Ganze nicht als die Summe, sondern als die Anordnung seiner Teile zu verstehen ist.

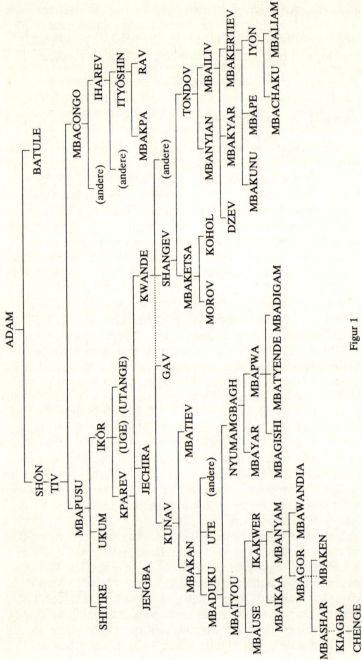

Figur 1

Die Lineage-Gruppe, nongo

Nongo (wörtl. »Linie« oder »Zopf«) kann benutzt werden, um die konstitutiven Segmente einer jeden Lineage zu erfragen oder zu beschreiben. Die *nongo* von MbaDuku (Figur 1) sind MbaItyou und Nyumamgbagh; die *nongo* von MbaItyou sind MbaUse und Ikakwer usw. Der Bezugspunkt des »gleichen *nongo*« wechselt also entsprechend dem Zusammenhang der Aussage; unter dem Gesichtspunkt der konstitutiven Segmente von MbaDuku gehören diese zu unterschiedlichen *nongo*.
Nongo bezieht sich vor allem auf die lebenden Vertreter einer Lineage. Die Pflichten gegenüber dem *nongo* sind die Verpflichtungen, die man gegenüber lebenden agnatischen Verwandten hat. Ein Mann benennt seine *nongo* nicht mit dem Namen des Lineage-Segments, sondern mit dem Namen eines prominenten Mannes unter seinen lebenden Vertretern: eines Regierungshäuptlings, eines einflußreichen Mannes oder eines bekannten Ältesten. Kiagba, ein Mann, der in ganz Tivland bekannt war, wurde oft bei der Identifikation der *nongo* genannt, aber die genaue Breite seiner *nongo* ergab sich aus dem sozialen Kontext: »Kiagbas *nongo*« bedeutet in Rav »Kparev«, eine Lineage, welche über die Hälfte der Tiv umfaßt; innerhalb von Jechira, MbaDuku, MbaGor oder MbaShar wurden zunehmend kleinere Segmente durch die Bezugnahme auf seinen Namen identifiziert.

Die Lineage als Abstammungsgruppe, ityô

Die Tatsache, daß jeder Mann automatisch Mitglied aller Segmente einschließlich des kleinsten ist, zu denen er gehört, d. h., daß Kiagba gleichzeitig MbaShar, MbaGor, MbaDuku, Kunav, Jechira und Kparev ist, bedeutet auch, daß er von Shar, Gor, Aduku, Kuna, Jechira und Kpar abstammt und daß diese als seine Ahnen seine *ityô* definieren.
Obwohl der genaue Bezugspunkt der *ityô* ebenso variiert wie jener der *nongo*, unterscheiden sich beide darin, daß man mittels *ityô* nicht die konstitutiven Segmente einer Lineage beschreiben kann. Es ist ein persönlicher und partikularistischer, daher exklusiver Terminus zur Identifikation; es gibt die Position eines Individuums unter den Tiv an, indem es jene Lineage identifiziert, der anzugehören dem Individuum seine politischen Bürgerrechte, seine Rechte auf Land und Wohnung gibt; hierdurch werden jene Personen ausgegrenzt, die das Individuum behexen können und die es nicht heiraten darf; diese Zugehörigkeit bestimmt auch den Platz des Andenkens an das Individuum nach seinem Tod. Nur der Verkauf in die Sklaverei kann es von dieser Position losreißen.
Die *ityô* ist eine Patrilineage. Wenn Tiv versuchen, sie zu definieren, er-

klären sie oft, daß sie »die Sachen auf dem Pfad des Vaters machen« *(er kwagh sa gbenda u ter)* und nicht so wie einige matrilineare Völker in Kamerun, die sie kennen, »auf dem Pfad der Mutter«. Dem Ideal nach ist die Grundhaltung der Tiv patriarchalisch. In der Praxis sind sie so gut wie vollständig patrilinear ausgerichtet.[4]

Ein Mann ist außer mit seiner eigenen mit fünf Patrilineages verbunden (in der Reihenfolge ihrer abnehmenden Bedeutung): (1) der *ityô* seiner Mutter, die er seine *igba* oder selten *igba ngô* nennt; (2) der *ityô* von seines Vaters Mutter, seiner *igba ter;* (3) der *ityô* von seines Vaters Vaters Mutter, seiner *igba ter u tamen;* (4) der *ityô* der Mutter seiner Mutter, seiner *igba ngô u tamen,* und (5) der *ityô* von seiner Mutter sekundärem Heiratsvormund, seiner *igba tien.*

In jeglichem anderen Zusammenhang kann ein Mann, der über seine *ityô* spricht, über irgendeine Lineage reden, die zu den Tiv gehört, aber im Kontext des Vergleichs mit seiner *igba* ist seine *ityô* ständig festgelegt. Ein Sohn von Kiagba, dessen Mutter MbaIkaa war, hat MbaNyam zu seiner *ityô*. Die Grenzen zwischen *igba* und *ityô* sind durch genealogische Äquivalenz bestimmt.

Diese Tatsache hat einige politische Bedeutung. Ein Mann ist unter jeder seiner *igba* sicher, und es ist die Pflicht seiner *igba,* besonders der *ityô* seiner Mutter, ihn vor Übergriffen seiner agnatischen Verwandten zu schützen. Ein Mann ist auch gegenüber seinen Agnaten verpflichtet, als Mittler zwischen ihnen und seiner *igba* aufzutreten. Je größer die Lineages der *igba* und *ityô* eines Mannes sind, desto wichtiger sind die Angelegenheiten, in denen er um Vermittlung gebeten wird, und desto größer ist seine Chance, vollständigen Schutz gegen seine Agnaten zu erhalten: Denn die genealogische Distanz zwischen großen Lineages verbürgt ihre gegenseitige Feindschaft (oder drückt sie aus).

Ein Mann, dessen *igba*- und *ityô*-Lineages nur sehr geringe Breite besitzen, spricht von seinen »*igba* unter seinen Agnaten« *(igba i ityô),* um auszudrücken, daß für ihn seine *igba*-Lineages häufiger als Teil seines *ityô* denn in Unterscheidung von ihr von Bedeutung sind. Ein Mann dessen Mutter MbaKunu und dessen Vater Iyon war, hat nämlich so viele Gelegenheiten, über MbaKertiev (eine Lineage, zu der beide gehören) als seine *ityô* zu sprechen, daß der Status von einem von deren Segmenten als *igba* dieses Mannes fast unbedeutend wird. Zwischen zwei Lineages, die einander so nahestehen, benötigt man selten die Dienste eines Mittelsmannes, und die Ältesten zweier so nah verwandter Lineages haben auch kein Interesse daran, sich wegen Einzelpersonen zu zerstreiten, sieht man von den allereindeutigsten Fällen von Unterdrückung ab.

Diese Faktoren erklären, warum die Tiv Heiraten zwischen sozial entfernten, aber räumlich benachbarten Lineages bevorzugen, weil eben die Verpflichtungen, die sich aus Verwandtschaftsverhältnissen ableiten, die verwandtschaftlichen Bindungen eines Mannes in eine Beziehung verwandeln, die gelegentlich für die gesamte Gemeinschaft politische Bedeutung erlangen kann.

Die politische Struktur

Bei den Tiv bestimmt das segmentäre System von *utar* bzw. *uipaven* die räumliche und soziale Anordnung der Segmente.

Das Segment: ipaven

Um die Segmentation innerhalb einer Lineage festzustellen, kann man gleichermaßen fragen: »Was sind die *nongo/uipaven* von MbaKertiev?« Man erhält auf beide Fragen die gleiche Antwort. *Nongo* kann sich aber auf ein beliebiges genealogisches Niveau beziehen, *ipaven* dagegen nicht.
Iyon, MbaKunu und MbaPe sind die *nongo* und *uipaven* von MbaKertiev (Figur 1). Wenn man nun nach den *nongo* von Iyon fragt, erhält man zur Antwort: »MbaChaku und MbaLiam.« Fragt man nach den *uipaven* von Iyon, lautet die Antwort einfach: »Iyon hat keine *uipaven;* es ist eins und segmentiert *(pav)* nicht.« Fragt man nach dem Grund, so erfährt man: »Iyon ist ein Land *(tar).*« In der demographischen Realität sind die Äcker und Wohnungen von Iyon (MbaChaku und MbaLiam gleichermaßen) miteinander vermengt, während die Felder und Wohnstätten der Leute von Iyon, MbaKunu und MbaPe jeweils einen territorial abgegrenzten Abschnitt bilden, ein *tar.*
MbaChaku und MbaLiam sind aber Lineages *(nongo)* und können als »Segmente innerhalb der Hütte« *(uipaven ken iyou)* bezeichnet werden, denn die Segmentation der Lineage ist von sozialer Bedeutung auch innerhalb der kleinsten territorialen Einheit und weist u. a. auf die möglichen Linien einer künftigen Aufspaltung in zwei *utar* oder Segmente hin. Gerade weil diese »Segmente innerhalb der Hütte« künftige Uneinigkeit darstellen, wird ihnen entschieden jegliche politische Bedeutung abgesprochen, welche die Bezeichnung »Segment« *(ipaven)* ihnen geben würde.
Diese Feststellung ist nicht umkehrbar: Die Lineage greift über das politische System von *tar* und *ipaven* hinaus, und Lineage-Begriffe *(nongo* und *ityô)* auf politische Segmente *(ipaven)* mit einer territorialen Dimension *(tar)* anzuwenden, bedeutet, Loyalitäten, die sich auf die Li-

neage beziehen, auf die politischen Segmente zu übertragen. Da die Lineage-Filiation die politische Zugehörigkeit bestimmt, und da tatsächlich 83% der erwachsenen Männer, die in einem *tar* wohnen, zu der *ityô* gehören, die damit verbunden ist, sagen die Tiv außerdem ohne weiteres: »MbaDuku ist mein Land *(tar);* es ist meine Patrilineage *(ityô).*«

Land und Segment: tar und ipaven

Jedes Segment, dessen Mitglieder ein zusammenhängendes Stück Land bewohnen und bebauen, bildet ein *ipaven* und ein *tar,* und der sozialen Spaltung (fission) und Verschmelzung (fusion) der Segmente entspricht jene der *utar.* MbaGor und MbaWandia sind zwei Segmente und zwei *utar,* die zusammen das Segment und das *tar* (von) MbaNyam bilden (Figur 2). MbaNyam und MbaIkaa, das in ähnlicher Form von MbaKôv und MbaAji gebildet wird, bilden zusammen das eine *tar* und Segment Ikakwer.

Wenn dieses System funktionieren soll, müssen *utar* aneinandergrenzen und mit ihrem Zusammenschluß die Definition aufrechterhalten, daß

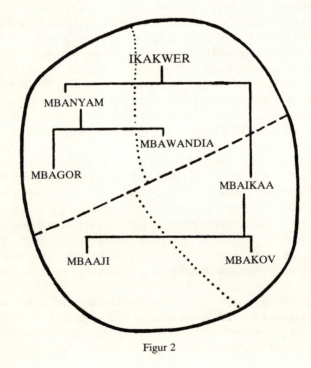

Figur 2

die Mitglieder des Segments, welches das *tar* bewohnt, einen kontinuierlichen Bodenabschnitt einnehmen.

Im *utar*-System werden die Segmente durch die Definition ihrer *relativen* räumlichen Positionen zueinander in Beziehung gesetzt. Solange dieses System bestehen bleibt, sind sie, wie die Tiv sagen, »noch am gleichen Platz«, obwohl sie alle mehrere Kilometer weit umgesiedelt sein können, zieht man Hügel und Bäche in Betracht.

Die *utar* sind der räumliche Ausdruck der Segmente; diese Segmente drücken ihrerseits die soziale Distanz zwischen den *utar* mittels der in genealogischer Sprache beschriebenen Anordnung der Segmente aus. Dieser Faktor aber veranlaßt einen MbaKôv-Mann (Figur 2), der unmittelbar an der Grenze zu MbaWandia wohnt, zu sagen, daß es weiter zu MbaNyam sei als zu MbaAji.

Die politische Bedeutung des tar

Tar ist ähnlich wie im Deutschen »Land« ein Begriff, der sowohl politische als auch räumliche Bedeutung besitzt und Loyalität impliziert. Ein Tiv wird in sein *tar* hineingeboren, denn dort hat er vollständiges Bürgerrecht aufgrund seiner Beziehung zu seiner *ityô* und seiner Filiation von dieser *ityô*. Die Loyalitäten gegenüber *tar* und *ityô* überschneiden sich und verstärken sich gegenseitig. Die Tiv sagen, daß ein Mann in Kriegszeiten in sein *tar* zurückkehren muß, um seine *ityô* zu unterstützen.

Die politischen Konnotationen des Begriffs *tar* werden auch an Redewendungen deutlich wie »das Land in Ordnung bringen« *(sôr tar* und »das Land verderben« *(vihi tar)*. Jede Handlung, die den reibungslosen Ablauf des sozialen Lebens stört – Krieg, Diebstahl, Hexerei, Streitigkeiten –, »verdirbt das Land«; Frieden, Rückerstattung gestohlener Gegenstände, erfolgreiche Schlichtung bringen es »in Ordnung«. »Das *tar* in Ordnung bringen« ist daher eine Wendung, welche die politische Sphäre im weitesten Sinn bezeichnet.

Politische Struktur und Lineage-Segmentation

Mit Lineage und Land sind wesentliche Loyalitätsverhältnisse verbunden: »Er gehört zu meiner *nongo;* ich helfe ihm auf dem Feld«, »Er ist meine *ityô;* wir kämpfen Seite an Seite«, »Das ist mein *tar;* soll ich zulassen, daß der Feind es zerstört?«. Mit *ipaven* verbinden sich keine derartigen Loyalitätsbeziehungen; das Wort findet niemals Verwendung in der politischen Rhetorik oder um an die Gefühle zu appellieren; es hat sogar den Beigeschmack einer eher bedauerlichen Uneinigkeit. Dennoch ist sein mit *nongo* auswechselbarer Gebrauch zur Beschreibung der genealogisch umschriebenen segmentären Anordnung der *utar* von erheblicher Bedeutung. Es verleiht den durch Lineage-Verhältnisse und den durch politisch-territoriale Gegebenheiten definierten Segmenten auf idiomatischer Ebene eine einheitliche Erscheinungsform. Der Begriff *nongo* ist in sozialer Hinsicht doppeldeutig: Er kann sich sowohl auf Lineage- wie auf politische Segmente beziehen. Diese Zwielichtigkeit ist für die Stärke der politischen Zugehörigkeitsgefühle der Tiv entscheidend. Es handelt sich aber um eine Doppeldeutigkeit und nicht um Identität. Wenn sie zwischen den beiden möglichen Bezugspunkten von *nongo,* dem von der Lineage-Struktur bestimmten und dem politischen Segment, unterscheiden müssen, so erkundigen die Tiv sich, ob die herangezogene Genealogie verwandtschaftliche – »Vater-für-Vater« *(ter a ter)* – oder politische – »Segment-für-Segment« *(ipaven i ipaven)* – Bedeutung hat, und ob die betreffenden *nongo* dazu übergegangen sind, »miteinander zu essen«, oder ob sie wirklich »ein Mann« sind.

Die Tiv beschreiben zwar die politische Segmentation in genealogischen Begriffen; die verwendete Genealogie unterscheidet sich aber oft erheblich von jener, die in Fragen der Lineage-Zugehörigkeit angegeben wird (Figur 3). Die Art und Weise dieser Varianz läßt unmittelbare Schlüsse auf das politische Funktionieren der Tiv-Gesellschaft zu: Sie veranschaulicht Kunstgriffe, welche die politische Assimilation von zugehörigen und fremden Lineages ermöglichen, und zeigt ebenso auf, wie die Wandlungsmechanismen in der segmentären Ordnung diese in Übereinstimmung mit den tatsächlichen politischen Beziehungen bringen. Ich werde einige Beispiele dafür vorstellen.

(1) *MbaKyar*. MbaKyar ist ein territoriales und politisches Minimal-Segment *(tar* und *ipaven)*. Die *nongo,* aus denen es besteht, d. h. die »Segmente innerhalb der Hütte«, die Lineages also, entlang derer sich vermutlich eine künftige Aufspaltung vollziehen wird, sind MbaTsegher und MbaBar (Figur 3). Eine der Lineages, aus denen MbaTsegher aufgebaut ist, ist aber MbaChihin aus Iyon (vgl. (2)), und zwei seiner Geschwister-Lineages sind Teile von MbaBar. – Die MbaKyar-Leute sagen, daß diese beiden Lineages, Gev und Bar, ebenso zahlenmäßig klein waren wie Nyam. Gev, Bar und Nyam schlossen sich deshalb in einigen Bereichen zusammen – sie bilden eine exogame Einheit –, wo sie sich als das Gegenteil und das Äquivalent von Tsegher betrachten. Und das sind sie auch wirklich nach Zahl und Stärke.

In der Sprache der Tiv »gingen Gev und Nyam, um mit Bar zu essen«. Sie sind aber nicht »ein Mann«, denn sie haben keinen ihnen allen gemeinsamen Ahnherrn. Ihr erster gemeinsamer Ahn ist Tsueka; ihre Gruppe schließt aber die Nachkommen von Tsegher, der Enkel von

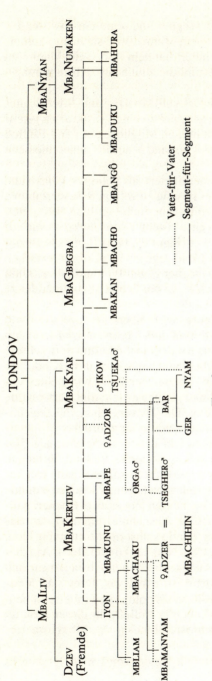

Figur 3

211

Tsueka war, aus. Andererseits sind Tsegher und seine Geschwister-Lineages Gev und Bar ebenfalls nicht »ein Mann«, weil sie nicht »zusammen essen« und damit nicht als Einheit handeln. Um »ein Mann« zu sein, müssen die Funktionsgruppe und die unilineare Abstammungsgruppe zusammenfallen.

(2) *MbaChihin aus Iyon.* Das Beispiel von MbaBar und MbaTsegher zeigt die Neuordnung kleiner Lineages, um zu einer Struktur zu gelangen, welche der augenblicklichen Stärke an Mitgliederzahl und Einfluß entspricht. MbaChihin ist ein Beispiel für eine neuerlich angeschlossene Lineage.

Chihin wird gewöhnlich über Iyon identifiziert, als Sohn von Chaku und Bruder von Manyam (Figur 3). Dies ist eine zutreffende Beschreibung, soweit man die Stellung von MbaChihin innerhalb von Iyon betrachtet. Die Tatsache, daß Chihin der Sohn einer Tochter von Chaku ist, die mit Tsegher aus MbaKyar verheiratet war (Figur 3), betrifft nur die Beziehungen zwischen MbaChihin und MbaTsegher: In Kriegen zwischen Iyon und MbaKyar kämpften MbaTsegher gegen Iyon und MbaChihin gegen MbaKyar, aber sie vermieden es, in der Schlacht aufeinander zu treffen. Sie heiraten nicht untereinander.

Sowohl Mbakyar- als auch Iyon-Leute beschreiben die Lage so: »Iyon ist ihr *tar,* und die MbaChihin-Leute *sind dabei,* Iyon zu *werden.* Wenn ein Mann sich niederläßt und all seine Kinder um ihn herum aufwachsen, und wenn er stirbt und sie auch sterben, und die Kinder ihrer Kinder leben dort, bis daß deren Kinder sagen können: Der Vater von meines Vaters Vater lebte in Iyon, dann sind sie Iyon geworden; dies ist dann ihre *ityô.« Ityô* und *tar* sind im Idealfall eins. Die Tiv versuchen, die Zugehörigkeit zum einen in den Begriffen des andern auszudrücken.

(3) *Tondov.* Die Unterscheidungen, welche die Tiv treffen, wo die Einheiten, welche bezeichnet werden sollen, doppelte Bedeutung haben, werden unpassend und fast bedeutungslos im Zusammenhang mit Lineages, die hauptsächlich politische Relevanz haben. Zwischen Tondov und seinen wichtigsten politischen Segmenten gibt es zwei Ebenen politischer Segmentation (Dzev bildet eine Ausnahme, Figur 3). Im Bezugsrahmen »Vater-für-Vater« war Tondo selbst die Mutter von Iyon, Kunu, Pe, Adzor (MbaKyar), Kan, Cho, Ngô, Duku und Hura. Auf dieser Ebene gibt es aber sehr wenige Anlässe, bei denen Abstammung und nicht politische Bindung entscheidend ist. MbaKyar, Dzev und MbaKertiev, MbaIliv und MbaNyian besitzen als politische Einheiten lebendige Realität, welche das tägliche Leben beeinflußt; in dieser Realität ist der Status von MbaKyar als Geschwister-Lineage von MbaHura irrelevant.

Jüngere Leute zählen Dzev auch unter die Kinder von Tondo. Der Status von Dzev als einer Lineage von Fremden ist heute weitgehend bedeutungslos, weil allgemeiner Friede herrscht. So bemerkte ein Ältester: »Jetzt, wo die Dzev uns Mballiv nicht mehr auf dem Weg überfallen, uns als Sklaven verkaufen oder uns die Köpfe abschneiden, sind sie keine Fremden mehr.« Sich überschneidende Genealogien, die »Segment-für-Segment« und »Vater-für-Vater« konstruiert sind, erklären auf verschiedenen Gebieten des gesellschaftlichen Lebens Anomalien im sozialen Status; sind diese Anomalien verschwunden, so wird die Unterscheidung nutzlos und kann sogar Peinlichkeit hervorrufen.

(5) *Shangev*. Sehr große *utar* treten meistens nur bei der Kriegsführung als Einheit auf; wenn sie sich zusammentun, um »gemeinsam zu essen«, so geschieht dies in erster Linie deshalb, weil das Verhältnis zwischen Breite und Tiefe, zwischen Mitgliederzahl und politischer Stellung zu stark aus dem Gleichgewicht geraten ist.

Nach dem System »Vater-für-Vater« besteht Shangev aus drei Geschwister-Segmenten: Morov, Kohol und Tondov (Figur 1). Tondov, sagen die Shangev-Tiv, hatte aber so viele und Kohol so wenige Kinder, daß Kohol »ging, um mit Morov zu essen«. Zusammen kamen Morov und Kohol der Stärke von Tondov gleich.

Die Verlagerung in der segmentären Anordnung kann leicht dadurch ausgedrückt werden, daß eine Vater-Sohn-Beziehung als eine zwischen Brüdern dargestellt wird oder umgekehrt; oder es kann wie im vorliegenden Fall ein weiteres Segment in eine nach dem Prinzip »Segment-für-Segment« konstruierte Genealogie eingefügt werden.[5] Sind dagegen politische Einheiten betroffen, so kann die Vereinigung nicht in der Form einer einfachen Zusammenlegung von Namen, Tätigkeit und Bevölkerung vonstatten gehen. Hier muß die räumliche Lage der Segmente zueinander ihre territoriale Vereinigung in ein *tar* erlauben. Da Morov und Kohol aneinander angrenzen und beide nördlich von Tondov wohnen, sind sie für eine Vereinigung dieser Art ideal gelegen: In Mitgliederzahl wie auch in räumlicher Lage sind sie als MbaKetsa Tondov äquivalent und können ihm gegenübergestellt werden.

Die Regeln, welche die Vereinigung und Aufspaltung von Segmenten im politischen System bestimmen, unterliegen dem Einfluß von Faktoren, die in der einfachen Vereinigung von Lineages nicht wirksam sind.

Kriegsführung

Die Wirkungsweise der politischen Struktur und ihre Verbindung mit der Segmentation der Lineages manifestieren sich deutlich in der Kriegsführung der Tiv.

Die strukturelle Begrenzung der Kriegsführung

Die Ausdehnung des Krieges[6] wird bestimmt durch die segmentäre Anordnung der in den Konflikt verwickelten Gruppen: Die Kämpfe breiten sich aus bis zu einem Punkt, wo sich äquivalente Segmente bekriegen; auf diese bleiben sie beschränkt.

Nach Berichten über einen Krieg zwischen den beiden konstitutiven Segmenten von Ikakwer, MbaNyam und MbaIkaa (Figur 1), kümmerte sich kein andres Segment von MbaDuku darum. Ein derartiger Eingriff, z. B. von Seiten des Segments MbaUse, hätte den Kampf in eine Auseinandersetzung zwischen Ikakwer und MbaUse verwandelt. Kämpfen zwei von drei gleichwertigen Segmenten, so hält sich das dritte heraus: Da MbaDigam (Figur 1) gleichermaßen mit den beiden kämpfenden Segmenten MbaGishi und MbaTyende verwandt ist, würde es durch eine Hilfeleistung an eins der beiden notwendig seine Beziehung zum anderen verleugnen. MbaDigam versuchte das einzig Mögliche – Frieden zu vermitteln.

Die in Kämpfe verwickelten Segmente sind jene des politisch-territorialen Systems und keine Lineages. Als es zum Kampf zwischen Morov von MbaKetsa und MbaHura von Tondov (Figur 1 und 3) kam, war ganz MbaKetsa im Kriegszustand gegen ganz Tondov. Die Ausbreitung des Krieges folgte demnach der Struktur der politischen Segmentation. Morov, Tondov und Kohol sind Geschwister-Lineages; wären hier die Werte des Lineage-Systems gültig, hätte Kohol wie oben MbaDigam neutral bleiben müssen.

Diese segmentäre Begrenzung wird unwirksam in Kriegen zwischen Tiv und Nicht-Tiv, denn gerade aufgrund ihrer Ideologie stellt sie alle Tiv gemeinsam der Welt entgegen. Ein System traditioneller Feindschaft, das sich auf die territoriale Segmentation und die traditionelle Richtung von Wanderungen gründet, mildert die Situation etwas ab. Jedes Segment von MbaDuku, das an die Udam grenzt, hat z. B. jenes Segment der Udam zu seinem traditionellen Feind, in dessen Territorium es vordringt. Wenn ein derartiges Feindespaar kämpft, können sich die angrenzenden Paare theoretisch darauf einigen, Frieden zu halten, soweit es sie angeht. Ein derartiges Abkommen ist gewöhnlich nutzlos, wenn die Kämpfe länger als einen Tag andauern. Einige Tiv-Segmente haben Friedensverträge mit den fremden Feinden der an sie angrenzenden *utar*. Auch diese Verträge sind gegenüber der Solidarität der Tiv untereinander instabil und begrenzen die Ausbreitung des Krieges meist nur vorübergehend. Gelegentlich dient dies aber doch zur Abgrenzung des Schlachtfeldes.

Der Brennpunkt des Krieges

Die Anzahl und Identität der Personen, die sich an der Kriegsführung der Tiv beteiligen, sind bestimmt von der segmentären Struktur der *uipaven*. Die territoriale Lage der Segmente bestimmt das Schlachtfeld, und die territorialen Verhältnisse mit der sozialen Distanz zusammen bestimmen die Brennpunkte anhaltender Feindseligkeiten.

Ein konkreter Krieg bei den Tiv kann entweder durch die Nennung der kämpfenden Segmente beschrieben werden oder durch die *utar*, in welchen die Kämpfe stattfanden. 1934 begann ein Kampf an der Grenze zwischen Ute und Shangev (Figur 1). Bald waren alle Kwande und alle Kunav einbezogen, denn die Männer beider Segmente schlossen sich dem Kampf an. Der Schauplatz der Schlacht war jedoch territorial abgegrenzt, und die Tiv beschreiben diesen Krieg entweder als den Krieg zwischen Kwande und Kunav oder den zwischen Ute und Shangev.

Genau die gleiche Unterscheidung läßt sich auf die Bildung von Kampfgruppen bei den Tiv anwenden. Die Männer des *tar*, das zuerst angegriffen wird, begeben sich zu seinen Grenzen und bleiben innerhalb dieses Gebiets. Sie bewegen sich aber in kleinen Gruppen von nahen agnatischen Verwandten (fünf bis fünfzehn Männer). Die Männer, die ihnen von verbündeten Segmenten zu Hilfe kommen, bewegen sich in ähnlichen Gruppen. An der Front schließen sie sich einer der Lokalgruppen an, welcher ein naher mütterlicher oder Schwiegerverwandter angehört. Der Kampfverband besteht daher aus sehr kleinen Lineages, die jeweils durch eine nicht-agnatische Bindung mit einer kleinen Lineage verhakt sind, welche aus dem *tar* stammt, auf dem der Kampf stattfindet.

Die Tiv beschreiben ihre Kriege so, als zögen sie Segment auf Segment dichtgedrängt in die Schlacht. Bittet man um eine Erklärung für die schreiende Diskrepanz zwischen den Tatsachen und ihrer Beschreibung, so verweisen sie zunächst darauf, daß die persönliche Bekanntschaft die einzige Möglichkeit ist, Freund und Feind zu unterscheiden, wenn Unterscheidungsmerkmale in der Sprache, Kleidung oder körperlichen Erscheinung fehlen (sie kämpfen genau in der gleichen Formation gegen Nicht-Tiv); dann bemerken sie zusätzlich, daß kein wirklicher Widerspruch besteht, denn sie sind alle »ein Mann« – andernfalls würden sie nämlich gegeneinander und nicht Seite an Seite kämpfen.

Kriegsgründe

Es gibt viele Zwischenfälle, welche als vordergründige Ursachen für Kriege dienen, aber die Tiv selbst stellen fest, daß alle Streitigkeiten auch friedlich beigelegt werden können, außer wenn die streitenden

Parteien wirklich kämpfen wollen. Manche Ältesten bemerken allerdings: »Nach dem ersten Krieg ist man immer dazu bereit, wieder zu kämpfen.« Von einem analytischen Standpunkt aus kann man gewiß sagen, daß Kriege besonders häufig zwischen Segmenten vorkommen, die territorial benachbart, aber sozial weit voneinander entfernt sind; sie sind in der Tat ein Faktor zur Definition dieser sozialen Distanz. Bestimmte Vorfälle, die zum Krieg geführt haben, können aber ausgesondert werden und dazu dienen, wichtige Aspekte der politischen Beziehungen unter den Tiv zu illustrieren. Weil viele davon mit den Kriegen zwischen MbaKyar und MbaKertiev zusammenhängen, benutze ich diese als mein Beispiel.

Wenn sie Kriege beschreiben, beginnen die Tiv immer damit, daß sie Kreise auf die Erde zeichnen, um die Lage der beteiligten *utar* zueinander darzustellen. Das Ausmaß des Krieges hat keine Bedeutung, und geographische Verhältnisse wie z. B. Hügel haben nur selten, allenfalls taktische, Auswirkungen.

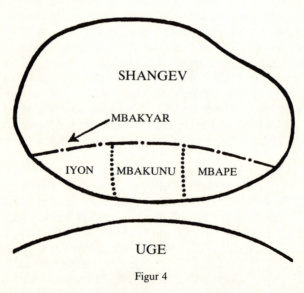

Figur 4

Die Kämpfe brachen aus, als MbaKyar gegen MbaKunu vorrückte (Figur 4). Iyon und MbaPe kamen sogleich dem ihnen korrespondierenden Segment zu Hilfe. Ein MbaKertiev wurde getötet, MbaKyar aber besiegt; der Beweis: MbaKyar stellte seine Vorstöße gegen MbaKunu ein. Statt dessen verlagerte sich MbaKyar seitwärts hinter das Gebiet von Iyon.[7] Geographisch gesehen genügte diese Verlagerung aber, um den

Markt von MbaKyar mit dem Markt von Iyon in Konkurrenz zu bringen, der am gleichen Tag abgehalten wurde. Märkte bringen große politische Vorteile mit sich, und es gehört zu den anerkannten taktischen Mitteln, einen rivalisierenden Markt dadurch zu zerstören, daß man die Teilnahme an ihm zu einer gefährlichen Angelegenheit macht. Es gab zahlreiche Streitigkeiten. Als aber Iyon und die Uge gegeneinander zu kämpfen begannen, eilten alle Shangev Iyon zu Hilfe, und sämtliche internen Streitereien wurden beigelegt. Dieser Krieg dauerte einige Zeit, und Ityodu, der einflußreichste Mann in ganz MbaKertiev, »schenkte« den Iyon-Markt für diese Zeit Kwange aus MbaKyar. Das bedeutet, daß er seinen Markt nicht mehr abhielt und die MbaKertiev Leute aufforderte, bei MbaKyar Handel zu treiben.

Als der Krieg gegen die Uge beendet war, weigerte sich Kwange, den Markt an Ityodu zurückzugeben: Als die Iyon ihren Markt wieder eröffneten, wandte Kwange all seine Macht und seinen Einfluß auf, um alle Interessenten abzuhalten, diesen Markt zu besuchen. Darüber hinaus behauptete er, daß Ityodu ihm die Markt-Magie, die den Marktfrieden sichert, geschenkt habe, daß daher der durch den Markt-Vertrag gestiftete Frieden sich auf alle Pfade, die zum Markt der MbaKyar führten, erstrecke und daß dort auch alle diplomatischen Verhandlungen zwischen den Mitgliedern des Markt-Vertrages stattzufinden hätten.

Es ging um ein wertvolles Streitobjekt, und Ityodu führte MbaKertiev in den Krieg gegen MbaKyar. Er siegte. Ein Mann aus MbaKyar wurde aus Rache getötet, und Kwange räumte ein, daß Iyon im Besitz der Markt-Magie sei, und erklärte sich bereit, seinen eigenen Markt zu schließen.

An diesen Kriegen kann man sehen, (1) daß zwischen äquivalenten Segmenten Krieg geführt wird: MbaKertiev gegen MbaKyar; (2) daß dieser über Segmente vermittelte Gegensatz ein wichtiger Faktor für die Führungsstruktur der Tiv ist (so unterstützte MbaKertiev automatisch Ityodu gegen Kwange aus MbaKyar); (3) daß kriegführende Segmente und politische Feinde trotzdem gegenüber einem gemeinsamen Feind vereint auftreten; (4) daß Märkte ein politischer Faktor sind; und (5) daß Rache zwischen äquivalenten Segmenten genommen wird und da nur während der Dauer des Krieges. Ein ungerächter Todesfall erhöht die Wahrscheinlichkeit weiterer Kriege, aber es besteht bei den Tiv weder die Institution des Wergelds noch die Blutfehde.

Einige Faktoren sozialer Distanz

Die Form der Kriegsführung bei den Tiv ist Ausdruck einer politischen Struktur, welche die sie ausmachenden Gruppen unter dem Gesichts-

punkt der Opposition und Identifikation klassifiziert. Die kriegerische Auseinandersetzung dehnt sich bis zu dem Punkt aus, wo sich äquivalente Segmente gegenüberstehen, und weitet sich nicht weiter aus, sobald alle Segmente derselben Stufe einbezogen sind: Das Prinzip segmentärer Begrenzung ist die Kehrseite des Prinzips segmentärer Opposition.
Der Grad der Feindseligkeit zwischen Segmenten ist eine Funktion der sozialen Distanz, die zwischen ihnen besteht; diese bestimmt (1) die Art des Kampfes: mit Knüppeln, Pfeilen, Giftpfeilen; (2) die Schärfe des Kampfes: »nahe« Segmente kämpfen, versuchen aber nicht, während des Kampfes zu töten; (3) die Häufigkeit und Ernsthaftigkeit von provokativen Handlungen wie Diebstahl, Entführung usw.; (4) das Ausmaß von Plünderung, Brandstiftung und Verwüstung der Äcker in Kriegszeiten; (5) Kopfjagd und Versklavung in Krieg und Frieden; und (6) die moralischen, sozialen und religiösen Folgen von Mord (Bohannan 1953: 25–30).
Die soziale Distanz zwischen Segmenten *(uipaven)* ist allein von ihrer Lage zueinander abhängig. Die soziale Distanz zwischen Lineage-Segmenten hängt ebenfalls von ihrer Position innerhalb des Systems ab, aber dies gilt nicht ausschließlich: Die qualitativen Unterschiede zwischen Lineages, die es ermöglichen, daß einige von ihnen als »Fremde« bezeichnet werden, beeinflussen auch die soziale Distanz zwischen ihnen. Diese Differenzierung kann sogar das allgemeine Funktionieren der reziproken Äquivalenz im Wert- und Verhaltenssystem zwischen den einzelnen Lineages eines Lineage-Segments stören. Innerhalb des Lineage-Systems bezieht sich die Äquivalenz auf *Geschwister*-Segmente.
Dzev, MbaKyar und MbaKertiev sind gleichrangige politische Segmente, MbaDzev dagegen ist eine fremde Lineage. Dzev nahm Reisende aus MbaKyar und MbaKertiev als Sklaven gefangen oder erzwang die Zahlung von Lösegeld. Derartige Handlungen ereigneten sich nicht zwischen MbaKyar und MbaKertiev. In den Kriegen zwischen MbaKyar und MbaKertiev wurden keine Köpfe genommen; dies geschah aber in Kriegen gegen Dzev. Schließlich pflegten MbaKyar wie MbaKertiev gegen Dzev im Krieg gemeinsam vorzugehen.
Es besteht demnach ein qualitativer Unterschied zwischen den moralischen Werten, welche das Verhalten von und gegenüber fremden *(mbavanya)* Lineages bestimmen, und jenen, welche zwischen den Tiv-Lineages untereinander gelten. Dies bezieht sich jedoch nur auf ihr Verhalten gegeneinander: Dzev ist nur innerhalb MbaIliv fremd; gegen sein äquivalentes Segment und gegen die ganze Welt stellt sich MbaIliv als Einheitsfront dar.

Das Lineage-System und das politische System der Tiv gleichen einander also insofern, als innerhalb eines jeden Systems die Segmente, welche es ausmachen, unterschieden sind aufgrund des Bezugssystems, welches durch das System von Strukturen, von dem sie ein Teil sind, vorgegeben ist: Innerhalb des politisch-territorialen Systems bestimmt die Lage der *utar* zueinander die Kontaktstellen und die Brennpunkte von Feindschaft; das genealogisch gefaßte System von Segmenten *(uipaven)* bestimmt die soziale Distanz zwischen den *utar*. Jedes *tar* ist mit einem Lineage-Segment verbunden, das aufgrund seiner besonderen genealogischen Charta den moralischen Ton der Beziehungen zwischen den Segmenten absichert und die Begriffe liefert, in denen qualitative Unterschiede im Verhalten zwischen gleichrangigen Segmenten beschrieben werden können. In der Kriegsführung können wir auf der Ebene der Werte und der Handlungen die Integration dieser beiden Systeme beobachten.

Das Altersklassen-System

Die Altersklassen der Tiv sind ein Thema für sich. Hier können nur ihre politischen Aspekte beschrieben werden: Die Integration von Altersklasse und territorialer Segmentation und die Rolle der Altersklasse bei quasi-gerichtlichen Untersuchungen.
Die Altersklassen nehmen jeden Mann, der im *tar* wohnt, als Mitglied auf: Früher waren Sklaven ausgeschlossen, sonst aber niemand. Sie werden etwa alle drei Jahre gebildet und stellen damit innerhalb eines jeden *tar* ein System von einander ausschließenden Segmenten dar, welche die männliche Bevölkerung zwischen 20 und 70 in achtzehn bis zwanzig Gruppen aufteilen. Das, was man die vertikale Dimension des Altersklassen-Systems nennen könnte, wird so ausschließlich in den Begriffen dieses Systems definiert.
Horizontal, d. h. in der Breite sind die Altersklassen bei den Tiv nach dem System der *utar* und nach politischen Segmenten *(uipaven)* segmentiert. Altersklassen *(kwagh)* werden zunächst innerhalb des kleinsten *tar* gebildet; sie werden dann im Rahmen der größeren Segmente identifiziert in dem Maße, wie sich mit zunehmendem Alter der soziale Horizont ihrer Mitglieder ausweitet. Männer im Alter von etwa fünfundvierzig kennen ihre Altersklassen sowie bekannte Männer, die ihnen angehören, innerhalb von Segmenten wie MbaDuku oder Shangev. Die Altersklasse zu kennen ist gleichbedeutend damit, ihre bekannten Mitglieder zu kennen; denn die Altersklassen werden wie die *nongo* durch den Namen eines Mannes, der aus der Zahl ihrer Mitglieder herausragt,

kenntlich gemacht. Ebenfalls wie im Falle der *nongo* schwankt die Breite entsprechend dem Zusammenhang, und daher wechselt ebenso die zur Identifikation herangezogene Einzelperson. Uhô aus MbaWandia und Kpeheka aus MbaGor haben beide ihre Namen ihrer Altersklasse im Rahmen ihres minimalen *tar* gegeben, aber wenn die Altersklasse, die im Rahmen von MbaNyam konstituiert ist, sich trifft, wird sie öfter als »Die von Uhô« bezeichnet, weil dieser innerhalb von MbaNyam der prominentere ist. Allgemein kann aber der Name eines beliebigen Mitglieds benutzt werden, um eine Altersklasse zu bezeichnen; die Altersklassen haben keine anderen Namen. Eine Altersklasse ist also dauerhaft in ihrer vertikalen Dimension begrenzt[8], ändert aber ihre Breite je nach dem Zusammenhang. Außerdem folgt sie dem System und den Regeln der territorialen Segmentation: Die Altersklasse von Uhô kann daher MbaWandia oder MbaNyam sein; sie kann aber nicht MbaGor sein oder zugleich MbaWandia und ein Teil von MbaGor.

Die Zusammenhänge, welche die Breite der Altersklasse, an die appelliert wird, bestimmen, kann man grob in zwei Gruppen einteilen: (1) Wenn ein Mann an seine Altersklasse appelliert, ihn gegen Hexen oder eine Hexerei-Anschuldigung (»Untersuchung«) zu verteidigen, so ist die Breite der Altersklasse diejenige der betroffenen Lineage *(ityô);* (2) wenn sich ein Mann an seine Altersklasse um Hilfe wendet in einer Angelegenheit (wie z. B. Rodungsarbeiten), wo die Gruppe autonom und nicht im Gegensatz zu einer anderen Gruppe handelt, so schwankt die Breite der Altersklasse entsprechend der Reichweite des Einflusses, über den der Hilfefordernde verfügt; ein prominenter und großzügiger Mann wird mit viel größerer Reichweite über seine Altersklasse verfügen können als ein schwacher oder unbedeutender Mann.

Die Aufrechterhaltung von Recht und Ordnung

Die Beschreibung der Aufrechterhaltung von Recht und Ordnung innerhalb der kleinsten territorialen und politischen Einheit ist nicht einfach, da sie nicht die Funktion eines Systems oder einer strukturellen Integration von Systemen ist, sondern das zusammengesetzte Ergebnis der Rollen und Werte verschiedener Personen und Institutionen.

Die Ansiedlung, ya

Für die Lineages, welche jene Lineage bilden, die mit dem kleinsten *tar* verbunden ist, gibt es keinen räumlichen Ausdruck: Die Mitglieder dieser Lineage bilden sozusagen ein in Siedlungsgruppen verstreutes Dorf.

Diese Siedlungsgruppen sind nicht auf genealogisch definierte *nongo* oder Lineage-Segmente bezogen; es besteht auch keinerlei sozial strukturierte Beziehung zwischen den einzelnen Ansiedlungen (Weilern): Jede einzelne schließt einfach die Mitgliedschaft in einer anderen aus.
Jede Siedlungsgruppe wird nach ihrem Oberhaupt (*or u ya,* »Mann der Ansiedlung«) genannt, der zwar fast immer der angesehenste männliche Einwohner ist, aber sowohl agnatischer oder nicht-agnatischer Verwandter als auch Sklave[9] oder Fremder in Beziehung zu den anderen Mitgliedern der Siedlungsgruppe sein kann. Das Oberhaupt der Ansiedlung ist für deren Mitglieder und ihre Handlungen verantwortlich. Auswärtige wenden sich an ihn mit ihren Beschwerden, um Schulden oder gestohlenes Eigentum einzutreiben, um Entschädigungen zu erhalten oder um Steuer einzusammeln. Daher ist seine Erlaubnis notwendig, um sich innerhalb der Ansiedlung niederzulassen; er verfügt über eine feste Autoritätsstellung gegenüber den Mitgliedern der Siedlungsgruppe und kann jedes von ihnen wegen ständiger Unruhestiftung oder mangelnden Gehorsams ausschließen.[10] Für einen Fremden oder einen nicht-agnatischen Verwandten bedeutet dies den Ausschluß aus seinem kleinsten *tar,* außer in dem höchst unwahrscheinlichen Fall, daß sich ein neuer Gastgeber für ihn findet. Ein Mitglied der *ityô,* auf die das betreffende *tar* bezogen ist, kann dagegen ein eigenes Haus innerhalb des *tar* bauen; sein Ausschluß aus dem *tar* erfordert die Zustimmung der agnatischen Verwandten und der Ältesten.
Die Siedlungsgruppe ist eines der stärksten emotionalen Zentren im Leben der Tiv. Die Solidarität ihrer Mitglieder beruht auf der hohen Konzentration der Bindungen, welche zwischen ihnen bestehen: häusliche Bande aufgrund der Familienzugehörigkeit und gemeinsamer Wohnung, Verwandtschaft, schließlich die rechtlichen und ökonomischen Loyalitäten und Verpflichtungen, die sich aus der Siedlungsgruppe selbst ergeben. Es bestehen keine Bindungen zwischen den Siedlungsgruppen als solchen; die Menschen, die in ihnen leben, sind aber verbunden (1) durch gemeinsame Wohnung in dem kleinsten *tar,* über dessen Gebiet ihre Felder verstreut liegen, und (2) durch ihre Mitgliedschaft in einer einzigen *ityô* oder durch kognatische oder schwiegerschaftliche Beziehungen, Mitgliedschaft in Altersklassen oder Gastfreundschaft eines Mitglieds dieser *ityô.*
Die Siedlungsgruppe ist für uns von Bedeutung, weil ihr Oberhaupt bei den Tiv die einzige Person ist, die auf genau eingegrenzten Gebieten über bestimmte Personen eine wohldefinierte Autorität ausübt[11], sieht man einmal von dem Feld der Marktbeziehungen sowie der Beziehungen zwischen Vater und Sohn und Mann und Frau ab. In seiner Hand konzentrieren sich die Aufgaben der alltäglichen Friedenssicherung und

der Beilegung von Schwierigkeiten im Zusammenhang mit Verschuldung, Diebstahl, Schlägereien, Mißhandlung von Ehefrauen usw., und es ist großenteils seine feste Autorität und ständige Tätigkeit, welche die informelle Flüssigkeit anderer politischer Führungspositionen ermöglicht.

Älteste und angesehene Leute

Die Prozesse, durch welche ein Mann ein angesehener Mann *(shagba or)* oder ein Ältester *(or vesen)* wird, die erforderlichen Qualifikationen sowie die Stufen, über welche solche Männer schließlich ihren Einfluß erweitern oder politische Führer *(tyo-or)* werden, sind an anderer Stelle verzeichnet (Bohannan 1953: 32–37). Hier genügt eine sehr kurze Skizze über ihre Personen, da es uns vor allem um ihre Tätigkeiten geht.

Ein Ältester ist ein älterer Mann, der gewöhnlich Oberhaupt seiner Siedlungsgruppe ist und über die Fähigkeiten verfügt, die man braucht, um bei den Tiv den Frieden aufrechtzuerhalten: (1) Kenntnis des Gewohnheitsrechts und der genealogischen und persönlichen Geschichten seiner agnatischen Verwandten; (2) die Beherrschung der Fruchtbarkeits- und Gesundheitsmagie *(akombo)*; (3) die Persönlichkeitsstruktur und Fähigkeit, welche in den Augen der Tiv den Besitz hexerischer Substanz *(tsav)* kennzeichnet (Bohannan 1953: 81–94).

Ein angesehener Mann ist andererseits ein Mann, dessen Reichtum, Großzügigkeit und Schläue ihm einen gewissen Einfluß einbringen und es ihm früher gestatteten, Sklaven zu kaufen, und ihm damit die Möglichkeit gaben, eine »Bande« aufzustellen, die den Fremden, die ihren Tribut zahlten, freies Geleit sicherte und diejenigen beraubte, die dies nicht taten. Diese Männer hatten so in gewissem Ausmaß physische Gewalt zu ihrer Verfügung, die sie heutzutage verloren haben. Waren sie aber nicht gleichzeitig Älteste, so konnten sie letztlich durch die Macht der Hexerei und Magie kontrolliert werden, die in den Händen dieser Gerontokratie lag.

Die Versammlung (jir)

Es liegt in der Macht der Ältesten, Schwierigkeiten zu beheben, die sich aus Hexerei, Magie, Fluch und Mißgunst ergeben; diese Schwierigkeiten zeigen sich in der Form von Krankheit, bösen Omina und Träumen, Mißgeschick, Unfruchtbarkeit und Tod. Die Ältesten dürfen jedoch nicht überall eingreifen, wo sie etwas Schlechtes sehen; sie warten, bis sie herbeigerufen werden, um »die Angelegenheit zu besprechen« *(ôr kwagh).* Diese Treffen oder Versammlungen bilden nämlich eine ihrer ständigen Tätigkeiten.

Die Ältesten auf der Versammlung *(mbaajiliv)* dürfen nur agnatische Mitglieder der Lineage sein. »Frauen, Sklaven und Kinder von Frauen können keine ernsthaften Angelegenheiten besprechen.« Sie sind dazu unfähig, weil die Hexerei vor allem zwischen agnatischen Verwandten geübt wird und die Versammlung sich hauptsächlich im Sprachhorizont der Hexerei bewegt. Will man ihre politische Rolle verstehen, so muß man daher zuerst den Hexenglauben der Tiv kennen.

Krankheit, Mißgeschick, Armut sind die Symptome, die darauf hindeuten, daß jemand verhext ist. Fähigkeiten, Macht, Glück, Reichtum, ein starker Charakter manifestieren dagegen durchweg den Besitz von *tsav* (einer hexerischen Substanz). Verhältnismäßiger Einfluß und verhältnismäßiger Wohlstand können daher in eine Rangordnung unterschiedlicher Grade von *tsav* übersetzt werden, was auch geschieht; von *tsav* wird angenommen, daß es immer auf Kosten anderer wirksam ist. Einem Mann unterstellt man daher, daß er auf Kosten derer erfolgreich ist, gegen die sein *tsav* zur Wirkung kommt, das sind seine nahen agnatischen Verwandten, die zugleich seine Nachbarn sind. Wenn daher ein prominenter Mann seiner Lineage auch in hohem Maß durch die Vermittlung von Prestige und materieller Hilfe von Nutzen ist, so fürchten ihn die anderen Mitglieder doch und bemühen sich, ihn auf ihr Niveau herunterzubringen. Der Egalitarismus der Tiv manifestiert sich in der physischen Zerstörung, die sich gegen den Besitz eines hervorragenden Mannes wendet. Er manifestiert sich gleichermaßen, wenn dessen Ernte schlecht ist, sein Vieh stirbt und er Unglück hat: Den Tiv beweist dies nur, daß seine Agnaten die gleiche Arbeit mittels *tsav* verrichtet haben, anstatt mit ihren Händen.

Ein Mann, der verhext wurde, sucht seinen Feind: jemanden, der bekanntermaßen *tsav* besitzt, einen einflußreichen Mann, den er beleidigt hat, dem er Unrecht getan oder Grund zum Neid gegeben hat. Er ruft also die Ältesten, um die Lage zu bereinigen; diese Bereinigung besteht in einer völlig weltlichen Schlichtung der »Gründe« für seine Verhexung, der zeremoniellen Wiedergutmachung der Schäden, welche sie schon seiner Gesundheit oder seinem Glück angetan hat, und einer rituellen Versöhnung zwischen ihm selbst, den Ältesten und allen denkbaren in die Sache verwickelten Hexern. Jeder Hexer muß dann seine Hexerei beenden. Die Sanktion, welche die Entscheidung der Ältesten in der Versammlung durchsetzt, ist der Ausspruch: »Wir werden zulassen, daß du weiterhin behext wirst.« Dieser Ausspruch findet seinen handlungsmäßigen Ausdruck in der Weigerung der Ältesten zu erscheinen, wenn sie zur Schlichtung angerufen werden. Die Drohung ist so schwerwiegend, daß sie selten ausgesprochen werden muß; geschieht dies, so kapitulieren die Tiv vor dieser Gefahr.

Der ausschließlich weltliche Aspekt der Vermittlung auf der Versammlung ist natürlich von Bedeutung für das reibungslose Funktionieren der Gesellschaft; die Tatsache aber, daß sich die Versammlungen mit Hexerei befassen, bewirkt, daß sie bei der Verteilung von Wohlstand und Einfluß unter den agnatischen Verwandten eine Rolle spielen. Dank dieses Aspekts ihrer Vermittlertätigkeit üben die Ältesten einen mäßigenden Einfluß nicht nur auf die Unruhestifter aus, welche das Leben der Gemeinschaft und ihrer Führer stören, sondern ebenso gegenüber den wohlhabenden und einflußreichen Mitgliedern der Gemeinschaft.

Die Hexerei wird mit allen Anzeichen von Gut und Böse bei den Menschen und in der Welt in Verbindung gebracht; dies drückt die Ambivalenz aus, mit welcher die Tiv ihre Ausübung durch jeden einzelnen Mann betrachten. Der Zusammenhang zwischen der Macht, andere zu verhexen, und der Mitgliedschaft in der Lineage entspricht der Arbeitsweise der Versammlung und ihrer Beschränkung auf das kleinste *tar* als einer Einheit, die allein in Begriffen der Lineage unterteilt werden kann. Die Verzahnung von Lineage und politischem Segment (die *ityô* vermittelt das Bürgerrecht im *tar*) beschreibt die Form, in der dieser Einfluß politisch wird, anstatt auf den häuslichen Umkreis beschränkt zu bleiben.

Die Untersuchung *(pinen kwagh)*

Gelegentlich zögern die Ältesten, gegen einen Mann vorzugehen, besonders dann, wenn dieser sehr einflußreich ist. In derartigen Fällen wendet sich sein Opfer zunächst an seine Altersklasse und dann an seine *igba*, damit sie ihn unterstützen, indem sie gruppenweise bei den Ältesten seiner Lineage »nachfragen« *(pine)*, warum sie es zulassen, daß er verhext wird.[12] Die Breite der hier betroffenen Altersklasse entspricht jener der betroffenen Lineage. Die meisten der Altersgenossen eines Mannes sind daher zugleich seine agnatischen Verwandten; bei der Untersuchung steht jedoch seine Altersklasse dem Rest der *Ityô* gegenüber und tritt als Einheit gegen sie auf. Ihre Sanktion besteht in der Anordnung physischer Gewaltanwendung gegen Hexer oder solche, die im Verdacht der Hexerei stehen. Die Altersklasse ist nämlich die einzige Gruppe innerhalb des kleinsten *tar*, der die Sanktion physischer Gewaltanwendung innerhalb dieser Einheit zur Verfügung steht. Die Jugend bei den Tiv ist kollektiv nicht wehrlos, obwohl sie als Einzelpersonen der übergroßen moralischen Stärke der älteren Verwandten nur die Drohung entgegenzusetzen haben, woanders hinzugehen. Es ist bezeich-

nend, daß das Auftreten ernsthafter Hexerei im nördlichen Tivland, wo das System der Altersklassen fehlt, innerhalb der Lineage zu einer Panik, manchmal sogar zur Auflösung der Gemeinschaft führt. Die Schutzfunktion, welche die Altersklasse ausübt, ist ein wichtiger Faktor für das längerfristige Bestehen von Gemeinschaften bei den Tiv.
Die Breite der Altersklasse ist identisch mit der Breite der *ityô*, die ihrerseits bestimmt wird durch die Breite der *igba* eines Mannes. Ein Mann aus MbaKunu, dessen Mutter eine Iyon ist, ruft seine *igba*, d. h. die Iyon, und seine Altersklasse unter allen MbaKunu zuhilfe; diese treten gemeinsam gegen die *ityô* auf, welche in diesem Fall ganz MbaKunu mit Ausnahme der Mitglieder der Altersklasse umfaßt. Die Mitglieder der *ibga* lassen ihrer Tochter Sohn zwischen sich Platz nehmen und drohen, daß sie ihn mit zu sich auf ihr Land nehmen werden, wenn seine väterlichen Verwandten ihm nicht Gerechtigkeit widerfahren lassen; wenn dies als gerecht erscheint, so überlassen sie ihn der Strenge seiner Lineage. Ihre Bereitschaft, sich von der Richtigkeit des Verhaltens der *ityô* überzeugen zu lassen, hängt eng mit dem Abstand zusammen, der zwischen den beiden Lineages besteht. Man weiß, daß die Ältesten von Iyon und MbaKunu sich über die Interessen des hier betroffenen Mannes hinweggesetzt haben, weil ihre Solidarität als MbaKertiev sehr bedeutsam ist. Als andererseits der jüngere Bruder und bereits offiziell bestätigte Nachfolger eines von der Kolonialregierung eingesetzten Häuptlings hilflos der Mißgunst und Hexerei seiner *ityô* gegenüberstand, weil ihn innerhalb dieses *tar*, das etwa 8500 Menschen umfaßte, keiner verteidigen wollte, marschierte seine *igba*, das äquivalente Segment, dorthin und übernahm in der Stärke von etwa 300 Ältesten seine Verteidigung. Dabei waren sie erfolgreich; die Fortsetzung der politischen Karriere dieses Mannes ist hauptsächlich auf ihre Intervention zurückzuführen.

Initiative und Intervention

Versammlung wie Untersuchung dienen dem Schutz einer Einzelperson gegen einflußreiche Leute; beide beziehen ihr Begriffssystem aus dem Bereich der Vorstellungen, welche die Tiv von der Hexerei haben. Keine der beiden ist in der Lage, Angelegenheiten zwischen politischen Einheiten als solchen oder selbst alle individuellen Streitigkeiten zu behandeln.
Liegt kein Fall von Hexerei vor, so sucht man bequemere und direktere Wege zur Beilegung des Konflikts: Zwei Männer von gleichem Rang, die sich nicht einigen können, suchen sich einen Ältesten, den sie um Vermittlung bitten; oft gehen sie zu mehreren nacheinander, bis sie einen Vorschlag gehört haben, der ihnen beiden zusagt. Ist etwas gestoh-

len worden, und ist der Dieb gefunden, so verlangen die Tiv Entschädigung vom Oberhaupt der Ansiedlung, wo der Dieb lebt. Bei Fahrlässigkeit, wie z. B. durch Vieh verursachten Flurschäden, wendet ein Tiv sich im allgemeinen unmittelbar an den Schuldigen. Die Sanktionen, welche gegen die meisten Formen anti-sozialen Verhaltens dieser Art ergriffen werden, ergeben sich aus den vielfältigen Bindungen gegenseitiger Abhängigkeit, die zwischen den Einwohnern eines kleinsten *tar* bestehen, sowie aus den moralischen Verpflichtungen gegenüber der Lineage.

Das Siedlungs-Oberhaupt kann in die Angelegenheiten seiner Leute auf eigene Initiative hin eingreifen. Marktherr und Marktpolizei haben das Recht, in Angelegenheiten, die sich aus dem Abhalten der Märkte ergeben, einzugreifen, und üben es auch aus. Die Moralauffassung der Tiv verlangt, daß ein beliebiger Ältester einschreitet und Frieden stiftet, wenn er Männer kämpfen sieht. In allen anderen Fällen aber bedeutet unerbetene Intervention Einmischung und wird daher abgelehnt; die Ältesten wie die Führer der Tiv greifen nur ein, wenn sie darum gebeten wurden. Ganz anders in dem Bereich, in dem Eingreifen erbeten wird: Die Ältesten werden *en masse* herbeigerufen, um zwischen dem der Hexerei Verdächtigen und dem Behexten zu vermitteln, zwischen dem Durchschnittsmann und denen, die Einfluß und Macht über ihn haben. Die Führer der Tiv und die angesehenen Leute werden um Intervention bei Konflikten zwischen Gleichrangigen gebeten sowie darum, die Ansprüche »ihrer« Leute gegenüber den »anderen« auf einem beliebigen Niveau der Segmentation durchzusetzen.

Politische Führerschaft

Bei den Tiv gibt es keine autochthone Zuordnung politischer Führerschaft zu einem bestimmten Lineage-Segment; es gibt überhaupt kein Führer-Amt. Sofern und sobald ein Mann innerhalb seines kleinsten *tar* oder eines Teils davon zu Einfluß kommt, nutzen die Leute außerhalb dieses *tar* seine guten Dienste in ihren Kontakten mit den anderen Mitgliedern dieser politischen Einheit. Manchmal gibt es keinen einflußreichen Mann innerhalb eines gegebenen kleinsten *tar*. Noch ungewöhnlicher aber sind Leute wie Kiagba, die ihren Einfluß innerhalb eines Segmentes beträchtlicher Breite geltend machen konnten. Im Normalfall bedeutet der Einfluß eines Mannes nur dann Führerschaft, wenn er *für* sein Segment *gegen* dessen Äquivalent handelt, z. B. im Krieg, bei Untersuchungen usw. Solche Männer wurden manchmal als *tyo-or* bezeichnet.

Im gegenwärtigen System der *Native Administration* sind jedoch bestimmte Ämter fest an bestimmte Lineages gebunden (Bohannan 1953: 30–42). Das wichtigste dieser Ämter heißt ebenfalls *tyo-or*. Der Ursprung dieses Wortes ist unklar, und die Tiv sind uneinig darüber, was es bedeutet; sicher war es ein beschreibender Begriff und kein Titel: In der Vergangenheit bedeutete es offenbar so etwas wie »Führer«; heute wird es von der Verwaltung benutzt, um ihren Begriff des Häuptlingsamtes zu übersetzen, der bei den Tiv ganz fehlt, und ist dadurch zum Titel geworden.

Ein Führer im alten wie im neuen Sinn von *tyo-or* hält sich nach Auffassung der Tiv innerhalb seiner legitimen Rolle, wenn er Reisenden sicheres Geleit gibt, sein *tar* in den Krieg führt oder es bei Friedensverhandlungen vertritt, zwischen seinen Leuten und »anderen« vermittelt. Er überschreitet die Grenzen seiner Rolle, wenn er sich mit den inneren Angelegenheiten eines Segments befaßt, dem er nicht angehört, oder sobald er die Sache von »anderen« zum Schaden »seiner« Leute begünstigt. Daher muß man von solchen Figuren des politischen Lebens eher in Begriffen wie »Einfluß« und »Führerschaft« sprechen und nicht als von Häuptlingen.

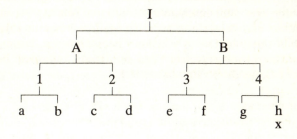

Figur 5

Wer die »anderen« sind, wechselt entsprechend der Situation. Führt Segment B (Figur 5) Krieg gegen A, so ist X der *tyo-or* von B. Wurde einem Mitglied von A etwas von einem Mann aus B gestohlen, so kommt der Geschädigte zu X, um seine Ansprüche geltend zu machen, denn für A ist X der Repräsentant von B. Innerhalb B repräsentiert X aber 4; innerhalb 4 – h. Wenn er versucht, von e gestohlenes Eigentum zurückzubekommen, wird er allzuoft beschuldigt werden, er mische sich unzulässigerweise in die Angelegenheiten von e ein. X kann seinen Einfluß nur dann auf ganz I ausdehnen, wenn er manchmal A auf Kosten von B bevorzugt; aber jedesmal, wenn er dies tut, setzt er seine Popularität innerhalb von B aufs Spiel. Solange er sein Segment gleichgültig auf welcher

Ebene gegen dessen Äquivalent vertritt, wird er die Zustimmung seines Segments haben. Kann er dessen Interessen nicht geltend machen, so wird er übler Machenschaften wie Bestechlichkeit und Hexerei verdächtigt. Genauso ist sein Eingreifen in die Angelegenheiten fremder Segmente verdächtig. Einflußreiche Männer versuchen, diesen Verdacht einzuschränken, indem sie alle verfügbaren Bindungen ausnutzen, die die Segmentgrenzen überschneiden: Altersklassen, Verwandtschaftsbeziehungen mit den *igba* und Schwiegerverwandten, Bindungen zu »besten Freunden« *(hur-or)*, Verbindungen zu einem Markt. Wo immer eine derartige Verbindung besteht, kleidet der einflußreiche Mann seine Intervention in die durch sie gegebenen Begriffe und nicht in die politischer Führerschaft.

Die mystische Sprache der Führerschaft bei den Tiv

Gültige Führerschaft entspricht sprachlich dem legitimen Besitz von *swem*, des Sinnbildes von Wahrheit und mystischer Beschützung gegen üble Machenschaften der Menschen und so auch der Hexer. *Swem* läßt das Land *(tar)* in allen seinen Bedeutungen – Äcker, Leute und politische Einheit – gedeihen: Die Feldfrüchte wachsen reichlich und gut; es gibt Regen und Sonnenschein zur richtigen Zeit; Mensch und Tier sind fruchtbar und vermehren sich; Verwandte leben in Frieden und Freundschaft miteinander; es gibt kein Blutvergießen; niemand stirbt außer dem einen Kind, das jede Frau dem Boden schuldet, damit sein (mystisches) Opfer die Kräfte *(akombo)* erneuert, die Gesundheit und Fruchtbarkeit hervorbringen.

Der Inhalt von *swem* steht aber in Wechselbeziehung zum Charakter seines Besitzers; *swem* zerrinnt in den Händen eines Schwächlings, bis man ungestraft einen Meineid darauf schwören kann. Wahres *swem*, das in der Hand eines schlechten Mannes ist, wird sich gegen ihn wenden und ihn töten. Sieht man, daß schlechte Männer über *swem* verfügen, so weiß man, daß das *swem* »gefälscht« oder »gestohlen« worden ist. Derartige Anschuldigungen werden auch laut, wenn Einfluß von einem Schwächling mit ererbtem *swem* auf einen Emporkömmling mit starker Persönlichkeit übergegangen ist: Morov soll im Verlauf des Krieges zwischen Tondov und MbaKetsa sich des *swem* von MbaHura bemächtigt haben, was zur Verschiebung der Machtverhältnisse zugunsten von MbaKetsa führte. Seither, so sagen die Tondov, waren die Ernten in ganz Shangev schlecht, die Frauen bekamen wenig Kinder, es gab ein Vielfaches an Dieben. Viele Älteste sagen sogar, daß das ganze Tivland jetzt ruiniert ist, weil alles *swem* sich in der Hand von Hexern befindet.

Diese Behauptung ist mehr als ein Verweis auf eine »gute alte Zeit«: unter britischer Verwaltung verfügen die Häuptlinge der *Native Authority* über Herrschaft statt nur über bloßen Einfluß, und zwar gegenüber sämtlichen Segmenten der politischen Einheit für welche sie ernannt worden sind, einschließlich der internen Angelegenheiten von Segmenten, denen sie nicht selbst angehören. Solche Leute gelten unausweichlich als Hexer.

Jegliche Form von Prominenz ist ein Hinweis auf *tsav*. Das ist für die Tiv eine natürliche Sache, ebenso wie es ganz natürlich ist, daß nahe agnatische Verwandte die Macht haben, sich gegenseitig zu verhexen, und dies zuzeiten sogar unbeabsichtigt tun. Die Tiv glauben auch, daß man sein *tsav* zu gewaltiger Größe steigern kann, wenn man das Fleisch von Leuten ißt, die durch Hexerei umgekommen sind. Die Hexer sollen an diesen Festmählern angeblich teilnehmen, und ein Mann, der einmal an einem teilgenommen hat, muß seinerseits für ein weiteres sorgen. Tiv stellen Überlegungen folgender Art an: X (Figur 5) wurde vielleicht zu einem derartigen Festmahl bei der Lineage A eingeladen; er schuldet nun seinem Gastgeber ein ähnliches Fest, aber er selbst kann nur innerhalb seiner engen agnatischen Lineage h durch Hexerei töten. Stirbt ein beliebter und geachteter Mann in h, so wird man wahrscheinlich X beschuldigen, seinen Tod zu diesem Zweck verursacht zu haben. Sterben alle nahen agnatischen Verwandten eines Mannes in kurzer Folge hintereinander, so ist klar, daß er in eine ganze Serie solcher Fleisch-Schulden verwickelt ist. Handelt es sich um einen einflußreichen Mann, so wird ihm als Motiv zugeschrieben, daß er sich die Hexer anderer Lineages verpflichten wollte. Verfügt er über keinen nennenswerten Einfluß, so wird angenommen, daß er selbst einer derartigen Verpflichtung unterliegt und daß er, um nicht schließlich sich selbst als Opfer zur Verfügung stellen zu müssen, zum bereitwilligen Werkzeug des »ausländischen« Hexers wird, an den er verschuldet ist.

Ein Mann, der die Interessen der eigenen Leute preisgibt, um bei anderen Einfluß zu gewinnen, muß vermutlich eine Serie von Fleisch-Schulden abtragen und ist ein Hexenmeister. Da ein Mann sehr oft die Interessen seiner eigenen Leute innerhalb einer engeren Segmentspanne preisgibt, wann immer er um die Rückgabe gestohlener Gegenstände angegangen wird, und häufig auch anläßlich eines Schiedsspruches, wird er oft als Hexenmeister bezeichnet. Wenn Upev aus Morov versucht, sich mit den Angelegenheiten von Tondov zu befassen, kann er als Hexer bezeichnet werden; aber selbst die Tondov sprechen freundlich von ihm, wenn er die Angelegenheiten von Shangev gegenüber anderen erfolgreich vertritt.

Demnach ist Führerschaft bei den Tiv ein Ausdruck – sowohl der segmentären politischen Struktur als auch der kosmologischen Ansichten der Tiv. Genauso wie jedes Segment eins und unteilbar ist, wenn es dem ihm äquivalenten Segment gegenübergestellt wird, so erscheint jeder einflußreiche Mann, wenn er mit diesem entgegengesetzten Segment zu tun hat, als Repräsentant seines Äquivalents, und zwar als sein legitimer Repräsentant, solange er in seinem Interesse handelt. Er erscheint erst dann als Hexenmeister, wenn er den segmentären Trennungslinien zuwider handelt oder sie im Rahmen seiner politischen Rolle zu überschreiten sucht; dagegen wird ihm Einfluß als Verwandter, Freund usw. zugestanden. Im ersten Fall handelt er anti-sozial, weil seine Handlung unabhängig von ihrer politischen Zweckmäßigkeit die Grundlagen des gesellschaftlichen Bewußtseins verletzen würde.

Verträge und Abkommen

Es gibt zwei Möglichkeiten, wie Segmente von politischer Bedeutung außerhalb ihres eigenen Bezugssystems vereint werden können: durch Friedensverträge *(ikul)* und Marktabkommen. Beide sind in Zahl und Verteilung begrenzt.

Ikul-Verträge

Ethnographisch gesehen sind die *ikul-*Verträge am wichtigsten bei den Kleinstämmen, die südöstlich der Tiv leben; was die Tiv betrifft, bestehen die wichtigsten zwischen ihnen und diesen Völkern, und für die Tiv ist auch der Vertrag zwischen Kunav und den Utange das Modell für alle diese Verträge.
Ikul-Verträge unterscheiden sich nicht nur in ihrer Stabilität, sondern ebenso nach ihrem Inhalt. Beispielsweise verbieten manche die Heirat zwischen den Vertragsparteien und andere nicht. Zwei Dinge sind ihnen allen gemeinsam: (1) sie verbieten das Blutvergießen zwischen den Parteien und jegliche Handlung, die dazu führen könnte, wie z. B. das Rasieren; (2) sie werden zwischen Segmenten abgeschlossen, die unter anderen Umständen ohne weiteres Reisende aus der jeweils anderen Partei gefangennehmen und töten dürften. Ihre Funktion wird richtig durch die Aussage der Tiv wiedergegeben: »Wir schließen *ikul*-Verträge mit denen, die uns sonst töten könnten, in deren Gebiet wir aber häufig reisen.« Wie so viele andere Institutionen bei den Tiv befassen sich diese Verträge mit Handelsbeziehungen und sicherem Geleit.
Solche Verträge schwächen die Feindseligkeit ab, die sich aus der sozialen Distanz zwischen politischen Segmenten ergibt; sie überwinden jedoch nicht das segmentäre Zugehörigkeitsgefühl. So ist kein Fall be-

kannt, wo sich zwei Parteien, die einen *ikul*-Vertrag geschlossen hatten, im Kriegsfall gegen ein Segment zusammengetan hätten, das mit einer der beiden Parteien näher verwandt gewesen wäre als die beiden untereinander: Dies Vorrecht ist auf die an einem Marktabkommen beteiligten Parteien beschränkt.

Marktabkommen

Ein Markt bietet sowohl in seiner Eigenschaft als Konzentrationspunkt für Reichtum wie als Zentrum sozialer Kommunikation jedem, der daran interessiert ist, Einfluß zu erwerben, offenkundige Vorteile. Die Entwicklung vieler Märkte gleicht in der Tat einer Geschichte der Übertragung des Eigentumsrechts von einem einflußreichen Mann zu einem andern: Manchmal ist dies sein Nachfolger, manchmal auch sein Rivale innerhalb seines kleinsten *tar* oder aus einem anderen Segment; der Versuch von Kwange, den Markt von Iyon zu stehlen, findet seine Parallelen in der Geschichte der meisten Märkte bei den Tiv.
Jeder Markt ist verbunden (1) mit demjenigen *tar*, auf dessen Land er abgehalten wird, (2) mit derjenigen Lineage *(nongo)*, aus der ein Mitglied aufgrund von Erbschaft oder kraft anderer Berechtigung der Eigentümer des Marktes ist und aus der einige Männer als Marktpolizei, andere als Marktrichter auftreten; (3) ferner ist der Markt mit dem Segment verbunden, das die Marktmagie, welche den Frieden auf dem Marktplatz aufrechterhält, begründet hat und von dem die Initiative zum Abschluß des Marktabkommens ausging, das mehrere Segmente vereinigt, um den Marktfrieden auf dem Marktplatz selbst und auf den Zugangswegen zu sichern.
Die Tiv halten die Aufrechterhaltung des Friedens auf dem Markt für keine leichte Aufgabe. Die Männer gehen bis zum heutigen Tage bewaffnet zum Markt, obwohl dies behördlich verboten ist und manche Marktbehörden verlangen, daß die Waffen bei ihnen abgegeben werden. Die Frauen sitzen mit dem Rücken zum nächsten Pfad, der zu ihrem Haus führt, auf dem Markt, um sich eine Fluchtmöglichkeit zu sichern. Es nehmen Männer aus vielerlei verschiedenen und voneinander entfernten Segmenten teil, und man trinkt viel Bier; niemand ist überrascht, wenn Uneinigkeit über den Preis oder das Wechselgeld in eine Schlägerei ausartet: Die Marktpolizei ist dazu da, zu verhindern, daß Worte zu Schlägen werden; die Marktrichter schlichten aufkommende Streitigkeiten auf der Stelle, solange sie nur Einzelpersonen betreffen. Diese Organisation funktioniert auf einem gut geführten Markt reibungslos, aber sie funktioniert nur unter dem dauernden Verweis auf die Werte des Marktfriedens.

Einflußreiche und angesehene Männer legen großen Wert darauf, diese Märkte zu besuchen: Teilweise wollen sie sich über Neuigkeiten unterrichten; außerdem gehen sie dort hin, weil man auf dem Markt seine Schwiegerverwandten, seine Schuldner oder doch ihre nahen agnatischen Verwandten treffen kann, weiter Leute, die man für Diebstähle verantwortlich machen kann, oder geflüchtete Liebhaber. Ob solche Begegnungen ein positives Ergebnis haben, hängt nun weitgehend davon ab, ob der Markt einem charakterfesten und einflußreichen Mann als Marktherrn und Eigentümer zugeordnet ist.

Kontrolliert ein solcher Mann einen wichtigen Markt, so verfügt er über eine sehr starke Stellung: Man zahlt ihm Tribut für sicheres Geleit; als Eigentümer des Markts wird er um Vermittlung gebeten bei Streitigkeiten, die sich im Lauf des Marktgeschehens ergeben, und wenn seine Meinung allgemein als wertvoll gilt, besitzt er ein legitimes Ansehen als Schiedsrichter bei Schwierigkeiten zwischen Angehörigen von Segmenten, bis zu denen sich sein Einfluß andernfalls nicht erstrecken würde; der Markttribut ist eine Quelle des Reichtums; ein kultisch anerkannter Markt ist ein Kanal für diplomatische Verhandlungen, in normalen Zeiten zwischen den teilnehmenden Segmenten und in Kriegszeiten zwischen anderen, auf deren Boden der Krieg geführt wird.

Die Tiv aus Shangev und MbaDuku sowie die Uge sind durch das Marktabkommen von Iyon miteinander verbunden. Die Uge und die Tiv führen auf diesem Markt »internationale« Verhandlungen: individuelle Streitigkeiten zwischen Uge und Tiv oder umfassende Vereinbarungen wie die Erlaubnis für die Shangev-Tiv, auf dem Gebiet der Uge Brennholz zu schlagen. Die Märkte dienen als Kommunikationsmittel für Gruppen, die keinen direkten Kontakt untereinander haben, und garantieren freies Geleit bei Unterhandlungen zwischen Vertretern von Segmenten, die gegeneinander Krieg führen.

Die überragende Bedeutung dieser Abkommen zeigt sich darin, daß sie gelegentlich die segmentäre politische Struktur überlagern: Neben anderen hatten sich Shangev, MbaYongo und die Otukwang an dem Abkommen für den Markt von Atsar in MbaDuku beteiligt. Der einzige Fall, daß MbaDuku je auf Seiten von Fremden Krieg gegen Tiv führte, ereignete sich vor vielen Jahren, als MbaYongo das Marktabkommen verletzten, indem sie einige Otukwang töteten, die auf dem Weg zu dem Markt von Atsar waren. Die MbaDuku-Tiv verbündeten sich mit den Otukwang und führten Krieg gegen MbaYongo, weil diese den durch das Marktabkommen garantierten Frieden verletzt hatten.

Politisch haben die Märkte der Tiv demnach eine doppelte Bedeutung: Für ihre Organisatoren ergibt sich eine Möglichkeit, den Umkreis ihrer legitimen Einflußnahme als individuelle politische Persönlichkeiten zu erweitern; vermittelt durch Marktabkommen werden außerdem politische Gruppen kollektiv über die Trennungslinien des segmentären Systems hinweg vereint.

Schluß

Die politische Struktur der Tiv erhält ihre besondere Färbung durch die Verknüpfung der beiden segmentären Systeme, die sich aus der Verwandtschaftsstruktur einerseits und der politisch-territorialen Struktur andererseits herleiten.
Innerhalb des segmentären Systems der *utar* und *uipaven* kann man ein Segment nur durch seinen Platz im Gesamtsystem von einem andern unterscheiden; diese Segmente sind unterschiedlich ihrem Rang, nicht aber ihrer Form nach: Man kann sie nicht anhand einer Aufteilung oder Spezialisierung nach sozialen Aufgaben definieren, noch sind sie in kulturellen Symbolen von Tabu oder Totem individuell repräsentiert. Sie bestehen nur innerhalb des Gesamtsystems, und das System seinerseits kann nur durch die Funktionsweise seiner Teile auf Gebieten wie der Kriegsführung oder durch die Darstellung der Anordnung seiner Teile – d. h. bei den Tiv: genealogisch – beschrieben werden.
Auch innerhalb des Lineage-Systems bildet jedes Segment ein nach außen undifferenziertes Ganzes, während die Lineages, aus denen sich ein solches Segment zusammensetzt, unter sich nach ihrem Status als Geschwister oder Fremde differenziert sind.
Beide Systeme sind in der Sprache der Genealogie zusammengefaßt, wenn sie auch da, wo sie in fühlbarer Weise in Struktur und moralischen Werten voneinander abweichen, jeweils ihrer eigenen Charta folgen. Sie sind ferner vereint durch den Status des Begriffs *nongo* als mehrwertiger Bezugspunkt, d. h. durch die Verbindung zwischen den Werten des Verwandtschaftssystems und des politischen Systems, die aus der engen Beziehung zwischen politischem Bürgerrecht und Mitgliedschaft in einer Lineage folgt. Dennoch bestehen hier zwei Systeme nebeneinander. Das System der Lineages ist von viel ausgreifenderer Bedeutung in einem viel umfassenderen Bereich des Lebens der Tiv: Ein Mann kann sein *tar* verlassen; er kann auswandern und sein politisches Zugehörigkeitsgefühl verlagern; die Tiv sehen fremde und assoziierte Lineages als das Ergebnis solcher individuellen Auswanderung an. Aber selbst wenn sich die Ältesten getroffen hatten und einem Mann formell aus seiner *ityô* ausgeschlossen und in die Sklaverei verkauft hatten, konnte er sich doch nie völlig davon freimachen (z. B. durfte er zwar keine freie Frau mehr heiraten, aber seine Exogamie-Regeln blieben unverändert).

Die territoriale Organisation ist ein wichtiges Element jeder politischen Struktur, und man nimmt allgemein an, daß die Gebiete des Rechts und der Kriegführung der politischen und territorialen Struktur Ausdruck geben.[13] Diese allgemeine Definition war zweifellos und aus naheliegenden Gründen bestimmend für die Aspekte der sozialen Struktur, die in diesem Aufsatz behandelt wurden; es ist jedoch ebenfalls offensichtlich, daß diejenigen Institutionen, die sich aufgrund der Betrachtung von sozialen Vorgängen, welche sich im Rahmen dieser Definition bewegen, herausschälen, keineswegs mittels einer Entwicklung des Begriffs von politischer Struktur, die auf derselben Definition beruht, eingegrenzt oder auch nur prognostiziert werden können.

Das ergibt sich, so nehme ich an, aus dem viel geringeren Allgemeinheitsgrad (er nähert sich der Abstraktion nicht einmal an), den unser Begriff von politischer Aktivität im Bereich von Krieg und Recht hat. Bei dieser Definition haben wir das Bedeutungsfeld jenes Aspekts sozialer Organisation zugrunde gelegt, der auch die territoriale Zugehörigkeit bestimmt. Eine einfache Umkehrung der Definition, wobei man die so definierten Aktivitäten zur Auffindung der Organisation in einer anderen Gesellschaft benutzen würde, ist nicht unbedingt ein sinnvolles analytisches Vorgehen.

Bei den Tiv besteht keine rein politische und verwaltungsmäßige Organisation; daher gibt es auch keinen deutlich abgegrenzten Bereich des Politischen. Hierbei verweise ich auf jenes Raster sozialer Ränge und Institutionen und ihr Verhältnis zu der Anordnung von Gruppen, die wir als Strukturen bezeichnen. Die Sprache der Tiv enthält kein Wort, das man mit »politisch« übersetzen könnte; es gibt keinen kulturell organisierten Tätigkeitsbereich, der es ermöglichen würde, zu sagen, daß der und der in die Politik gegangen ist. Beharren wir andererseits auf der politischen Bedeutung von allem, was mit der Aufrechterhaltung des Friedens und der Kriegsführung zusammenhängt, so müssen wir auch sagen, daß es in der Tiv-Gesellschaft keine einzige Beziehung zwischen Gruppen oder Personen gibt, die nicht auch einmal politischen Zwecken dient, und keinerlei Aspekt des sozialen Lebens, der nicht zu irgendeinem Zeitpunkt politische Bedeutung hätte.

Versuchen wir hingegen, bestimmte Kennzeichen der Rollen von Ältesten oder einflußreichen Männern als »politisch« von ihrem übrigen Kontext zu isolieren, so verfälschen wir die tatsächliche soziale und kulturelle Stellung dieser Leute, denn wir geben dann keine gedrängte Übersicht über ihre Rollen, sondern einen Verschnitt. Ebenso verhält es sich mit den Rollen, die solche Institutionen wie Märkte, Heirat und Versammlungen in der Tiv-Gesellschaft spielen.

Ich möchte diese These nicht negativ, sondern positiv formulieren: Ein segmentäres System dieser Art ist funktionstüchtig nicht trotz, sondern aufgrund des Fehlens eines autochthonen Begriffs des »Politischen«. Nur die verwickelten gegenseitigen Beziehungen von Interessen und Zugehörigkeitsgefühlen ermöglichen – vermittelt durch die enge Verbindung zwischen der kulturellen Ideologie, dem System der sozialen Gruppierung und der institutionellen Organisation, sowie durch die sich hieraus ergebende gegenseitige moralische Verstärkung jedes dieser Aspekte – das Funktionieren der Gesellschaft. Einen Teil davon als »politisch« herauszulösen, mag im Sinne unserer Definition des Politischen korrekt sein, aber ein solches Vorgehen würde bedeuten, die Gesellschaft gerade derjenigen Faktoren zu berauben, die sie mit Lebenskraft erfüllen.

Bibliographie

Abraham, R. C. 1940. *A Dictionary of the Tiv Language*, London.
Bohannan, L. 1952. ›A genealogical charter‹, Africa, XXII, 4, 301–315.
Bohannan, L. und P. 1953. *The Tiv of Central Nigeria*, London.
Bohannan, P. 1954. *Tiv Farm and Settlement*, London.
Kingsley, M. 1899. *West African Studies*, London.
Meek, C. K. 1931a. *A Sudanese Kingdom*, London.
Meek, C. K. 1931b. *Tribal Studies in Northern Nigeria*, London.
Migeod, F. W. H. 1925. *Through British Cameroons*, London.
Radcliffe-Brown, A. R. 1940. Vorwort zu Fortes, M. und Evans-Pritchard, E. E., *African Political Systems*, Oxford, 1940.

Anmerkungen

[1] S. Meek 1931a und 1931b; Abraham 1940: 45; Kingsley 1899; Migeod 1925.
[2] Durchschnittlich 7–8 im Süden, 8–9 im Norden. Durchschnittliche Bevölkerung 17–18 im Süden, etwas mehr im Norden. Große, aber nicht maximale Bevölkerungszahlen sind 80 im Süden, 140 im Norden.
[3] Die Durchschnittszahl für eine Tiv-Gliederung (64 pro Quadratmeile) bedeutet wenig; sie nimmt ständig zu von unter 25 pro Quadratmeile nördlich des Benue bis auf 550 pro Quadratmeile entlang eines Teils der südlichen Grenze.
[4] Die *ityô* eines Mannes sind seine agnatischen Verwandten nur dann, wenn sein Vater (*genitor* oder *pater*) seine Mutter durch Tauschheirat geheiratet hat, oder seit 1927 durch die Zahlung von Heiratsgut. Andernfalls ist die *ityô* eines Mannes die seiner Mutter. Bohannan 1953:23–25, 69–76.
[5] Beispiele bei Bohannan 1952.
[6] Krieg ist heute in Tivland selten. Wir beobachteten die Kriegführung aber 1950 und konnten dort die hier entwickelten Prinzipien sämtlich überprüfen. Daher wird das Präsens verwendet.
[7] Diese Verlagerung führte zu weiteren Schwierigkeiten; s. Bohannan 1954: 45.

[8] Die Altersklassen sehr alter Männer gehen ineinander auf, aber so alte Männer haben nur selten Anlaß, sich um Hilfe an ihre Altersklasse zu wenden.
[9] Obwohl sich die Tiv der nigerianischen Rechtsbestimmung anschließen, daß heute niemand Sklave ist, werden Sklaven-Genealogien, wenngleich selten erwähnt, doch im Gedächtnis gehalten.
[10] Details über die sozialen Beziehungen zwischen Siedlungsgruppen referieren Bohannan 1953: 15–19 und 1954.
[11] Diese Feststellung ist auch angesichts der autoritären Rollen gültig, welche die britische Verwaltung eingeführt hat. Ohne die Verwaltungsinstitutionen würde diese »Autorität« zusammenbrechen, denn sie hat wenig oder gar keinen moralischen Rückhalt unter den Tiv selbst.
[12] Die Altersklasse eines Mannes erscheint gewöhnlich auf einer Versammlung, wo es um seine Interessen geht, aber sie »fragt« die Ältesten nur, wenn diese voreingenommen erscheinen.
[13] S. Radcliffe-Brown 1940: xiv.

Edmund R. Leach
Über politische Systeme im Hochland von Burma*

Die Bevölkerung, mit der wir uns hier befassen, spricht eine Reihe verschiedener Sprachen und Dialekte; es bestehen tiefe kulturelle Unterschiede zwischen den einzelnen Teilen des von uns untersuchten Gebiets. Dennoch gebraucht man gewöhnlich für diese ganze Bevölkerung die beiden Begriffe »Shan« bzw. »Kachin«. Ich werde hier das gesamte Gebiet als *Kachin Hills Area* bezeichnen.
Grob verallgemeinernd gesagt: Die Shan bewohnen die Flußtäler, wo sie Naßreisanbau treiben; sie sind ein relativ hoch entwickeltes Volk, und ihre Kultur erinnert etwas an die Burmanen. Die Kachin andererseits wohnen auf den Hügeln und bauen Reis hauptsächlich im Brandrodungs- und Hackbau an. Die ethnographische Literatur hat das ganze letzte Jahrhundert hindurch die Kachin als primitive und kriegerische Wilde dargestellt, die von den Shan in ihrer äußeren Erscheinung, ihrer Sprache und allgemein in ihrer Kultur so weit entfernt seien, daß man ihnen einen ganz anderen rassischen Ursprung zuzuschreiben habe.[1]
Angesichts dieser Tradition hält es sich durchaus im Rahmen normaler anthropologischer Vorgehensweise, wenn Monographien über die Kachin die Shan ignorieren und Monographien über die Shan ihrerseits die Kachin ausblenden. Die Kachin und die Shan sind aber fast überall enge Nachbarn und haben in Angelegenheiten des täglichen Lebens häufig miteinander zu tun.
[...]
Das Problem besteht jedoch nicht allein darin, Kachin und Shan auseinanderzuhalten; zudem besteht die Schwierigkeit, die Kachin untereinander zu unterscheiden. In der Literatur ist die Rede von mehreren Spielarten der Kachin. Einige dieser Unterkategorien beziehen sich vor allem auf sprachliche Unterschiede: So unterscheidet man die Jinghpaw sprechenden Kachin von den Atsi, Maru, Lisu, Nung usw. Andere beziehen sich hauptsächlich auf die territoriale Anordnung: Man trennt die Singpho in Assam von den Jinghpaw in Burma oder die in dem Gebiet des oberen Mali Hka im Goldenen Dreieck lebenden Hkahku von den östlich von Bhamo lebenden Gauri. Allgemein tendierte man aber dazu, die Bedeutung dieser Unterscheidungen herunterzuspielen und zu behaupten, daß die wesentlichen Bestandteile der Kachin-Kultur in der gesamten Kachin Hills Area einheitlich seien.[2] Bücher, die Titel tragen

wie: *The Kachin Tribes of Burma; The Kachins, their Religion and Mythology; The Kachins, their Customs and Traditions; Beitrag zur Ethnologie der Chingpaw (Kachin) von Ober-Burma*,[3] beziehen sich implizit auf alle Kachin, wo immer man sie antreffen kann, und damit auf eine Bevölkerung von etwa 300 000 Personen, die weit verstreut auf einem Gebiet von etwa 50 000 Quadratmeilen leben.

Es gehört nicht unmittelbar zu meiner Fragestellung, nachzuprüfen, wie weit derartige Verallgemeinerungen über die Einheitlichkeit der Kultur der Kachin wirklich zulässig sind; mich interessiert vielmehr, ob man die These aufrechterhalten kann, daß ein einziger Typus sozialer Struktur im gesamten Kachin-Gebiet vorherrschend sei. Sind wir berechtigt, uns die Gesellschaft der Kachin so vorzustellen, als sei sie durchgängig nach einem bestimmten System von Strukturprinzipien organisiert, oder schließt die ziemlich ungenaue Kategorie Kachin eine ganze Reihe verschiedener Formen der sozialen Organisation ein?

Bevor wir uns dieser Frage zuwenden können, müssen wir zunächst hinreichend klären, was unter Kontinuität und Wandel sozialer Systeme zu verstehen ist: Unter welchen Umständen können wir von zwei aneinander angrenzenden Gesellschaften A und B sagen, daß »diese beiden Gesellschaften grundsätzlich unterschiedliche Sozialstrukturen haben«, während wir bezüglich zweier anderer Gesellschaften C und D behaupten werden, daß »in diesen beiden Gesellschaften die Sozialstruktur wesentlich die gleiche ist«?

[...]

Die *social anthropologists*, die im Anschluß an Radcliffe-Brown den Begriff »sozialer Struktur« als Kategorie zum Vergleich von Gesellschaften benutzen, gehen in der Tat von der Annahme aus, daß sich die von ihnen betrachteten Gesellschaften im gesamten Zeitraum in einem stabilen Gleichgewicht befinden. Ist es demnach überhaupt möglich, Gesellschaften, von denen man *nicht* annimmt, sie befänden sich in stabilem Gleichgewicht, mittels der üblichen soziologischen Kategorien zu beschreiben?

Meiner Meinung nach sind begriffliche Gesellschaftsmodelle zwar notwendig Modelle von Gesellschaften, die sich im Gleichgewicht befinden, reale Gesellschaften aber können niemals in einem Zustand des Gleichgewichts sein. Die Diskrepanz hängt mit der Tatsache zusammen, daß die Repräsentation sozialer Strukturen in kultureller Form ungenau ist im Vergleich mit den Kategorien, die der Soziologe als exakter Wissenschaftler eigentlich benutzen möchte. Ich glaube, daß diese Inkonsistenzen in der Logik der rituellen Ausdrucksweise für das richtige Funktionieren eines jeden sozialen Systems immer notwendig sind.

[...] Ich behaupte, daß die soziale Struktur in praktischen Situationen

im Unterschied zum abstrakten Modell des Soziologen aus einem System von Vorstellungen über die Verteilung von Macht zwischen Personen und Personengruppen besteht. Einzelne Personen können widersprüchliche und inkonsequente Vorstellungen von diesem System haben; sie haben sie auch in der sozialen Realität. Dies ist ohne weitere Schwierigkeiten möglich aufgrund der Form, in der diese Vorstellungen ausgedrückt werden: Die Form ist kulturelle Form; der Ausdruck ist ritueller Ausdruck. Ich will nun diese geheimnisvolle Bemerkung näher entwickeln.
Zunächst müssen wir aber zum Problem der sozialen Struktur und der gesellschaftlichen Einheiten zurückkehren.

Soziale Struktur

Auf einem bestimmten Abstraktionsniveau können wir soziale Strukturen einfach anhand der Organisationsprinzipien untersuchen, welche die einzelnen Teile des Systems zusammenhalten. Auf dieser Ebene kann man die Form der Struktur ganz unabhängig von ihrem kulturellen Inhalt betrachten.[4] Kenntnis der Sozialstruktur der Giljak-Jäger in Ostsibirien[5] einerseits, bei den nomadischen Nuer des Sudan[6] andererseits hilft mir beim Verständnis der Form der Kachin-Gesellschaft, obwohl diese größtenteils als Wanderhackbauern die dichten Monsun-Regenwälder bewohnen.
Auf diesem Abstraktionsniveau kann man mit Leichtigkeit ein formales Raster von einem andern unterscheiden. Die Strukturen, welche der Anthropologe beschreibt, sind Modelle, die lediglich in seinem Kopf existieren, als logische Konstruktionen. Viel schwieriger ist es, eine derartige Abstraktion in Beziehung zu setzen zu den Daten, die aus empirischer Feldforschung gewonnen wurden. Wie können wir uns eigentlich vergewissern, daß ein bestimmtes formales Modell den empirischen Fakten besser entspricht als jedes andere denkbare Modell?
Reale Gesellschaften existieren in Zeit und Raum. Die demographischen, ökologischen, ökonomischen und außenpolitischen Gegebenheiten entwickeln sich nicht in einer ein für allemal festgelegten, sondern in einer sich ständig verändernden Umwelt. Jede reale Gesellschaft ist ein in der Zeitdimension ablaufender Prozeß. Die Veränderungen, die sich aus diesem Prozeß ergeben, lassen sich sinnvoll in zwei Gruppen einteilen:[7] Erstens gibt es Veränderungen, die mit dem kontinuierlichen Fortbestand der bestehenden formalen Ordnung übereinstimmen; wenn z. B. ein Häuptling stirbt und sein Sohn sein Nachfolger wird, oder wenn eine Lineage segmentiert, so daß jetzt zwei Lineages bestehen, wo zuvor

nur eine war, sind diese Veränderungen Teil des kontinuierlichen Prozesses; es kommt zu keiner Veränderung der formalen Struktur. Zweitens gibt es aber Veränderungen, die Ausdruck von Verschiebungen innerhalb der formalen Struktur sind: Wenn man z. B. zeigen kann, daß an einem bestimmten Ort ein politisches System, das aus gleichberechtigten Lineage-Segmenten bestand, innerhalb einer gewissen Zeitspanne durch eine Ranghierarchie feudalen Typs ersetzt wird, so können wir von einem Wandel in der formalen Sozialstruktur sprechen.
Soweit ich hier von Veränderungen der Sozialstruktur spreche, meine ich immer Veränderungen der zweiten Art.

Gesellschaftliche Einheiten

Im Hinblick auf den sozialen Zusammenhang der Kachin Hills Area bringt die Verwendung des Begriffs »eine Gesellschaft« viele Schwierigkeiten mit sich... Zunächst folge ich dem unbefriedigenden Ratschlag von Radcliffe-Brown und bestimme »eine Gesellschaft« als »eine beliebige, für die Untersuchung günstige Örtlichkeit«.[8]
Alternativ folge ich der Argumentation von Nadel: Eigentlich meine ich mit »eine Gesellschaft« eine beliebige, in sich geschlossene politische Einheit.[9]
Die politischen Einheiten in der Kachin Hills Area unterscheiden sich beträchtlich untereinander in ihrer Größe und sind offenbar ihrer inneren Struktur nach instabil. Am einen Ende der Skala findet man ein Dorf mit vier Haushalten, das sein Recht, als völlig selbständige politische Einheit zu gelten, mit Entschiedenheit verteidigt; das andere Extrem bildet der Shan-Staat Hsenwi, der vor 1885 aus 49 Unter-Staaten *(möng)* bestand, von denen einige ihrerseits über hundert voneinander abgegrenzte Dörfer umfaßten. Zwischen diesen beiden Extremfällen lassen sich zahlreiche weitere Arten von »Gesellschaft« ausmachen. Diese verschiedenartigen Typen politischer Systeme unterscheiden sich voneinander nicht nur in der Größenordnung, sondern auch aufgrund der formalen Prinzipien, nach denen sie organisiert sind. Genau hier liegt der Kernpunkt unserer Problemstellung.
Für einige Teile der Kachin Hills Area reichen die zuverlässigen historischen Nachrichten bis an den Anfang des 19. Jahrhunderts zurück; diese Quellen zeigen deutlich, daß die politische Organisation des Gebiets in den letzten 130 Jahren sehr wenig stabil war: Kleine, autonome politische Einheiten zeigten vielfach die Tendenz, sich zu größeren Systemen zusammenzuschließen; umfangreiche Feudalhierarchien zerfielen in kleinere Einheiten. Es gab gewaltsame und sehr schnelle Verschie-

bungen in der gesamten Verteilung politischer Macht. Es ist daher methodologisch unsauber, wenn man die verschiedenen Arten politischer Systeme, die es jetzt in dem Gebiet gibt, als voneinander unabhängige Typen behandelt; sie müssen deutlich als Teil eines größeren, ständig im Fluß befindlichen Gesamtsystems vorgestellt werden. Das Kernstück meiner These ist aber, daß der Prozeß, in dem die kleinen Einheiten zu größeren werden und die größeren Einheiten sich in kleinere auflösen, nicht einfach ein Prozeß struktularer Kontinuität ist: nicht einfach ein Prozeß der Aufteilung und des Zusammenwachsens, sondern ein Prozeß, der strukturalen Wandel mit einschließt. Mit dem Mechanismus dieses Verwandlungsprozesses wollen wir uns hauptsächlich beschäftigen.
Zweifellos stehen sowohl der Untersuchung wie der Beschreibung sozialen Wandels in den gängigen anthropologischen Zusammenhängen große Schwierigkeiten entgegen: Feldstudien sind kurzfristig angelegt, historische Quellen enthalten nur selten geeignetes Material in ausreichender Genauigkeit. Obwohl die Anthropologen häufig ein besonderes Interesse an dieser Frage bekundet haben, ist ihre theoretische Aufarbeitung der Probleme sozialen Wandels bisher in der Tat wenig bemerkenswert.[10]
Dennoch scheint mir, daß die Schwierigkeiten wenigstens teilweise als Nebenprodukt der falschen Vorstellungen der Anthropologen über den Charakter ihrer Daten anzusehen sind. Die englischen *social anthropologists* haben ihre Grundvorstellungen zumeist eher bei Durkheim als bei Pareto oder Max Weber entliehen. Hieraus ergibt sich ihre Vorliebe für Gesellschaften, die Symptome »funktionaler Integration«, »sozialer Solidarität«, »kultureller Einheitlichkeit«, »strukturalen Gleichgewichts« aufweisen. Derartige Gesellschaften mögen zwar von Historikern oder Politologen als absterbend angesehen werden, aber die *social anthropologists* halten sie gewöhnlich für gesund und in idealer Weise vom Schicksal begünstigt. Gesellschaften dagegen, die Symptome von Differenzierung und innerem Konflikt zeigen, der zu schnellem Wandel führt, begegnet man mit dem Verdacht der »Anomie« und der pathologischen Fäulnis.[11] Dieses Vorurteil zugunsten von »Gleichgewichts«-Interpretationen ergibt sich aus der Art des Materials, das dem Anthropologen zur Verfügung steht, und aus den Bedingungen, unter denen er seine Arbeit tut: Der *social anthropologist* untersucht in der Regel die Bevölkerung eines bestimmten Ortes zu einem bestimmten Zeitpunkt und kümmert sich nicht weiter darum, daß dieser Ort möglicherweise zu einem späteren Zeitpunkt von anderen Anthropologen noch einmal untersucht werden wird. Daher erhalten wir Untersuchungen über die Gesellschaft der Trobriander, die Gesellschaft der Tikopia, die Gesellschaft

der Nuer, *nicht* aber solche über »die Gesellschaft der Trobriander 1914«, »die Gesellschaft der Tikopia 1929«, »die Gesellschaft der Nuer 1935«. Werden anthropologische Gesellschaften derart aus Zeit und Raum herausgehoben, so muß die Interpretation des Materials notwendig auf eine am gesellschaftlichen Gleichgewicht orientierte Analyse hinauslaufen, denn wäre es anders, so würde dem Leser die Analyse gewiß unvollständig erscheinen. Aber mehr noch; da die Forschungsarbeit in den meisten Fällen ein für allemal ohne jeden Bezug auf eine mögliche Wiederholung, durchgeführt worden ist, wird ein *stabiles* Gleichgewicht dargestellt: Die Autoren schreiben so, als seien die Trobriander, die Tikopia, die Nuer jetzt und immerdar so, wie sie sind. Die Verwirrung zwischen den Begriffen »Gleichgewicht« und »Stabilität« ist in der Tat so tief in der anthropologischen Literatur verwurzelt, daß die Verwendung des einen wie des anderen Begriffs leicht zu Zweideutigkeit führt. Sie bezeichnen natürlich nicht dasselbe. Meine eigene Position ist die folgende.

Modell-Systeme

Versucht ein Anthropologe, ein soziales System zu beschreiben, so beschreibt er notwendig nur ein Modell der sozialen Wirklichkeit. Dies Modell ist in Wahrheit die Hypothese des Anthropologen darüber, »wie das soziale System funktioniert«. Die verschiedenen Teile des Modell-Systems bilden daher notwendig ein zusammenhängendes Ganzes – es ist ein System im Gleichgewicht. Das bedeutet aber nicht, daß die soziale Wirklichkeit ein zusammenhängendes Ganzes bildet; im Gegenteil steckt die reale Situation zumeist voller Inkonsistenzen; gerade diese Inkonsistenzen können uns einem Verständnis des Prozesses sozialen Wandels näherbringen.
In sozialen Zusammenhängen, wie wir sie in der Kachin Hills Area finden, kann man von jedem Individuum sagen, daß es in mehreren verschiedenen Sozialsystemen zur gleichen Zeit eine mit einem bestimmten sozialen Status verbundene Position einnimmt. Dem Individuum selbst erscheinen derartige Systeme als Alternativen oder Inkonsistenzen innerhalb des Wertschemas, anhand dessen es sein Leben organisiert. Der umfassende Prozeß des strukturalen Wandels ergibt sich aus der Manipulation dieser Alternativen als Mittel zum sozialen Aufstieg: Jedes Individuum innerhalb einer Gesellschaft bemüht sich, jeweils in seinem eigenen Interesse, die Lage so, wie es sie wahrnimmt, auszunutzen; dabei verändert die Gesamtheit der Individuen die Struktur der Gesellschaft.

Diese ziemlich komplizierte Vorstellung [...] soll anhand eines einfachen Beispiels illustriert werden.

In politischen Angelegenheiten sind die Kachin mit zwei recht widersprüchlichen idealen Lebensformen konfrontiert: Die eine ist das Regierungssystem der Shan, das einer Feudalhierarchie ähnlich sieht. Die andere ist jene, die hier als der Typ der *gumlao*-Organisation bezeichnet wird; dies ist eine wesentlich anarchistische, auf Gleichberechtigung aufgebaute Organisationsform. Nicht selten trifft man einen ehrgeizigen Kachin, der Namen und Titel eines Shan-Fürsten annimmt, um seine Ansprüche auf aristokratische Privilegien zu legitimieren, sich zugleich aber auf die *gumlao*-Prinzipien der Gleichheit beruft, um seinen Verpflichtungen zur Zahlung feudaler Abgaben an seinen eigenen traditionalen Häuptling zu entgehen.

Genauso, wie individuelle Kachin oft der Frage gegenüberstehen, was moralisch richtig ist, kann man von ganzen Kachin-Gemeinschaften sagen, daß sie vor der Wahl stehen, welches politische System sie zu ihrem Ideal machen sollen. Kurz gesagt läuft meine Argumentation darauf hinaus, daß die Kachin-Gemeinschaften bezüglich ihrer politischen Organisation zwischen zwei polaren Typen oszillieren: einerseits der *gumlao*-»Demokratie«, zum andern der Shan-»Autokratie«. Die meisten der realen Kachin-Gemeinschaften gehören weder zum Shan- noch zum *gumlao*-Typ, sondern sind nach einem System organisiert, das hier als *gumsa*[12] bezeichnet wird und das im Grunde eine Art Kompromiß zwischen den Idealen des *gumlao* und der Shan ist [...] Der Leser sollte sich im klaren darüber sein, daß die realen *gumsa*-Gemeinschaften nicht statisch sind. Einige entwickeln sich unter dem Einfluß günstiger ökonomischer Umstände mehr und mehr in die Richtung des Shan-Modells, bis die Kachin-Aristokratie schließlich meint, daß sie »Shan geworden« ist *(sam tai sai)* [...]; andere *gumsa*-Gemeinschaften verändern sich in die entgegengesetzte Richtung und werden *gumlao*. Die soziale Organisation der Kachin, wie sie in den vorhandenen ethnographischen Berichten beschrieben wird, ist immer das *gumsa*-System; meine These ist aber, daß dieses System für sich genommen unverständlich ist, da es zu viele innere Inkonsistenzen aufweist. Nimmt man es einfach als Modell-Schema, so kann man es als gleichgewichtiges System darstellen[13]; wie aber Lévi-Strauss bemerkt hat, enthält die so vorgestellte Struktur Elemente, die »im Widerspruch zum System stehen und daher seinen Untergang hervorrufen müssen«.[14] Auf dem Feld der sozialen Realität sind die durch *gumsa* bezeichneten politischen Strukturen wesentlich instabil, und ich bestehe darauf, daß sie nur dann ganz zu verstehen sind, wenn man sie mit den einander entgegengesetzten Typen der *gumlao*- und der Shan-Organisation kontrastiert.

Eine andere Methode, Phänomene strukturalen Wandels zu betrachten, besteht darin, sie als Verschiebungen des Zentrums der politischen Macht innerhalb eines gegebenen Systems anzusehen.

Die strukturale Beschreibung eines sozialen Systems ergibt ein idealisiertes Modell, das die »korrekten« Status-Beziehungen angibt, die zwischen Gruppen innerhalb des Gesamtsystems und zwischen sozialen Personen, die bestimmte Gruppen bilden[15], bestehen. Die Position einer jeden sozialen Person innerhalb eines beliebigen derartigen Modell-Systems ist notwendig festgelegt, wenn man auch annehmen kann, daß die Individuen bei der Erfüllung unterschiedlicher Aufgaben und in unterschiedlichen Stadien ihrer Laufbahn unterschiedliche Positionen einnehmen.

Wenn wir von strukturalem Wandel sprechen, müssen wir nicht nur einfach die Veränderungen in Betracht ziehen, welche die Positionen von Individuen in bezug auf ein ideales System von Status-Beziehungen erfahren, sondern darüber hinaus Veränderungen an dem idealen System selbst: nämlich Veränderungen in der Machtstruktur.

Macht ist in jedem System zu verstehen als Attribut von »Beamten«, d. h. von sozialen Personen, die Positionen einnehmen, mit denen Macht verbunden ist. Individuen üben Macht nur in ihrer Eigenschaft als soziale Personen aus. Allgemein behaupte ich, daß der *social anthropologist* nie das Recht hat, Handlungen als unzweideutig auf ein bestimmtes Ziel gerichtet zu interpretieren. Daher bin ich immer unzufrieden mit funktionalistischen Argumentationen über »Bedürfnisse« und »Ziele«, wie sie von Malinowski und Talcott Parsons[16] vorgebracht werden; ich halte jedoch die Annahme für nötig und legitimierbar, daß ein bewußter oder unbewußter Wunsch nach Macht ein sehr allgemeines Motiv in menschlichen Angelegenheiten ist. Entsprechend nehme ich an, daß Individuen, denen die Wahl ihrer Handlungsweise offensteht, gewöhnlich eine derartige Wahlmöglichkeit nutzen werden, um Macht zu gewinnen; d. h., sie werden sich um Anerkennung bemühen als soziale Personen, die Macht haben; oder, um es in einer anderen Sprache auszudrücken, sie werden versuchen, Zugang zu einem Amt zu bekommen oder doch sich den Respekt ihrer Mitmenschen zu sichern, der ihnen zu einem Amt verhelfen kann.

Respekt ist ein Kulturprodukt. Was man in einer Gesellschaft bewundert, verachtet man in einer anderen. Die Besonderheit der Situation, wie wir sie in den Kachin Hills antreffen, besteht darin, daß ein Individuum zu mehr als einem System sozialen Respekts gehören kann und daß diese Systeme nicht unbedingt miteinander in Einklang zu bringen sind: Handlungen, die nach den Vorstellungen der Shan verdienstvoll sind, gelten nach dem *gumlao*-Moralkodex vielleicht als entehrend. Der

Weg, auf dem ein Individuum in einer bestimmten Situation am sichersten Respekt gewinnen kann, ist selten eindeutig. Das klingt schwierig, aber der Leser sollte nicht annehmen, daß eine derartige Unsicherheit irgendwie ungewöhnlich wäre; in unserer eigenen Gesellschaft ist eine ethisch korrekte Handlungsweise für einen christlichen Geschäftsmann oft ebensowenig eindeutig bestimmbar.
[...]

Interpretation

[...] Ich muß mich hier zu einer psychologischen Grundannahme bekennen: Ich nehme an, daß alle menschlichen Wesen, was immer ihre Kultur und wie hoch auch ihr Niveau geistiger Differenzierung sein mag, dazu tendieren, in grundsätzlich gleicher Weise Symbole zu konstruieren und geistige Assoziationen vorzunehmen. Dies ist eine sehr weitreichende Annahme, die aber von allen Anthropologen gemacht wird. Sie läuft etwa so: Ich nehme an, daß ich, als Engländer, mit einiger Geduld lernen kann, jede andere verbale Sprache – z. B. Kachin – zu sprechen. Weiter nehme ich an, daß ich dann in der Lage sein werde, eine *annähernde* englische Übersetzung einer jeden normalen verbalen Aussage zu geben, die ein Kachin macht. Handelt es sich um Aussagen, die zwar verbal, aber völlig symbolisch sind, wie z. B. Poesie, so wird die Übersetzung sehr schwierig, da eine Übersetzung, die Wort für Wort vorgeht, wahrscheinlich im englischen Leser keine Assoziationen hervorrufen wird; trotzdem nehme ich an, daß ich mit der entsprechenden Ausdauer auch ein *annäherndes* Verständnis selbst der Poesie einer fremden Kultur erreichen und dies Verständnis dann anderen mitteilen kann. In gleicher Weise nehme ich an, daß ich eine annähernde Interpretation selbst *non-verbaler* symbolischer Handlungen, z. B. von Teilen des Rituals, liefern kann. Es ist schwierig, diese Art von Annahmen völlig zu rechtfertigen; ohne sie werden aber alle Bemühungen der Anthropologen sinnlos.

Von dieser Überlegung können wir uns wieder der eingangs gestellten Frage nach der Beziehung zuwenden, die zwischen der sozialen Struktur, als abstraktes Modell einer idealen Gesellschaft gesehen, und der sozialen Struktur einer realen empirischen Gesellschaft besteht.

Ich behaupte, daß ich, wo immer ich auf »Ritual« in dem von mir definierten Sinn treffe, als Anthropologe in der Lage bin, dieses Ritual zu interpretieren.

Ritual ist in seinem kulturellen Zusammenhang ein Raster von Symbolen; die Wörter, in welchen ich es interpretiere, sind ein weiteres symbolisches Raster, das weitgehend aus Spezialbegriffen besteht, welche die Anthropologen entwickelt haben – Wörter wie Lineage, Rang, Status usw. Die beiden Systeme von Symbolen haben etwas gemeinsam: eine gemeinsame *Struktur*. In gleicher Weise haben ein Notenblatt und die musikalische Realisierung des dort wiedergegebenen Stückes eine gemeinsame Struktur.[17] Dies ist es, was ich meine, wenn ich sage, daß das Ritual die soziale Struktur ausdrückt.

Die Struktur, die im Ritual symbolisiert ist, ist das System von sozial sanktionierten »richtigen« Beziehungen zwischen Individuen und Gruppen. Diese Beziehungen sind nicht immer formal anerkannt. Wenn Leute mit praktischen Tätigkeiten zur Befriedigung dessen, was Malinowski »Grundbedürfnisse« (basic needs) genannt hat, befaßt sind, können die Folgerungen aus den strukturalen Beziehungen völlig vernachlässigt werden; ein Kachin-Häuptling arbeitet auf seinem Feld Seite an Seite mit dem geringsten Sklaven. Ich bin sogar bereit, die These zu verteidigen, daß diese Vernachlässigung formaler Struktur unabdingbar ist, wenn gewöhnliche informelle soziale Tätigkeiten überhaupt stattfinden sollen.

Trotzdem müssen die Individuen, welche die Gesellschaft ausmachen, von Zeit zu Zeit wenigstens symbolisch an die zugrundeliegende Ordnung, die ihre sozialen Handlungen leiten soll, erinnert werden, wenn eine Anarchie vermieden werden soll. Rituelle Handlungen erfüllen diese Funktion für die teilnehmende Gruppe als ganze;[18] sie bringen augenblicksweise offen zum Ausdruck, was sonst reine Fiktion ist.

Soziale Struktur und Kultur

Meine Ansichten von der Art der Beziehung, die zwischen sozialer Struktur und Kultur[19] besteht, folgt unmittelbar hieraus: Die Kultur liefert die Form, das »Kleid« der sozialen Situation. Soweit mein Interesse reicht, ist die soziale Situation eine feste Gegebenheit, sie ist Produkt des historischen Zufalls. Ich weiß nicht, *warum* die Kachin-Frauen vor ihrer Heirat keinen Hut und kurzgeschnittenes Haar tragen, aber später einen Turban aufsetzen; genausowenig weiß ich, *warum* die englischen Frauen sich einen Ring an einen bestimmten Finger stecken, um den gleichen Wechsel in ihrem sozialen Status auszudrücken; alles, was mich interessiert, ist, daß in dem sozialen Kontext der Kachin das Tragen des Turbans bei einer Frau diese symbolische Bedeutung hat. Es ist eine Aussage über den Status dieser Frau.

Die Struktur der Situation ist aber weitgehend unabhängig von ihrer kulturellen Form. Dieselbe Art von strukturaler Beziehung kann in vielen verschiedenen Kulturen bestehen und in entsprechend unterschiedlichen Weisen symbolisiert werden. In dem soeben betrachteten Beispiel ist die Ehe eine strukturale Beziehung, die sowohl der englischen als auch der Kachin-Gesellschaft gemeinsam ist; sie wird in der einen durch einen Ring, in der andern durch einen Turban symbolisiert. Das bedeutet, daß ein und dasselbe Element sozialer Struktur in dem einen kulturellen Gewand am Ort A erscheinen kann und in einem anderen kulturellen Gewand am Ort B. A und B aber können aneinander angrenzende Gebiete sein. Mit anderen Worten, es gibt keinen inneren Begründungszusammenhang für die Annahme, daß eindeutige Grenzen sozialer Systeme immer mit kulturellen Abgrenzungen zusammenfallen müßten. Kulturelle Unterschiede sind zwar von struktureller Bedeutung; aus der bloßen Tatsache aber, daß zwei Personengruppen unterschiedlichen Kulturen angehören, geht noch nicht zwingend hervor, daß sie zu gänzlich verschiedenen sozialen Systemen gehören; dies aber wird fast immer unterstellt. Ich nehme hier das Gegenteil an.

In jeder geographischen Region, die keine grundlegenden natürlichen Grenzen besitzt, ist anzunehmen, daß die Menschen, die in aneinandergrenzenden Gebieten leben, wenigstens in gewissem Umfang Beziehungen zueinander unterhalten, und zwar unabhängig von ihren kulturellen Zusammenhängen. Soweit es sich um geordnete und nicht völlig zufällige Beziehungen handelt, implizieren sie eine soziale Struktur. Es könnte jedoch eingewandt werden, ob sich die strukturalen Beziehungen zwischen Gruppen verschiedener Kulturen überhaupt ausdrücken lassen, wenn soziale Strukturen ihren Ausdruck in kulturellen Symbolen finden; das Festhalten an kultureller Verschiedenheit und das Bestehen auf ihr können aber selbst zur rituellen Handlung werden, die geeignet ist, sozialen Beziehungen Ausdruck zu geben.

In der geographischen Region, die hier behandelt wird, sind die kulturellen Variationen zwischen den einzelnen Gruppen sehr zahlreich und stark ausgeprägt. Personen, die eine andere Sprache sprechen, andere Kleidung tragen, andere Gottheiten verehren usw., werden aber nicht als Fremde in dem Sinne behandelt, daß sie außerhalb des Bereichs sozialer Bezugnahme stünden: Die Kachin und Shan verachten sich gegenseitig; Kachin und Shan sollen aber trotz alledem einen gemeinsamen Urahn haben. In diesem Zusammenhang sind kulturelle Attribute wie Sprache, Kleidung und rituelle Verrichtungen nur symbolische Markierungen, die unterschiedliche Sektoren eines einzigen ausgedehnten strukturalen Systems kennzeichnen.

Für meine Zwecke liegt die eigentliche Bedeutung bei dem zugrundeliegenden strukturalen Raster, nicht bei dem offensichtlichen kulturellen.

Mir geht es nicht so sehr darum, eine bestimmte Kultur struktural zu interpretieren, sondern zu untersuchen, wie bestimmte Strukturen in kulturell ganz unterschiedlicher Weise interpretiert werden können, und wie unterschiedliche Strukturen durch das gleiche System kultureller Symbole dargestellt werden können. Mit der Behandlung dieser Problematik bemühe ich mich um den Aufweis eines grundlegenden Mechanismus sozialen Wandels.

Bibliographie

W. J. S. Carrapiet (1929), *The Kachin Tribes of Burma*, Rangoon.
E. Fr. von Eickstedt (1944), *Rassendynamik von Ostasien*, Berlin.
E. E. Evans-Pritchard (1940), *The Nuer*, London.
R. Firth (1951), *Elements of Social Organisation*, London.
M. Fortes (1949), »Time and Social Structure: an Ashanti Case Study«, in: *Social Structure: Studies Presented to A. R. Radcliffe-Brown* (Hg. M. Fortes), Oxford.
C. Gilhodes (1922), *The Kachins: Religion and Customs*, Calcutta.
O. Hanson (1906), *A Dictionary of the Kachin Language*, Rangoon.
O. Hanson (1913), *The Kachins – Their Customs and Traditions*, Rangoon.
M. J. Herskovits (1948), *Man and His Works*, New York.
G. C. Homans (1951), *The Human Group*, London.
A. L. Kroeber (1952), *The Nature of Culture*, Chicago.
A. L. Kroeber und C. Kluckhohn (1952), *Culture*, Peabody Mus. Papers, Vol. XLVII, 1.
E. R. Leach (1952), »The Structural Implications of Matrilineal Cross-Cousin Marriage«, JRAI LXXXI.
C. Lévi-Strauss (1949), *Les structures élémentaires de la parenté*, Paris.
H. Malcom (1837), *Travels in South Eastern Asia . . .*, 2 vols., Boston.
B. Malinowski (1944), *A Scientific Theory of Culture and other Essays*, University of North Carolina.
B. Malinowski (1945), *The Dynamics of Culture Change*, New Haven.
S. F. Nadel (1951), *The Foundations of Social Anthropology*, London.
Talcott Parsons (1949), *Essays in Sociological Theory: Pure and Applied*, Cambridge, Mass.
Talcott Parsons und E. F. Shils (Hg.) (1951), *Toward a General Theory of Action*, Cambridge, Mass.
A. R. Radcliffe-Brown (1940), »On Social Structures«, JRAI LXX.
B. Russel (1948), *Human Knowledge*, London.
H. J. Wehrli (1904), *Beitrag zur Ethnologie der Chingpaw (Kachin) von Ober-Burma*, Beiheft zum Int. Archiv f. Ethnol. XVI.
G. und M. Wilson (1945), *The Analysis of Social Change*, Cambridge.

JRAI: *Journal of the Royal Anthropological Institute.*

Anmerkungen

* Einige Formulierungen, die dem Charakter dieses Textes als Einleitung zu einer größeren Darstellung entspringen, wurden im Folgenden so verändert, daß die deutsche Fassung eine größere Geschlossenheit erhält. (Anm. d. Übers.)
[1] Z. B. Malcolm (1837); Eickstedt (1944).
[2] Z. B. Hanson (1913:13).
[3] Carrapiet (1929); Gilhodes (1922); Hanson (1913); Wehrli (1904).
[4] Vgl. Fortes (1949: 54–60).
[5] Lévi-Strauss (1949, Kap. 18).
[6] Evans-Pritchard (1940).
[7] Vgl. Fortes (1949: 54f.).
[8] Radcliffe-Brown (1940).
[9] Vgl. Nadel (1951: 187).
[10] Z. B. Malinowski (1945); G. und M. Wilson (1945); Herskovits (1948).
[11] Homans (1951: 336f.).
[12] Außer wenn eigens vermerkt, sind alle Eingeborenen-Wörter, die hier verwendet werden, der Jingphaw-Sprache entnommen und werden nach dem Latinisierungssystem von Hanson transskribiert (vgl. Hanson 1906).
[13] Leach (1952: 40–45).
[14] Lévi-Strauss (1949: 325).
[15] Zum Gebrauch des Ausdrucks »soziale Person« s. besonders Radcliffe-Brown (1940: 5).
[16] Malinowski (1944); Parsons (1949); Parsons und Shils (1951, Teil II).
[17] Russell (1948: 479).
[18] Für das Individuum kann die Teilnahme am Ritual auch andere Funktionen wie z. B. eine kathartisch-psychologische haben; das liegt meiner Ansicht nach aber außerhalb des Kreises anthropolischer Betrachtung.
[19] Im Hinblick auf amerikanische Leser muß ich betonen, daß der Begriff *Kultur*, so wie ich ihn gebrauchte, nicht die allumfassende Kategorie ist, die Gegenstand der amerikanischen *cultural anthropology* ist. Ich bin *social anthropologist*, und mein Interesse gilt der Sozialstruktur der Kachin-*Gesellschaft*. Für mich sind die Begriffe »Kultur« und »Gesellschaft« sehr genau unterschieden: »Ist die Gesellschaft ein Aggregat sozialer Beziehungen, so ist die Kultur der Inhalt dieser Beziehungen. ›Gesellschaft‹ betont die menschliche Komponente, die Vereinigung von Leuten und die Beziehungen zwischen ihnen. ›Kultur‹ betont den Aspekt akkumulierter Hilfsmittel sowohl immaterieller wie materieller Art, welche die Menschen ererben, anwenden, verändern, zu denen sie neue hinzufügen, die sie weitergeben« (Firth, 1951: 27). Der unterschiedliche Gebrauch des Begriffs *Kultur*, wie er bei amerikanischen Anthropologen gängig ist, findet sich bei Kroeber (1952) und Kroeber und Kluckhohn (1952).

Max Gluckman
Rituale der Rebellion in Südost-Afrika

Vorbemerkung der Herausgeber: Dieser Aufsatz wird hier abgedruckt, obwohl die darin beschriebenen rituellen Rebellionen in zentralisierten Gesellschaften, also nicht in »Gesellschaften ohne Staat«, spielen. Die Affinität dieses Textes zu jenen über segmentäre Gesellschaften liegt in der Darstellung von Verhaltensweisen, welche an die nivellierenden Abläufe in akephalen Gesellschaften anschließen und als primäre politpsychische Mechanismen gedeutet werden können. Insbesondere kommen die antiherrschaftlichen Affekte gerade in diesen »Übergangsgesellschaften« besonders dramatisch zum Ausdruck. Indem die integrative, erneuernde und stabilisierende Funktion der ritualisierten Rebellion für das sakrale Königtum der Zulu und Swazi aufgezeigt wird, leistet Gluckman mit diesem und anderen Aufsätzen einen relevanten Beitrag zur allgemeinen soziologischen Konflikttheorie: Gluckman gehört nach Dahrendorf zu jenen Soziologen, welche »die Fruchtbarkeit sozialer Konflikte erkannt und ihren Bezug auf den historischen Prozeß gesehen haben« (*Gesellschaft und Freiheit,* München 1961, S. 125).

1.

Sir James Frazers *The Golden Bough* beginnt mit der Erklärung des Rituals des Priesterkönigs im italienischen Hain von Nemi. Sein Monumentalwerk hebt an mit dieser Beschreibung:

»In diesem heiligen Hain wuchs ein bestimmter Baum, um den herum zu jeder Tageszeit, und wahrscheinlich bis spät in die Nacht hinein, eine grimmige Figur schlich. In ihrer Hand trug sie ein blankes Schwert, und sie schaute kriegerisch um sich, als ob sie jeden Moment erwartete, von einem Feind angegriffen zu werden. Sie war ein Priester und ein Mörder; und der Mann, nach dem sie ausschaute, würde sie früher oder später ermorden und an ihrer Statt die Priesterschaft innehaben. Das war die Regel des Heiligtums. Ein Anwärter auf die Priesterschaft konnte das Amt nur erhalten durch die Ermordung des Priesters. Und durch diesen Mord erlangte er das Amt, bis er selbst durch einen Geschickteren oder Stärkeren ermordet wurde.«

Frazer wirft so gleich zu Beginn seines Werkes das Problem eines in eine »rituelle Rebellion« verwickelten Priester-Königs auf. Er kehrt immer wieder zu diesem Thema zurück, so, wenn er beschreibt, wie in vielen Gesellschaften zu Neujahr »Spottkönige« oder »Sündenbock-Könige« auf Zeit gewählt wurden, die man dann verbannte oder opferte. Ich will versuchen, in dieser Vorlesung zu Ehren Frazers darzustellen, wie seine anthropologischen Nachfolger ähnliche Rituale der Rebellion interpretieren.

Frazers intellektuelle Suche führte ihn vom Hain von Nemi auf eine Reise rund um die Welt, unter Bauern und Angehörige von Stammesgesellschaften und zeitweise in die großen Kulturen der Vergangenheit. Er forschte nach der Beziehung dieser Priesterkönige zu einer Reihe weitverbreiteter landwirtschaftlicher Rituale, in denen die Menschen den »Geist des Korns« in der letzten Garbe oder in Tieren, menschlichen Wesen oder Bildnissen bewahrten. Manchmal zerstörten sie diese vor der Aussaat, um der Erde die Fruchtbarkeit wiederzugeben. Frazer argumentierte weiter, in diesen Bräuchen liege der Ursprung bestimmter Rituale und der damit verbundenen Mythen alter mediterraner und nahöstlicher Kulturen. Diese Rituale und Mythen betreffen die Geschichte eines Gottes, manchmal eines vergöttlichten Sterblichen, der ermordet wurde oder starb, und der dann wieder zum Leben erwachte durch die Liebe einer Göttin, die die Mutter oder Frau des Toten oder seine Geliebte war. Die bekanntesten dieser Paare sind Adonis und Aphrodite, Tammuz und Astarte, Osiris und Isis, Dionysos und Demeter, Persephone – nur sie eine Tochter – und Demeter. Frazer faßte diese Mythen zusammen:

»(Die Menschen) machten sich nun ein Bild vom Wachstum und dem Niedergang der Vegetation, der Geburt und dem Tod lebender Kreaturen, die sie als Ergebnisse der werdenden oder schwindenden Kraft göttlicher Wesen sahen, von Göttern und Göttinnen, die geboren wurden und starben, die heirateten und Kinder bekamen entsprechend den Gesetzen des menschlichen Lebens.

... Mit den Namen Osiris, Tammuz, Adonis und Attis stellten die Völker Ägyptens und Westasiens den jährlichen Niedergang und das Wiedererwachen des Lebens dar, vor allem des pflanzlichen Lebens, das sie als einen Gott personifizierten, der jährlich starb und wieder zum Leben erwachte.«[1]

Frazer sah in diesen Mythen den Menschen dramatisch das Sterben und Wiedererwachen der Natur im Wechsel der Jahreszeiten darstellen. Typisch für diese Mythen ist die Sage, wie der Held von einem wilden Eber oder einem als wilder Eber verkleideten Feind getötet wird. In Syrien floß das Blut des verwundeten Tammuz oder Ädonis von den Flüssen ins Meer, denn diese Flüsse schwemmten im Frühlingshochwasser rote Erde auf, die die Küstengewässer verfärbte. Auf diesen Vorgang bezieht sich Milton in seiner »Ode on the Morning of Christ's Nativity«:

»In vain the Tyrian Maids their wounded Thamuz mourn.«

Zeremonien fanden statt, um dem sterbenden Helden zu helfen und mit ihm der Natur.

Zweifellos vereinfachte Frazer das Problem zu sehr.[2] Dennoch ist es von großer Bedeutung, daß er die Geschichten vom sterbenden Gott sowohl mit den weitverbreiteten bäuerlichen Bräuchen als auch mit den Bräuchen um die Priester-Könige verbindet. In dieser Beweisführung war Frazer, wie die meisten seiner Zeitgenossen, an den intellektuellen Erklärungsmustern interessiert, die seiner Ansicht nach hinter all diesen Bräuchen stecken mußten. Der moderne Anthropologe, der seine Analyse auf detaillierte Feldforschung gründet, beschäftigt sich eingehender mit den zeremoniellen Rollen von Personen, Kategorien von Personen und sozialen Gruppen sowie damit, in welcher Beziehung sie zueinander stehen. Frazer hätte diesen Problemen gar nicht nachgehen können, da ihm die notwendigen Fakten fehlten; und wenn ich mich auf eine soziologische Analyse konzentriere, so tue ich dies nicht, um die Bedeutung von Frazers intellektueller Analyse zu schmälern.

Ich will deshalb die sozialen Komponenten von Zeremonien – analog zu jenen, die Frazer interessierten – unter den südöstlichen Bantu von Zululand, Swaziland und Moçambique untersuchen. Hier werden (in einigen Fällen muß man sagen: wurden) wie überall in Afrika nationale und lokale Zeremonien durchgeführt beim Ausbruch des Regens, bei der Aussaat, den Erstlingsfrüchten und der Ernte. In einer Zeremonie kommt die Vorstellung der Besänftigung einer Göttin durch die Rituale klar zum Ausdruck. Normalerweise sind die Zeremonien auf die Ahnengeister der Häuptlinge oder der betreffenden Verwandtschaftsgruppen gerichtet. Aber was auch immer der vorgebliche Zweck der Zeremonien sein mag, so ist doch die bemerkenswerteste Erscheinung ihrer Organisation die Weise, in der sie offen soziale Spannungen ausdrücken. Frauen müssen ihre Ausschweifung und ihre Dominanz geltend machen gegen ihre strikte Unterordnung unter die Männer; Prinzen müssen sich dem König gegenüber verhalten, als ob sie den Thron begehrten; Untertanen zeigen offen ihren Unmut gegenüber Herrschaft. Deshalb nenne ich sie Rituale der Rebellion. Ich werde ausführen, daß diese rituellen Rebellionen sich innerhalb eines etablierten und geheiligten traditionalen Systems abspielen, in dem es Auseinandersetzungen über bestimmte Aspekte der Verteilung der Macht gibt, aber nicht über die Struktur des Systems selbst. Dies erlaubt den institutionalisierten Protest und erneuert auf komplexe Art die Einheit des Systems.

2.

Die Zulu hatten kein entwickeltes Pantheon. Ihre Vorstellungen von einem Hochgott waren vage, und es gab keine rituelle Verehrung für ihn. Der *Himmel* wurde als verantwortlich betrachtet für bestimmte zerstörende Phänomene wie den Blitz. Er wurde durch besondere Zauberer kontrolliert. Die einzige entwickelte Gottheit in ihrer Religion war

Nomkubulwana, die Prinzessin des Himmels, die von den Frauen und Mädchen des lokalen Distrikts in Zululand und Natal verehrt wurde, wenn die Frucht begonnen hatte zu wachsen. Die Durchführung dieser landwirtschaftlichen Rituale durch Frauen auf lokaler Ebene steht im Gegensatz zu den großen nationalen Ritualen der Aussaat und der ersten Ernte, die hauptsächlich der Verantwortung von Männern unterlagen, als Kriegern, die dem König dienten, um den sich das Ritual drehte.

Die Frauen üben das Ritual der Verehrung der Göttin *Nomkubulwana* nicht mehr aus, so daß ich es während meiner Arbeit in Zululand nicht mehr beobachten konnte.[3] Aber die Göttin selbst besucht immer noch das herrliche Land. Sie bewegt sich in den Nebeln, die das Ende der Trockenzeit anzeigen und das Einsetzen des Regens ankündigen. Von ihren Gehöften über den Hügeln schauen die Zulu auf diese Nebel, die in den Tälern liegen, vom Licht der aufgehenden Sonne berührt, und sie lassen sich aus über die Schönheit der Prinzessin des Himmels. Ein Missionar in Zululand schrieb:

»Es wird beschrieben, sie trage ein Kleid aus Licht und sei vom Himmel heruntergekommen, um die Menschen zu lehren, Bier zu brauen, zu pflanzen, zu ernten und all die nützlichen Dinge zu tun ... Sie ist eine Jungfrau und sie macht ihren Besuch auf der Erde im Frühling. Sie wird auch beschrieben als Verkörperung einer wunderschönen Landschaft mit grünenden Wäldern auf einigen Teilen ihres Körpers, grasbedeckten Hängen auf anderen und kultivierten Feldern auf wieder anderen. Man sagt von ihr, sie mache den Regen.«[4]

Nach Pater Bryant, einem katholischen Missionar, der der erste Erforscher von Geschichte und Kultur der Zulu war,

»wird von ihr gesagt, sie sei es, die zuerst dem Menschen eine Form gegeben habe. Die Zulu sagen, sie bewege sich mit dem Nebel, auf der einen Seite ein menschliches Wesen, auf der anderen Seite ein Fluß, auf der dritten Seite mit Gras überzogen. Wenn man keine Riten für sie abhalte, so sei sie gekränkt und vergifte das Korn. Von Zeit zu Zeit sei sie den Frauen in Weiß erschienen und habe ihnen neue Gesetze gegeben oder die Zukunft vorausgesagt. Der Regenbogen ist der Sparren ihrer Hütte – sie wohnt im Himmel und ist mit dem Regen verbunden.«[5]

Nomkubulwana ist somit deutlich eine Göttin von der Art der Korn-Göttinnen und Korn-Götter der Antike. Pater Bryant vergleicht sie ausdrücklich mit diesen Gottheiten und zieht Parallelen zwischen den entsprechenden Ritualen. Das wichtigste dieser Rituale bei den Zulu erforderte obszönes Verhalten der Frauen und Mädchen. Die Mädchen zogen Männerkleidung an und hüteten und melkten das Vieh, das normalerweise für sie tabu war. Ihre Mütter pflanzten einen Garten für die Göttin weit draußen im Busch und schenkten ihr ein Trankopfer aus Bier ein. Danach wurde der Garten aufgegeben. In verschiedenen Stadien der Zeremonie gingen die Frauen und Mädchen nackt und sangen unzüchtige Lieder. Männer und Jungen versteckten sich und durften nicht in die Nähe kommen.

Bestimmte antike Zeremonien, die Frazer analysierte, waren ebenfalls gekennzeichnet durch unzüchtige Verhaltensweisen, besonders von Frauen, und die Bepflanzung besonderer Gärten durch Frauen. So beschrieb Frazer die »Gärten des Adonis« als ebenso nutzlos, wie es die der *Nomkubulwana* waren:

»Körbe oder Töpfe gefüllt mit Erde, in denen Weizen, Gerste, Salat, Fenchel und verschiedene Arten von Blumen angepflanzt waren und acht Tage lang gepflegt wurden, *hauptsächlich oder ausschließlich von Frauen.* Beschienen von der Wärme der Sonne wuchsen die Pflanzen schnell, aber da sie keine Wurzeln hatten, welkten sie schnell dahin, und gegen Ende der acht Tage wurden sie mit den Darstellungen des toten Adonis weggebracht und stürzten mit ihm ins Meer oder in Quellen.«[6]

Dieser Vergleich könnte leicht zu weit getrieben werden.[7] Aber ich will hier nur hervorheben, daß in vielen klassischen Zeremonien dieser Jahreszeit, wie in Afrika, den Frauen eine beherrschende und den Männern eine untergeordnete Rolle zugeschrieben wird – »bacchantisch« ist das angemessen Wort für diese Verkehrungen. Diese Elemente erscheinen überall in Zeremonien der südöstlichen Bantu-Stämme. So erfahren wir von einer Zeremonie zur Vertreibung von Pflanzenkrankheiten unter den Tsonga in Moçambique:

»Wehe dem Mann, der auf den Wegen läuft! Er wird mitleidlos von diesen Mannweibern angegriffen, die ihn beiseite stoßen oder sogar mißhandeln, und keiner seiner Kameraden wird ihm helfen. Sie alle halten sich abseits von Wegen, denn sie wissen gut, was ihnen bevorsteht, wenn sie auf die wilde Horde stoßen sollten!«[8]

Diese zeitweilig beherrschende Rolle der Frauen – eine beherrschende Rolle, die öffentlich institutionalisiert war, tatsächlich anerkannt und nicht nur taktvoll im Hintergrund praktiziert wurde – stand in starkem Gegensatz zu den Moralgesetzen dieser patriarchalischen Völker. Deshalb ist dies mein erstes Beispiel für eine rituelle Rebellion, einen institutionalisierten Protest, von der heiligen Tradition gefordert, die anscheinend gegen die etablierte Ordnung steht, ein Ritual, das jedoch zum Ziel hat, diese Ordnung zu segnen, um Wohlstand zu erlangen. Wir müssen das Verhalten der Frauen hier in Gegensatz stellen zu ihrem üblichen Verhalten, um zu verstehen, wie diese Rebellion funktioniert.

Zunächst ist es wichtig zu begreifen, daß die Männer sich nicht lediglich von der Teilnahme an der Zeremonie fernhielten und sie als Angelegenheit der Frauen ansahen. Die Männer waren überzeugt davon, daß die

Zeremonie dazu beitrage, eine reiche Ernte zu erwirken: 1937 beklagten sich alte Zulu-Männer bei mir, daß die Vernachlässigung der Zeremonie Schuld an den kargen Ernten von heute sei. Die Männer wünschten, daß das Ritual ausgeführt werde, und ihre eigene positive Rolle bei der Zeremonie bestand darin, sich zu verstecken[9] und den Mädchen zu erlauben, ihre Kleider zu tragen und ihre Arbeit zu verrichten, während die älteren Frauen sich mit bacchantischer Lüsternheit aufführten, ganz im Gegensatz zu den üblichen Keuschheitsnormen.

Zweitens wurden die Zeremonien von Frauen und Mädchen auf lokaler Ebene ausgeführt, während die Männer als Krieger in den Regimentern des Königs an den großen Saat- und Erste-Ernte-Zeremonien für nationale Stärke und Wohlstand teilnahmen. Die unmittelbaren Interessen der Frauen und Mädchen waren auf ihre Heimatbezirke beschränkt, und hier agierten sie für den lokalen Wohlstand. Ihre zeremoniellen Tätigkeiten, gekennzeichnet durch Anmaßung und Lüsternheit, waren wirkungsvoll durch den Gegensatz zu ihrer üblichen Unterordnung und Keuschheit. Ich kann hier auf diesen Gegensatz nicht im einzelnen eingehen[10], will aber kurz feststellen, daß die Frauen in jeder Beziehung eindeutig unter der Vormundschaft der Männer standen. Rechtlich waren sie immer unmündig und in der Obhut des Vaters und des Bruders oder des Ehemanns. Normalerweise waren sie von politischer Macht ausgeschlossen. Sie wurden aus ihrer eigenen Verwandtschaftsgruppe hinaus verheiratet in die Wohnstätten von Fremden, wo sie vielen Beschränkungen und Tabus unterlagen. Im Ritual war ihre Rolle nicht nur untergeordnet, sondern höchst ambivalent und normalerweise böse. Sie konnten Weiße Magie ausüben, wie z. B. wenn eine Schwangere Medizin verbrannte, deren Rauch den Früchten guttat. Aber sie konnten keine Zauberer werden; eine Frau wurde zweifellos krank, wenn sie über einen Feuerplatz ging, auf dem Magie vorbereitet worden war. Obwohl die Menstruation als Quelle der Kinder galt, d. h. gut sein konnte, waren Frauen während ihrer Menstruation normalerweise eine ständige Gefahr. In diesem Zustand konnten sie Zauber verderben, Früchte vergiften, Vieh töten und den Krieger seiner Stärke und den Jäger seiner Geschicklichkeit berauben. Furchtbare Krankheiten befielen einen Mann, der Verkehr mit einer menstruierenden Frau hatte. In der Religion wurden Frauen gleichermaßen unterdrückt und als potentiell böse angesehen. Sie zogen um und stellten sich unter den Schutz der fremden Ahnen ihrer Ehemänner, denen sie sich nicht direkt nähern konnten. Sie wurden nicht wie Männer zu Ahnengeistern, die ihren Kindern Gutes taten als Erwiderung auf Opfer, denn als Geister waren Frauen launenhaft und böse: Männliche Ahnen quälten ihre Nachfahren normalerweise nicht mehr, nachdem geopfert worden war, aber weibliche Geister konnten auch weiterhin heimtückische Krankheiten verursachen. Die Zulu personifizieren die Macht des Himmels unbestimmt in Stürmen, und sie unterscheiden zwei Arten von Himmel. Der erste, gekennzeichnet durch Wetterleuchten, ist gut und männlich; der zweite, gekennzeichnet durch Blitze, ist weiblich und gefährlich. Endlich: Männer konnten lernen, gute Zauberer zu werden, und so konnten sie auch lernen, böswillige Hexer zu sein, sie waren dann aus Absicht böse. Aber die angeborene Bösartigkeit der Frauen zog Sexualgeister an, die sie zu Hexen machten und die Leben ihrer Verwandten forderten. In den Zulu-Mythen führte Eva das Töten durch Hexerei im Paradies ein. Bei den Zulu waren die meisten Anklagen wegen Hexerei gegen Frauen gerichtet – gegen Schwägerinnen und Schwiegertöchter und gegen Mit-Frauen des Mannes oder gegen die Frauen seines Bruders.

Den Frauen stand nur ein Weg zu guter ritualer Tätigkeit offen. Sie konnten von den Geistern besessen sein und Wahrsager werden: 90 Prozent dieser Art Wahrsager waren Frauen. Diese Besessenheit war jedoch eine außerordentlich schmerzvolle Krankheit, die über Jahre dauern konnte und oft zum Tode der Patientin führte. Das Symbol für eine erfolgreiche Initiation war das Recht, Schild und Speer als Zeichen der Männlichkeit zu tragen.

So betonten die standardisierten Vorstellungen und Praktiken der Zulu die soziale Unterordnung und die den Frauen eigene ambivalente Stellung. Frauen bedeuteten potentiell Unheil durch Ritual. Im alltäglichen Leben jedoch waren sie nicht nur brauchbar für die Gartenarbeit, sondern auch wesentlich für den Fortbestand der Gesellschaft. Die agnatische Lineage – eine Gruppe von männlichen Nachfahren eines männlichen Urahnen – war die beherrschende kontinuierliche Gruppe in der Verwandtschaft und im Familienleben der Zulu. Die Frauen der Lineage wurden nach außen verheiratet, um für andere Lineages Kinder zu erzeugen. *Mulier finis familiae est,* wie die Römer sagten. Aber die Männer, die als Gruppe sozial fruchtbar waren, insofern ihre Kinder ihre Existenz fortsetzten, waren andererseits physisch steril. Entsprechend den Regeln, die den Männern verboten, Frauen aus ihrer Verwandtschaft zu heiraten, mußten sie ihre Frauen anderswo suchen, um Kinder zu bekommen. Denn *Mulier et origo et finis familiae est.* Die männliche Gruppe war also für ihren Fortbestand auf fremde Frauen angewiesen. Wenn diese Frauen in die Gruppe hineinheirateten, wurden sie ummauert mit Tabus und Beschränkungen. Denn wenn Fortbestand und Stärke der Gruppe von der Nachkommenschaft dieser Frauen abhingen, so bedeutete doch ihre zahlenmäßige Zunahme Bedrohung dieser Stärke und des Fortbestands. Ein Mann, der zwei Söhne von seiner Frau hat, produziert zwei Rivalen für eine einzige Stellung und für *ein* Vermögen; und seine Frau ist verantwortlich für diese gefährliche Ausfächerung seiner Persönlichkeit. Hat er zwei Frauen, jede mit Söhnen, so ist die Vermehrung und damit der Zwiespalt noch größer. Die Rolle der Frau bei der Erzeugung von Kindern stärkt die Gruppe einerseits, andererseits droht sie sie zu zerstören, und diese Ambivalenz drückt sich in den mannigfaltigen Vorstellungen aus, die ich dargelegt habe. Da die Kämpfe zwischen Männern um Eigentum und Stellung, die die Gruppe zu zerstören drohten, mit Bezugnahme auf die jeweilige Verbindung zur agnatischen Gruppe durch eingeheiratete Frauen ausgetragen wurden[11], ist es nicht verwunderlich, daß Anklagen wegen Zauberei oft von Mitfrauen vorgebracht wurden, die nicht nur auf die Favoritinnen ihrer Männer eifersüchtig waren, sondern auch auf ihre Söhne, und sowohl von Männern als auch Frauen gegen Schwägerinnen und Schwiegertöchter. Darüber hinaus konnten die Männer der Gruppe sich angesichts ihrer Einheit mit Hexerei-Anklagen nicht direkt gegenseitig angreifen, aber einer konnte den anderen indirekt angreifen, indem er dessen Frau beschuldigte.

In diese Reihe von Konflikten spielt das Vieh hinein, erstens, als Haupteigentum (neben der Stellung), um das Männer kämpfen. Land gab es damals im Überfluß. Eine andere mächtige Quelle von Streitigkeiten waren Frauen. In gewissem Sinne waren Frauen und Vieh jedoch identisch, obwohl – und vielleicht weshalb – sie tabu füreinander waren, denn ein Mann benötigte Vieh als Brautschatz für seine Frau. Vieh – das Hüten des Viehs bildete zusammen mit der Kriegerschaft die bewunderte Zulu-Rolle – war so nicht nur tabu für Frauen, sondern es war auch das sichtbare Symbol für ihren Umzug aus der Sicherheit ihres Geburtsortes in die Unsicherheiten eines fremden Dorfes und die Wechselfälle ehelichen Lebens. Obwohl die Heirat das Ziel aller Frauen war, wurde von den Zulu-Mädchen verlangt, daß sie in den Jahren der Werbung unter hysterischen Anfällen zu leiden hatten, die dem Liebeszauber ihrer Freier zugeschrieben wurden. Wenn ein Mädchen heiratete, zog das Vieh in ihr Gehöft, um sie zu ersetzen, und ihr Bruder benutzte dieses Vieh, um seine eigene Braut zu ›kaufen‹. Die Stabilität der Heirat ihres Bruders, die er mit diesem Vieh getätigt hatte, hing von der Stabilität ihrer Heirat und davon ab, ob sie Kinder bekam; denn wenn sie geschieden würde – in der Praxis waren Scheidungen unter den Zulu allerdings äußerst selten[12] – oder wenn sie unfruchtbar wäre, so könnte ihr Mann das Vieh zurückverlangen, mit dem sein Schwager geheiratet hatte. Vieh symbolisierte so nicht nur die Weise, auf die ein Mädchen zu einer Frau wurde, sondern auch den Konflikt zwischen Brüdern und Schwestern, indem der Bruder Erbe sowohl bei der Hochzeit der Schwester als auch beim Vieh der Verwandtschaftsgruppe war. Von dieser Stellung war die Schwester ausgeschlossen durch die Eigenschaft ihres Geschlechts (...)

Dies ist ein Teil des sozialen Hintergrunds, vor dem wir versuchen müssen, die *Nomkubulwana*-Zeremonien mit ihrem als Frauenrebellion artikulierten Protest zu verstehen. Sie fanden statt, wenn die Frauen mit den mühsamen und unsicheren landwirtschaftlichen Arbeiten begannen, und sollten eine gute Ernte von der einzigen Göttin in der Reihe der männlichen »Götter« und Ahnen sicherstellen. Solange die jungen Mädchen noch in ihrem Geburtshaus waren, handelten sie, als wären sie ihre Brüder: sie trugen Männerkleidung, trugen Waffen (wie die besessenen Wahrsagerinnen) und hüteten das geliebte Vieh. Ihre Brüder blieben in den Hütten wie Frauen. Die jüngeren verheirateten Frauen[13] bestellten, unter geilen Gesten, das Feld der Göttin, wie die Männer zeremoniell in der Hauptstadt ein Feld für den König aussäten. Ein Fallenlassen der normalen Beschränkungen sowie perverses und transvestites Gehaben, bei dem Frauen herrschten und Männer unterdrückt wurden, würden, so glaubte man, auf eine gewisse Art Gutes für die Gemeinschaft bringen – eine reiche Ernte. In diesem »würden, so glaubte man, auf eine gewisse Art Gutes ... bringen« sind sicherlich eine Menge psychologischer und soziologischer – sogar physiologischer – Mechanismen enthalten. Mir bleibt keine Zeit, näher auf diese Mechanismen einzugehen, über die wir bis jetzt tatsächlich wenig wissen. Ich möchte hier nur hervorheben, daß die Zeremonie anscheinend mit einem Akt der Rebellion arbeitet, durch einen offenen und privilegierten Anspruch auf Obszönität[14], durch das offenkundige Wirken fundamentaler Konflikte sowohl in der sozialen Struktur als auch der individuellen Psyche.

Mit dieser Interpretation zieht sich die Prinzessin des Himmels in den Hintergrund zurück, wie – so würde Frazer gesagt haben – ihre Morgennebel, wenn die Sonne über den Hügeln aufgeht. Dennoch ist sie deutlich das Herz der Zeremonie. Wie Frazer es für ihre Schwester- und Bruder-Gottheiten in der antiken Welt hervorhob, symbolisiert sie den großen Wechsel der Jahreszeiten, der mit dem Frühling beginnt, und jenes Auf und Ab der Jahreszeiten, in dem das Leben des Menschen sich abspielt. Von dieser Bewegung der Jahreszeiten – und davon, daß die Jahreszeiten gut und fruchtbar sind – hängt die Ernte ab, und davon wiederum hängt das soziale Leben ab. Mit ihrem Vorrecht, der Gewährung oder Verweigerung einer reichen Ernte, setzt die Gottheit das soziale Leben in Beziehung zur Welt der Natur, in der es ruht. Dies tut sie in einer anthropomorphen Form, die ihrer Rolle angemessen ist, eine patriarchalische Gesellschaft, die schwer auf die hart arbeitenden Frauen drückt, zu verbinden mit ihrer bewaldeten, grasbewachsenen, damals kärglich kultivierten Umwelt. Ihre Gestalt ist nur teilweise menschlich, denn sie besteht teilweise auch aus Wäldern, Gras, Fluß und Gärten. Sie ist eine Frau, aber eine Jungfrau und unverheiratet und doch fruchtbar.

Sie macht den Regen. Sie lehrte alle nützlichen Künste und gab den Frauen, die keine Gesetze machen, Gesetze. Aber wenn wir, anders als Frazer, etwas über die sozialen Rollen der Teilnehmer der Zeremonien wissen, können wir unsere Analyse auf andere Wege führen als den einseitig intellektualistischen Pfad, dem Frazer folgte. Für ihn stellte diese Art der Zeremonie eine Antwort auf das Nachdenken des Menschen über das Universum dar; aufgrund unseres größeren Wissens können wir erkennen, daß sie sowohl soziale Konfikte als auch hilfloses Unwissen widerspiegelt und überwindet.

3.

Die *Nomkubulwana*-Zeremonie ist eines von vielen lokalen Ritualen, die diesen Prozeß ausdrücken; ich wählte sie für die Abhandlung hier aus, da es sich um eine Gottheit jenes Typs dreht, dem Frazer soviel Aufmerksamkeit widmete. Unter den benachbarten Swazi und Tsonga und in der Transkei sind diese Frauen-Rituale verbunden mit der Austreibung einer Insektenplage; und es gibt ein ähnliches Ritual unter den Zulu für *Nomkubulwana*. Im Süden üben die Thembu-Frauen der Transkei auch das Ritual des Viehhütens als eine Pubertätszeremonie für Mädchen aus. Einige Zeremonien dieser Art scheinen bei allen diesen patriarchalischen südöstlichen Bantu-Stämmen verbreitet zu sein. Auch andere lokale Zeremonien drücken das Thema der Rebellion aus.[15] Ich werde nun jedoch eine große nationale Zeremonie, die mit Ernte und Königtum verbunden ist, analysieren, bei der das Thema Rebellion im *politischen* Prozeß manifest wird.
Das Königreich der Zulu zerbrach nach dem Krieg zwischen England und den Zulu von 1879; aber glücklicherweise halten die blutsverwandten Swazi noch immer nationale Zeremonien ab, die denen, die die Zulu ausübten, sehr ähnlich sind. Dr. Hilda Kuper gab uns eine glänzende Beschreibung von ihnen.[16]
Von den meisten Beobachtern wurde angenommen, daß die *Incwala*-Zeremonie der Swazi eine typische Erstlingsfrüchte-Zeremonie sei, und tatsächlich durfte niemand von der Ernte essen, bevor sie durchgeführt war. Ein Bruch dieses Tabus beschwor bei den meisten südafrikanischen Stämmen rituelle Gefahr herauf, nicht für den Gesetzesübertreter, aber für den Führer, dessen Recht auf Vorrang »gestohlen worden war«. Wir haben Grund zu der Annahme, daß viele das Tabu brachen; wenn sie erwischt wurden, wurden sie von den Häuptlingen bestraft. Die Sanktion für dieses Tabu ist selbst das Hauptthema rebellischer Konflikte, die uns hier beschäftigen. So mußte der König mit

seinen Untertanen um die Wette laufen, um das »neue Jahr zu beißen«, dessen Eintritt gekennzeichnet ist durch die Sommersonnenwende. Aber der König muß auch »mit der Sonne um die Wette laufen« und mit der Zeremonie vor der Sonnenwende selbst beginnen. Dies verlangt einige Berechnung, für die der König sich zurückzieht, wenn der Mond abnimmt, was symbolisiert, daß die Manneskraft schwindet. Das Volk bewohnt das Land und hängt von kosmischen Kräften ab, aber es muß sie benutzen und sogar unterwerfen. Hier wird vom König auch verlangt, andere Völker daran zu hindern, ihm ein Schnippchen zu schlagen.

Die Zeremonien variieren entsprechend dem Alter des Königs: sie sind auf wenige Rituale beschränkt, wenn er als Knabe auf den Thron kommt, und nehmen zu, wie er an Alter zunimmt. Aber innerhalb des königlichen Clans kann nur der König das Ritual ausüben. Wenn zwei Prinzen ihre eigenen Zeremonien organisierten, führte dies, im Geschichtsdenken der Swazi, zu großem Unheil: nationale Armeen wurden ausgesandt, um sie für diesen Verrat zu strafen. Gewisse eingewanderte Provinzialhäuptlinge anderer Clans stellen ihre Erstlingsfrüchte-Zeremonien zurück und führen sie später aus, aber sie halten sich fern vom *Incwala* des Königs.

Zwei Kalebassen werden für die Zeremonie vorbereitet. Jede Kalebasse gilt als »Prinzessin« *(Inkosatana)* und scheint mit der Prinzessin *Inkosatana* in Verbindung zu stehen, die nach Dr. Kuper eine »Himmelsgottheit ist mit dem Regenbogen als Fußspur und dem Blitz als Stimmungsausdruck«. Dies läßt im weiteren einige Verwandtschaft mit *Nomkubulwana* vermuten. Die Kalebassen werden von Ritualexperten, deren Amt erblich ist, vorbereitet, genannt »Die Leute (Priester – M. G.) des Meeres«. Aus der Herde eines Untertanen, der nicht dem königlichen Clan angehört, wird ein pechschwarzer Bulle gestohlen. »Er ist wütend und stolz«, und diese gegensätzlichen Gefühle, so behauptet man, durchdrängen die Bestandteile des Rituals. Der Bulle wird geschlachtet, und Streifen seiner Haut werden um die »Prinzessinnen«-Kalebassen gewunden. Dann, am Abend, brechen die »Priester des Meeres« mit dem Segen der königlichen Ahnen auf, um das Wasser des Meeres und der Grenzflüsse und die Pflanzen aus den schwer passierbaren Wäldern der Lemombo-Berge zu holen. Dies war früher eine gefahrvolle Reise in Feindesland, aber die »Gewässer der Welt (wurden erlangt), um dem König Stärke und Reinheit zu geben«. Wenn die würdevollen Priester durchs Land ziehen, üben sie unter dem Volk erlaubte Räuberei aus.

Am Tage vor der Neumondnacht werden die Kalebassen in eine geheiligte Einfriedung im königlichen Viehkral gebracht. Einige der Priester plündern in der Hauptstadt. Die »kleine Zeremonie« hat begonnen. Die Altersregimenter der Veteranen aus der Hauptstadt der Königin-Mutter des verstorbenen Vaters des Königs versammeln sich halbmondförmig im Kral. Inmitten des brüllenden Viehs singen sie langsam das heilige königliche Lied:

Du haßt den Kind-König,
Du haßt den Kind-König *(wiederholt)*.
Ich würde weggehen mit meinem Vater (dem König),
Ich fürchte, wir würden zurückgerufen.
Sie legen ihn auf den Stein:
– Schläft mit seiner Schwester:
– Schläft mit Lozithupa ([der] Prinzessin)
Du haßt den Kind-König.

Die Worte werden in immer wieder variierter Anordnung wiederholt. Während des Gesangs betreten die Regimenter aus der Hauptstadt des Königs und seiner Königin-Mutter den Kral, und die Armee formt einen Halbkreis. Königinnen und Prinzessinnen und gemeine Frauen und Kinder stehen in separaten Rängen, voneinander entfernt entsprechend ihrem sozialen Rang. Alle singen ein zweites heiliges Lied:

Du haßt ihn,
Mutter, die Feinde sind das Volk.
Du haßt ihn,
Die Leute sind Hexenmeister.
Gib den Verrat an Mabedla zu –
Du haßt ihn,
Du hast böse gehandelt,
Beuge Deinen Nacken
Diese und jene, sie hassen ihn,
Sie hassen den König.

Dieses Lied muß noch einmal gesungen werden, und es folgen Lieder »reich an historischen Anspielungen und moralischen Vorschriften«, die aber auch bei weltlichen Anlässen gesungen werden. Dr. Kuper zitiert eines: Es spricht ebenfalls von den Feinden des Königs unter dem Volk und dringt auf Rache gegen jene, von denen angenommen wird, sie hätten seinen Vater, König Bunu, durch Zauberei getötet.

Bewaffnen wir uns, Männer der Hauptstadt,
Der Harem wird niedergebrannt,
Das Schild des Löwen ist verschwunden.

(wiederholt)

Währenddessen befindet sich der König in der geheiligten Einfriedung. Die Priester des Meeres behandeln ihn mit Arzneien, und Frauen wenden ihre Augen ab, denn »wenn man auf die Arzneien des Königs schaut, kann man verrückt werden«. In der Einfriedung wird ein pechschwarzer Bulle getötet, und die Armee bewegt sich in Richtung Einfriedung aus ihrer Halbmondform zur Form des Vollmondes, gefolgt von einem Regiment junger Männer. Während der König mit mächtigem Zauber behandelt wird, wird er von seinen Untertanen umringt. Die Armee singt ein königliches Lied, das bei allen wichtigen Anlässen in des Königs Leben gesungen wird:

König, wehe ob deines Schicksals,
König, sie weisen dich zurück,
König, sie hassen dich.

Das Lied geht zu Ende; Ausländer, die dem König keinen Gehorsam schulden, sowie Männer und Frauen des königlichen Clans und Frauen, die von diesen Männern schwanger sind, werden hinausbeordert. Dr. Kuper nimmt an, »daß der König auf der Höhe seiner rituellen Behandlung nur von seinen loyalen und nichtverwandten Untertanen umgeben sein darf«. Der Führer der Priester des Meeres ruft: »Unser Bulle, er sticht mit beiden Hörnern zu«; und das Volk weiß, daß der König Medizin ausgespuckt hat, um das alte Jahr zu zerbrechen und sich auf das neue vorzubereiten. Die Menge applaudiert, denn der König »hat triumphiert und stärkt die Erde«. Das Volk singt die Nationalhymne, nun nicht mehr voll von Haß und Ablehnung, sondern mit Triumph:

Hier ist das Unerklärliche.
Unser Bulle! Löwe! Komm herab!
Komm herab, Wesen des Himmels,
Unbesiegbar.
Spiele wie die Gezeiten des Meeres,
Du Unerklärlicher, Großer Berg,
Unser Bulle.

Ausländer und Mitglieder des königlichen Clans werden ausgeschlossen, und die Spuck-Zeremonie wird erneut vollzogen. Das Ritual ist vorbei. Es bleibt nun noch eine wesentliche »Arbeit des Volkes für das Königtum«. Die Krieger jäten die Gärten der Königin-Mutter, aber ihre Arbeit wird durch einen Ausdruck für Arbeit mit wenig Anstrengung, mit Spiel und Trödelei bezeichnet. Die Führer der Regimenter treiben die Krieger zu verstärkter Anstrengung an und schelten Drückeberger aus, aber es wird immer noch von energieloser Arbeit gesprochen – ich vermute, daß dies zumindest ein unbewußter Protest gegen Arbeit für den Staat ist. Die Armee tanzt; und dann werden die Leute entsprechend ihrem Rang bewirtet. Damit ist die kleine Zeremonie beendet, und in den folgenden zwei Wochen üben die Leute die Lieder und Tänze für die große Zeremonie, die bei Vollmond stattfindet, mit dem die Manneskraft erneut erstarkt. Für diese Nationalfeierlichkeiten versammeln sich Menschen aus dem ganzen Land.

Die von mir analysierten Themen sind in der kleinen Zeremonie aufgetreten; aus Mangel an Zeit fasse ich die von Dr. Kuper in unübertroffener Kunst beschriebene große Zeremonie nur knapp zusammen. Am ersten Tag machen die jungen Krieger, die rein und unberührt von sexuellen Beziehungen sind, eine anstrengende Reise, um Immergrün und schnellwachsendes Strauchwerk zu holen. Dann tanzen sie mit dem König. Nachdem sie sich ausgeruht haben, wird der König am dritten Tag mit machtvollen Arzneien behandelt. Ein weiterer gestohlener Bulle, dessen Diebstahl seinen Eigentümer von gemeiner Geburt »zornig« gemacht hat, wird von den Jungen mit bloßen Händen getötet: und wer nicht rein ist, wird mit Gewißheit verletzt werden. Magisch machtvolle Teile des Bullen werden zur Behandlung des Königs verwandt. Der vierte Tag ist der große Tag, wenn, um Dr. Kuper zu zitieren, »der König in all seinem Glanz erscheint und die ambivalente Haltung von Liebe und Haß, die ihm von seinen Brüdern und den nichtverwandten Untertanen entgegengebracht wird, und die sie sich gegenseitig entgegenbringen, dramatisiert wird«. Der König begibt sich nackt, nur die Vorhaut mit einem strahlenden elfenbeinernen Schutz bedeckt, durch sein Volk zu der geheiligten Einfriedung, während dieses Lieder von Haß und Zurückweisung singt. Seine Mutter weint und bemitleidet ihn. Er spuckt Arznei aus, so daß seine Stärke durch sein Volk geht und es erweckt. Nun beißt er in die Erstlingsfrüchte; und am nächsten Tag tun es ihm die verschiedenen Statusgruppen der Nation gleich, in der Reihe ihrer Rangfolge. Am Nachmittag tanzt der König, umgeben von den Männern des königlichen Clans, an der Spitze der Armee. Sie ändern ihr Lied:

Wir werden sie verlassen, mit ihrem Land,
Dessen Reisende wie ferner Donner sind,
Hörst Du, Dlambula, hörst Du?

Und die Frauen antworten:

Hört ihr?
Gehen wir, gehen wir.

»Die Worte und der Ton sind wild und traurig (sagen die Swazi) wie das Meer, ›wenn das Meer zornig ist und die Vögel des Meeres hin- und hergeworfen werden auf den Wellen‹. Die königlichen Frauen bewegen sich rückwärts und vorwärts in kleinen verzweifelten Gruppen ... Viele weinen. Die Füße der Männer stampfen langsam und energisch auf den Boden, die schwarzen Straußenfedern wehen und flattern; die Prinzen kommen näher, den König in ihrer Mitte treibend. Näher und näher bringen sie ihn zu seinem Heiligtum. Die Menge wird rasend, der Gesang lauter, die Körper wiegen sich und pressen gegen die Einfriedung, in die der König hineingetrieben wird.«

Dr. Kuper erhielt zwei anscheinend gegensätzliche Interpretationen des Ritus. Die erste war, daß der königliche Clan wieder auswandern wolle. »Sie möchten, daß ihr König mit ihnen kommt; sie wollen das Volk verlassen, dem sie mißtrauen, in dem Land, wo sie für kurze Zeit blieben.« Die zweite Interpretation war: »Der (königliche Clan) drückt seinen Haß gegenüber dem König aus. Sie klagen ihn an und drängen ihn aus ihrer Mitte.« Ich glaube, daß beide Interpretationen richtig sind, denn beide werden im nächsten Akt hervorgehoben.[17] Das Lied wechselt:

Komm, komm, König der Könige,
Komm, Vater, komm,
Komm, König, oh komm hierher, König.

»Die Prinzen stoßen mit ihren Stöcken gegen den schmalen Eingang und schlagen aufgeregt auf ihre Schilde, ziehen sich langsam und flehend zurück, versuchen ihn herauszulocken, bitten ihn mit Lobpreisungen: ›Komm aus deinem Heiligtum. Die Sonne verläßt dich, dich, den Höchsten.‹«

Der König kommt heraus wie ein wildes Monster, sein Kopf ist mit schwarzen Straußenfedern bedeckt, sein Körper mit glänzendem grünem rasiermesserscharfem Gras und harten Schößlingen. Diese und die anderen Teile der Ausrüstung haben rituellen Charakter. Es »scheint ihm zu widerstreben, zur Nation zurückzukehren. Er führt einen verrückten, undefinierbaren Tanz auf«. Dann kehrt er in sein Heiligtum zurück, und die Prinzen rufen ihm erneut zu, herauszukommen, »König der Könige«. »Sie ziehen sich zurück, ruhen, bewegen sich vorwärts. Schließlich antwortet er. Auf seine Annäherung hin ziehen sie sich zurück, verleiten ihn zum Folgen, aber nach einigen Schritten wendet er sich zurück, und sie umschließen ihn erneut.« Die Krieger tanzen lebhaft, schlagen auf ihre Schilde, denn »durch ihre eigenen Bewegungen halten sie ihren König am Leben und bei Gesundheit. Das Schauspiel geht mit steigender Spannung weiter . . . (der König) wirkt furchterregend, und wenn das rasiermesserscharfe Gras in seine Haut schneidet, wirft er seinen Körper wütend herum, in Schmerz und Wut.« Die reinen Jünglinge kommen schließlich nach vorn: Sie tragen besondere, große schwarze Schilde. Das Lied wechselt zum Triumph:

Tiefer Donner,
Daß sie den donnernden Schlag hören.

Die Jugendlichen bearbeiten ihre Schilde mit den Fäusten, wenn der König auf sie zutanzt, aber sie ziehen sich vor ihm zurück. Er zieht sich noch zwei- oder dreimal in sein Heiligtum zurück und erscheint dann,

einen Kürbis tragend, der, obwohl im vorigen Jahr geerntet, noch grün ist. Fremde und Adlige verlassen wiederum das Amphittheater. Der König zieht sich erneut zurück, die Männer aufreizend; dann taumelt er plötzlich vorwärts und wirft den Kürbis auf einen Schild zu. Die Männer stampfen mit den Füßen, zischen und schlagen mit ihren Schilden auf; und alle zerstreuen sich.
Einige Informanten erzählten Dr. Kuper, daß der Empfänger des Kürbis, der so das machtvolle, die Vergangenheit symbolisierende Gefäß erhielt, getötet worden sei, wenn er in die Schlacht zog. Sie vermutet, er habe als nationaler Sündenbock gedient, »ein Opfer an die Zukunft«.
Der König ist voll von gefährlicher magischer Macht. In dieser Nacht schläft er mit seiner rituellen Gattin. Sie wurde zu seiner Blutsschwester gemacht, damit gemeines und königliches Blut in ihr zusammenfließen und sie die Schwester-Frau des Königs sei. Bis zum nächsten Tag befindet sich die ganze Bevölkerung in einem tabuierten Zustand und unterliegt Beschränkungen, während der König nackt und ruhig bei seinen mächtigen Ratgebern sitzt. »An diesem Tag ist die Identifikation des Volkes mit dem König sehr deutlich.« Leute, die z. B. das Tabu, lange zu schlafen, brechen, werden gemaßregelt: »Du bringst den König zum Schlafen«, und werden mit einer Geldbuße belegt. Auch die Königin-Mutter wird mit Arzneien behandelt.
Am letzten Tag werden gewisse Dinge, die während der Zeremonie benutzt worden waren, auf einem großen Scheiterhaufen verbrannt, und die Leute tanzen und singen, aber die traurigen Lieder der Zurückweisung sind nun für ein Jahr tabu. Es sollte regnen – und das tut es normalerweise auch –, um die Flammen zu ersticken. Es gibt eine Feier und ein Gelage auf Kosten des Herrschers und fröhliches Lieben. Die Krieger jäten die königlichen Felder und zerstreuen sich dann in ihre Gehöfte.
In Dr. Kupers farbigem Bericht zeigen die Zeremonien ihren Hauptsymbolismus selbst. Man spürt das Handeln, das aus den machtvollen Spannungen entsteht, die das nationale Leben bestimmen – König und Staat gegen das Volk, und das Volk gegen König und Staat; der König verbunden mit Gemeinen gegen seine Rivalen, die prinzlichen Brüder; die Gemeinen vereint mit den Prinzen gegen den König; die Beziehungen des Königs zu seiner Mutter und zu seinen eigenen Königinnen, und die Nation vereint im Kampf ums Leben gegen die Natur. Diese Zeremonie ist nicht einfach die massenhafte Bekundung der Einheit, sondern das Betonen des Konflikts, ein Ausdruck der Rebellion und Rivalität gegenüber dem König, mit periodischen Bekundungen der Einheit mit dem König wie der Entmachtung des Königs. Die politische Struktur als die Quelle von Wohlstand und Stärke, die die Nation nach innen und

nach außen sichert, wird in der Person des Königs geheiligt. Er ist verbunden mit seinen Ahnen, denn die politische Struktur besteht über Generationen, mögen auch Könige und das Volk geboren werden und sterben. Die Königin-Mutter verbindet ihn mit vergangenen Königen, seine Königinnen mit zukünftigen. Es bestehen noch viele andere Elemente, aber wir sehen erneut, daß das dramatische, symbolische Darstellen sozialer Beziehungen in ihrer Widersprüchlichkeit als Mittel verstanden wird, Einheit und Wohlstand zu erlangen.

4.

Zunächst muß ich wieder Sir James Franzers tiefer Einsicht Tribut zollen. Er betonte, daß diese bäuerlichen Zeremonien verbunden seien mit dem politischen Prozeß und daß der sterbende Gott oft mit weltlichen Königen identifiziert werde. Er lenkte die Aufmerksamkeit auch auf die Rebellion, denn er beschrieb die weitverbreitete Einsetzung von »Königen auf Zeit«, die nach einigen Tagen scheinbarer Herrschaft geopfert oder verhöhnt und ihres Amtes enthoben wurden. Auf der Grundlage unzureichenden Materials konnte er nicht die Schlüsse ziehen, die wir ziehen. Es ist vielleicht möglich, die Hypothese, die ich aufgestellt habe, am klassischen Material zu überprüfen, aber ich zweifle, ob die Daten verfügbar sind. Professor Frankforts gelehrte Analyse der ägyptischen Zeremonien kann uns nur berichten, daß

»die königlichen Prinzen und auch die königlichen Verwandten in großer Zahl teilnahmen. Einige Reliefs zeigen zusätzlich Figuren, die als ›Männer‹ oder ›Untertanen‹ bezeichnet werden. Sie repräsentieren die Massen von Zuschauern, die, obwohl sie sicher von dem vergleichsweise beschränkten Tempelgebiet ausgeschlossen waren, die Prozessionen zum Hafen beobachteten und wahrscheinlich auf andere, nicht mehr rekonstruierbare Weise teilnahmen.«[18]

Ungeübte Beobachter und einheimische Berichte in primitiven Gesellschaften waren im allgemeinen unfähig, diese wichtigen Elemente des Zeremoniells aufzuzeichnen. Dennoch wage ich zu vermuten, daß in nahöstlichen und klassischen Zeremonien die Darstellung sozialer Spannungen ähnlich angelegt war.

5.

Wir sehen uns hier mit einem kulturellen Mechanismus konfrontiert, der eine Untersuchung durch Soziologen, Psychologen und Biologen fordert: die detaillierte Analyse des Prozesses, durch den dieses Konflikthandeln zu einem Segen wird – zur sozialen Einheit.[19] Wir haben es eindeutig mit dem Problem der *Katharsis* zu tun, das von Aristoteles in seiner *Politik* und seiner *Tragödie* aufgegriffen wird – die Reinigung des Gefühls durch »Mitleid, Furcht und Inspiration«. Ich versuche hier nur die soziologischen Aspekte dieses Prozesses zu analysieren.

Ich möchte Systeme zu als auch auf solche, hervorheben, daß die rituelle Rebellion innerhalb einer etablierten und unangefochtenen sozialen Ordnung auftritt. In der Vergangenheit mögen die südöstlichen Bantu ihre Kritik geäußert und rebelliert haben gegen bestimmte Autoritäten und Individuen, aber sie stellten das institutionelle System nicht in Frage. Die Zulu-Frauen litten unzweifelhaft unter schwerem psychischen Druck, hervorgerufen durch soziale Unterordnung und ihren Transfer in Fremdgruppen kraft Heirat, aber sie wünschten sich Heirat und Kinder sowie kutkultivierte und fruchtbare Felder, die ihre Männer und Familien ernährten. Im *Nomkubulwana*-Ritual wurden sie zeitweise zu lüsternen Mannweibern und ihre Töchter zu martialischen Hirten; aber sie akzeptierten die soziale Ordnung und bildeten keine Sufragettenpartei. Hier haben wir, denke ich, einen offensichtlichen Hinweis – und er ist nicht notwendigerweise falsch, weil er offensichtlich ist – auf eine Reihe sozialer Gründe, warum diese afrikanischen Zeremonien frei und offen fundamentale soziale Konflikte ausdrücken konnten. Sie hatten keine Sufragetten, deren Ziel die Veränderung der bestehenden sozialen und politischen Ordnung war, sondern Frauen, die nach guten Ehemännern suchten und ihnen Kinder gebaren.

Ähnlich waren auch im afrikanischen politischen Leben die Männer zwar Rebellen, aber niemals Revolutionäre. Der König und die prinzlichen Rivalen ebenso wie die Untertanen akzeptierten alle die bestehende Ordnung und ihre Institutionen als rechtens. Wer mit den etablierten Autoritäten um die Macht konkurrierte, trachtete nur danach, für sich selbst die gleiche Machtstellung zu erlangen. Professor Frankfort beschreibt eine ähnliche Struktur für das alte Ägypten. Der Pharao »hält eine etablierte Ordnung (in der Gerechtigkeit ein bestimmendes Element ist) aufrecht gegen den Angriff chaotischer Mächte.« Diese Ordnung war *maat*, was normalerweise mit »Wahrheit« übersetzt wird, aber »es bedeutet wirklich ›rechte Ordnung‹ – die inhärente Struktur des Schaffens, deren integraler Bestandteil die Gerechtigkeit ist«. Sie wurde »vom Volk so wirksam anerkannt, daß es in der ganzen langen Geschichte Ägyptens kein Zeugnis irgendeines Volksaufstands gibt«, trotz der vielen Palastintrigen.[20]

Die Akzeptierung der etablierten Ordnung als richtig und gut, ja sogar geheiligt, scheint zügellose Exzesse zu erlauben, bestimmte Rituale der Rebellion, denn die Ordnung selbst hält diese Rebellion in Grenzen.

So betont die Darstellung der Konflikte, ob direkt oder durch Umkehrung oder in anderer symbolischer Form, den sozialen Zusammenhang, in dem die Konflikte stehen. Jedes soziale System ist ein Feld von Spannungen, voll von Ambivalenz, Zusammenarbeit und ihr widersprechendem Kampf. Dies trifft sowohl auf relativ stationäre – ich nenne sie *repititive*[21] – soziale Systeme zu als auch auf solche, die sich wandeln und entwickeln. In einem repetitiven System werden besondere Konflikte nicht durch Veränderungen in der Ämterordnung gelöst, sondern durch Wechsel der Personen, die diese Ämter innehaben. Das Fortschreiten der Zeit mit Wachstum und Wandel der Bevölkerung bringt über lange Perioden zwar Neugruppierungen hervor, aber keinen radikalen Wandel der Gestalt. Und da die soziale Ordnung immer eine Aufteilung in Rechte und Pflichten enthält, sowie in Privilegien und Macht einerseits gegenüber Verpflichtungen andererseits, bekräftigt die zeremonielle Inszenierung dieser Ordnung die Natur der Ordnung in all ihrer Richtigkeit. Die Zeremonie bestätigt, daß die Prinzen und die einfachen Leute den König gewissermaßen im Rollenhandeln hassen, aber daß sie ihn dennoch unterstützen. Und tatsächlich unterstützen sie ihn wegen und trotz der Konflikte zwischen ihnen. Es ist ein entscheidender Punkt, daß sogar die Swazi-Prinzen den König nicht wirklich hassen, obwohl ihre soziale Position zu Unzufriedenheit führen mag. In einer verhältnismäßig kleinen Gesellschaft haben die Prinzen tatsächlich allein durch ihre Existenz Macht, die den König bedroht. In ihrem vorbestimmten, zwanghaften rituellen Verhalten drücken sie deshalb sowohl Opposition als auch Unterstützung des Königs aus, im wesentlichen aber die Unterstützung für das Königtum. Das ist der soziale Rahmen der Rebellionsrituale.[22]
Hier liegt eine Antwort auf Dr. Kupers Erörterung der Lieder des Hasses und der Zurückweisung, durch die die Swazi ihren König *unterstützen:*

»Die Worte der *Incwala*-Lieder überraschen den Europäer, der an nationale Feierlichkeiten gewöhnt ist und daran, die Königswürde laut gerühmt, die Tugenden der Nation vergrößert und das Land glorifiziert zu hören. Das Thema der *Incwala*-Lieder ist der Haß auf den König und seine Zurückweisung durch das Volk. [Ein Swazi schrieb]: ›Das [eine] Lied oder die Hymne ist eine indirekte Anspielung auf die Feinde des Königs, die nicht unbedingt von außen kommen, sondern auch aus den Reihen der königlichen Familie oder der Stammesmitglieder. Die Zeile ›er haßt ihn! ahoshi ahoshi ahoshi‹ – ist ein Stoß, gerichtet gegen alle, die nicht an *Incwala* teilnehmen können, deren Nicht-Teilnahme als ein Akt der Rebellion, der Feindseligkeit und des persönlichen Hasses gegen den König angesehen wird.‹ Über das [Ablehnungslied schrieb er]: ›Es ist ein nationaler Ausdruck der Sympathie für den König, der aus Gründen der Art seiner Wahl notwendigerweise Feinde innerhalb der königlichen Familie hat... Die Lieder zeigen den Haß, der durch den König wachgerufen wird, sie zeigen aber auch die Loyalität seiner Anhänger. Das Volk, das die Lieder singt, singt mit Schmerz und Leiden, sie hassen seine Feinde und greifen sie an.‹ [Ein anderer Swazi] sagte: ›Ich glaube, daß diese Lieder eine magische Vorkehrung gegen kommenden Schaden für den König sind.‹«

Wenn der König nackt durch sein Volk und Heiligtum geht

»weinen die Frauen, und das Haßlied klingt mit durchdringender Melancholie aus. Als [Dr. Kuper] später die Frauen fragte, warum sie geweint hätten, sagte die Königin-Mutter: ›Es bedeutet Schmerz, ihn als König zu sehen. Mein Kind geht allein durch das Volk.‹ Die Königinnen sagten: ›Wir bedauern ihn. Es gibt keinen anderen Mann, der nackt an allen vorübergehen könnte.‹ Ein alter Mann fügte hinzu: ›Die Arbeit eines Königs ist tatsächlich sehr schwer.‹«

Es ist also ein ganz bestimmter König, der von einigen gehaßt und zurückgewiesen wird und der von denen, die loyal sind, bedauert und unterstützt werden muß. Das Volk mag das Königtum hassen, in der Ablehnung seiner Herrschaft, aber es hat nicht die Absicht, es zu stürzen. Denn »das Königtum und nicht der König ist göttlich«.[23]

In Europa können wir den König nicht mehr einfach rituell ablehnen, denn es gibt zu viele unter uns, selbst in diesem Vereinigten Königreich, die das Königtum und die soziale Ordnung, die es bedingt, zurückweisen und hassen; deshalb, um Dr. Kuper zu zitieren, »werden die Königswürde laut gerühmt, die Tugenden der Nation vergrößert und das Land glorifiziert«. Es mag einige unter uns geben, die das Königtum akzeptieren, aber meinen, jemand anderes sollte den Thron innehaben. In vielen Teilen des Commonwealth, wie z. B. in meiner Heimat Südafrika, wird normalerweise die Krone selbst und nicht ihr Vertreter abgelehnt. Einige Südafrikaner wollen Unabhängigkeit von der Krone; innerhalb des Commonwealth gibt es Revolutionäre, die nach völlig anderen Vorstellungen organisierte Republiken anstreben. Im großen und ganzen aber kämpft niemand gegen ein bestimmtes Oberhaupt.

Diese vereinfachte Gegenüberstellung erhellt die sozialen Zusammenhänge des Swazi-Rituals der Rebellion. Beim politischen System der Swazi handelte es sich um ein System, in dem es Rebellen, aber keine Revolutionäre gab. Wenn ein bestimmter König ein Tyrann war, so hatte die Auflehnung des Volkes nicht die Errichtung einer Republik zum Ziel, sondern es ging darum, einen guten Prinzen zu finden, der zum König gemacht werden konnte. Das Volk wurde sowohl durch Glaube und Brauch als auch durch die Gruppenstruktur, in der es sich zur Rebellion vereinigte, genötigt, den rettenden Führer in der königlichen Familie zu suchen. Es glaubte fest daran, daß nur ein Mitglied der königlichen Familie König werden konnte. Unter diesen Umständen der Rebellion gegen einen schlechten König, der den Wert des Königtums verletzt hatte, ist die Rebellion tatsächlich darauf angelegt, das Königtum gegen den König zu verteidigen. Das Volk hat ein Interesse an den Werten des Königtums und kämpft für sie. Kurz, die Rebellion findet statt, um einen Prinzen, von dem man hofft, er beachte diese Werte, mit denselben Befugnissen auf des Königs Platz zu setzen, und daher unterstützt eine Rebellion paradoxerweise das Königtum. Weiter, da der Führer einer Rebellion Mitglied der königlichen Familie ist, bestätigt die Rebellion den Anspruch dieser Familie auf den Thron. Deshalb kann ein Prinz Gemeine zur Rebellion und zum Angriff auf einen Verwandten veranlassen, ohne den Anspruch seiner Familie zu entkräften. In dieser Situation fürchten die Herrscher die Rivalen aus ihren eigenen Reihen, nicht aber Revolutionäre aus niederem Stand; jeder Herrscher hat so aus Furcht vor seinen Rivalen ein großes Interesse an der Einhaltung der Normen des Königtums. Jede Rebellion ist deshalb ein Kampf zur Verteidigung der Königswürde und des Königtums; und in diesem Prozeß ist die Feindseligkeit der Gemeinen gegen die Aristokraten darauf gerichtet, die Herrschaft der Aristokraten zu erhalten, von denen einige die Gemeinen in der Revolte anführen.[24]

All diese Zusammenhänge werden im Ritual der Rebellion zusammen mit der Einheit gegen die Natur und äußere Feinde dargestellt. Der König wird als König gestärkt; und das Königtum wird in seiner Person gestärkt durch die Verbindung mit den königlichen Ahnen, mit der Königin-Mutter und mit ererbten Insignien, die das Fortbestehen des Thrones symbolisieren. Aber diese persönliche Isolation und die Konflikte, die sich auf ihn als einen individuellen Vertreter des Thrones zentrieren, drücken dramatisch die tatsächlichen Gruppierungen von Machtkämpfen im System aus und intensivieren die Handlungen und Gefühle, die Loyalität ausdrücken. Solange der König minderjährig ist, werden wenige Zeremonien durchgeführt; die Männer versammeln sich nicht und die Haßlieder werden nicht gesungen. Die persönliche Position des Königs ist zu schwach, als daß sie den Konflikt erlauben würde, der in dramatischer Einheit komplementäre Opposition ausdrückt.

Die Rebellionsstruktur dieses Typs von stationären Gesellschaften wurde schon lange von den Historikern festgestellt.[25] Aber dieses Ritual der Rebellion erfordert, daß wir die Analyse vorantreiben. Die große Zeremonie, von der die Swazi glaubten, sie stärke und einige die Nation, erreichte diese Ziele nicht nur durch Massentänze und Lieder, Enthaltsamkeit und Festlichkeiten, sondern auch durch die Betonung potentieller Rebellion. Wenn diese Betonung potentieller Rebellion in der Praxis zum Gefühl der Einheit der Nation führte, ist es dann nicht möglich, daß die interne Rebellion selbst die Quelle der Stärke dieses Systems war? Ich kann hier nicht alles anführen, was die Evidenz dieser kühnen Behauptung stützt. Es handelte sich um Staaten, die auf einer verhältnismäßig einfachen Technologie und begrenzten Handelsbeziehungen beruhten. Sie hatten keine Waren, um den Lebensstandard zu erhöhen, und die Reichen benutzten ihren Wohlstand hauptsächlich dazu, die von ihnen Abhängigen zu ernähren und ihre Gefolgschaft zu vergrößern. So waren diese Gesellschaften im wesentlichen egalitär. Ihnen fehlte außerdem ein komplexes integrierendes ökonomisches System, das ihre Mitglieder zusammenhielt, und ihr Kommunikationssystem war schwach entwickelt. Jedes territoriale Segment war im großen und ganzen ökonomisch autonom und wurde von der Zentrale kaum kontrolliert. Deshalb entwickelten die territorialen Segmente auf der Basis lokaler Loyalitäten und Verbindungen starke Tendenzen, aus dem nationalen System auszubrechen und sich unabhängig zu erklären. In der Praxis jedoch neigten die Führer dieser territorialen Segmente eher zum Kampf um das Königtum oder den ihm eigenen Machthof als zur Unabhängigkeit. Periodische Bürgerkriege stärkten so das System durch die Kanalisierung der Segmentierungstendenzen und durch die Bestätigung, daß das Hauptziel der Führer das sakrale Königtum selbst war. Wenn ein guter Zulu-König lang und glücklich regiert hatte, so kämpften zwei seiner Söhne noch zu seinen Lebzeiten um die Nachfolge. In anderen Nationen (z. B. Ankole) gab es einen internen Krieg, an dem sich die Gesamtheit der potentiellen Erben beteiligen konnte. In Nationen wie den Zulu wurde ein friedlicher König angegriffen von jemand, der sich als Usurpator bezeichnete. Oft benannten die Segmente der Nation ihre eigenen Kandidaten für den Thron, wobei jedes Segment bereit war, für seinen echten Prinzen zu sterben.

Diese Ansicht wird durch die Tatsache bestätigt, daß wir in Afrika selten klare und einfache Regeln für die Einsetzung eines einzigen Prinzen als echten Erben finden. Oft sind die Nachfolgeregeln in sich selbst widersprüchlich, indem sie verschiedene Erben unterstützen (z. B. bei den Bemba), und noch öfter führen sie in der Praxis zu Unklarheiten (z. B. bei den Swazi und Zulu). Fast jede Nachfolge ruft rivalisierende Ansprüche hervor. Oder der Erbe wird von der königlichen Familie gewählt (so bei den Lozi). Oder aber das Königtum wechselt zwischen verschiedenen Häusern der königlichen Dynastie, die verschiedene territoriale Segmente repräsentieren (z. B. bei den Shilluk und Nupe). Eine andere Form ist die duale Monarchie, die auf zwei Hauptstädte aufgeteilt ist, von der die eine durch des Königs Mutter oder Schwester regiert werden kann (z. B. bei den Swazi und Lozi).[26] Die jeweilige Struktur des Königtums bedeutete für die Nation Kämpfe zwischen den rivalisierenden Häusern oder selbst Bürger-Krieg; und es ist eine historische Tatsache, daß diese Kämpfe die die Nation bildenden Gruppen in widersprüchlicher Allianz um das sakrale Königtum vereinten. Wird ein Königreich durch eine komplexe Ökonomie und ein schnellarbeitendes

Kommunikationssystem integriert, mögen zwar die Palastintrigen weitergehen, aber die verhältnismäßig einfachen Prozesse der Segmentation und der Rebellion werden durch Klassenkämpfe und Tendenzen zur Revolution kompliziert. Das Ritual der Rebellion ist nicht mehr angemessen, nicht mehr möglich.

6.

Es bleiben noch einige Punkte, um unsere Argumentation abzuschließen. Erstens, warum fanden diese Zeremonien anläßlich der Erstlingsfrüchte und der Ernte statt? Ich vermute, daß es in dieser Jahreszeit wirklich sozial zerstörerische Kräfte gibt, die physiologische und psychologische Untersuchungen erfordern. In all diesen Stämmen folgen die Erstlingsfrüchte auf eine Periode des Hungers. Streitigkeiten können entstehen durch den plötzlichen Ausbruch von durch die neue Nahrung freigesetzter Energie, denn Kriege werden nach der Ernte entfesselt und tödliche Kämpfe brechen zu dieser Zeit aus. Sogar davor führt zweifellos die Erwartung des Überflusses, besonders an Bier, bei den Männern, die zu dieser Zeit streitsüchtig sind, zu gewaltsamen Energieausbrüchen. Einige Leute essen auch tatsächlich die neue Nahrung, bevor die Zeremonie ausgeführt ist. Wenn die Ernte gut ist – und viele südafrikanische Stämme führen keine Zeremonie durch, wenn sie schlecht war –, bricht sich der Jubel über das Ende der Unsicherheit Bahn. Vor diesem Hintergrund treten Schwierigkeiten dort auf, wo die Früchte einer Familie reif sind, während eine andere noch im Hunger lebt. Das Tabu des frühen Essens erlaubt es, daß jede Familie zur etwa gleichen Zeit viel hat. Dieser Übergang zum Überfluß bringt eine sichtbare Gefühlsentladung in der Gesellschaft mit sich. Da in diesen Subsistenzgesellschaften Nahrungsvorräte andere Menschen anlocken, neigt jeder Haushalt dazu, sich auf sich selbst zurückzuziehen. Nach den Erstlingsfrüchten und der Ernte werden wieder größere gesellschaftliche Anlässe wahrgenommen: Hochzeiten, Tänze, Biergelage werden zu täglichen Erscheinungen und locken ganze Nachbarschaften an. Dieser große Wechsel im Tempo des gesellschaftlichen Lebens ist begleitet von Erleichterung, denn wieder hat man ein Jahr erfolgreich hinter sich gebracht, während das Ritual mit den schwierigen Anforderungen und seiner langsamen und geordneten Freilassung widersprüchlicher Gefühle und angestauter Energie durch das Programm der Zeremonien und Tänze das Verhalten kontrolliert, die Einheit betont. Alles wird mit Billigung der Gottheiten oder der königlichen Ahnen durchgeführt. Die Lozi haben keine Hungerperiode und keine großen Zeremonien.[27]

Die Zeremonie der Frauen und die Zeremonie des Königs bei der Aussaat und den Erstlingsfrüchten sind eindeutig landwirtschaftliche Rituale. Einige der sozialen und psychischen Spannungen, die in sie eingehen, sind verbunden mit den Stadien des landwirtschaftlichen Zyklus und der Nahrung, die man zu produzieren hofft oder produziert hat. Aber diese Spannungen sind durch die rituellen Darsteller auf die sozialen Beziehungen bezogen, die mit der Nahrungsproduktion zusammenhängen. Landwirtschaftliche Erfolge hängen von mehr als der Unbeständigkeit der Natur ab, auch wenn die wankelmütige Natur in allen Zeremonien personifiziert wird. Die Göttin *Nomkubulwana* ist ein Naturgeist, der für gute Früchte sorgen wird oder nicht. Sie ist ein Naturgeist für Frauen, nicht nur weil sie mit den Früchten verbunden ist, sondern auch weil Frauen in den Nachbarschaften als eine Einheit handeln. Diese Nachbarschaften umfassen Frauen völlig verschiedener Verwandtschaftsgruppen, mit unterschiedlichen Ahnen, und die Frauen können sich in keinem Fall den Ahnen nähern, die in erster Linie als für den Wohlstand verantwortlich gelten. Das *Nomkubulwana*-Ritual ist folglich ein Landkult, und das Feld wird weit draußen im Busch angelegt. So wie dieser Garten bleibt auch *Nomkubulwana* selbst außerhalb des Kreises der Gesellschaft; sie tritt nicht in die Zeremonie ein. Sie wird besänftigt, wenn die Frucht zu wachsen beginnt und wenn sie von Schädlingen befallen wird, so daß die Frauen und ihre Göttin mit den unsichersten[28] Stadien der Landwirtschaft verbunden sind, d. h. wenn die Arbeit der Frauen am schwersten ist. Hier kehren die Feiernden ihre Rolle drastisch um. Dies legt für die psychologische Forschung die Möglichkeit nahe, daß die familiäre Situation der Frau große Spannungen hervorbringt und daß diese niemals gut bewältigt werden. Sie zeigen sich in der Anfälligkeit der Frauen für nervöse Unruhe, Hysterie aus Furcht vor der Werbung der Männer mittels der Magie und vor geistiger Besessenheit.[29] Soziologisch scheinen Ritual und Naturgeist mit der potentiellen Unstabilität des häuslichen Lebens und der Gruppen in Verbindung zu stehen.

Die Erstlingsfrüchte-Zeremonie ist ein politisches Ritual, das vom Staat als fortdauernder Gruppe organisiert wird; so stellt es unterschiedliche Vorstellungen und Prozesse dar. Die Bantu glauben, daß die Ahnengeister des Königs letztlich vor allem für das Wetter und für gute Früchte verantwortlich sind. Diese Geister waren zu Lebzeiten Teil der Gesellschaft, und sie befinden sich immer an bestimmten geheiligten Stellen in den Behausungen der Menschen. Sie mögen in ihren Handlungen unberechenbar sein, aber sie sind innerhalb der Gesellschaft. Der herrschende König ist ihr irdischer Repräsentant, der sie in einer kleinen Zeremonie bei der Aussaat demütig anfleht; und auch die Erstlings-

früchte-Zeremonie zur Feier einer günstigen Reifezeit (die Zulu nannten die Zeremonie »mit dem König spielen«) richtet sich an den König und seine Ahnen. Das Ritual wird organisiert, um die Zusammenarbeit und den Konflikt darzustellen, aus denen das politische System besteht. Auf die Zeremonien folgen eine Reihe voneinander getrennter Opfer von Erstlingsfrüchten durch die Häupter aller politischen Gruppen, und zwar in ihren Heimstätten, für ihre eigenen Ahnen. Die Frauen aber bringen kein Ernteopfer für *Nomkubulwana* dar, die aufgrund eines anderen Zusammenhangs von Vorstellungen Fruchtbarkeit garantiert. Die Periode landwirtschaftlicher Sicherheit – Erstlingsfrüchte und Ernte – ist so mit dem König und dem politischen System verbunden, denn trotz des Konflikts, den es impliziert, ist das politische System Jahr für Jahr geordnet und stabil, über die Stabilität der häuslichen Einheiten hinaus. Die Unsicherheit und Wildheit der Natur jedoch kann in die Zeremonie des Königs eingehen, obwohl sie durch den König personifiziert werden. Das geschieht dann, wenn er auf dem Höhepunkt der Zeremonie mit Binsen und Tierhäuten angetan erscheint – ein Monster oder wildes Wesen *(Silo)* – und einen rasenden, inspirierten Tanz aufführt, den man ihn nie gelehrt hat. Aber selbst als Naturgeist ist der König durch seine ihm verbundenen Feinde, die Prinzen, in die Gesellschaft einbezogen, bis er in einem letzten Akt der Aggression das vergangene Jahr hinwegwirft – mit dem Wurf des Kürbis auf den Schild eines Kriegers, der sterben wird. Dann wird er wieder König, aber in einer tabuierten Abgeschiedenheit, die seine Unterordnung unter die politische Ordnung kennzeichnet. Der König ist der Diener seiner Untertanen. Die Natur wird dem politischen System unterworfen in einem Ritual, das zeitlich bestimmt wird durch das sicherste Naturphänomen – die Bewegungen von Sonne und Mond.
Die Professoren Fortes und Evans-Pritchard haben eine spezifizierte soziologische Hypothese vorgeschlagen, um zu erklären, wie der soziale Zusammenhang in der politischen Zeremonie mit der neuen Ernte verbunden wird.[30] Wenn die Gemeinschaft irgendeines der Dinge, die sie schätzt, erreichen will – gute Kameradschaft, Kinder, viel Vieh, Sieg, kurz Wohlstand –, muß sie Nahrung haben. Dies ist banal und offenkundig genug. Aber der Hinweis, daß bei der Erlangung der Nahrung gemeinsame Interessen und die Interessen bestimmter Individuen miteinander in Konflikt stehen können, ist vielleicht nicht so offenkundig. Denn um Nahrung zu erlangen, brauchen die Männer Land und Hacken und Vieh; sie brauchen Frauen, die ihre Gärten bebauen. Bestimmte Individuen oder Gruppen können nun über Landfragen oder Werkzeuge oder Vieh oder Frauen miteinander in Konflikt geraten. So steht das individuelle Interesse an der Nahrung, die so wesentlich ist, gewisserma-

ßen im Gegensatz zu dem Interesse der Gemeinschaft, daß all ihre Mitglieder wohlhabend sind und viel Nahrung haben. Konfliktelemente treten also über eben die Narhung auf, die so ersehnt wird. Diese Konflikte werden beigelegt, denn durch den Besitz und die Bebauung des Landes, durch das Hüten des Viehs und die Heirat von Frauen sind die Männer nicht nur in technische Aktivitäten einbezogen, sondern auch in Handlungen, die dadurch, daß sie mit anderen Mitgliedern der Gesellschaft verbinden, einen rechtlichen und moralischen Aspekt haben. Sie müssen insgesamt ihre Verpflichtungen erfüllen und die Rechte der anderen respektieren, »sonst könnten die materiellen Existenzbedürfnisse nicht mehr befriedigt werden. Die produktive Arbeit käme zum Stillstand, und die Gesellschaft würde auseinanderbrechen.« Das höchste gemeinsame Interesse liegt so im Frieden, in guter Ordnung und in der Befolgung der Gesetze. Da die politische Struktur diese Ordnung und den Frieden garantiert, die Produktion der Nahrung erst ermöglicht, ist für die Gemeinschaft im ganzen die politische Struktur mit der Nahrung verbunden. Bei der Zeremonie wird die neue Nahrung für die ganze Nation freigegeben, mögen einige Untertanen sie auch stehlen. So wird die politische Ordnung miteinander verbundener Rechte und Pflichten geheiligt; und der König, der diese Ordnung repräsentiert, tritt in das Gottkönigtum ein. Vielleicht sollten wir nun weitergehen und hinzufügen, daß Konflikte zwischen Individuen und der politischen Ordnung als ganzer im Ritual der Rebellion gezeigt werden. Jeder, einschließlich des Königs selbst, wird in seiner individuellen Befriedigung beschränkt durch die Autorität der Ordnung.[31] Selbst der König nähert sich dem Königtum mit Vorsicht; an dem Tag, an dem der Swazi-König am engsten mit seinem Volk verbunden ist, unterliegt er schweren Beschränkungen. Seine persönliche Unzulänglichkeit und seine Verantwortlichkeit für die Entheiligung der Werte des Königtums werden in den Beschimpfungen, unter denen er zu leiden hat, aufgezeigt.

7.

Um mit einem Kontrast die Sache klarer zu machen, habe ich die Vermutung geäußert, daß die modernen politischen Zeremonien nicht diese Form annehmen, weil unsere soziale Ordnung als solche in Frage gestellt wird. Zweifellos kann diese Kontrastierung das Problem nur streifen. Es bestehen Spannungen zwischen zu vielen unterschiedlichen politischen und anderen Gruppen in unserer Gesellschaft, als daß man sie so einfach in Szene setzen könnte, denn paradoxerweise haben wir gerade wegen der Fragmentation unserer sozialen Beziehungen keine so gut entwikkelten oder so häufigen Rituale, in denen der Auftritt von Personen entsprechend ihren natürlichen sozialen Rollen vorgesehen ist.[32] Das Individuum, das unter Druck gerät, hat einigen Raum zur Flucht, sei es durch die Änderung seiner Rolle oder durch die Teilnahme an anderen Typen sozialer Beziehungen. Und noch einmal, unser Monarch herrscht, aber regiert nicht; und obwohl die Könige der Swazi und Zulu notgedrungen durch Beamte handelten und durch sie beschränkt waren, herrschten sie nicht nur, sondern regierten auch. In unserer Gesellschaft sorgen das parlamentarische System und die lokale Regierung – zwei von vielen weltlichen Mechanismen – dafür, daß Opposition offen zum Ausdruck kommen kann. Diese weltlichen Mechanismen bestehen auch in der Bantu-Gesellschaft, und es ist bemerkenswert, daß politische Rituale der Rebellion nur unter den Lozi in Nordrhodesien auftreten, deren Regierungsorganisation, anders als bei den südöstlichen Bantu, in reichem Maße für Spannungen zwischen den verschiedenen Teilen des Staates sorgt.[33] Dennoch ist zu betonen, daß »rituelle Rebellion« durch Tradition freudig erlebt werden kann als ein sozialer Segen in repetitiven sozialen Systemen, nicht aber in Systemen, in denen eine Revolution möglich ist. Dies zeigt sich deutlich in dem Bericht eines frühen französischen Reisenden über die Erstlingsfrüchte-Zeremonie der Zulu. Er kommentiert diese Zeremonie im Zusammenhang seines Berichts über ihre sogenannte despotische Regierung:

»Zur Zeit der allgemeinen Versammlung der Krieger (gegen den 8. Dezember) reift der Mais und es finden lebhafte Diskussionen statt. Es gibt freie Befragungen, auf die der König sofort und auf eine Weise antworten muß, die das Volk befriedigt. Ich habe zu dieser Zeit gewöhnliche Krieger gesehen, die springend aus ihren Rängen kamen, zu geistvollen Rednern geworden, außerordentlich erregt, und die nicht nur die feurigen Blicke von [König] Panda zurückgaben, sondern ihn selbst vor jedermann anprangerten, indem sie seine Taten rügten, sie als niederträchtig und feige brandmarkten. Sie verlangten von ihm Erklärungen, deren Begründungen sie zerlegten, zerfetzten und in ihrer Falschheit entlarvten; dann drohten sie ihm stolz und schlossen mit einer Geste der Verachtung. Ich sah auch, wie nach solchen Diskussionen sich die Partei des Königs und die der Opposition an einem gewissen Punkt aufeinanderwarfen. Ich sah, daß die Stimme des Despoten nicht mehr beachtet wurde und daß eine Revolution hätte ausbrechen können, wäre hier oder dort ein einziger ehrgeiziger Mann aufgetreten, um von der Empörung der Oppositionellen gegen den König zu profitieren. Aber was mich nicht weniger erstaunte, war die Ordnung, die auf diese Art des Volkstribunals folgte.«[34]

Nach unserer Analyse braucht uns das nicht zu erstaunen, denn offenbar konnte zu diesem Zeitpunkt kein revolutionärer Führer auftreten. Der Angriff auf den König wurde von der Tradition verlangt; und er kulminierte natürlicherweise in der Ermahnung des Königs durch die Krieger, sie in den Krieg zu führen.

Es bleiben uns eine Menge wichtiger Probleme. Waren die Riten als erlösende Reinigung nur für die Zeit ihrer Ausübung und kurz danach wirksam? Oder brachten sie länger bestehende Gefühle hervor, um die folgenden Kriege und großen Stammesjagden sowie die fortbestehenden weltlichen Institutionen der Macht, die die Nation vereinigten und zusammenhielten, zu heiligen? Erfordert die Tendenz zu Rebellion rituellen Ausdruck, wenn die soziale Struktur erhalten werden soll? Warum ist die Umkehrung der Rollen ein so wichtiger Mechanismus in diesem Prozeß? Wie hält das Ritual selbst die rebellischen Gefühle, die es hervorruft, in Grenzen?[35] Warum stellen einige Zeremonien diesen Prozeß der Rebellion dar, und warum treten so organisierte Zeremonien nicht in vielen Konfliktsituationen auf? Hier vermute ich, daß Rebellions-Rituale vielleicht auf Situationen beschränkt sind, in denen durch den Konflikt zwischen unterschiedlichen Strukturprinzipien starke Spannungen auftreten, die nicht in besonderen weltliche Institutionen kontrolliert werden können.[36] Aber die Antwort auf all diese Probleme ist nur in der vergleichenden Forschung zu finden, und hierbei müssen wir noch immer den Spuren Sir James Frazers folgen.

Anmerkungen

[1] *Adonis Attis Osiris: Studies in the History of Oriental Religion* (1907), 2. Auflage, S. 3–6.
[2] Professor H. Frankfort machte vor kurzem geltend, daß Frazer viele bedeutende Unterschiede vernachlässigt habe, denn »die Götter, wie sie uns in den Religionen des alten Nahen Osten gegenübertreten, geben völlig anderen Gefühlen Ausdruck«; Exkurs »Tammuz, Adonis, Osiris«, in: *Kingship and the Gods* (1948), S. 286–294. Vgl. auch seine Frazer-Vorlesung von 1950: *The Problems of Similarity in Ancient Near Eastern Religions* (1951).
[3] Ich habe eine Analyse anderer Beschreibungen dieser Zeremonien veröffentlicht: »Zulu Women in Hoe Culture Ritual«, in: *Bantu Studies*, IX (1935).
[4] Samuelson, R. C. A., *Long, Long Ago* (1929), S. 303.
[5] Bryant, A. T., *The Zulu People as they were before the White Man Came* (1949), S. 662 f.
[6] ebenda, S. 194 f. (Hervorhebungen von mir).
[7] Vgl. Frankforts in Anmerkung 2 zitierte Warnung.
[8] Junod, H. A., *The Life of a South African Tribe* (1927), II, S. 441.
[9] Als Beispiel einer Analyse der Art und Weise, in der ein Bann gegen bestimmte Personen, die eine Zeremonie besuchen, deren positiver Beitrag zu dieser Zeremonie sein kann, vgl. meinen Aufsatz »The Role of the Sexes in Wiko Circumcision Ceremonies«, in: *Social Structure: Studies presented to A. R. Radcliffe-Brown*, hrsg. von M. Fortes (1949).
[10] Vgl. »Zulu Women in Hoe Culture Ritual«, a.a.O. (Anm. 3).
[11] Diese Tatsache wird in den Zeremonien der Tsonga beim Bau eines neuen Dorfes stark betont. Vgl. Junod, a.a.O., (Anm. 8), I, S. 320 f.
[12] Viele dieser Vorstellungen und Bräuche treten auch in matrilinearen Gesellschaften

auf; aber Frauen sind verschiedenen Arten von Spannungen (s. u.) unterworfen, die aus ihrer reproduktiven Rolle erwachsen: Vgl. meinen Vergleich »Kinship and Marriage among the Lozi of Northern Rhodesia and the Zulu of Natal«, in: *African Systems of Kinship and Marriage,* hrsg. von A. R. Radcliffe-Brown und C. D. Forde (1950).

[13] Ältere Frauen hatten als Mütter erwachsener Söhne sichere Positionen.

[14] Zu diesem Thema vgl. Evans-Pritchard, E. E., »Some Collective Expressions of Obscenity in Africa«, in: *Journal of the Royal Anthropological Institute,* LIX (1929).

[15] Beispiele für diese Zeremonien finden sich weiter unten in Anmerkung 19. Dr. H. Kuper teilt mir mit, daß die Swazi keine entwickelte Zeremonie für die Prinzessin des Himmels haben, obwohl es von Dr. P. J. Schoeman (mir persönlich) und von Dr. B. Marwick (*The Swazi* (1940), S. 230) berichtet wurde. Dort heißt es, sie sende Krankheiten, und nackte Mädchen müßten das Vieh hüten, um die Insektenkrankheiten zu beseitigen. Es ist möglich, daß sie über die Zeremonie der in Swaziland lebenden Zulu berichteten. Dr. Kuper schreibt, daß Obszönität, Transvestitentum und andere Erscheinungen des *Nomkubulwana*-Rituals in einer Swazi-Zeremonie zur Ausrottung einer Insektenplage auftreten und daß *Umlendagamunye,* der Bote des Hochgottes der Swazi, einige Attribute von *Nomkubulwana* hat. In meinem Aufsatz »Zulu Women in Hoe Culture Ritual«, a.a.O., beziehe ich mich auf die Zeremonien der Tsonga und solche aus der Transkei. Die Zulu-Mädchen einer Nachbarschaft gingen ebenfalls nackt und sangen lüsterne Lieder, um einen Mann anzugreifen, der eine von ihnen geschwängert hatte.

[16] In Kapitel XIII, »The Drama of Kingship«, in: *An African Aristocracy: Rank among the Swazi* (1947). Ich habe das Material über die Zulu in »Social Aspects of First-Fruit Ceremonies among the South-Eastern Bantu«, in: *Africa,* XI (1938), analysiert, aber Dr. Kupers Beobachtungen zeigen, daß sich in den Berichten über Zulu-Zeremonien ernsthafte Fehler finden. Es gibt eine Reihe bedeutender Unterschiede zwischen den politischen Strukturen der Zulu und der Swazi, von denen die wichtigste die Existenz einer dualen Monarchie – mit König und Königin-Mutter – in Swaziland ist. Die Königin-Mutter hat eine wichtige und wesentliche Rolle in der Zeremonie, obwohl sie nicht mehr die gleiche führende Rolle übernimmt wie in der früheren Regen-Zeremonie. (Vgl. Kuper, »The Swazi Rain Ceremony«, *Bantu Studies,* IX, 1935.) Die Mutter verbindet den König mit seinen männlichen Ahnen, wie das in der Diskussion über das *Nomkubulwana*-Ritual gezeigt wird. Aber mir fehlt hier die Zeit, ihre Rolle so zu behandeln, wie sie es verdiente; ich möchte mich auf andere Themen konzentrieren. Auch die Rolle der Ritual-Königin des Königs, die ihm durch Blut verbunden ist, betone ich nicht genug. Dr. Kuper unterstreicht in einem Kommentar zu diesem Papier die Rolle der Königin-Mutter: »Beide Aspekte – der weibliche und der männliche – sind zum Zweck der nationalen Einheit miteinander verbunden; einer kann ohne den anderen nicht vollständig sein. Während der ganzen Zeremonie gibt es diese Ambivalenz zwischen den Geschlechtern und die Betonung ihrer komplementären Rollen, die die Feindschaft überwinden.« Ich sollte vielleicht noch hinzufügen, daß in dieser Periode in vielen Gesellschaften ein Heiratstabu besteht. Dies betont die Spannungen, welche Heiraten, die in einzelnen Gesellschaften unabhängige Verwandtschaftsgruppen miteinander verbinden, hervorbringen. (Vgl. die Diskussion über das *Nomkubulwana*-Ritual.) In der Periode der rituellen Einheit zwischen den Erstlingsfrüchten und der Ernte sollten Heiraten ebensowenig wie Streitigkeiten stattfinden.

[17] Dr. Kuper glaubt, daß dieser Akt die zweite Interpretation stärkt. Ich bin nicht ihrer Meinung.

[18] *Kingship and the Gods,* a.a.O., (Anm. 2), S. 82f. Die Standardwerke über die klassischen Zeremonien sind voll von Informationen, die vermuten lassen, daß diese Zeremonien möglicherweise so organisiert waren, aber es scheint, daß es keine Daten gibt, die adäquat die folgenden kritischen Fragen beantworten können: wer tat was, wann, wo, wie,

womit? Vgl. z. B. Harrison, J., *Prolegomena to the Study of Greek Religion* (1923, 3. Auflage) und *Themis: A Study of Greek Religion* (1912); Farnell, L. R., *The Cults of the Greek States*, 5 Bde. (1896–1909); Cumont, F., *Les Religions Orientales dans le Paganisme Romain* (1906); Toutain, J., *Les Cultes Paiens dans L'Empire Romain*, 2 Bde. (1907 und 1911); Nilsson, M. P., *Greek Popular Religion* (1940); Murray, Gilbert, *Five Stages of Greek Religion* (1925). Ich habe hier die Analyse von Kulten in Regionen, in denen wie in West-Afrika kleine unabhängige politische Einheiten durch einen Zyklus von Zeremonien an unterschiedlichen Schreinen für einzelne »Gottheiten« in politisch-ritueller Einheit miteinander verbunden sind, nicht in Betracht gezogen. Wenn das Opfer an jedem Schrein erfolgreich sein soll, muß das Opfer an allen Schreinen dargebracht werden; doch betonen die Riten Unabhängigkeit und Feindschaft. Dennoch wird ein System von einander überlappenden Zirkeln »rituellen Friedens« hergestellt. Vgl. Fortes, M., *The Dynamics of Clanship among the Tallensi* (1945) und »Ritual Festivals and Social Cohesion in the Hinterland of the Gold Coast, *American Anthropologist*, XVIII (1936). Dieser Typus der Analyse mag die während bestimmter Perioden der griechischen Geschichte bestehenden Interrelationen zwischen dem Kult der Götter und Göttinnen verschiedener Stadtstaaten klären, sowie andere Rituale. Ich vermute, daß ein Versuch, diese Typen der Analyse auf das klassische Material anzuwenden, wertvoll wäre.

[19] Ich zitiere einige Beispiele für ähnlich organisierte Zeremonien in Afrika, um zu zeigen, wie weit dieser kulturelle Mechanismus verbreitet ist: a) Die Erntefeste der Tallensi der Goldküste – Fortes, *The Dynamics of Clanship among the Tallensi*, und: »Ritual Festivals and Social Cohesion in the Hinterland of the Gold Coast«, a.a.O. (Anm. 18); b) Forde, C. D., »Integrative Aspects of Yakö First-Fruit Rituals«, in: *Journal of the Royal Anthropological Institute*, LXXIX (1949); c) jede bei Junod beschriebene Zeremonie, a.a.O. (Anm. 8); d) Hoernle, A. W., »The Importance of the Sib in the Marriage Ceremonies of the South-Eastern Bantu«, in: *South African Journal of Science*, XXII (1925); e) Gluckman, M., »The Role of the Sexes in Wiko Circumcision Ceremonies«, a.a.O. (Anm. 9); f) die Einsetzung eines Ngoni-Häuptlings – Barnes, J. A., in: »The Village Headman in British Central Africa« (mit Gluckman, M. und Mitchell, J. C.), *Africa*, XXIX (1949); g) die Einsetzung eines Shilluk-Königs – Evans-Pritchard, E. E., *The Divine Kingship of the Shilluk of the Nilotic Sudan*, The Frazer Lecture (1948).

[20] *Kingship and the Gods*, a.a.O. (Anm. 2), S. 9, 51f. et passim.

[21] »Analysis of a Social Situation in Modern Zululand«, *Bantu Studies*, XVI, 1 und 2 (März und Juni 1940) (nachgedruckt als Rhodes-Livingstone Paper No. 28, 1958).

[22] Ich vermute, daß G. Bateson in seiner Analyse von *Naven* (1936), einem analogen rituellen Prozeß unter den Sepik in Neu-Guinea, diesen Punkt nicht voll gewürdigt hat.

[23] Evans-Pritchard hat in seiner Frazer-Vorlesung von 1948, *The Divine Kingship of the Shilluk*, a.a.O. (Anm. 19), S. 36, diese Situation erörtert.

[24] Vgl. meinen Aufsatz »The Kingdom of the Zulu of South Africa«, in: *African Political Systems*; sowie die Einführung des Herausgebers, S. 13. Vgl. auch »The Lozi of Barotseland in North-Western Rhodesia«, in: *Seven Tribes of British Central Africa* (1951).

[25] Vgl. z. B. Kern, F., *Kingship and Law in the Middle Ages* (1948), übersetzt aus dem Deutschen von S. B. Chrimes. Kern hebt die Beschränkung des Königs durch das Recht und das Recht der Untertanen zum Widerstand mehr hervor als die Rolle der Rebellion im politischen Prozeß. Vgl. Jolliffe, J. E. A., *The Constitutional History of Medieval England* (1948), S. 155–65.

[26] Vgl. zu den Punkten in diesen letzten Abschnitten: Nadel, S. F., *A Black Byzantium* (Nupe) (1942), S. 69ff.; Schapera, »The Political Organization of the Ngwato of Bechuanaland Protectorate«; Oberg, »The Kingdom of Ankole in Uganda«; Gluckman, »The Kingdom of the Zulu of South Africa« (alle in: *African Political Systems*, a.a.O.); Gluckman, »The Lozi of Barotseland in North-western Rhodesia«, a.a.O. (Anm. 23), S. 23 f.;

und »Successsion and Civil War among the Bemba«, *Rhodes-Livingstone Journal*, 16 (Dezember 1953); Kuper, *An African Aristocracy*, a.a.O. (Anm. 16), S. 88 ff.; Kern *(Kingship and Law in the Middle Ages*, a.a.O.) betont auch »das Fehlen . . . eines strikten Anspruchs auf den Thron durch irgendein individuelles Mitglied der herrschenden Linie« im frühen Mittelalter, was besonders für Deutschland gilt. Damit stellt sich das Problem, ob mit dem Auftreten eines einzelnen, klar bestimmten Thronerben ein systematischer sozialer Wandel verbunden ist.

[27] Dieses Problem wird ausführlich in meinem Aufsatz »Social Aspects of First-Fruit Ceremonies among the South-Eastern Bantu«, a.a.O. (Anm. 16) analysiert. Dr. Kuper betont diesen wichtigen Punkt ebenfalls: *An African Aristocracy*, a.a.O. (Anm. 16), S. 224. Vgl. auch Junod, H. A., a.a.O. (Anm. 8), II, S. 10. – »Obwohl kein Tabu den Besitzer eines Feldes daran hindert, den grünen Mais zu essen, wann immer es ihm paßt, behauptet Mboza, daß Leute, die vor den anderen Bewohnern des Dorfes sich grünen Mais verschaffen, diese geschätzte Nahrung nicht vor den anderen genießen: ›Es würde Eifersucht unter ihnen hervorrufen.‹ Dieser Grund liegt vielleicht dem *Luma*-Tabu zugrunde. Sie fürchten außerdem, ihr Glück mit all ihren Freunden teilen zu müssen.« (Vgl. auch Richards, A. I., *Land, Labour and Diet in Northern Rhodesia* (1939), S. 374 f.

[28] Nota Bene: Die Königin-Mutter der Swazi nimmt bei der Regen-Zeremonie die Führung ein, wobei der König ihr aufwartet; er wiederum ist der Führer der Erstlingsfrüchte-Rituale.

[29] Dr. S. Kark, der ein Gesundheitszentrum in Süd-Natal leitete, berichtet dies in unveröffentlichten Manuskripten; Lee, S. G., »Some Zulu Concepts of Psychogenic Disorder«, *South African Journal for Social Research* (1951), S. 9–16; Kohler, M., *The Izangoma Diviners*, Ethnological Publications of the South African Department of Native Affairs, Pretoria: No. 9 (1941); Laubscher, B. J. F., *Sex Custom and Psychopathology* (1937).

[30] Einleitung zu: *African Political Systems*, a.a.O., S. 16 ff.

[31] Vgl. meinen Aufsatz »The Lozi of Barotseland in North-Western Rhodesia«, a.a.O. (Anm. 24), S. 45 f., zu diesem Thema allgemein.

[32] Vgl. meinen Aufsatz »Les Rites de Passage«, in: *Essays on the Ritual of Social Relations*, hrsg. von M. Gluckman (1962).

[33] Ebenda, S. 23 f.

[34] Eine recht freie Übersetzung aus Delegorgue, A., *Voyage dans l'Afrique Australe*, 2 Bde. (1847), II, S. 237.

[35] Vgl. das obige Zitat aus Delegorgue. Vgl. auch die Art, in der eine afrikanische Opferzusammenkunft die angemessene Gelegenheit für die Leute ist, ihrer Unzufriedenheit Luft zu machen und all ihren Mißmut zu bekennen; tatsächlich müssen sie dies tun, um in jener Freundschaft mit ihren Stammesgenossen zu sein, die das Ritual verlangt. Vgl. z. B. Fortes, *The Dynamics of Clanship among the Tallensi*, a.a.O. (Anm. 19), S. 98, und Junod, a.a.O. (Anm. 8), I, S. 160.

[36] Vgl. in Anmerkung 31 den Hinweis auf das Fehlen dieses Rituals bei den Lozi, die einen gut entwickelten Mechanismus haben, um die Opposition gegenüber dem Staat auszudrücken.

Drucknachweise

C. Daryll Forde: Zum Verhältnis von Umwelt, Wirtschaft und Gesellschaft. Original: »Introduction« zu: C. D. Forde, *Habitat, Economy and Society* (1. Aufl. 1934), London, Methuen & Co Ltd., S. 1–7. Mit freundlicher Genehmigung des Verlags. Aus dem Englischen von Peter Bumke.

Bronislaw Malinowski: Der Ringtausch von Wertgegenständen auf den Inselgruppen Ost-Neuguineas. Original: »The Circulation Exchange of Valuables in the Archipelago of Eastern New Guinea«, *Man,* 1920, S. 97–105. Mit freundlicher Genehmigung des Royal Anthropological Institute of Great Britain and Ireland. Aus dem Englischen von Rolf Bindemann.

Paul Bohannan: Über Tausch und Investition bei den Tiv. Original: »Some Principles of Exchange and Investment among the Tiv«, *American Anthropologist* 57 (1), 1955, S. 60–70. Mit freundlicher Genehmigung der American Anthropological Association. Aus dem Amerikanischen von Peter Bumke.

Franz Steiner: Notiz zur vergleichenden Ökonomie. Original: »Notes on Comparative Economics«, *British Journal of Sociology* 5, 1954, S. 118–129. Mit freundlicher Genehmigung des Verlages Routledge & Kegan Paul Ltd., London. Aus dem Englischen von Peter Bumke.

Raymond Firth: Der soziale Rahmen der ökonomischen Organisation. Original: »The Social Framework of Economic Organisation«, in: R. Firth, *Elements of Social Organisation,* 3. Aufl. London, C. A. Watts & Co Ltd., 1961, S. 122–154. Mit freundlicher Genehmigung des Verlags. Aus dem Englischen von Tilla Siegel.

Bronislaw Malinowski: Gegenseitigkeit und Recht. Original: Kap. III–IX aus: B. Malinowski, *Crime and Custom in Savage Society* (1. Aufl. 1926), London, Routledge & Kegan Paul Ltd., 1970, S. 22–49. Mit freundlicher Genehmigung des Verlags. Aus dem Englischen von Jürg und Elo Baumberger.

Meyer Fortes und Edward E. Evans-Pritchard: Afrikanische politische Systeme – Einleitung. Original: »Introduction« zu: *African Political Systems,* herausgegeben von M. Fortes und E. E. Evans-Pritchard, London, Oxford University Press, 1940, S. 1–23. Mit freundlicher Genehmigung des Verlags. Aus dem Englischen von Jürg und Elo Baumberger.

Edward E. Evans-Pritchard: Die Nuer im südlichen Sudan. Original: »The Nuer of the Southern Sudan«, in: *African Political Systems,* a.a.O., S. 272–296. Mit freundlicher Genehmigung der Oxford University Press. Aus dem Englischen von Friedrich Groothues.

Laura Bohannan: Politische Aspekte der sozialen Organisation der Tiv. Original: »Political Aspects of Tiv Social Organization«, in: Middleton und Tait (Hrsg.), *Tribes without Rulers,* London, Routledge & Kegan Paul Ltd., 1958, S. 33–66. Mit freundlicher Genehmigung des Verlags. Aus dem Amerikanischen von Reinhart Kößler.

Edmund Leach: Über politische Systeme im Hochland von Burma. Original: »Introduction« zu: E. Leach, *Political Systems of Highland Burma. A Study of Kachin Social Structure*, London, Athlone Press, 1954 (1964), S. 1–7. Mit freundlicher Genehmigung des Verlags. Aus dem Englischen von Reinhart Kößler.

Max Gluckman: Rituale der Rebellion in Südost-Afrika. Original: »Rituals of Rebellion in South East Africa«, in: M. Gluckmann, *Order and Rebellion in Tribal Africa*, London, Cohen & West Ltd., 1963, S. 110–136. Aus dem Englischen von Jürg und Elo Baumberger.

34,- 3.6.80